国家社科基金青年项目

四川大学古籍整理与经典文献研究中心培育项目

中国科举制度下的教育慈善事业研究

陈长文 著

人民出版社

责任编辑:郭星儿
封面设计:源　源
责任校对:徐林香

图书在版编目(CIP)数据

中国科举制度下的教育慈善事业研究/陈长文 著. —北京:人民出版社,
　2021.9
ISBN 978-7-01-023664-3

Ⅰ.①中…　Ⅱ.①陈…　Ⅲ.①教育事业-慈善事业-史料-中国-古代
Ⅳ.①G529.2

中国版本图书馆 CIP 数据核字(2021)第 168431 号

中国科举制度下的教育慈善事业研究
ZHONGGUO KEJU ZHIDU XIA DE JIAOYU CISHAN SHIYE YANJIU

陈长文　著

人民出版社 出版发行
(100706　北京市东城区隆福寺街 99 号)

北京汇林印务有限公司印刷　新华书店经销

2021 年 9 月第 1 版　2021 年 9 月北京第 1 次印刷
开本:710 毫米×1000 毫米 1/16　印张:25.25　字数:374 千字

ISBN 978-7-01-023664-3　定价:75.00 元

邮购地址 100706　北京市东城区隆福寺街 99 号
人民东方图书销售中心　电话 (010)65250042　65289539

目　录

自序：教育里的善意 ⋯⋯⋯⋯⋯⋯⋯⋯⋯⋯⋯⋯⋯⋯⋯⋯⋯⋯⋯⋯1

绪　论 ⋯⋯⋯⋯⋯⋯⋯⋯⋯⋯⋯⋯⋯⋯⋯⋯⋯⋯⋯⋯⋯⋯⋯⋯⋯⋯1

上编　区域个案研究

第一章　上海嘉定地区 ⋯⋯⋯⋯⋯⋯⋯⋯⋯⋯⋯⋯⋯⋯⋯⋯⋯⋯10

　　第一节　教育慈善活动 ⋯⋯⋯⋯⋯⋯⋯⋯⋯⋯⋯⋯⋯⋯⋯⋯11

　　第二节　教育慈善特色及原因 ⋯⋯⋯⋯⋯⋯⋯⋯⋯⋯⋯⋯21

第二章　徽州地区 ⋯⋯⋯⋯⋯⋯⋯⋯⋯⋯⋯⋯⋯⋯⋯⋯⋯⋯⋯32

　　第一节　教育慈善活动 ⋯⋯⋯⋯⋯⋯⋯⋯⋯⋯⋯⋯⋯⋯⋯⋯33

　　第二节　教育慈善特色及原因 ⋯⋯⋯⋯⋯⋯⋯⋯⋯⋯⋯⋯93

第三章　湖南湘东地区 ⋯⋯⋯⋯⋯⋯⋯⋯⋯⋯⋯⋯⋯⋯⋯⋯99

　　第一节　教育慈善活动 ⋯⋯⋯⋯⋯⋯⋯⋯⋯⋯⋯⋯⋯⋯⋯100

　　第二节　教育慈善特色及原因 ⋯⋯⋯⋯⋯⋯⋯⋯⋯⋯⋯185

第四章　江西南昌地区 ⋯⋯⋯⋯⋯⋯⋯⋯⋯⋯⋯⋯⋯⋯⋯194

　　第一节　教育慈善活动 ⋯⋯⋯⋯⋯⋯⋯⋯⋯⋯⋯⋯⋯⋯⋯194

　　第二节　教育慈善特色及原因 ⋯⋯⋯⋯⋯⋯⋯⋯⋯⋯⋯236

第五章　山西晋中地区 ⋯⋯⋯⋯⋯⋯⋯⋯⋯⋯⋯⋯⋯⋯⋯241

第一节　教育慈善活动 ……………………………………………242

第二节　教育慈善特色及原因 ……………………………………260

下编　相关专题研究

第六章　施善主体 ……………………………………………………266

第一节　各级政府官员 ……………………………………………267

第二节　地方缙绅 …………………………………………………275

第三节　各类学生 …………………………………………………279

第四节　特殊群体 …………………………………………………282

第五节　宗族、家族 ………………………………………………283

第六节　教育慈善组织机构 ………………………………………285

第七节　宗教界 ……………………………………………………290

第八节　施善主体的变化及其原因 ………………………………294

第七章　教育慈善方式 ………………………………………………299

第一节　捐资兴教 …………………………………………………299

第二节　捐资助教 …………………………………………………306

第三节　捐资助学 …………………………………………………307

第四节　捐资助奖 …………………………………………………313

第五节　捐资助贫 …………………………………………………314

第六节　捐资助考 …………………………………………………316

第七节　其他施善方式 ……………………………………………324

第八章　具体捐助形式 ………………………………………………330

第一节　捐助金银、铜钱 …………………………………………330

第二节　捐置学田、学租 …………………………………………336

第三节　捐献宅基、房屋，捐置店铺及店租 ……………………340

第四节　捐助其他实物 ……………………………………………342

第五节　义卖 ………………………………………………………344

第六节 义务出智、出力 ……………………………………… 344

第七节 为士子伸张正义 ……………………………………… 344

第八节 捐助形式的变化及其原因 …………………………… 345

第九章 中国传统教育慈善之特色 …………………………… 356

第一节 总体教育慈善水平偏低 ……………………………… 356

第二节 时空分布差异显著 …………………………………… 358

第三节 以各类学校作为核心捐助目标 ……………………… 361

第四节 教育慈善贯穿士子整个学业生涯 …………………… 361

第五节 社会各界广泛参与 …………………………………… 362

第六节 教育慈善组织发挥了重要作用 ……………………… 364

第七节 施善方式多样、形式灵活 …………………………… 365

第八节 乡土局域性、宗族性特征明显 ……………………… 365

第九节 科举制度起着引领作用 ……………………………… 367

第十节 具有一定的功利性和摊派性 ………………………… 368

第十章 教育慈善事业的制约因素 …………………………… 375

第一节 历史发展阶段 ………………………………………… 375

第二节 环境、区位、人口、经济等因素 …………………… 376

第三节 文化、教育方面的基础 ……………………………… 377

第四节 科举制度的导向、引领作用 ………………………… 378

第五节 慈善传统 ……………………………………………… 379

第十一章 中国教育慈善之作用及影响 ……………………… 380

结 语 ……………………………………………………………… 383

参考文献 ………………………………………………………… 385

自序：教育里的善意

　　"千教万教，教人学真；千学万学，学做真人。"陶行知先生一语道尽了教育的真谛。殊不知，一部数千年的中国教育史，也是一部感人至深的国人尊师重教史，更是一部中华民族凝心聚力的教育慈善史。

　　慈善是社会的调节器、稳定器、减震器，教育慈善尤其如此。教育慈善专指那些在教育领域里的慈善行为和活动。科举制度可以远溯到西周的乡举里选，萌芽于两汉的察举制，肇始于隋炀帝大业元年（605），历经唐代之发展，至北宋而完善，元明清进士科独盛，清末1905年废除，前后赓续了一千三百年之久。科举制之萌芽、发展、完善、衰落与消亡，作为一条主线、一条暗流、一只看不见的手，不仅左右着科举时代国家的铨选，左右着职司人才培养的各级学校教育，左右着宗族教育和地方教育，而且还左右着国家和社会资金的投入，也左右着教育慈善的发展方向。可以说，科举制度对同时代的教育、教育慈善起着导向、引领和催化作用，是风向标、导航仪、晴雨表，也是催化剂。

　　科举时代，"士农工商，士为四民之首，四民之领袖"，"士为国之宝，儒为席上珍"，"万般皆下品，唯有读书高"，"书中自有千钟粟，书中自有黄金屋，书中自有颜如玉"，"教化是头等事业"，"要想出人头地，还是读书"，"考试考进士，当官当御史"等等，诸如此类的传统观念早已融入了先人的骨髓，化作生命的一部分。

　　中国传统社会的教育慈善，是以学校教育、科举考试为中心，以政府为主导，以社会各界民众为主体来实现的。具体来说，一次教育慈善活动通常是由政府官员来倡导，由地方士绅组织募捐和贯彻实施，商人、富民、城乡民众，乃至妇女、乞丐、僧道等社会各阶层广泛参与的结果。

历代无数的施善者通过捐资兴教、助教、助学、助奖、助贫、助考等多种教育慈善方式，将其涓涓善意传递给每一位莘莘学子。具体施善方式包括：各级学校、书院及其配套的文庙、贡院、文峰塔、文昌阁、魁星楼、惜字炉等教育基础设施的创建、修复、改迁、增扩、美化等；教师的束修，校工的薪水；学生学习、考试和生活的方方面面，覆盖一个幼童从入蒙学，到成为生员、举人、进士整个过程和各个环节，包括资助膏火，即学生的生活费，对优秀生的奖励，对贫困生的赈济，捐增学额、中额，助考，甚至是免费授课、代士子伸冤、资助贫寒士子日常学习和生活用品乃至婚葬等等，可以说贯穿了科举时代读书人的整个求学阶段。

他们的捐助可谓无微不至，无善不为，既体现了仁人志士慈心善意之细密，又体现了他们无穷的智慧。例如，仅助考环节就有以下几种形式：捐广学额和乡试中额，捐助兴修设在京师和省城的贡院，设在府城或直隶州城的试院，设在县城的考棚，捐助士子赴考所需宾兴经费，又称"程仪"，包括川资和卷资，即路费盘缠和报名费，捐助兴修在京师、省城和府城为本乡士子提供各级考试免费住宿的试馆，又称会馆，甚至组织考前辅导等。

"学术殿堂，金钱铸就"，"砸锅卖铁，也要孩子念书"。凡是能想的他们都想了，凡是能做的也都做了。有钱的捐金银铜钱，有田地的捐宅基良田、湖坪鱼塘、竹山茶园，有的捐房屋店铺，有的捐建筑物料，还有的捐米谷酒馔、衣褥蚊帐、油烛笔札等等，总之是有钱的出钱，有田的出田，有物的出物，有智的出智，有力的出力。还有一无所有的，如清末山东馆陶千佛寺的了证和尚，身在佛寺，却心慕儒学，一生托钵化缘也要兴办义学。山东堂邑县的乞丐武训，早年即立志不娶妻、不生子、不置家，一生只想"修个义学为贫寒"，乞讨三十年，积田二百三十余亩，在山东堂邑、馆陶、临清三地办了三处义学，东昌府教谕王锡祺慨然为其撰联"线头缠出千秋业，豆沫长留万古香"，于右任称其"匹夫而为百世师"，冯玉祥赞其"特立独行百世流芳，先生之风山高水长"。还有浙江嘉兴的周士涟，湖南平江的钟颢谟等人，他们都是贫民，甚至一贫如洗，却心系孤寒，一如武训。慈风所及，善意远播，近代以来国外也出现了许许多多的"洋武训"。孔子所言"德不孤，必有邻"，良有以也。

全书分上下两编，上编是五个区域的个案研究。包括长江中下游地区的上海嘉定，徽州府歙县、婺源、黟县、绩溪、休宁、祁门等六县，湖南湘东地区长沙府的长沙、善化、攸县、茶陵州四州县，岳州府的平江、临湘二县，还有衡州府的酃县等共七州县，江西南昌府的南昌、新建、丰城、奉新、进贤、靖安、武宁、义宁州等八州县，以及黄河流域山西晋中地区的太谷、灵石、介休、榆次、祁县、平遥等六县。主要利用了自南宋嘉定设县以来历代五十六种教育、学校类碑刻史料，以及徽州府、湖南湘东、山西晋中地区共二十七种州县志，以及江西的《同治南昌府志》进行了五个有代表性的区域个案研究。下编则是在上述个案研究基础之上的相关专题研究，主要探讨教育慈善的施善主体、施善方式、具体捐助形式、中国传统教育慈善之特色、制约因素、作用及影响，及其对当今时代的借鉴与启示等。下编所用史料除上编个案研究所用文献外，还利用了江苏、浙江、山东、福建、云南等地的大量方志，共涉及今天的十个省市近百个县。因为该课题的结项成果原本上编有十个区域个案研究，除现有的五个之外，尚有江苏南京，浙江杭州，山东济南，福建福州、厦门，云南大理府及昆明、蒙自两县等另外五个区域个案研究，出版时限于篇幅，进行了较大幅度的精简压缩。下编原有第七章《中国与西方国家教育慈善之区别》，因其稍偏离主题，决定予以删除，待日后再做进一步深入探讨。

在常人看来，碑刻、方志中的史料无疑是故纸堆，是尘封数百年乃至上千年的历史陈迹。但这些教育慈善类史料却非常鲜活，让我无时无刻不在感动，让我深切感受到历史上全国各地的无数仁人义士那浓浓的善意，无疆的大爱，还有他们对子孙后代、对未来美好生活的殷殷期许，还有因为他们那爱的浇灌和耕耘而绽放的绚烂之花和结出的累累硕果。

　　1998 年笔者师从河南大学牛建强先生攻读硕士学位研究生，学的是中国古代史专业明清史方向，开始接触明代进士登科录等科举文献，硕士论文是《明代科举取士中的时务策研究——以进士登科录为中心》。而后于 2003 年春负笈杭州西子湖畔，师从浙江大学龚延明先生攻读博士学位。入学伊始，即参与先生主持的国家社科基金项目《中国历代登科总录》之明代部分，并于 2006 年元月完成了博士学位论文《明代进士登科录研究》的答辩。2008 年 3 月出版了第一部专著《明代科举文献研究》，承蒙刘海峰、郭培贵、朱亚非等先生抬爱，各撰文给予过誉。此书出版相距硕士研究生入学始治明代科举，正好经历了十年。

　　说来惭愧，本书是笔者 2010 年度国家社科基金项目青年项目"中国科举制度下的教育慈善事业研究"（10CZS006）之最终结项成果。由于生性顽昧，迟至 2016 年才完稿并申报结项，次年才正式批准予以结项。由于时间仓促，没来得及精工打磨，故成稿颇为粗糙，于是决定放一放，让它沉淀一下。其实，真正沉淀的不是它，而是我自己。项目申报时还是"青年"，结项时已不再是"青年"，年逾不惑而碌碌无功的我，是想让自己的心沉静下来，再多读些书，多观察体悟一下社会和人生，尤其是多审视解剖一下自己。正如孟子所言"学问之道无他，求其放心而已矣。"一旦把放飞之心收回，顿觉天朗气清、窗明几净、气定神闲。时至今日，花开花落，云聚云散，不知不觉中在四川大学又度过了五个春秋，在校点整理《巴蜀全书》教育类及子部类三十余种传世文献之闲暇，偶尔也会取出这部拙稿细加咀嚼，稍作润色。时光荏苒，今年已是 2021 年，距 2010 年课题立项，又过去了十年有余，颇有恍若隔世之感。两本书皆各跨越十年，人生几何？非愚鲁而何？"悟已往之不谏，知来者之可追。"十年磨剑，尚非利器，权作敝帚，聊以自珍。

　　借此拙稿出版之际，再次感恩我的硕士导师河南大学的牛建强先生，感恩博士导师浙江大学的龚延明先生，感恩博士后导师山东大学的晁中辰先生，感恩高级访问学者时期导师厦门大学的刘海峰先生，感恩你们的化雨春风和谆谆叮咛。感恩国家社科基金、感恩四川大学古籍所，感恩你们对此书的鼎力资助，感恩全所领导老师对我的栽培和关照。感恩人民出版社，感恩资深编审王萍老师，感恩你们的厚爱、赏识以及为此书出版所付出的艰辛。感恩所有陪我一路走来助我成长的前辈、同辈和晚辈们，没有你们的关爱、帮助、呵护、理解和包容，也没有我的今天。最后，感恩我的父母和家人，感恩你们给了我生命、爱和向善向上的力量。

拉杂至此，夜已阑珊，抚卷沉思，心生波澜。千百年来，我们一辈辈的先人，发尊师重教、毁家纾难之心，立聚沙成塔、集腋成裘之志，涓滴海涵，谱写了一曲感人肺腑的爱与善的赞歌，书写了一部可歌可泣的中国教育慈善史。面对前贤，寸草何以报春晖？唯有感恩，唯有向善，唯有努力，今生亦复何言？是为序。

新时代辛丑六月廿三日，于四川成都锦江之滨，望江楼下

绪　　论

一、选题及研究意义

慈善是社会的调节器，教育慈善尤其如此。当今我国的教育慈善事业仍然非常滞后，这与我国日益蓬勃发展的教育事业极不相称，也会在一定程度上阻碍政治、经济、社会、文化的进一步发展。为了办好人民满意的教育，实现中华民族的伟大复兴，必须大力发展教育慈善事业。因此，本课题研究不仅具有重要的学术和理论价值，其重大的现实意义不言而喻。

二、研究概述

教育慈善，顾名思义是指在教育领域里的慈善行为和活动。作为慈善事业的重要分支，它在中国历史上存在已久，然而由于历史等诸多方面的原因，对这一专门的慈善事业，尤其是教育慈善的历史，国内外学者尚无全面而系统的研究。

事实上，对历史上慈善事业的研究，诸如赈灾、济贫、收养孤寡、助葬、修桥铺路等，学术界已取得了丰硕的成果，像周秋光、曾桂林《中国慈善简史》（人民出版社 2006 年版）、王卫平《中国古代传统社会保障与慈善事业——以明清时期为重点的考察》（群言出版社 2005 年版）等。

此外，还发表了大量论文，其中有的是断代研究，针对某一朝代或某一历史阶段的慈善事业；有的是区域研究，针对某一区域的慈善事业；有的是个案研究，针对某个人的慈善思想和慈善活动，如对袁黄、郑观应、经元善等人的研究；有的针对某一慈善组织或团体；有的针对某一慈善行为方式等等。个别论著中也可能会谈到中国历史上的教育慈善，或其中的某一方面，但皆是顺带提及，尚没有对这一专题慈善进行系统的梳理和研究。需要特别说明的是，对书院、宾兴、学田、义学等教育慈善事业的具体表现形式，已有学者进行过研究，并取得了一系列重要的研究成果，为本课题的完成提供了一定的研究基础和借鉴。

另外，国内外有些学者已对国外的，尤其是美国的教育慈善事业进行了初步的研究，诸如国内学者李政云《殖民地时期美国高等教育慈善事业》等系列论文。国外如：

Jesse Brundage Sears：*Philanthropy in the History of American Higher Education*，Transaction Publishers 1990. Parker，Franklin：*George Peabody (1795—1869)*，*Founder of Modern Educational Philanthropy*：*His Contributions to Higher Education*，*Peabody Journal of Education*，V70 nlp183-203 Fall 1994. Norman Alvey：*From Charity to Oxfam*：*A Short History of Charity and Charity Legislation*，Phillimore & Co.Ltd.，1995. F. David Roberts：*The Social Conscience of the Early Victorians*，Stanford University Press. Stanford，California 2002. M.J.D. Roberts，*Making English Morals*：*Voluntary association and moral reform in England*，*1787—1886*，Cambridge University Press，2004. David Owen，*English philanthropy*，*1660—1960*，Cambridge：Harvard University Press，1964. B. K .Gray，*A History of English Philanthropy*，*from the dissolution of the taking of the first census*，London：P. S. King & son，1905. Laqueur，T. W.，*Religion and Respectability*：*Sunday schools and working class culture*，*1780—1850*，New Haven：Yale University Press，1976.H.W.Schupf：*Education for the Neglected*：*Ragged Schools in Nineteenth—Century England. History of*

Education Quarterly，Vol.12，No.2（Summer，1972）. Michael Sanderson：
Education，Economic Change and Society in England 1780—1870，
Macmillan，1983.

这些论著虽然探讨的是欧美国家的教育慈善事业，但对于本课题的
研究不无裨益。

三、研究对象及范围界定

（一）时间断限

本课题研究的时段是：从科举取士中进士科产生的隋炀帝大业元年
（605），至清末光绪三十一年（1905）科举制度废除，赓续了一千三百年
之久的"科举时代"。

（二）概念厘定

广义的教育，除学校教育外，还包含家庭教育和社会教育等。广义
的教育慈善，包括官方慈善（包括善政、恤政）和民间慈善（社会各界以
个人身份的捐助）。狭义的教育慈善事业，仅指民间教育慈善，以学校教
育为核心，各级官员、士绅、富户、商人以及普通邑人乡民等社会各界，
以个人身份捐钱捐田捐房捐物等具体捐助形式，通过捐资兴教、助教、助
学、助贫、助奖、助考等教育慈善方式而进行的教育慈善行为。限于笔
者之研究能力及时间、篇幅等方面要求，本课题仅探讨狭义的教育慈善
事业。

（三）研究范围的界定

地方政府及其官员修建学校、筹措资金、置办学田、为学生开讲课
程等等，凡此种种，多属善政和恤政，因太过于宽泛，故难以界定。同
时，出于维护其政治统治的连续性，邦国的长治久安，其中虽含有慈善因
素，但也属政府应有之职能，官员应尽之职守。本书特指地方官员以个人

身份"捐俸""捐廉"，捐私款于公举，是"份外"的慈善之举，凡是文献中没有明确记载的，本书不予采纳。

地方官员和士绅作为教育慈善活动的组织策划者和具体经办者，他们出智出力，呕心沥血、苦心孤诣、惨淡经营，献身于教育事业，其行为本身亦属慈善，是为义工，亦为义举，因为不好界定，难以区分，故凡没有明确记载出钱、出地、出物者，本书不予采纳。

宗族、家族内部建立私学、私塾，以教育后辈子侄，因为是亲属关系，于情于理，多属应当，一些方志中亦列为"义举"，本书除明确记载设置义学、义塾外，一般不予采纳。

置办庙田或义田主要是为赡族、恤宗，为了自身宗族的生存延续，兴旺发达，为宗族、家族内部祭祀祖宗、兴修家庙、赡养救助族中鳏寡孤独、贫困无力自养者之用。其中有些义田，也资助族中青年才俊或者贫困子弟读书应举以光耀门庭，这其中也多含有教育慈善之内容，除明确记载外，一般不予采纳。如宋代范仲淹首创范氏义庄，为我国民间义田之始，含有教育慈善之内容，但不是以教育慈善为主要目的。

文庙及其配套设施崇圣祠、名宦祠、乡贤祠，以及相关教化设施文峰塔、文昌阁、魁星（或奎星）楼、敬字亭（或称字纸亭、惜字宫、字库塔等）等等，直接与教育有关，纳入本书探讨范围。而其他一些名人专祠、牌坊的捐助兴修，虽然在广义上也具有教化作用，但本书不予采纳。

方志中《名宦传》《人物传》中有很多"勇于赴义""雅好施济""克敦善行""周恤贫乏""人称其义"等类试描述，可能含有教育慈善之内容，但因其高度概括，描述简略，指向不明，本书也不予采纳。

（四）情况说明

方志所载名宦或本地乡贤仅仅是历史上芸芸众生中沧海之一粟，没有记载的人物未必就没有做过教育慈善。另外，方志、墓志铭、行状等史料有篇幅、字数等诸多限制，多盖棺论定，综述其一生事功，言简意赅，多不具细节，例如"任侠好义""轻财好施""仗义疏财"等了了数语，高度概括，故教育慈善之记载多付诸阙如。

四、研究思路、研究方法

在研究方法上，把个案研究与专题研究有机结合。通过选取上海嘉定、徽州、湖南湘东、江西南昌、山西晋中等五个有代表性的区域进行个案研究，是为上编。在充分占有教育慈善史料的基础上，进行相关专题研究，探讨我国科举时代一千三百年间教育慈善内在的规律性，包括教育慈善的施善主体、教育慈善方式、具体捐助形式、我国教育慈善之特色、教育慈善事业的制约因素、我国教育慈善之作用及影响以及对当今的启示与借鉴等，是为下编。

本书遵奉"有一分材料说一分话""论从史出"之治学理念，故列载大量表格，"以表代述"，用数千条教育慈善史料说话。上下两编共同构成了本书系统的完整的逻辑和理论体系。此外，还利用跨学科、多视域的研究方法，进行宏观的纵向和横向比较研究，同时将宏观理论剖析与微观史实考证有机结合，在此基础上故多有独到之心得。

五、基本观点

中国传统教育慈善源远流长。中国儒家思想的核心是"仁"，墨家思想其中的一个核心命题是"兼相爱"，佛教、道教教义中宣扬"慈悲为怀""普度众生""多行善事，莫问前程"等慈善思想。

中国传统社会教育慈善的施善主体多元化。一部中国古代教育史，就是一部以政府为主导，由政府官员、士绅倡导、组织，由地方商人、富民、普通民众，乃至妇女、乞丐、僧道等社会各个阶层广泛参与的教育慈善史。如果没有最广泛的施善群体的积极参与，中国古代各级官学、书院、社学、义学、私塾等各类学校教育不可能如此稳定发展，中国的文化教育事业不可能如此持久发展并走向繁荣。

中国科举制度下的教育慈善是全方位、多层次的。教育慈善方式，也就是施善者的施善方式，也即教育慈善活动的类型，包括捐资兴教、助教、助学、助奖、助贫、助考等六大类。此外，还有义务出智出力、免费教授生徒、为士子伸张正义、蠲免学校赋税、体恤校工等其他类型的教育慈善活动。

其具体捐助形式是多种多样的。包括捐助银钱，捐置学田、学租，捐献宅基、房屋，捐助学习、祭祀及生活用品、建筑物料等具体捐助形式，并且捐助形式随着社会的发展也有一个动态的发展过程。

中国传统社会教育慈善特色鲜明。我国科举制度下的教育慈善事业总体水平偏低，各地区发展极不平衡。教育慈善与时俱进，随着社会的发展而发展。以各级各类学校为核心捐助目标，教育慈善贯穿士子整个学业生涯。社会各界广泛参与。教育慈善组织发挥了重要作用。教育慈善方式和具体捐助形式灵活多样。乡土局域性和宗族性特征明显。科举制度在教育慈善中具有重要的引领和导向作用。某些教育慈善活动带有一定的功利性和摊派性。

教育慈善事业的发展，受到所处历史发展阶段，当地自然环境、交通区位、人口多寡、经济基础，文化、教育、科举、人才基础，以及民间慈善传统等多种因素的制约。此外，当地民族、宗族以及宗教情况，地方官员的素质，本籍士绅、富民、商人的参与度，慈善组织机构的建设情况等方面，也都会对本地教育慈善事业产生重大影响。

教育慈善的社会作用巨大，历史影响深远。作为慈善事业重要组成部分的教育慈善，通过捐资兴教、助教、助学、助奖、助贫、助考等方式，促进了我国教育事业的发展，提高了国民的综合素质，使选拔人才的范围更加广泛，促进了社会的合理流动和健康运行。教育慈善事业的发展还增进了人的平等，维护了社会公正，保持了社会稳定，推动了社会发展。千百年来，教育慈善事业还在铸就中华民族善良重义、乐善好施、团结互助、尊师重教等优良的民族精神和传统方面发挥了积极作用。

我国传统社会的教育慈善史，给我们当今社会提供了一些有益的启示与借鉴。

六、创新之处

首次把教育慈善从慈善中突显出来，对中国科举时代的教育慈善事业进行了全方位的研究，拓宽了学科研究领域，同时在慈善研究朝着精细化方向发展方面进行了有益的探索。

对相关碑刻和大量方志史料进行了系统梳理，在全国各地遴选出上海嘉定、徽州、湖南湘东、江西南昌、山西晋中等五个有代表性的区域进行个案研究。这些区域覆盖了长江流域及黄河流域的二十八个州县，下编所用史料则涉及我国近百个州县。

对中国科举时代纷然杂陈的教育慈善史料进行了分门别类，条分缕析，并在此基础上，对五个区域分别进行特色凝炼及原因探析，进而对全国层面科举时代一千三百年年间教育慈善的施善主体、施善方式、具体捐助形式、教育慈善特色、制约因素、作用及影响等进行深入探讨。在总结历史上教育慈善得失的基础上，为当下和将来的发展提供启示和鉴戒。

上编　区域个案研究

　　我们在全国各地遴选出上海嘉定、徽州、湖南湘东、江西南昌、山西晋中等五个有代表性的区域进行个案研究。这些区域覆盖了长江流域及黄河流域的二十八个州县。为"敬惜字纸",也免于"流水账"式的罗列,上编诸章第一节《教育慈善活动》多采用"以表代述"的方法。

第一章　上海嘉定地区

嘉定，南宋宁宗嘉定十年十二月初九（公元 1218 年 1 月 7 日）立县，故称嘉定县，今为上海市嘉定区。八百余年来，曾先后隶属于苏州、南直隶、江南省、江苏省、上海市等地区。该地区于嘉定十二年三月始建学宫，十四年冬落成。元代元贞元年（1295）升县为州，始设教授，学校亦随之增扩。明清时期复降为县，设县学，县学设教谕一人，训导二人。始建于宋嘉定十二年的嘉定县学文庙"规制崇宏，甲于他邑"，有"吴中第一"之称。该地区历代都极为重视发展文化教育事业，素有"教化嘉定"之美誉，故把这一江南历史文化名城单独作为一个区域个案，主要利用五十六通历代教育、学校类碑刻史料进行专门探讨。①

---

① 见《科举学论丛》2012 年第 3 辑，线装书局 2012 年版。以下简称"《论丛》"。

第一节 教育慈善活动

一、捐资兴教

（一）捐修儒学

序号	立碑年代	施善者	捐修儒学情况	文献出处
1	宋淳祐四年（1244）	周次皋、丘斌等	时讲堂更创鼎新，寓公周次皋首助费水，丘斌、龙震、廷瑞、薛埴、王子昭、孙继周、吴炎，共相其成，如其家事，计三万四千余缗，米七十五硕	王遂《嘉定县重修县学碑并铭》，《论丛》，第4页
2	宋咸淳二年（1266）	史俊卿等	史俊卿踵其后，主学唐梦翔佐其决，学正王子昭相其劳，俊卿拨其功德寺田七十六亩有奇以备缮修	林应炎《嘉定县学重修大成殿记》，《论丛》，第6页
3	元至治二年（1322）	林懋	至元六年（1269），林懋舍田二顷二亩，岁收米九十石有奇作缮修费，后废弛，至是其米悉并入学中	杨载《修造局田记》，《论丛》，第7—8页
4	元至顺三年（1332）	林畴、瞿懋	林畴摄校时，捐田七十八亩，至顺庚午春，大新孔子庙，林畴子仁等助钱六千五百缗，懋子元辅助钱一千三百缗，舍田五十亩，岁收米二十石	智玉成《嘉定州重建庙学记》，《论丛》，第10页
5	元至正九年（1349）	瞿懋	至顺改元，名儒梅岩瞿先生懋乐捐己田壹百余亩入于学，岁计租米五十余硕，以充养士，又助钱中统壹千叁伯缗修饰黉宇	薛元德《梅岩瞿先生作兴乡校记》，《论丛》，第11—13页
6	元至正二十一年（1361）	杨仁、林震、林复等	兼摄州事者太尉府分帅张元良率力义之家，教授陈公礼复请于贰守铁侯、张侯、州倅贺侯，遂相与完成，助学田者杨溪杨仁，增益其所未备者三山林震、林复	杨维桢《嘉定州重建儒学记》，《论丛》，第15—16页

序号	立碑年代	施善者	捐修儒学情况	文献出处
7	明永乐二十一年（1423）	知县陆枢	知县陆枢重修文庙，凡工佣之费，稍廪之给，一出于己私，不烦于官，不资于众，功成而不扰	孙善同《嘉定县儒学重修文庙记》，《论丛》，第17页
8	明宣德四年（1429）	王士昌等	鼎新儒学，或助以木植，或施财以饰贤像，或协力以敷人工，又得郡别驾等亦相与助，嘐城王士昌罄其己财以厥事，李惠复以义助，捐助者有陶谦等人	李惠《重鼎新儒学记》，《论丛》，第18页
9	明成化五年（1469）	尚义之士	乃集尚义之士于学宫，醵金以图规恢之计，协谋捐橐得金若干，作大成殿、灵星门，两庑暨学仓亦新之，不靡财于公，不殚力于民	陈鉴《嘉定县重建儒学记》，《论丛》，第19页
10	明成化十八年（1482）	知县刘翔	乃召匠经始，左即河，右即庑，列屋若干楹，壁前为暗窗，其后为明楼……民不知劳，士用竞劝	王鏊《重修学舍记》，《论丛》，第21页
11	明正德七年（1512）	王知县	捐俸为值，据古酌今，完者因之，缺者补之，敝而可销者销以新之，命邑人蔡棠董其工，三越月始讫	邓璀《嘉定县大成礼器记》，《论丛》，第22—23页
12	明嘉靖十五年（1536）	知县李资坤、邑人	其综理尤周密者，贸常稔田百六十亩，所入租岁可得一百三十石以等余费，又筑廛于弃地，共一百五十舍，以所入租银一百二十两归诸学以备修废，而春秋之享祀，生徒之笔札膏烛，洎贫而婚葬不能举者，俱于是办，又即所辟旁近地置为小学，庙宇斋堂亦具完洁	吴惠《嘉定县兴修庙学之记》，《论丛》，第29页
13	明嘉靖三十二年（1553）	富僧	会有僧以富干法而刑疑宜赎，罚使捐财为费，工成得释，而官不知费，民不知役	欧阳德《嘉定县重修儒学记》，《论丛》，第32—33页

续表

序号	立碑年代	施善者	捐修儒学情况	文献出处
14	明万历三十一（1603）	金可绶、邑士大夫	金生可绶首撤其屋庐以倡，诸生亦各视其力捐赀以为酬，其买地则邑士大夫之捐赀，其浚渠则坊厢居民之效力，时共事僚友泗州胡思诚、溧水武光宸，而首事则诸生潘拱极、周道隆等	王善继《嘉定重浚学前二渠记》，《论丛》，第38页
15	明天启四年（1624）	知县卓迈等	龚君与其僚及县佐各捐月俸，诸弟子亦捐膏膳之余以佐厥费	须之彦《嘉定县重修学宫记》，《论丛》，第43页
16	清康熙元年（1662）	嘉定教谕王彬	首倡修明伦堂、尊经阁、启圣祠、聚奎楼，三年告竣，鸠工浩大，费几数千金，梓材丹雘，半捐己赀葺之	《王质公先生崇教修学碑记》，《论丛》，第47—48页
17	清康熙三十三年（1694）	教谕毕天庚等	本县正堂加四级周捐银捌两，本学正堂毕捐银五两……	毕天庚《重建儒学大门工费小引》，《论丛》，第10页
18	清雍正十二年（1732）	知县程国栋、俞秦锦	捐金一百六十两为倡，邑之绅士乐助白金二百九十两有奇，诸生俞九滋父监生俞秦锦前年捐田五十亩于学	知县程国栋《嘉定县重修学宫记》，《论丛》，第55页
19	清乾隆元年（1736）	知县程国栋	捐一月养廉倡之，余给于绅士之乐助者，旬有五日而告竣	程国栋《重修文昌阁、魁星亭记》，《论丛》，第56页
20	清乾隆十四年（1749）	周基、庄自勉等	谋之邑士，取河夫七之一，免彼浚河约略土方，夫出银一金，不旬日而捐毕，学宫既竣，武庙是葺，捐资之余，修文昌阁、魁星亭，董修绅士周基、庄自勉等	嘉定知县杨景曾《己巳重修学宫记》，《论丛》，第57页

序号	立碑年代	施善者	捐修儒学情况	文献出处
21	清乾隆五十六年（1791）	知县于一芳、邑绅	知县于一芳倡率劝捐，众皆乐输恐后，聚金制用，虑材鸠佣，与西庑并营之，其捐金用之而未尽者，遂及于大成之门	儒学教谕程瑶田《嘉定文庙重建两庑暨修儒学明伦堂记》，《论丛》，第59—60页
22	清嘉庆三年（1798）	生员浦毓秀等	诸同人共推浦生毓秀任事，克有始终，于是捐助六十金，浦生又约其契好者输成百金，筑岸，植树	刘崧秀《嘉定县儒学汇龙潭种树记》，《论丛》，第60页
23	清道光八年（1828）	邑士等	教谕龚庆来、县丞姚大成、巡检胡廷宜、典史唐玉樽与邑士贤者，益合邑士之资，共得万余缗	知县淡春台《嘉定县重修庙学碑》，《论丛》，第63页
24	清道光八年（1828）	教谕龚庆来等	不佞亦承乏于兹，志同□协，相与筹款，为诸君子倡	教谕龚庆来《嘉定学改建魁星阁记》，《论丛》，第64页
25	清同治四年（1865）	邑人徐应祥等	重修学宫，董是役者，邑人徐应祥、钱庆曾等	杨震福《重修嘉定县学宫记》，《论丛》，第69—70页
26	清光绪六年（1880）	县民	按亩计捐，亩出十文，戊寅夏，程其珏来知县事，谕民捐纳，费金逾二万，中翰吴东明始终董事，明经杨震福、广文童式谷、上舍殷怀濂与有力焉	知县程其珏《重修嘉定县学校碑记》，《论丛》，第71页

（二）捐修书院

序号	立碑年代	施善者	捐修书院情况	文献出处
1	明万历三十二年（1604）	知县韩浚，诸生李绳	选地学之东偏，延袤百武，乃诸生李绳之业也，本生雅意慕古，乐观厥成，知县韩浚出俸糈庀财用，再阅月而告成，署曰"明德"	韩浚《新建明德书院记》，《论丛》，第40—41页
2	清康熙二十年（1681）	邑人	相与卜邑西数武建院，树能言片石以铭其恩，萃当车赤子之心，镂空谷白驹之爱，万年俎豆，四季蒸尝，将在斯矣	许自俊《陆侯清廉书院碑记》，《论丛》，第48—49页
3	清康熙二十六年（1687）	米铺、牙行公捐	米铺、牙行拊心加额，恩逾覆载，各捐其私赀，公建长生书院于白鹤古寺之中，匠石积若干工而不以为烦，良材坚甓所费不赀而不以为艰	石崧《公建抚宪赵公长生书院碑记》，《论丛》，第50—51页
4	清乾隆十年（1745）	陈时叙等	盍更各有所捐，撤其旧而新之？陈时叙、朱安池、周玉麟、胡承祚、姚大瑞、李大复、李大经各出其赀以克有集争，共縻白金六百两有畸	王鸣盛《重修惠民书院记》，《论丛》，第56—57页
5	清雍正三年（1725）	知县赵向奎等	知县赵向奎首捐俸为倡，司训秦敬熙统领诸务，邑之人士相与鸠工庀材，董工诸生捐建兴文书院于明伦堂之右偏	张云章《兴文书院碑记》，《论丛》，第53—54页
6	清乾隆三十年（1765）	杜念曾	岁乙酉暮春，稍积俸钱，择地于文庙之东偏，即应奎书院旧址扩而新之，阅三月而告成，额曰"当湖书院"，文学汪子大猷实经营终始	杜念曾《新建陆公书院碑记》，《论丛》，第58页
7	清嘉庆十年（1805）	知县吴桓	捐俸钱三佰余千文，俾余与曹于庭名仁凤，予邑人也，饬材鸠工，克期兴修，而掌教长洲顾剑峰名日新、监院宜兴刘朗山名瑗，亦相与朝夕筹划	朱春生《重修当湖书院记》，《论丛》，第62页

续表

序号	立碑年代	施善者	捐修书院情况	文献出处
8	清咸丰八年（1858）	知县李本荣、叶家桢、王馥铨等	捐资衔名刻右：邑宰李捐一百千文，秦世善堂捐四十千文，徐受祺堂捐十五千文，黄其顺堂捐十五千文，叶家桢捐八千文，王馥铨重号田十七亩，天号田十四亩七分五里厘，额租二十三千、二十一千，丁耀先一百千文，汪雨田一百千文，等等	李本荣《重修当湖书院记》，《论丛》，第69页
9	清同治四年（1865）	邑人	是役也，输捐若干，庀材若干，鸠工若干，以及董事姓名、膏火经费，均勒于后	汪福安《重建嘉定当湖书院记》，《论丛》，第70页
10	清光绪十六年（1891）	官员、邑人	爰与父老集议，倡捐俸银，并提邑中积存经费共二千九百余缗，于是庀材鸠工，废者建之，圮者植之，欹者正之，奂为改观	林殿臣《重修当湖书院碑文》，《论丛》，第72页
11	清道光八年（1828）	乡民	道光乙酉丙戌间，里之父老相□□建书院，而安亭书院之建，独合于古尚庠术序之意	梁章巨《安亭新建震川书院记碑》，《论丛》，第66页
12	清道光八年（1828）	知县淡春台、士绅胡埔等	时倡捐重赀者为昆邑胡埔，倾赀力以督其成者，为□□□□□闻风相率出资以集事，皆一时之贤士大夫也，寺有田五十亩，为寺僧典卖，胡埔输千金赎之，以岁之所入，供院中生膏火费	王步瀛《新建震川书院碑记》，《论丛》，第66—67页

二、捐资助学

(一) 捐置学田、学租

序号	立碑年代	施善者	捐置学田情况	文献出处
1	南宋咸淳二年（1266）	知县史君	史君遂拨其功德寺田七十六亩有奇，曰是为后之缮修备	林应炎《嘉定县学重修大成殿记》，《论丛》，第6页
2	南宋咸淳二年（1266）	知府邹公，学正王子昭，知县史君	得田壹仟叁佰陆拾贰亩贰步，租叁佰玖拾壹石肆斗捌升捌合……内壹佰肆亩壹角玖步，租伍拾陆石伍斗，乃郡太守、编修邹公发俸资置到，余皆本学陆续添置，得学正东祁王君首拨己产添助，而四明渔川史宰拨田继之，共计柒佰柒拾叁亩肆合伍步，租贰佰肆拾肆石贰斗柒升	唐梦翔《廪士田租记》，《论丛》，第6页
3	南宋咸淳五年（1269）	林懋	至元六年，林君之父前太学进士讳懋舍田二顷二亩，岁收米九十石有奇，给以缮修之费，后废弛，至是其米悉并入学中	杨载《修造局田记》，《论丛》，第7—8页
4	元至元二十五年（1288）	王子昭	邑士东祁王先生子昭惧乡校废弛，无以作育善类，遂捐己田贰拾柒顷陆拾柒亩有奇，岁收租米壹千壹百壹拾余硕，拟创义塾，以教乡闾子弟，志未遂而疾作，临终乃嘱其弟子润曰："是田归于学。"	薛元德《故宋东祁王先生归田兴学记》，《论丛》，第13—14页
5	元延祐三年（1316）	沈氏父子	今忠翊之父仕宋，尉安丰之霍邱，欲仿古为家塾，不幸赍志以殁，则嘱其子武略，武略又卒，忠翊缵成其父若兄之遗意，乃卜地舍北……中书表其门曰"义塾"	邓文原《东阳义塾记略》，《论丛》，第7页
6	元至顺三年（1332）	林畴、瞿元辅	林畴摄校时，捐田七十八亩。至顺庚午春，大新孔子庙，林畴子仁等助钱六千五百缗。懋子元辅助钱一千三百缗，舍田五十亩，岁收米二十石	智玉成《嘉定州重建庙学记》，《论丛》，第10页

序号	立碑年代	施善者	捐置学田情况	文献出处
7	元至正九年（1349）	瞿懋、瞿元辅、瞿显祖	至顺元年，瞿宾序元辅用钞代故父瞿梅岩先生置到苗田肆拾叁亩壹分，计租米贰拾石，并舍中统钞壹阡叁佰缗舍入本学。至正元年一月，瞿宾序元辅用钞置到苗田地贰拾肆亩贰分伍厘、营田玖亩四分三厘，租米贰拾石壹斗，舍入本学。至正元年二月，瞿直学祖置到苗田地贰拾柒亩陆分伍厘、成田□□□分，租米壹拾四石七斗，舍入本学。总计共舍入本州儒学田地共壹顷柒亩玖分叁厘，岁收正租米伍拾肆石捌斗，并舍中统钞壹阡叁佰缗	学正薛元德《梅岩瞿先生作兴乡校记》，《论丛》，第11—13页
8	元至正二十一年（1361）	杨仁、林震、林复	兼摄州事者太尉府分帅张元良劝率力义之家，教授陈公礼复请于贰守铁侯、张侯、州倅贺侯，遂相与完成，助学田者杨溪杨仁，增益其所未备者三山林震、林复	杨维桢《嘉定州重建儒学记》，《论丛》，第15—16页
9	明嘉靖十四年（1535）	知县李资坤，邑人	度阛阓弃墟，创复社学，扁曰"四门小学"。其在乡，则于贸迁之聚曰镇，大小凡有十六，皆即老佛故宫泊遗塾改葺为社学。又恐廪禄之恒未足经费，社学尤蔑所联属，乃设措劝相得积置田总五顷六十亩为学田，旁辟廪四百零二舍为学廪，岁可得租易银四百九十四两有畸	甘元隽《大小学田廪记》，《论丛》，第25页
10	明嘉靖十五年（1536）	知县李资坤，邑人	下令诸镇平价易民田凡七百七十有一亩。又按籍规诸隙地可列肆者，为屋凡三百三十楹。岁田租之入，得米一千二百三十有三斛，率四十斛输十金。赁金以两计者，二百六十四。会其入，总之五百七十二两有赢。归之儒学者二十之七，余之颁之小学则有差	周凤鸣《嘉定县学田记》，《论丛》，第25—26页

续表

序号	立碑年代	施善者	捐置学田情况	文献出处
11	明嘉靖十五年（1536）	知县李资坤，邑人	其综理尤周密者，贸常稔田百六十亩，所入租岁可得一百三十石，以等余费，又筑廛于弃地，共一百五十舍，以所入租银一百二十两归诸学，以备修废。春秋享祀，生徒笔札膏烛，洎贫而婚葬不能举者，俱于是乎办焉	吴惠《嘉定县兴修庙学之记》，《论丛》，第29页
12	明嘉靖十五年（1536）	知县李资坤，邑人	今广福小学既成，复赡以常稔之田约三十二亩，以资其用	顾名儒《杨溪小学记》，《论丛》，第30页
13	清雍正十二年（1732）	监生俞秦锦	太学生俞秦锦前年捐田五十亩于学，是亦可嘉	嘉定知县程国栋《嘉定县重修学宫记》，《论丛》，第55页

（二）捐置膏火

序号	立碑年代	施善者	捐置膏火情况	文献出处
1	元至正元年（1335）	好义者	会民有隐斥堙者，自归于官，侯命籍而属之学，以供粢盛廪饩俎豆之用，于是庙学之事无或不供者矣……其好义所助者，并刻诸阴	柯九思《三皇庙学记》，《论丛》，第11页
2	明嘉靖十五年（1536）	知县李资坤，邑人	其综理尤周密者，贸常稔田百六十亩，所入租岁可得一百三十石，以等余费，又筑廛于弃地，共一百五十舍，以所入租银一百二十两归诸学，以备修废，而春秋之享祀，生徒之笔札膏烛，洎贫而婚葬不能举者，俱于是乎办焉	吴惠《嘉定县兴修庙学之记》，《论丛》，第29页

序号	立碑年代	施善者	捐置膏火情况	文献出处
3	清雍正七年（1729）	教谕程书	吾同年友程君以奉旨特用，于雍正六年四月十六日来掌教事……继而捐俸设馔……新进之贫者，皆□□□。赵生者，御史公后也，知其贫甚，更伙助之，寒酸感颂	陆缙《皇清乡进士署嘉定学教谕程先生教思碑记》，《论丛》，第54—55页
4	清嘉庆三年（1798）	知县谢生翘，邑人秦恳亭等	犹念寒畯于蔺粥，倡率绅士量力伙助，远近闻者，踊跃争先，计得朱提三千金，存典生息，生童膏火之资，课试花红之奖，皆取给其中……将捐助姓氏钱数开后：秦恳亭捐钱贰百肆拾千文……潘廷仪捐钱拾千文	钱大昕《当湖书院养士经费记》，《论丛》，第61—62页
5	清道光八年（1828）	胡墉	寺有田五十亩，为寺僧典卖，胡墉输千金赎之，请于当事者以岁之所入，供院中生膏火费	王步瀛《新建震川书院碑记》，《论丛》，第66—67页
6	清道光十一年（1831）	邑人	共捐得钱七千余千文，分存典、盐、商钱铺三处，按一年十个月一分生息，拨典中三千千息为诸生乡试、举子会试路费，其四千余千息作月课膏火之费	保先烈《当湖书院经费碑文》，《论丛》，第67—68页
7	清同治四年（1865）	邑人	是役也，输捐若干，庀材若干，鸠工若干，以及董事姓名、膏火经费，均勒于后	汪福安《重建嘉定当湖书院记》，《论丛》，第70页

三、捐资助贫

明嘉靖十五年（1536），嘉定知县李资坤号召邑人众筹资金，购置常稔田一百六十亩，所入租岁可得一百三十石，又筑店铺于弃地，共一百五十间，以所入租银一百二十两归诸学用于校舍修缮，春秋享祀，生徒笔札膏烛，以及资助那些不能置办婚葬之贫困生员。①

清雍正七年（1729），县学教谕程书，对于新进之贫者，尤加抚恤。其中有赵姓生员，乃御史之后，程书"知其贫甚，更饮助之，寒酸感颂"。②

嘉庆三年（1798），嘉定知县谢生翘，犹念寒畯于饘粥，倡率绅士秦恳亭、潘廷仪等量力饮助，计得朱提三千金，存典生息，生童膏火之资，课试花红之奖，皆取给其中。③

四、捐资助考

清道光十一年（1831），邑人共捐得钱七千余千文，分存典、盐、商钱铺三处，按一年十个月一分生息，拨典中三千千息为诸生乡试、举子会试路费，其四千余千息作月课膏火之费。④

同治五年（1866）《义仓宾兴公交车恤嫠章程碑》载："宾兴公交车，向有捐存生息款项，匪扰抢失。现于公费六百文内，每两捐钱五文。以四分之一为公交车，四分之三为宾兴。每届乡、会试之年，照人数摊派。如遇交卸，按数交清，不得列入交代。"⑤

第二节　教育慈善特色及原因

一、特色

（一）教育慈善历史悠久，碑刻文献保存较好

北宋仁宗庆历年间（1041—1048）天下郡县皆立学。嘉定，南宋宁宗嘉定十一年（1218）建县，次年三月即兴建学宫，嘉定十四年仲冬竣

---

① （明）吴惠：《嘉定县兴修庙学之记》，载《论丛》第 29 页。

② （清）陆缙：《皇清乡进士署嘉定学教谕程先生教思碑记》，载《论丛》第 54—55 页。

③ （清）钱大昕：《当湖书院养士经费记》，载《论丛》第 61—62 页。

④ （清）保先烈：《当湖书院经费碑文》，载《论丛》第 67—68 页。

⑤ （清）汪福安：《义仓宾兴公交车恤嫠章程碑》，载《论丛》第 70—71 页。

工。二十三年后理宗淳祐四年（1244），更创鼎新讲堂，"计三万四千余缗，米七十五硕，未尝有取于吏胥牙侩"，周次皋、丘斌、丘龙震、丘廷瑞、薛埴、王子昭、孙继周、吴炎等当地士绅便积极捐助，"共相其成如其家事"。①

此后，又过了二十二年，至度宗咸淳二年（1266），嘉定县学重修大成殿，知县史俊卿拨其功德寺田七十六亩有奇作为以后缮修之备。②另据该年宋代唐梦翔《廪士田租记》载，实有田一千三百六十二亩有余，租三百九十一石有余，其中学正王子昭最先把自己的一些田产划归校产作为学田，知县史俊卿捐助七十六亩，郡太守、编修邹公出自己工资购置学田一百零四亩一角九步，租五十六石五斗，"自此教养粗给，宫墙重新，是皆诸公力也。"③后来至元代至元二十五年（1288），王子昭临终前又把自己准备筹办义学的二千七百六十七亩多巨额田产，岁收租米一千一百一十余石，无偿捐给了嘉定县学，作为县学的办学经费。④此外，南宋咸淳五年（1269），林懋也曾捐田二顷二亩，岁收米九十石有余，也作为学田。⑤

而后，至元而明清，历次县学、书院的兴建、修缮，学田的捐置，都镌之于碑，载之方志。嘉定乃文献之邦，人文荟萃，非常重视历史文献的保存，故今日这些碑刻史料多存上海嘉定博物馆。

（二）高度重视对县学和书院的捐助

由前表可见，嘉定一邑，自南宋置县建学后，历代都很重视办学。地方官员自总督、巡抚以下，包括提学副使、监察御史、知府等，尤其是作为地方官的历任知县和主管地方教育的县学教谕，他们职守所在，更是高度重视办学。

无论是官员还是地方士绅，他们都认识到办好教育的重要性。元代

---

① （宋）王遂：《嘉定县重修县学碑并铭》，载《论丛》第 4 页。

② （宋）林应炎：《嘉定县学重修大成殿记》，载《论丛》第 6 页。

③ （宋）唐梦翔：《廪士田租记》，载《论丛》第 6 页。

④ （元）薛元德：《故宋东祁王先生归田兴学记》，载《论丛》第 13—14 页。

⑤ （元）杨载：《修造局田记》，载《论丛》第 7—8 页。

智玉成《嘉定州重建庙学记》载："盖天下之风化，不可一日而亡教也。隆古盛时，上自王宫国都，下及闾巷，莫不有学，所以淑人心，一民俗，俾迁善向化，胥出于教之本原哉?"① 元代薛元德《梅岩瞿先生作兴乡校记》也说："至宋庆历间，天下郡县皆立学，视昔为极盛。国朝龙兴，诞颁明诏，大兴学校，专设官以主领其事，道□名贤，在在又立精舍以祀事，视宋尤为盛。"② 元至正年间，兼摄州事太尉府分帅张元良看到学宫倾颓，也说："时论虽急矣，而吾庠序之教，纲常所系，不可以一日废也。"③

重教兴学也是地方官员职守分内之事，对此他们皆有清醒的认识。元延祐六年（1319），周思明任嘉定知州，视察学校，喟然太息："守土于兹，以承流宣化为职，学校不修，无以奉行诏书，惧获罪戾。"④ 认为办不好学校是没有履行操守，害怕获罪。泰定四年（1327）冬，赵道泰任嘉定知州，次年，监察御史韩镛拜谒文庙之后对他说："庙与学，毋相亵，当析而二之，尔所职也。"⑤ 至正十四年（1354）四月初一日，平江路嘉定州儒学教授朱孔昭《教授题名记》："故领教者当知其职有三：曰祭祀，曰教养，曰修造。三者不废，斯不旷厥职矣。"明代吴惠《嘉定县兴修庙学之记》载，知县李资坤下车伊始，见到庙学破败不堪，不禁恻然："学校为政首务，顾俾之芜陋乃尔，是维有司之羞，宜亟图之。"⑥

时人非常重视兴办书院。清嘉庆三年（1798）钱大昕《当湖书院养士经费记》载："在昔文翁兴学，而遐徼有邹鲁之风；鹅湖听讲，而庠序知义利之辨。宋元名儒，所到必创兴书院，明道义于斯，登俊良亦于斯。验之于今，岂不信而有征哉!"⑦ 道光八年（1828），梁章巨《安亭新建震川书院记碑》载："书院之兴，所以为学校之辅也。国家文教覃敷，江南

① （元）智玉成：《嘉定州重建庙学记》，载《论丛》第 10 页。
② （元）薛元德：《梅岩瞿先生作兴乡校记》，载《论丛》第 11—13 页。
③ （元）杨维桢：《嘉定州重建儒学记》，载《论丛》第 15—16 页。
④ （元）杨载：《修造局田记》，载《论丛》第 7—8 页。
⑤ （元）智玉成：《嘉定州重建庙学记》，载《论丛》第 10 页。
⑥ （明）吴惠：《嘉定县兴修庙学之记》，载《论丛》第 29 页。
⑦ （清）钱大昕：《当湖书院养士经费记》，载《论丛》第 61—62 页。

人文尤盛，府州县各立书院，蔚然相望。"①

地方士绅也觉悟较高。明代天顺元年（1457）知县龙晋"乃集尚义之士于学宫，醵金以图规恢之计。众欣然谓义事也，义而弗为，无勇也。虽微贤令之劝犹强为之，况劝之厪耶？乃协谋捐橐得金若干，于是乎饬材鸠工，作大成殿、灵星门，两庑暨学仓亦新之。""义声之倡，成此伟图"。②

在地方官员的倡导和组织下，地方士绅积极参与捐助县学、书院、社学等学校的兴建、修葺、增补，以及各学校的学田、膏火。

（三）捐助的功利性较强

历代地方官员积极投身到教育慈善之中，一方面，他们作为科举制度的成功者和受益者，想实实在在为民办事，恪尽职守以期"立德立功立言"，名垂青史；另一方面，也不排除他们当中的一些官员、士绅通过教育慈善形象政绩工程，借以获得入仕、提拔和重用。必要的教育慈善投入是为了自己日后的官运亨通，为了将来更多地敛财。

王彬字质公，江南扬州府高邮州宝应县人，清顺治丙戌（1646）科举人，丁亥（1647）科会试副榜，任嘉定县教谕七年有余。他倡修县学明伦堂、尊经阁、启圣祠、聚奎楼，三年告竣，工程浩大，费几数千金，王彬自己独捐一半。因捐资修建学宫，由嘉定县学教谕而升江西饶州府德兴县知县。③

道光十年（1830），嘉定、昆山、新阳、青浦毗邻四县绅士及寓居客绅捐建震川书院，获道光皇帝嘉奖，特下谕旨一道，刻之于石，是为御碑。碑文如下：

> 道光十年十月初一奉上谕：陶淑奏绅士捐建书院恳请奖励一折。江苏嘉定县安亭江上有明儒归有光读书之处，经该县并毗连之昆山、

---

① （清）梁章巨：《安亭新建震川书院记碑》，载《论丛》第66页。
② （明）陈鉴：《嘉定县重建儒学记》，载《论丛》第19页。
③ （清）《嘉定儒学教谕王质公先生崇教修学碑记》，载《论丛》第47—48页。

新阳、青浦四邑绅士暨寓居客绅捐建震川书院，善举速成，洵堪嘉尚。所有捐银四千两以上之嘉定县监生张鉴、三千两以上之昆山县捐职州同胡墉、五百两以上之昆山县候选翰林院待诏胡镜、寓居该处之工部郎中李秉绶，均着加恩，交部分别议叙。监生张鉴出资既多且董办出力，着交部从优议叙。前任嘉定县知县捐升道员淡春台首先倡捐银四千余两，督令绅士创修，又现任嘉定县知县保先烈妥筹竣事，俱着加恩，交部议叙。其余五百两以下捐资各人，照例咨部请叙，以示奖励。该部知道。钦此。①

由此可以看出，所有捐资的前任和现任知县、捐职、候选官员，寓居本地之京官，监生，"俱着加恩，交部议叙"，其实这是一种变相的捐纳。

还有些官员和士绅，捐助教育慈善还会给他们带来名誉上、精神上的收益。至元二十五年（1288），嘉定县人王子昭临终前把自己的二千七百六十七亩田产，岁收租米一千一百一十余石，无偿捐给了县学。至正九年（1349），为立《故宋东祁王先生归田兴学记》石碑于县学，正如碑阴所刻立碑呈状："尝谓田归学校，士有好义之心；碑立宫墙，礼尚彰善之典。"②施善者捐助了银两、田地，政府和县学作为报答，在县学立碑以记功德，垂之永久。雍正三年（1725），知县赵向奎捐俸倡建兴文书院，不仅立碑记功，还为之设立生祠供奉。③由此看出这其中必然存在捐助者的慈心善念，但也不能完全排除其功利性的一面。

（四）募捐手段多样

如前表所列，通常的募捐手段是在兴修大型工程时，官员捐廉、捐俸带头倡捐，地方士绅或捐银钱，或捐田产、财物，或积极主动或消极被动地参与其中。除此之外，还有一些较为特殊的形式，现依年代先后顺序

---

① （清）《震川书院御碑》，载《论丛》第67页。

② （元）薛元德：《故宋东祁王先生归田兴学记》，载《论丛》第13—14页。

③ （清）张云章：《兴文书院碑记》，载《论丛》第53—54页。

罗列如下：

以赎代刑，用于教育慈善。明成化十年（1474），监察御史林正修建县学尊经阁，而经费一无所出。他的筹措办法是审讯那些羁押的犯人，只要不是怙终不悛者，令其收赎，知县吴哲就用这笔钱买料佣工，工程很快告竣。[1]明嘉靖三十二年（1553），嘉定县重修儒学，时公帑不盈，民财犹匮。正巧有个僧人以富干法，而"刑疑宜赎"，知县万思谦将其捉拿归案，并晓谕令其赎刑，把罚款充作修建县学的经费，富僧也工竣后得释。[2]

政府出公帑购置学田，周济贫士虽是恤政，亦为政府教育慈善。据万历四十一年（1613）嘉定知县胡士容所立《置买学田始末碑》载，应天巡抚、都察院右金都御史徐民式非常重视办学，他认为南直隶苏、松、常、镇四府本是海内人文首善之地，但近年来士风堕落，文风不振，究其原因，"皆缘教官怠于会课，贫士窘于治生"，灯膏罔继，士子何以进德修业？他对贫寒士子尤为怜悯，"为啼号所窘，灯火无资者，情其可悯"，并多次拨公款以资助地方办学。曾把见存苏州府库的关课银六千一百二十一两有余，"置买学田赈贫供课，永为赡士之惠"，分派苏、松、常、镇四府各县，其中派发嘉定县置买学田银二百五十两；另外，又把万历二十四年（1596）分胖袄银等项银一百五两有余拨给嘉定县学购买学田。又在放存条编、河夫二项银四百四十六两多之内动支一百二十五两有余划拨给嘉定县学购置学田。田价总共用银四百八十一两有余，购买学田一百七十二亩有余，共该收租米一百六十五石有余，除完税粮外，该实纳租米一百十三石一斗有余，每石折合银五钱，共实该纳银五十六两五钱八分九厘一毫。他要求地方官员"除完税粮外，余租若干以供该学诸生会课供应，并备周恤贫儒。"并谆谆告诫："务使贫士永沾实惠。"[3]

实行户捐，捐输银两以代河工之役。清康熙二十三年（1684），许自俊《闻邑侯重建学宫碑记》载，"计嘉定之征缮，惟河工一役，用一可以

---

[1]　（明）陆钺：《嘉定尊经阁记》，载《论丛》第20页。
[2]　（明）欧阳德：《嘉定县重修儒学记》，载《论丛》第32—33页。
[3]　（明）胡士容：《置买学田始末碑》，载《论丛》第41—43页。

缓二。昔民力民财并用，今用民财以宽民力，上不苛而下不怨，工不烦而用不乏。"① 此时人们主动捐助，或者官员出面让少数几个地方士绅出资捐助都不大现实，所以才让百姓捐输银两以代河工之役。清雍正元年（1723），重修明伦堂，"议如闻侯故事。"② 乾隆十二年（1747），知县杨景曾重修学宫，"取河夫七之一，免彼浚河，约略土方，夫出银一金。众情颇劝，不旬日而捐毕"。③

按亩计捐。因清末洪秀全领导的太平军与清军开战，曾一度占领嘉定，"宫墙之旁鞠为茂草"。修缮县学而无经费，既不能动用公帑，又怕按照人头抽税募捐而激起民变，于是"援武阳诸县案，按亩计捐，亩出十文，于勘定熟田条银内带收，五忙合之可得三万缗，于工有济，于民亦无伤，众议佥同。"由知县曾某报上级批准后即开始实行。后来由于当年收成不好，延期一年动工，于是就停工了。光绪四年（1878）夏，程其珏继任嘉定知县，"急延绅士商之，趣开工，谕民捐纳。如前迟缓者为之督催，未两年事蒇，凡屋宇悉如旧……是役也，经始于元年（1875）十月，落成于五年十月，费金逾二万，阅时及四稔。"④ 当时人民饱受民族压迫和阶级压迫的双重折磨，生活极其艰难，在这种情况下，地方官员也只好变通一下策略，改户捐而为按亩计捐，亩出十文，这样，就相对公平，而且易于筹措。

（五）重视对基层学校社学、小学的捐助

有两篇碑刻材料非常珍贵，记述了明代嘉靖年间嘉定知县李资坤创复社学十六处，并劝捐置办学田五百六十亩，后增至七百七十一亩，学廪四百零二舍，为屋凡三百三十楹，以维持社学的正常运营。现予以摘录，其中一篇为明代甘元隽《大小学田廪记》：

---

① （清）许自俊：《闻邑侯重建学宫碑记》，载《论丛》第49页。
② （清）《重修明伦堂记》，载《论丛》第52—53页。
③ （清）杨景曾：《己巳重修学宫记》，载《论丛》第57页。
④ （清）程其珏：《重修嘉定县学校碑记》，载《论丛》第71页。

　　天下郡县儒学各一，制额也。嘉定以"十八学"称，何？合社学言之也。社学，小学斅也，近世废，弗讲矣。嘉靖乙未（十四年，1535），滇南李侯令邑之明年，慨学制未备，何以作人？于是度阛阓弃墟，创复社学，扁曰"四门小学"。其在乡，则于贸迁之聚曰镇，大小凡有十六，皆即老佛故宫泊遗塾改葺为社学，学旁各设土谷祠附焉。是时，政成日暇，侯每阅莅射讲习，又恐廪禄之恒未足经费，社学尤蔑所联属，乃设措劝相得积置田总五顷六十亩为学田，旁辟廛四百零二舍为学廛。田取赋赢，廛取僦直。岁可得租易银四百九十四两有畸，酌量分赡，以佐厥费。儒学宗会，用广其数，为两一百六十八；四门学师四人，仪节多附，为两八十；其余，师三人者，二十四；师二人者，皆十七；师一人者，皆十。差次略定，立司田、司簿程约，出入以逆折减没。于是，春秋、旦望、飨射、较赏，以及颐老乡约之会、贫病婚葬之助，咸取具焉。……侯名资坤，字伯生，别号雯岩。①

另外一篇是明代周凤鸣的《嘉定县学田记》：

　　昆阳李侯资坤为令之二年……于是十六镇悉建有小学。措画自侯，不廑公帑，率作省成，溢有赢羡，乃惟瞻学，必求永图，乃下令诸镇平价易民田凡七百七十有一亩。又按籍规诸隙地可列肆者，为屋凡三百三十楹。岁田租之入，得米一千二百三十有三斛，率四十斛输十金。赁金以两计者，二百六十四。乃萑其录为学户，以书揭之，别而复之，岁取其什一，以供公赋。会其入，总之五百七十二两有赢。归之儒学者二十之七，余之颁之小学则有差。镇简生员一人教之，大镇益教读二人，次一人。乃四门小学，则学官一人莅摄之，而诸镇咸禀约束，月稽其绪，三阅月巡问，而比其

---

① （明）甘元隽：《大小学田廛记》，载《论丛》第25页。

惰勤，达之县而更置之，而劝惩行焉。凡学司田，一人执其总，司
簿二人赞之，逆会以待饮射，以待祀缛，以待饔饩，以待牍笔，以
待赍贽，以待昏冠，以待陁，以待丧纪。岁终，振其余财。积三岁，
又振敛之，以待工事。县受纪参互，以考其成。①

详细记载了在嘉定县城内设"四门小学"一所，派学官一人管理，
而其他全县十六镇各设一所社学，各镇社学负责人"教读"亦皆听命于
"四门小学"学官之约束。所掌学田，由专职人员负责。另据嘉靖十五
年（1536）顾名儒《杨溪小学记》所载，建于杨溪镇的广福小学获学田
三十二亩，并"镌书数帙，以便颂习。"②

（六）慈善家族

王子昭，号东祁，笃学好义，砥名砺节，南宋末年，嘉定县学"得
学正东祁王君首拨己产添助"，"自此，教养粗给，宫墙重新，是皆诸公力
也"。③入元后，王子昭"惧乡校废弛，无以作育善类，遂捐己田贰拾柒
顷陆拾柒亩有奇，岁收租米壹千壹百壹拾余硕，拟创义塾以教乡闾子弟。
志未遂而疾作，临终乃嘱其弟子润曰：'是田归于学。'时至元二十五年
（1288）也。由是学廪充足，主讲席者，岁不乏人，迨今成材者众，乡人
咸思先生之德而不能忘也。"④

林畴，号坦斋，为时名儒，留志乡校，摄校时，即捐田七十八亩。
至顺元年（1330）春，嘉定州重建庙学，其子仁、义、礼、智、信，助钱
六千五百缗，有司嘉之。⑤

瞿懋，号梅岩，明经，善诲人，铢累束修，余资嘱子元辅以为营学
计。至顺元年，瞿宾序元辅用钞代故父瞿梅岩先生置到苗田四十三亩一

---

①　（明）周凤鸣：《嘉定县学田记》，载《论丛》第 25—26 页。

②　（明）顾名儒：《杨溪小学记》，载《论丛》第 30 页。

③　（宋）唐梦翔：《廪士田租记》，载《论丛》第 6 页。

④　（元）薛元德：《故宋东祁王先生归田兴学记》，载《论丛》第 13—14 页。

⑤　（元）智玉成：《嘉定州重建庙学记》，载《论丛》第 10 页。

分，计租米二十石，并舍中统钞一千三百缗舍入本学。至正元年（1341）一月，瞿宾序元辅用钞置到苗田地二十四亩二分五厘、营田九亩四分三厘，租米二十石一斗，舍入本学。至正元年二月，瞿直学显祖置到苗田地二十七亩六分五厘、租米十四石七斗，舍入本学。总计瞿宾序父子共舍入本州儒学田地共一顷七亩九分三厘，岁收正租米五十四石八斗，并舍中统钞一千三百缗。"厥子元辅克成先志，益培厚德以继家学。曾孙显祖、兴祖二人又能世其传，源远流长，积善余庆，未易量也。"①

沈氏居该州依仁乡，忠翊公之父仕宋，历官霍邱县尉，想效仿古人创办家塾以训乡里子弟，不幸赍志以殁，临终嘱其子武略公曰："尔兄弟勿忘吾所欲为者。"武略又卒，后忠翊缵成其父兄之遗意，于延祐二年（1315）卜地舍北，创建义塾。②

二、原因

（一）具有区位优势和良好的经济基础

上海嘉定地区地处长江入海口，属于长江三角洲，地势低平，土壤肥沃，河湖密布，具有得天独厚的地理环境、区位和水陆交通等优势。尤其是经历春秋战国时期的吴越国、三国时期的吴国、南朝时期的宋齐梁陈，尤其是南宋定都临安，该地得到充分的开发。明代隶属于南直隶苏州府，嘉定一直也都是"望县"。明末清初资本主义最早在这一地区萌芽，并缓慢发展。鸦片战争之后，上海更是迅速崛起为亚太地区的一大都会。

（二）优越的文化教育条件

嘉定在历史上长期隶属于苏州府，苏州被誉为"状元之乡"，而周边的南京、杭州等地素称人文奥区，先哲贤达代不乏人。北宋名相范仲淹（989—1052）在家乡苏州首创州学，并创建了范氏义庄，开启宗族内部慈善的新模式。其《岳阳楼记》中那句"先天下之忧而忧，后天下之乐而

---

① （元）薛元德：《梅岩瞿先生作兴乡校记》，载《论丛》第11—13页；另见（元）智玉成：《嘉定州重建庙学记》，载《论丛》第10页。

② （元）邓文原：《东阳义塾记略》，载《论丛》第7页。

乐",千载而下读来仍荡气回肠,发人奋进。就嘉定来说,明清时期该县就考中进士一百二十九人,培养出了钱大昕、王鸣盛等一代通儒。

(三)宗教影响

无论何种宗教多教人行善,传统佛教、道教及西方的基督教对该地区都有一定的影响。明嘉靖、万历年间的思想家袁黄(1533—1606),号了凡,浙江嘉兴府嘉善县人,距离嘉定甚近。其所著《了凡四训》融会了佛教禅学与理学,劝人积善改过,强调从治心入手的自我修养,提倡记功过格,对后世产生了重要影响。

重要道教文献《文昌帝君阴骘文》也是明清时期广泛传播的善书。嘉庆十三年,嘉定县人裘大令与其子奉尧曾将《文昌帝君阴骘文》刻之于碑,碑今在汇龙潭公园文昌阁西壁。

明末上海人徐光启(1562—1633),历官礼部尚书、文渊阁大学士,著有《农政全书》一书。他不仅从耶稣会传教士利玛窦等人那里学习西方的数学、天文、水利、地理、火器等"有用之实学",而且他本人也加入了耶稣会,成为中国较早的基督徒。

第二章　徽州地区

　　本章主要利用《民国重修婺源县志》①、《民国歙县志》②、《道光休宁县志》③、《同治祁门县志》④、《嘉庆绩溪县志》⑤、《嘉庆黟县志》、《道光黟县续志》⑥、《同治黟县三志》⑦、《民国黟县四志》⑧ 等六县九种县志，来探讨历史

---

①　葛韵芬等修，江峰青纂：《民国重修婺源县志》，简称《婺源县志》，《中国地方志集成·安徽府县志辑》第 27—28 册，江苏古籍出版社 1996 年版，据 1925 年刻本影印。

②　石国柱、楼文钊修，许承尧纂：《民国歙县志》，简称《歙县志》，《中国地方志集成·安徽府县志辑》第 51 册，江苏古籍出版社 1998 年版，据 1937 年铅印本影印。

③　（清）何应松修、（清）方崇鼎纂：《道光休宁县志》，简称《休宁县志》，《中国地方志集成·安徽府县志辑》第 52 册，江苏古籍出版社 1998 年版，据清道光三年（1823）刻本影印。

④　（清）周溶修，（清）汪韵珊纂：《同治祁门县志》，简称《祁门县志》，《中国地方志集成·安徽府县志辑》第 55 册，江苏古籍出版社 1998 年版，据清同治十二年（1873）刻本影印。

⑤　（清）清恺修，（清）席存泰纂：《嘉庆绩溪县志》，简称《绩溪县志》，《中国地方志集成·安徽府县志辑》第 54 册，江苏古籍出版社 1998 年版，据清嘉庆十五年（1810）刻本之抄本影印。

⑥　（清）吴甸华修，（清）程汝翼、俞正燮纂《嘉庆黟县志》和（清）吕子珏修、（清）詹锡龄纂《道光黟县续志》，因其版心页刊"黟县志"字样，且《道光黟县志》内容均附在《嘉庆黟县志》相关内容之后，故二者合二为一，简称《嘉庆、道光黟县志》，《中国地方志集成·安徽府县志辑》第 56 册，江苏古籍出版社 1998 年版，据清道光五年（1825）刻本影印。

⑦　（清）谢永泰修，（清）程鸿诏等纂：《同治黟县三志》，《中国地方志集成·安徽府县志辑》第 57 册，江苏古籍出版社 1998 年版，据清同治十年（1871）刻本影印。

⑧　吴克俊、许复修，程寿保、舒斯笏纂：《民国黟县四志》，《中国地方志集成·安徽府县志辑》第 58 册，江苏古籍出版社 1998 年版，据 1923 年黟县黎照堂刻本影印。

上徽州地区的教育慈善事业。需要说明的是，婺源今属江西省，但在历史上一直属于徽州府，是传统徽州六县之一，因为本章旨在探讨科举时代的教育慈善，故仍将婺源放在徽州府内一并探讨。

第一节　教育慈善活动

一、捐资兴教

（一）捐资营建、修缮各类学校

序号	年代	施善者	捐资修建学校情况	资料来源
1	明景泰五年	教谕罗镗白	侵地捐资为倡，乃于学后开基，凿山填谷，就泉作井	《歙县志》卷二《营建志·学校·学宫》，第53页
2	康熙五十四年	歙人项宪	捐资重修明伦堂、两庑及仪门	《歙县志》卷二《营建志·学校·府学宫》，第55页；另见卷九《人物志·义行·清》，第358页
3	雍正三年	歙人项宪之孙道晖	学宫前"东南邹鲁"石坊毁于暴风，项道晖又捐资重建	《歙县志》卷二《营建志·学校·府学宫》，第55页
4	乾隆三十四年	众绅士	劝捐重修府学	《歙县志》卷二《营建志·学校·府学宫》，第55页
5	嘉庆十二年	鲍淑芳、鲍勋茂等	歙议叙盐运使鲍淑芳、掌四川道御史鲍勋茂等重修，用白金一万四千两有奇	《歙县志》卷二《营建志·学校·府学宫》，第55页
6	嘉庆十六年	鲍淑芳之子鲍均	又捐资重建尊经阁及教授、训导两衙署	《歙县志》卷二《营建志·学校·府学宫》，第55页
7	乾隆五十五年	两淮商人	捐资重建，名古紫阳书院	《歙县志》卷二《营建志·学校·问政书院》，第57页
8	雍正十四年	邑人徐士修	增置号舍，又捐银一万二千两以赡学者	《歙县志》卷二《营建志·学校·问政书院》，第57页

序号	年代	施善者	捐资修建学校情况	资料来源
9	嘉庆十七年	歙邑人鲍均	邑人鲍志道之孙均捐银五千两，按月一分行息，年缴息银六百两，闰月增五十两	《歙县志》卷二《营建志·学校·问政书院》，第 57 页
10	元代	知县宋节	捐俸倡修县学	《歙县志》卷二《官司志·名宦》，第 88 页
11	清代	平阳知县洪景行	建义学	《歙县志》卷六《人物志·宦迹·清》，第 237 页
12	清代	程銮	捐修文庙	《歙县志》卷六《人物志·宦迹·清》，第 238 页
13	清代	汪乔林	更设立义学，延师以教民之秀者	《歙县志》卷六《人物志·宦迹·清》，第 240 页
14	清代	洪景	设义学，修卢川书院	《歙县志》卷六《人物志·宦迹·清》，第 242 页
15	清代	曹文埴	家居，葺阖郡考棚，重兴古紫阳书院，六邑人文蔚起，倡率之力为多	《歙县志》卷六《人物志·宦迹·清》，第 243—244 页
16	清代	思南府知府项应莲	捐资建凤岗书院	《歙县志》卷六《人物志·宦迹·清》，第 246 页
17	清代	汪昱	捐廉修建邑五峰书院	《歙县志》卷六《人物志·宦迹·清》，第 247 页
18	清代	胡正仁	倡修芝阳书院，培植士林	《歙县志》卷六《人物志·宦迹·清》，第 252 页
19	明代	程永和	捐地入邑庠	《歙县志》卷九《人物志·义行·明》，第 345—346 页
20	明代	于明	捐资助造儒学	《歙县志》卷九《人物志·义行·明》，第 346 页
21	明代	许禾	置义田、义舍、义塾	《歙县志》卷九《人物志·义行·明》，第 346 页
22	明代	罗元孙	构屋数十楹，置田百亩，设义塾，以惠贫族	《歙县志》卷九《人物志·义行·明》，第 347 页

续表

序号	年代	施善者	捐资修建学校情况	资料来源
23	顺治五年	吴自亮	立义学	《歙县志》卷九《人物志·义行·清》，第354页
24	清代	鲍汝漳	兴义塾	《歙县志》卷九《人物志·义行·清》，第354页
25	清代	许承远家族	许承远独资修仪征县学大成殿，子松龄修明伦堂，孙彪、曾孙华克成先志，四世修学宫及名宦、乡贤祠	《歙县志》卷九《人物志·义行·清》，第355页
26	清代	胡璋	设义田、义学	《歙县志》卷九《人物志·义行·清》，第355页
27	清代	汪景晃	贫不能亲师者，设义馆，岁费钱约二十千	《歙县志》卷九《人物志·义行·清》，第356页
28	清代	汪涛	置义学	《歙县志》卷九《人物志·义行·清》，第357页
29	清代	吴公洋	立义学	《歙县志》卷九《人物志·义行·清》，第357页
30	清代	徐璟庆	独修本邑文庙	《歙县志》卷九《人物志·义行·清》，第359页
31	清代	徐景京	尝修儒学，重葺紫阳书院，未竣而卒，其子士修成之	《歙县志》卷九《人物志·义行·清》，第359页
32	清代	徐士修	奉父命修紫阳书院，增学舍六十楹为肄习地，更醵重金置产孳息为诸生膏火，岁具束脩延名宿以师之，并捐傅溪文塾膏火	《歙县志》卷九《人物志·义行·清》，第359—360页
33	清代	吴祖仁	吴莅先世有祖仁者，尝设义学	《歙县志》卷九《人物志·义行·清》，第361页
34	清代	鲍兆瑞	兴义学，以训邑人之客汉阳而不能从师者	《歙县志》卷九《人物志·义行·清》，第362页

序号	年代	施善者	捐资修建学校情况	资料来源
35	清代	邑人方某	于本里创设义塾	《歙县志》卷九《人物志·义行·清》，第363—364页
36	清代	曹景宸	建竹山书院，置义田五百余亩于休宁，以给族之寡妇，并助族中乡、会试考费	《歙县志》卷九《人物志·义行·清》，第363页
37	清代	江春	葺书院	《歙县志》卷九《人物志·义行·清》，第366页
38	清代	鲍立然	设义塾	《歙县志》卷九《人物志·义行·清》，第366页
39	清代	江蕃	设义学	《歙县志》卷九《人物志·义行·清》，第367页
40	乾隆五十六年	许世奇	有司劝捐修葺南昌府学，世奇重修明伦堂及县学，并建考棚	《歙县志》卷九《人物志·义行·清》，第367—368页
41	嘉庆年间	监生、封朝议大夫程永康	建文会、设义学	《歙县志》卷九《人物志·义行·清》，第368页
42	嘉庆年间	吴肇福	航海贩茶，归积有赢余，设义塾	《歙县志》卷九《人物志·义行·清》，第370页
43	清代	方统来父子	建义塾以教族中贫子弟，事未竣卒，后其子踵成之	《歙县志》卷九《人物志·义行·清》，第370页
44	清代	许承基	以千金生息，为文庙岁修费	《歙县志》卷九《人物志·义行·清》，第373页
45	清代	鲍志道	偕曹文敏倡复紫阳书院，出三千金创建，捐银八千两增书院膏火，置义学	《歙县志》卷九《人物志·义行·清》，第374页
46	清代	程光国	倡建问政书院，捐助城南紫阳书院膏火，又偕曹文敏公修复古紫阳书院，设义学	《歙县志》卷九《人物志·义行·清》，第374—375页

续表

序号	年代	施善者	捐资修建学校情况	资料来源
47	清代	王震	倡建紫阳书院于常州，以祀朱子，导其乡人之秀而贫者，资之使学	《歙县志》卷九《人物志·义行·清》，第376页
48	清代	洪世沧	捐赀二千金入宗祠，以其息设两义塾	《歙县志》卷九《人物志·义行·清》，第376页
49	乾隆五十一年	江金黼	因县学圣殿案山被民居侵削，买儒学前当字七号地捐入文庙，岁输粮以卫学宫	《歙县志》卷九《人物志·义行·清》，第376页
50	乾隆五十三年	项士瀛、项士溥等	项士瀛、士溥等遵父项琥遗命，独力葺治学宫，复增置文庙祭器，用银万有余两，又修城南紫阳书院，用银千有余两	《歙县志》卷九《人物志·义行·清》，第377页
51	清代	范信	建义学，族中子弟俊秀者尤加意培植，俾读书成立	《歙县志》卷九《人物志·义行·清》，第377页
52	清代	郑秀圃	倡修师山书院	《歙县志》卷九《人物志·义行·清》，第378页
53	清代	鲍漱芳	置义学，并遗命其子均捐修府学，创建府学西偏久圮之忠烈祠	《歙县志》卷九《人物志·义行·清》，第378—379页
54	嘉庆四年	洪桂根	设义塾，训子弟读书	《歙县志》卷九《人物志·义行·清》，第379页
55	清代	鲍均	更修尊经阁、两学署斗山、文昌祠、魁杓亭、县学文庙，蠲银五千两存两淮生息，以增紫阳书院膏火，赒同县之乡、会试者	《歙县志》卷九《人物志·义行·清》，第380页
56	清代	鲍日镐	立义塾	《歙县志》卷九《人物志·义行·清》，第386页
57	清代	吴景松	晚年归里，创崇文义塾，斥万金购市屋七所，收其租以资族中子弟读书	《歙县志》卷九《人物志·义行·清》，第386页

序号	年代	施善者	捐资修建学校情况	资料来源
58	清代	姚维节	立义学	《歙县志》卷九《人物志·义行·清》，第387页
59	清代	吴德基	设立义学	《歙县志》卷九《人物志·义行·清》，第388页
60	明代	佘育	置义塾，教族子弟之无师者	《歙县志》卷一〇《人物志·士林·明》，第392页
61	宋嘉泰二年	邑人谢珷等	知县林士谦建大成殿，绘从祀于四壁，邑人谢珷等共成之	《祁门县志》卷一七《学校志·学宫》，第153页
62	元至顺三年	邑人汪元相	主簿宋也先镌立加封先圣诏旨碑，邑人汪元相创翼亭以覆之	《祁门县志》卷一七《学校志·学宫》，第153页
63	明初	邑民	邑民助田三十五亩一角一步半，岁入之租三百五十一秤半，供春秋祀事，朔望舍菜	《祁门县志》卷一七《学校志·学宫》，第154页
64	明永乐二年	知县路达等	与同任知县顾均得、教谕蒋俊、训导王懋学、郑迪捐俸鸠筑，拓广其地	《祁门县志》卷一七《学校志一·学宫》，第154页
65	明成化九年	义民汪轼澄等	知县王瓛、曹凤等重建，义民汪轼澄等出赀若干，市材鸠工	《祁门县志》卷一七《学校志一·学宫》，第154页
66	嘉靖三十四年	邑人马禄，署篆丞胡邦耀	池淤，邑人马禄输金三百浚之，署篆丞胡邦耀捐赀改建	《祁门县志》卷一七《学校志一·学宫》，第155—156页；另见《祁门县志》卷三〇《人物志八·义行·明》，第341页
67	嘉靖四十四年	邑人方贞	知府何东序檄知县桂天祥重建，邑人方贞捐金三百佐之	《祁门县志》卷一七《学校志一·学宫》，第156页

续表

序号	年代	施善者	捐资修建学校情况	资料来源
68	明万历六年	知县姚三让，监生马大辅、里民李琇等	知县姚三让以俸银重建明伦堂，监生马大辅、汪应聘与里民李琇等输赀倡助之	《祁门县志》卷一七《学校志一·学宫》，第156页；另见卷三〇《人物志·义行·明·李琇》，第341页
69	明万历十年	知县张季思，诸生	雷震文庙，知县张季思率诸生重修	《祁门县志》卷一七《学校志一·学宫》，第156页
70	顺治十五年	知县陈法、教谕张季琪	以俸银倡修文庙及两庑、东西学舍，并棂星门、泮池	《祁门县志》卷一七《学校志一·学宫》，第157页
71	乾隆二年	贡生马焯	重修大成殿	《祁门县志》卷一七《学校志一·学宫》，第158页
72	乾隆四年	城乡民众	又分城乡捐修学宫	《祁门县志》卷一七《学校志一·学宫》，第158页
73	乾隆二十年	邑绅洪彬	重修学宫头门、双阙、外垣	《祁门县志》卷一七《学校志一·学宫》，第158页
74	乾隆四十四年	谢旌忠、谢旌荣	重修学宫及蟾宫门、龙门坊，广拓学宫围墙	《祁门县志》卷一七《学校志一·学宫》，第159页
75	嘉庆十六年	西乡、南乡、在城绅士	西乡绅士捐赀重修崇圣祠，改大门于前，南乡绅士修西斋，在城绅士修大成殿	《祁门县志》卷一七《学校志一·学宫》，第159页
76	嘉庆十九年	城乡绅士	城乡绅士捐赀重建儒学头门	《祁门县志》卷一七《学校志一·学宫》，第159页
77	道光八年后	城乡绅士	城乡分修县学完整	《祁门县志》卷一七《学校志一·学宫》，第160页
78	同治五年	知县蔡钟，绅士	知县蔡钟率绅重修大成殿、明伦堂等	《祁门县志》卷一七《学校志一·学宫》，第160页
79	道光二年、同治八年	马嘉、许文瑾、许文玠、许生佳后裔	忠义孝弟祠祀明举人马嘉、监生许文瑾、府学生许文玠、儒士许生佳，道光二年马、许后裔捐赀合建，同治八年二姓重修	《祁门县志》卷一七《学校志一·学宫》，第174页

序号	年代	施善者	捐资修建学校情况	资料来源
80	万历四十四年	邑人谢心元	捐赀重建东山书院	《祁门县志》卷一七《学校二·书院》，第179页
81	嘉庆十年	知县张庆曾、绅士	知县张庆曾率绅士捐赀重建东山书院	《祁门县志》卷一七《学校二·书院》，第180页
82	同治二年	知县刘端、绅士	知县刘端率绅士筹赀修风教堂、朱子殿、养浩斋等	《祁门县志》卷一七《学校二·书院》，第183页
83	元文宗时期	张蒙完德	蠲俸创建学宫门廊	《祁门县志》卷二一《职官志二·名宦·元》，第212页
84	明初	汪仕宏等	捐资倡建，闻者义之，共勷其事	《祁门县志》卷三〇《人物志·义行·明》，第340页
85	清代	洪世迎	助修文庙，建大成门	《祁门县志》卷三〇《人物志·义行·国朝》，第343页
86	清代	马焯	文庙倾圮，独力捐修	《祁门县志》卷三〇《人物志·义行·国朝》，第343页
87	乾隆二十年	洪彬	学宫外泮红墙大门坍塌，独捐金四百修葺一新	《祁门县志》卷三〇《人物志·义行·国朝》，第343页
88	乾隆三十七年	谢正仪等	正仪输金二百以倡新朱子祠、书院	《祁门县志》卷三〇《人物志·义行·国朝》，第344页
89	乾隆年间	郑华邦	在族兴立塾学，嘉惠寒儒，督理义学，经费益充	《祁门县志》卷三〇《人物志·义行·国朝》，第344页
90	乾隆年间	汪宗泗	倡改黉宫，拓围墙，造龙门，建亭于巽峰	《祁门县志》卷三〇《人物志·义行·国朝》，第344页
91	乾隆年间	郑于第	与族人华邦等兴立塾学	《祁门县志》卷三〇《人物志·义行·国朝》，第344页
92	清代	黄时圭	书院捐输，慷慨不吝	《祁门县志》卷三〇《人物志·义行·国朝》，第345页
93	清代	许麟	本邑书院首先捐输	《祁门县志》卷三〇《人物志·义行·国朝》，第346页
94	清代	许炳南	考棚、书院及族里公费，均踊跃输将	《祁门县志》卷三〇《人物志·义行·国朝》，第346页

序号	年代	施善者	捐资修建学校情况	资料来源
95	同治三年	胡衍虞	皖南道张凤翥兴复东山书院，捐金贰百以倡，众皆踊跃输将，得集巨款	《祁门县志》卷三〇《人物志·义行·国朝》，第347页
96	明代	谢心元	独捐己赀修东山书院，并朱子祠宇一新，又输屋四间以为修葺之资	《祁门县志》卷三〇《人物志·义行补遗·明》，第349页
97	清代	汪兆孚	构家塾，延师课族中子弟	《祁门县志》卷三〇《人物志·义行补遗·国朝》，第351页
98	清代	谢癸	首输金倡建里塾	《祁门县志》卷三〇《人物志·义行补遗·国朝》，第351页
99	顺治十年	推官胡希圣	捐建启圣祠	《婺源县志》卷六《建制》三《学校·学宫》上册，第124页
100	康熙二十二年	贡生查魁父查艺	捐建棂星门	《婺源县志》卷六《建制》三《学校·学宫》上册，第124页
101	康熙二十七年	贡生查魁父查公艺	又捐赀疏浚学沟	《婺源县志》卷六《建制》三《学校·学宫》上册，第124页
102	康熙五十二年	贡生江应熊	同弟侄输五百金，重建明伦堂	《婺源县志》卷六《建制》三《学校·学宫》上册，第124—125页
103	雍正二年	邑人岁贡程寅、州同程宇	捐赀造崇圣祠	《婺源县志》卷六《建制》三《学校·学宫》上册，第125页
104	乾隆三年	训导缪冕、邑人	邀集邑人士捐赀浚学沟	《婺源县志》卷六《建制》三《学校·学宫》上册，第125页
105	乾隆九年	邑人王文德	重建明伦堂	《婺源县志》卷六《建制》三《学校·学宫》上册，第125页
106	乾隆十年	邑人王文德	又建尊经阁	《婺源县志》卷六《建制》三《学校·学宫》上册，第125页
107	乾隆二十三年	绅士	绅士重输赀建大成殿，移教谕廨于明伦堂东	《婺源县志》卷六《建制》三《学校·学宫》上册，第125页

序号	年代	施善者	捐资修建学校情况	资料来源
108	乾隆三十四年	邑人廪贡程文遴等	邑人廪贡程文遴、州同程文达重捐造崇圣祠	《婺源县志》卷六《建制》三《学校·学宫》上册，第125页
109	乾隆五十年	邑人董昌玙	先后修造庙右学地围墙等	《婺源县志》卷六《建制》三《学校·学宫》上册，第125页
110	乾隆五十八年	邑人程应鹏裔	捐建尊经阁	《婺源县志》卷六《建制》三《学校·学宫》上册，第125页
111	嘉庆元年	举人汪桂、生员江文涛等	举人汪桂、生员江文涛及众绅捐办祭器	《婺源县志》卷六《建制》三《学校·学宫》上册，第125页
112	嘉庆二年	合邑绅士	捐建天香亭于文庙后山	《婺源县志》卷六《建制》三《学校·学宫》上册，第125页
113	嘉庆六年	邑人程文述、汪延龄裔	邑人程文述捐建明伦堂，汪延龄裔重建泮宫头门	《婺源县志》卷六《建制》三《学校·学宫》上册，第125页
114	嘉庆七年	合邑绅士	捐赀建文昌庙于崇圣祠之左	《婺源县志》卷六《建制》三《学校·学宫》上册，第125页
115	嘉庆二十五年	合邑绅士等	捐赀疏浚学沟	《婺源县志》卷六《建制》三《学校·学宫》上册，第125页
116	道光十三年	合邑绅富	捐建文庙并附祀各祠	《婺源县志》卷六《建制》三《学校·学宫》上册，第125页
117	道光十七年	绅士董汝成、王士杰等	合邑绅士修整文庙照墙前地	《婺源县志》卷六《建制》三《学校·学宫》上册，第125页
118	同治六年	茶商，邑人李棨	以茶商捐款建文庙及崇圣祠、名宦乡贤忠义孝弟祠、明伦堂，邑人李棨捐银千金	《婺源县志》卷六《建制》三《学校·学宫》上册，第125页
119	光绪年间	茶商	以茶捐款建教谕、训导两廨	《婺源县志》卷六《建制》三《学校·学宫》上册，第126页
120	光绪十三年	邑人	捐赀大修学宫	《婺源县志》卷六《建制》三《学校·学宫》上册，第126页
121	光绪十八年	邑绅江人镜、江峰青等	倡捐重建天香亭	《婺源县志》卷六《建制》三《学校·学宫》上册，第126页

续表

序号	年代	施善者	捐资修建学校情况	资料来源
122	嘉庆九年	程应鹏裔等阖邑绅士	附紫阳书院：阖邑绅士共捐金三万有奇，内捐千金者十八人，程应鹏裔捐三千金	《婺源县志》卷六《建制》三《学校·学宫》上册，第129—130页
123	万历三十二年	朱崇沐	通邑士民多乐输助，不足者，朱崇沐成之	《婺源县志》卷六《建制》三《学校·藏书楼》上册，第133页
124	元至正八年	里人祝寿朋	建中山书塾，割田二百亩延师以教宗族及乡之子弟	《婺源县志》卷六《建制》三《学校·中山书塾》上册，第134页
125	嘉靖四十二年	县丞胡邦耀、邑绅游震得	郡守胡孝、知县张榗草创，县丞胡邦耀及邑绅游震得买地捐赀助成之	《婺源县志》卷六《建制》三《学校·虹东精舍》上册，第134页
126		潘氏合族	建太白精舍，置义田百亩，以资来学	《婺源县志》卷六《建制》三《学校·太白精舍》上册，第134页
127		太白潘姓合族	南乡三十四都潘梦庚等创建芳溪义学，太白潘姓合族捐输田租，岁贴束修、考费	《婺源县志》卷六《建制》三《学校·芳溪义学》上册，第135页
128	咸丰八年	方龙藻等	方龙藻、方彬、欧阳阆峰、方邦杰、方锡芬等创始，合村捐建并置田租津贴束修	《婺源县志》卷六《建制》三《学校·碧溪义学》上册，第135页
129	元代	胡淀	建明经书院，又输田三百亩以充膳费	《婺源县志》卷三七《人物》一一《义行一·元》上册，第669页
130	明代	程亨嘉	建紫阳书院，仍造两廊书房十八间，以为邑绅士讲学之所	《婺源县志》卷三七《人物》一一《义行一·明》上册，第670页
131	明代	陈伸	输二百余金助造书院，助造丁峰塔，并捐学校	《婺源县志》卷三七《人物》一一《义行一·明》上册，第672页

序号	年代	施善者	捐资修建学校情况	资料来源
132	清代	吕成荣	里中建文昌阁,尤多乐输,又建飞跃书室,延师造士	《婺源县志》卷三七《人物》——《义行一·清》上册,第683页
133	清代	张之益	立义塾,训邻里子弟	《婺源县志》卷三七《人物》——《义行一·清》上册,第683页
134	康熙五十七年	汪延龄	捐重赀造文庙,任督理	《婺源县志》卷三七《人物》——《义行一·清》上册,第684页
135	清代	吕思高	捐赀助新至圣庙	《婺源县志》卷三七《人物》——《义行一·清》上册,第685页
136	清代	王德俊	捐赀助修文庙	《婺源县志》卷三七《人物》——《义行一·清》上册,第686页
137	清代	胡元谱	输赀独葺乡贤祠,倡族重新明经书院	《婺源县志》卷三八《人物》——《义行二·清》上册,第687页
138	清代	汪永延	输赀建文公祠	《婺源县志》卷三八《人物》——《义行二·清》上册,第688页
139	清代	王尚玘	捐千余金建文阁,以当卯峰之缺,旁构桂苑书斋,请族明经淑子弟	《婺源县志》卷三八《人物》——《义行二·清》上册,第693页
140	清代	胡懋进	倡建明经书院	《婺源县志》卷三八《人物》——《义行二·清》上册,第697页
141	乾隆年间	俞焕	其居乡,则捐修郡县文庙	《婺源县志》卷三八《人物》——《义行三·清》上册,第699页
142	清代	王起运	重建造朱文公阙里,重修儒学仪门,皆乐输襄事	《婺源县志》卷三八《人物》——《义行三·清》上册,第700页

序号	年代	施善者	捐资修建学校情况	资料来源
143	清代	江汝生	助葺先师庙及福山书院	《婺源县志》卷三八《人物》——《义行三·清》上册，第701页
144	康熙年间	汪照	捐重赀倡修至圣庙	《婺源县志》卷三八《人物》——《义行三·清》上册，第701页
145	清代	祝必兴	修理文庙等，无不乐成	《婺源县志》卷三八《人物》——《义行三·清》上册，第702页
146	清代	俞仲英	建宗贤家塾，为族姓义馆	《婺源县志》卷三八《人物》——《义行三·清》上册，第702页
147	清代	臧任先	助木修理文庙	《婺源县志》卷三八《人物》——《义行三·清》上册，第702页
148	嘉庆年间	程世杰	延师，使合族子弟入学，并给考费，有余即增置田，二举不下万余金，邑建紫阳书院捐金千两，京师创建会馆捐金三百	《婺源县志》卷三九《人物》——《义行四·清》上册，第711页
149	清代	吕嘉猷、吕渊父子	阖邑倡新书院，子渊以嘉猷名捐千金	《婺源县志》卷三九《人物》——《义行四·清》上册，第712页；另见《义行五·清·吕渊》上册，第724页
150	清代	程光纬	邑兴紫阳书院，首捐千金，倡成义举	《婺源县志》卷三九《人物》——《义行四·清》上册，第712页
151	清代	胡辂	至文庙、书院等，无不踊跃	《婺源县志》卷三九《人物》——《义行四·清》上册，第714页
152	清代	俞瑛夫妻	甲子岁，邑兴书院，其妻李承瑛志，输银一千两	《婺源县志》卷三九《人物》——《义行四·清》上册，第714页

续表

序号	年代	施善者	捐资修建学校情况	资料来源
153	清代	程廷槐	如创建文庙、修邑志等诸善举，率皆襄赞	《婺源县志》卷三九《人物》——《义行四·清》上册，第716页
154	清代	程高茂	邑兴书院，又与兄共输千金，襄成文教	《婺源县志》卷三九《人物》——《义行四·清》上册，第717页
155	清代	金文谱	捐费创建吉斋书屋，延师课里中子弟	《婺源县志》卷三九《人物》——《义行四·清》上册，第719页
156	清代	朱启椿	修家庙，输文阁、书院等义举不一	《婺源县志》卷三九《人物》——《义行四·清》上册，第719页
157	清代	李世鋐	兴书院，输数十金	《婺源县志》卷三九《人物》——《义行四·清》上册，第722页
158	嘉庆年间	金芬	邑建紫阳书院，倡输千金	《婺源县志》卷三九《人物》——《义行五·清》上册，第724页
159	清代	汪邦达	邑建紫阳书院，捐千金	《婺源县志》卷三九《人物》——《义行五·清》上册，第724页
160	乾隆年间	查绥	捐赀建书斋，课族子弟	《婺源县志》卷三九《人物》——《义行五·清》上册，第725页
161	清代	吴砚耕	倡捐建西乡青云书院，置租二百余秤	《婺源县志》卷三九《人物》——《义行五·清》上册，第725页
162	清代	张兆仁	建紫阳书院，乐输无难色	《婺源县志》卷三九《人物》——《义行五·清》上册，第727页
163	清代	程国俊	邑建文昌阁及紫阳书院，并输金	《婺源县志》卷三九《人物》——《义行五·清》上册，第729页

序号	年代	施善者	捐资修建学校情况	资料来源
164	嘉庆年间	王章	倡立文公庙	《婺源县志》卷三九《人物》——《义行五·清》上册，第731页
165	清代	詹隆榜	如至圣庙、文公祠，均有资助，天衢书院，并输金数百	《婺源县志》卷四〇《人物》——《义行六·清》上册，第734页
166	清代	胡廷辉	造至圣庙，捐输银两	《婺源县志》卷四〇《人物》——《义行六·清》上册，第734页
167	咸丰年间	金洪	派人襄建开文书院，亲督工	《婺源县志》卷四〇《人物》——《义行六·清》上册，第735页
168	清代	俞瑞元	捐建文庙勿吝	《婺源县志》卷四〇《人物》——《义行六·清》上册，第736页
169	清代	王锡昌	捐金助修至圣庙，及本里创建义仓，输田十余亩，修造文昌阁等，捐银数百两	《婺源县志》卷四〇《人物》——《义行六·清》上册，第739页
170	清代	单启泮	他如学宫、考棚等均有资助	《婺源县志》卷四〇《人物》——《义行六·清》上册，第740页
171	清代	施添望	建造文庙等诸义举，无不捐赀襄助	《婺源县志》卷四〇《人物》——《义行六·清》上册，第741页
172	道光年间	程若金	如建置文庙，创造书院、考棚，修整尊经阁以及郡乘邑志，无不倡首捐赀	《婺源县志》卷四〇《人物》——《义行六·清》上册，第748页
173	清代	程国连	捐修文庙，不惜重赀	《婺源县志》卷四〇《人物》——《义行六·清》上册，第748页
174	清代	汪邦衡	立义学	《婺源县志》卷四〇《人物》——《义行六·清》上册，第749页

序号	年代	施善者	捐资修建学校情况	资料来源
175	清代	胡维翰	襄建开文书院，劳瘁不辞，并输金数百两及田亩、木料等资助	《婺源县志》卷四〇《人物》——《义行六·清》上册，第749页
176	清代	俞文炳	建义学，造文阁等皆不惜重赀	《婺源县志》卷四〇《人物》——《义行六·清》上册，第750页
177	清代	俞起腾	尊父命，输六百余金修文阁	《婺源县志》卷四〇《人物》——《义行六·清》上册，第751页
178	清代	俞仲	其他学宫、考棚、文社、京师会馆，均与兄仁并捐巨赀	《婺源县志》卷四〇《人物》——《义行六·清》上册，第751页
179	清代	俞茂昭	建文庙等，无不量力捐助	《婺源县志》卷四〇《人物》——《义行六·清》上册，第752页
180	道光年间	郑炳	文庙增修，踊跃捐助	《婺源县志》卷四〇《人物》——《义行六·清》上册，第754页
181	清代	张伯煾	倡输数百金，建宗祠、书塾	《婺源县志》卷四〇《人物》——《义行六·清》上册，第755页
182	清代	吴俊	湖山有书院，兵燹无存，与同志竭力捐输，一新栋宇，岁时会课其中	《婺源县志》卷四〇《人物》——《义行六·清》上册，第755页
183	清代	程宗启	村内造书塾，倡捐银七十两，湖山书院遭匪毁坏，偕同志修整栋宇	《婺源县志》卷四〇《人物》——《义行六·清》上册，第755页
184	清代	吴荣辉	乡人议建湖山书院，输助二百五十金	《婺源县志》卷四〇《人物》——《义行六·清》上册，第755页
185	清代	项儒珍	又为乡子弟肄业建玉林书院	《婺源县志》卷四〇《人物》——《义行六·清》上册，第755页

序号	年代	施善者	捐资修建学校情况	资料来源
186	清代	程廷辉	如建筑文庙、考棚，造城垣、书院等均输巨赀，为一村冠	《婺源县志》卷四〇《人物》——《义行六·清》上册，第756页
187	清代	王世勋	建学宫等，共捐千金有余	《婺源县志》卷四一《人物》——《义行七·清》下册，第3页
188	清代	董才浩	建乐山书院、环秀亭，均输金襄助	《婺源县志》卷四一《人物》——《义行七·清》下册，第4页
189	清代	金坡	邑令丁兴复紫阳书院，属坡领袖，首捐千金	《婺源县志》卷四一《人物》——《义行七·清》下册，第4页
190	道光年间	施圭锡	造至圣庙、书院、考棚等，均挥金襄助	《婺源县志》卷四一《人物》——《义行七·清》下册，第5页
191		孙有焘	其急公务如建书院、造学宫等，约计捐赀不下数千金	《婺源县志》卷四一《人物》——《义行七·清》下册，第5页
192		王尚潮	邑建至圣庙，襄助无吝	《婺源县志》卷四一《人物》——《义行七·清》下册，第5页
193	光绪年间	王尚源	输三百金立义学，以兴文教	《婺源县志》卷四一《人物》——《义行七·清》下册，第6页
194	道光年间	孙有爔	兴社课文，及襄建本都书院、京师文明会，均领袖捐赀。道光乙酉、丙戌修邑志及建造文庙、考棚，倡输千金，工竣费缺，复捐五百金。侨金陵，捐助江南北诸会馆	《婺源县志》卷四一《人物》——《义行七·清》下册，第9页

序号	年代	施善者	捐资修建学校情况	资料来源
195	清代	程鸣岐	邑造至圣庙，量力乐输	《婺源县志》卷四一《人物》——《义行七·清》下册，第9页
196	清代	齐敬熙	立义学，慨然捐田为倡	《婺源县志》卷四一《人物》——《义行七·清》下册，第10页
197	咸丰年间	俞观旺	村有文阁，建于山冈，四旁植木，旺独力栽培	《婺源县志》卷四一《人物》——《义行七·清》下册，第12页
198	清代	查焕梅	于本里建凤山书屋以庇族	《婺源县志》卷四一《人物》——《义行七·清》下册，第12页
199	清代	朱球	业木于姑苏之常熟，遇捐修至圣庙，慨然捐材木，值千余金	《婺源县志》卷四一《人物》——《义行七·清》下册，第13页
200	清代	方龙藻	首捐洋五百余元，与胞伯从兄及同志伙助创建义学，并置田租，培植寒畯	《婺源县志》卷四一《人物》——《义行七·清》下册，第16页
201	清代	程耀廷	倡兴义学，输田若干亩，文社藉以克振	《婺源县志》卷四一《人物》——《义行七·清》下册，第19页
202	清代	汪兆材	设义塾	《婺源县志》卷四一《人物》——《义行七·清》下册，第22页
203	清代	吴簪	构摘藻书堂于卓望山下，栽培后进	《婺源县志》卷四一《人物》——《义行七·清》下册，第20页
204	清代	夏之时	建义塾，捐地及木植襄成	《婺源县志》卷四一《人物》——《义行七·清》下册，第20页
205	清代	余泰泮	修造文庙，建文祠，均助重赀	《婺源县志》卷四一《人物》——《义行七·清》下册，第23页

续表

序号	年代	施善者	捐资修建学校情况	资料来源
206	清代	徐德培	文庙、集善局诸公益事靡不乐输	《婺源县志》卷四二《人物》——《义行八·清》下册，第24页
207	清代	詹垣	建文庙等无不乐输	《婺源县志》卷四二《人物》——《义行八·清》下册，第26页
208	同光年间	詹思圣	倡义学	《婺源县志》卷四二《人物》——《义行八·清》下册，第25页
209		潘鸿麒	村人延师课子弟，输学赀千金	《婺源县志》卷四二《人物》——《义行八·清》下册，第31页
210	光绪年间	俞光銮	营建志书局，文公祠，并江南考棚，祁门同善局等，无不捐助，助村中造文昌阁	《婺源县志》卷四二《人物》——《义行八·清》下册，第35页
211	光绪三十一年	江澜	以其父原捐长兴会田四十亩，及自经理长庚会积余银四百余元，建江湾族立小学	《婺源县志》卷四二《人物》——《义行八·清》下册，第36页
212	清代	方锡荣	以父命捐二千金入郡紫阳书院	《婺源县志》卷四二《人物》——《义行八·清》下册，第36页
213	晚清	程家杞、程煜父子	集旅汉同乡筹款复建新安书院，捐千金创建安徽会馆，推为会长	《婺源县志》卷四二《人物》——《义行八·清》下册，第37页
214	清代	程鸿泽	设学校，聘名流以培后进，输财不吝	《婺源县志》卷四二《人物》——《义行八·清》下册，第40页
215	清代	潘有积	维持学校、义塾，靡废不兴	《婺源县志》卷四二《人物》——《义行八·清》下册，第40页

序号	年代	施善者	捐资修建学校情况	资料来源
216	清代	许魁	重建本里山屋书院，独力生殖，以羡余力行月课，造就后进	《婺源县志》卷四二《人物》——《义行八·清》下册，第40页
217	清代	王奎照	积有余赀，倡办义学	《婺源县志》卷四二《人物》——《义行八·清》下册，第41页
218	清代	胡清烈	乐输修文庙	《婺源县志》卷四二《人物》——《义行八·清》下册，第42页
219	清代	俞之杰	营文庙、紫阳书院等，督办凡六年	《婺源县志》卷四二《人物》——《义行八·清》下册，第42页
220	清代	胡南圭	不惜捐助巨赀修文庙	《婺源县志》卷四二《人物》——《义行八·清》下册，第44页
221	清代	胡启泰	建书塾以培育后进，落成后亏空不下千金，独力弥补	《婺源县志》卷四二《人物》——《义行八·清》下册，第45页
222	清代	洪奇达	兴学校等义举，热心担任	《婺源县志》卷四二《人物》——《义行八·清》下册，第47页
223	晚清	孙华梁	输洋湖崇正学校基地	《婺源县志》卷四二《人物》——《义行八·清》下册，第48页
224	清代	潘亭	邑文庙、书院、阙里祠亭皆与筹划	《婺源县志》卷四二《人物》——《义行八·清》下册，第51页
225	宋乾道年间	王允恭、李知己	(宋)洪迈《婺源县新学记》：儒先王允恭、李知己捐其旁地，倡出钱粟，诸公喜趋，即其冬，庙殿及藏书阁垂成	《婺源县志》卷六五《艺文》四《序记》二，下册，第641页

续表

序号	年代	施善者	捐资修建学校情况	资料来源
226	明成化年间	县学教谕陈来，府同知张英等	（明）陈音《婺源县学记》：捐俸及哀诸生贽仪，郡同知张英、通判娄琮、邑令丁佑捐俸以助，司训袁亮、李仁、朱英赞襄	《婺源县志》卷六五《艺文》四《序记》二，下册，第644页
227	明代	知县吴中云	（明）游震得《县学孔子庙记》：捐俸倡建县学文庙，僚属、士民以次输助	《婺源县志》卷六五《艺文》四《序记》二，下册，第649页
228	明代	汪应蛟、知县冯等	（明）汪应蛟《文庙辟衢记》：余三人勉为倡，二螯各输地五十步，游中翰君输地二十步，余皆计地倍与值，冯侯捐俸鸠工	《婺源县志》卷六五《艺文》四《序记》二，下册，第651页
229	清代	知县言朝楫，邑人	（清）言朝楫《庙学告成后记》：城乡至者，不下百人，皆踊跃从事	《婺源县志》卷六五《艺文》四《序记》二，下册，第655—656页
230	清代	马知县，邑人	（清）游有伦《重修明伦堂记》：缔造其费，则马侯首捐俸为倡，邑人随力乐捐	《婺源县志》卷六五《艺文》四《序记》二，下册，第655—656页
231	清代	知县张廷元、蒋灿、邑绅	（清）蒋灿《重建文庙暨修明伦堂记》：知县张廷元集诸绅士会计其费，奋然起而新文庙，余适踏灾莅止，捐赀助役	《婺源县志》卷六五《艺文》四《序记》二，下册，第657—658页
232	清代	徽州府通判胡见翁	（清）沈荃《重建启圣祠记》：捐俸倡建启圣祠	《婺源县志》卷六五《艺文》四《序记》二，下册，第660页
233	清代	知县窦，邑绅士	（清）李滋霖《重建文庙记》：撰疏劝捐，邑绅士欣然翕应，不惜重赀乐输恐后	《婺源县志》卷六五《艺文》四《序记》二，下册，第662页

序号	年代	施善者	捐资修建学校情况	资料来源
234	明代	徽州府通判方庆止	（明）汪仲鲁《重修文公家庙记》：首捐资俸，县官士庶闻命欢趋，发帑咸助	《婺源县志》卷六六《艺文》四《序记》三，下册，第668—669页
235	清代	丁应銮	（清）丁应銮《重建紫阳书院记》：余捐廉以为之倡，设局捐资，不数月累金巨万	《婺源县志》卷六七《艺文》四《序记》四，下册，第695—696页
236	明代	游震得等	（明）游震得《虹东书院记》：买地拓基，召诸梓人，授事捐资	《婺源县志》卷六七《艺文》四《序记》四，下册，第701—702页
237	明代	邑人	（明）潘士藻《重建明经书院记》：翕然义奋，捐过修好，度力效财，而恢弘之	《婺源县志》卷六七《艺文》四《序记》四，下册，第703—704页
238	乾隆三十六年	邑人	（清）田化《重建明经书院记》：首事劝输，重建明经书院	《婺源县志》卷六七《艺文》四《序记》四，下册，第706页
239	嘉庆年间	绅士	路景舒《建造文昌庙记》：捐金倡首建造文昌庙，而都人亦皆踊跃争先	《婺源县志》卷六七《艺文》四《序记》四，下册，第709页
240		黟县教谕敖铿	捐俸修葺学宫，不受贫生赀	《嘉庆道光黟县志》卷四《职官·名宦》，第117页
241	清代	江西建昌府通判黄元治	择儒童之贫者，资给之读书署中，后署景东府事，捐俸倡修文庙，承父志兴复其始祖黄友仁所设义庄及集成义学	《嘉庆道光黟县志》卷六《人物·宦业》，第190页
242	元至正十一年	黄真元，一名黄友仁	效范公法，买田六百三十余亩立庄，建祠祀其先人，延致硕师，训其子弟	《嘉庆道光黟县志》卷七《人物志·尚义·元》，第218页；另见卷一〇《政事·书院义学》，第353页

续表

序号	年代	施善者	捐资修建学校情况	资料来源
243	嘉庆三年	知县邹杰，合邑	劝捐民田以广明堂，复劝阖邑捐买民居及地以平案山，规模视前较为闳敞	《嘉庆道光黟县志》卷一〇《政事·学校·泮池》，第347页
244	嘉庆十五年	六都民众	捐建东西廊	《嘉庆道光黟县志》卷一〇《政事·学校·明伦堂》，第348页
245	康熙二十二年		城南原有义学，至是移建于迎霭门外	《嘉庆道光黟县志》卷一〇《政事·书院义学》，第353页
246	乾隆年间	桂林程氏	置义学，屋一所，于县治西	《嘉庆道光黟县志》卷一〇《政事·书院义学》，第353页
247	嘉庆十三至十六年	胡学梓、胡尚增父子	前此，西递胡学梓愿输白金五千两作建潘山浔阳书院费，及碧阳有成议，邑人共议学梓子尚增董其事	《嘉庆道光黟县志》卷一〇《政事·书院义学》，第353页
248		汪氏	建云门书屋，在三都黄陂，并建文峰塔于其侧，岁时子弟课文于其中	《嘉庆道光黟县志》卷一〇《政事·书院义学》，第354页
249		心里人叶华年	建西园书屋，在五都南屏村，为其族中肄业课文之所	《嘉庆道光黟县志》卷一〇《政事·书院义学》，第354页
250	嘉庆九年	众姓	建霭门书屋，为大宽段子弟肄业之所	《嘉庆道光黟县志》卷一〇《政事·书院义学》，第354页
251	嘉庆十九年	汪氏	建以文家塾，在十都宏村南湖上	《嘉庆道光黟县志》卷一〇《政事·书院义学》，第354页
252		余氏	建双溪书屋，在五都双溪，为会文之所	《嘉庆道光黟县志》卷一〇《政事·书院义学》，第354页
253	明宣德二年	程文质、汪士濂等	（明）崔彦俊《重修儒学记》：邑耆民程文质率汪士濂等，各助以金谷	《嘉庆道光黟县志》卷一四《艺文·明文》，第449页

序号	年代	施善者	捐资修建学校情况	资料来源
254	嘉靖四十二年	知县谢虬峰，舒氏生，邑人	（明）汪尚宁《碧阳书院记》：召谕舒氏生捐地，又约父老商略公事，公首出俸金	《嘉庆道光黟县志》卷一四《艺文·明文》，第459页
255	清代	知县蔺、教谕尚，邑人	（清）洪琮《重修儒学、鼎新魁星阁碑记》：锐志修学，捐赀首倡，尚君亦以诸生羞雄佐之，邑人慕义恐后	《嘉庆道光黟县志》卷一四《艺文·国朝文》，第486页
256	乾隆年间	古筑孙氏始祖本梓祀会	捐买房地基址	《同治黟县三志》卷四《职官·名宦》，第25页
257	嘉庆年间	知县吴甸华，胡学梓、胡尚熷父子，邑人	吴甸华谋诸胡学梓长子尚熷与邑人士，以十四年兴建碧阳书院，十六年葳工，用二万九千余金，邑人所输者万四千，余尽胡氏输也，甸华别裒六万金存典取息，岁三千六百，以为经费，延师课士	《同治黟县三志》卷四《职官·名宦》，第25页
258	嘉庆年间	胡元熙	与兄尚熷嗣先人志，倡建碧阳书院，移常平旧仓，以其址创试院及彰善祠，葺府县学宫，解组后重理书院旧章，复其旧容	《同治黟县三志》卷七《人物·尚义》，第117页
259	清代	朱光宅	邑修学宫，建书院、考棚，皆捐赀，又助膏火、乡会试盘费	《同治黟县三志》卷七《人物·尚义》，第119页
260	清代	江光裕、江吉等	江光裕等修尊经阁、东山寺，吉与有力，书院、考棚，吉并与议	《同治黟县三志》卷七《人物·尚义》，第125页
261	清代	王登瀛	董建书院，以廉洁闻	《同治黟县三志》卷七《人物·尚义》，第126页

续表

序号	年代	施善者	捐资修建学校情况	资料来源
262	嘉庆十四年	吴肇	捐豆坦，助建碧阳书院地基	《同治黟县三志》卷七《人物·尚义》，第128页
263	清代	汤永懿	捐造松山书屋，为族人肄业所，捐余赀为义学，祁门建考棚，永懿与有力	《同治黟县三志》卷七《人物·尚义》，第130—131页
264	清代	程式金	《四川叙永直隶厅同知黟县程君墓志铭》：捐建兴高、华阳、成都书院及乡学	《同治黟县三志》卷一五之四《艺文·人物类》，第531—532页
265	元代	胡淀、胡澄	（元）胡朝贺《胡云峰先生集传》：建明经书院，为屋数百楹，淀捐田三顷以供祭膳，澄捐田五十亩专开小学	《同治黟县三志》卷一五之四《艺文·人物类》，第538页
266	宋嘉熙三年	端明殿学士程玭	知县吴遂修县学，端明殿学士程玭以己赀更建大成殿	《休宁县志》卷三《学校·学制》，第57页
267	元至元二十九年	邑人朱震雷	出私财重修学宫	《休宁县志》卷三《学校·学制》，第57页
268	康熙元年	知县傅维模、训导谢起秀	捐俸重修启圣祠	《休宁县志》卷三《学校·学制》，第59页
269	康熙十四年	监生程子谦	捐银修学宫	《休宁县志》卷三《学校·学制》，第59页
270	康熙十六年	兵备道王绪祖等	兵备道王绪祖、知府张登举、知县管仲连捐俸倡修	《休宁县志》卷三《学校·学制》，第59页
271	康熙三十年	知县廖胜煃	修儒学廊房、新文庙及各祠，立义学	《休宁县志》卷三《学校·学制》，第60页；另见卷七《职官·名宦·国朝》，第138页

序号	年代	施善者	捐资修建学校情况	资料来源
272	雍正十年	邑人黄治安	捐修学宫	《休宁县志》卷三《学校·学制》，第 60 页；另见卷一五《人物·尚义·国朝·黄治安》，第 362 页
273	乾隆二十七年	邑人汪士鍠等	修乡贤祠	《休宁县志》卷三《学校·学制》，第 60 页
274	乾隆二十八年	邑人汪士鍠等	汪士鍠倡率程、黄两村修名宦祠	《休宁县志》卷三《学校·学制》，第 60 页
275	乾隆二十九年	邑人潘荣燮	葺修学宫	《休宁县志》卷三《学校·学制》，第 60 页
276	乾隆三十七年	邑人汪滋畹、李云灿等	邑人汪滋畹、李云灿、汪廷昉、吴昌龄重修魁星楼	《休宁县志》卷三《学校·学制》，第 60 页
277	乾隆三十八年	邑人胡泰阝阜	重修程、朱祠	《休宁县志》卷三《学校·学制》，第 60 页
278	乾隆四十五年	邑人叶永清	葺修学宫	《休宁县志》卷三《学校·学制》，第 60 页
279	乾隆四十七年	邑人胡应榛等	捐修教谕斋舍	《休宁县志》卷三《学校·学制》，第 60 页
280	乾隆五十二年	邑人戴澍倡等	邑人戴澍倡同程健学、胡应榛等人重建名宦祠	《休宁县志》卷三《学校·学制》，第 60 页
281	乾隆五十四年	邑人胡应榛	修文庙	《休宁县志》卷三《学校·学制》，第 60 页
282	嘉庆二年	邑人汪秾、刘启伦等	邑人汪秾、汪谷、汪瑗捐赀重修。明伦堂，邑人刘启伦营建	《休宁县志》卷三《学校·学制》，第 60 页
283	嘉庆五年	邑人刘启伦等阖邑绅士	邑人刘启伦、吴昌龄、程濂、丁俊、汪阊倡，同阖邑绅士重修学宫，重建大成殿	《休宁县志》卷三《学校·学制》，第 60—61 页

序号	年代	施善者	捐资修建学校情况	资料来源
284	乾隆十六年	知县万世宁	倡士民输赀，建书院于北街，仍名海阳书院	《休宁县志》卷三《学校·书院·海阳书院》，第 70 页
285	嘉庆十二年	阖邑	阖邑输赀，移建海阳书院	《休宁县志》卷三《学校·书院·海阳书院》，第 70 页
286	明崇祯元年	汪姬生、吴侃等	汪先岸命任姬生偕生员吴侃等募修还古书院	《休宁县志》卷三《学校·书院·还古书院》，第 71 页
287	顺治年间	邑人给事中赵吉士	倡修还古书院	《休宁县志》卷三《学校·书院·还古书院》，第 71 页
288	康熙三十九年	邑人赵景从	捐修还古书院	《休宁县志》卷三《学校·书院·还古书院》，第 71 页
289	乾隆三年	邑人赵淇滨等	重修还古书院	《休宁县志》卷三《学校·书院·还古书院》，第 71 页
290	乾隆二十八年	邑人黄廷松	重修还古书院	《休宁县志》卷三《学校·书院·还古书院》，第 71 页
291	乾隆五十七年	邑人汪桯	重修还古书院	《休宁县志》卷三《学校·书院·还古书院》，第 71 页；另见卷一五《人物·尚义·国朝》，第 365 页
292	嘉庆十八年	邑人	公输赀重修还古书院，新增生童会课经费	《休宁县志》卷三《学校·书院·还古书院》，第 71 页
293	宋绍兴年间	陈子茂生徒	邑人争从讲学，相率出钱建校于县之南，以其赢买书千卷	《休宁县志》卷七《职官·名宦·宋》，第 132 页
294	明代	查杰	邑修建黉宫，首应募	《休宁县志》卷一五《人物·尚义·明》，第 358 页
295	明代	吴继良	建民善书院、设义塾，赠郡邑学田八十七亩，输还古书院讲金四百	《休宁县志》卷一五《人物·尚义·明》，第 358 页
296	清代	程建	居家修学宫、助书院	《休宁县志》卷一五《人物·尚义·国朝》，第 362 页

序号	年代	施善者	捐资修建学校情况	资料来源
297	清代	吴继祺	倡捐葺明伦堂，建魁星楼，侨寓汉口，醵金重立紫阳书院，崇祀朱子，并立义学	《休宁县志》卷一五《人物·尚义·国朝》，第362—363页
298	清代	方春熙	创书院，分金助贫，馈赆劝试	《休宁县志》卷一五《人物·尚义·国朝》，第363页
299	清代	程守基	里中旧有义塾，具修脯聘师	《休宁县志》卷一五《人物·尚义·国朝》，第364页
300	清代	汪秩等	汪录后人秩等首捐重赀修文庙，又独修明伦堂，助海阳书院膏火，所费不下数万	《休宁县志》卷一五《人物·尚义·国朝》，第364—365页
301	清代	汪梴	捐金五百两，重加修葺合邑文峰汶溪塔，壬戌重修学宫，输银五百两，迁海阳书院并考棚，输银一千两	《休宁县志》卷一五《人物·尚义·国朝》，第365页
302	嘉庆年间	李庆品、李嘉德父子	李庆品捐赀助建义学，子嘉德，嘉庆丁巳重建书院、考棚，输千金以济公用	《休宁县志》卷一五《人物·尚义·国朝》，第365页
303	清代	汪国柱	又尝助修文庙，修本族文会馆	《休宁县志》卷一五《人物·尚义·国朝》，第365页
304	清代	黄士镇	迁建海阳书院，捐千金以助膏火，并捐修还古书院	《休宁县志》卷一五《人物·尚义·国朝》，第366页
305	清代	陈志鋐	捐重赀以修学宫	《休宁县志》卷一五《人物·尚义·国朝》，第366页
306	清代	戴纯恩	重建文庙，解囊乐输，又倡捐千金，迁建海阳书院	《休宁县志》卷一五《人物·尚义·国朝》，第366页
307	清代	汪留揩	郡学及长、吴两学圯，出金助修，又倡成修书院	《休宁县志》卷一五《人物·尚义·国朝》，第367页

续表

序号	年代	施善者	捐资修建学校情况	资料来源
308	清代	刘启伦、汪秩等	邑绅汪秩等捐赀重修明伦堂，刘启伦独任其劳，劝捐数万金重修文庙，偕邑绅士吴昌龄等躬为率作，与邑人国子生程元槐参画创建海阳书院，并增膏火，复构考棚	《休宁县志》卷一五《人物·尚义·国朝》，第367页
309	清代	陈有灏、陈兆麒	陈有灏同从弟兆麒倡建育文义学，具楮笔、膳馐，大小试皆给以费	《休宁县志》卷一五《人物·尚义·国朝》，第367页
310	明代	邵继文	建还古书院，继文董其成	《休宁县志》卷一五《人物·乡善·明》，第368页
311	明代	夏傅	倡修学宫	《休宁县志》卷一五《人物·乡善·明》，第369页
312	明代	查洞	竭力倡助修学	《休宁县志》卷一五《人物·乡善·明》，第370页
313	明代	汪早	倡新黉宫	《休宁县志》卷一五《人物·乡善·明》，第370页
314	明代	汪允复	首倡缮学宫	《休宁县志》卷一五《人物·乡善·明》，第370页
315	明代	查维寅	输助邑修黉宫	《休宁县志》卷一五《人物·乡善·明》，第371页
316	明代	李洋	族建文峰，助工必先至后罢，盛暑不辞	《休宁县志》卷一五《人物·乡善·明》，第372页
317	明代	夏建寅	倡新黉宫	《休宁县志》卷一五《人物·乡善·明》，第374页
318	明代	叶一椿	尝捐赀助修黉宫	《休宁县志》卷一五《人物·乡善·明》，第375页
319	明代	汪洪	造丁峰，浚学宫，构魁星楼	《休宁县志》卷一五《人物·乡善·明》，第375页

序号	年代	施善者	捐资修建学校情况	资料来源
320	明代	金弁	置义塾	《休宁县志》卷一五《人物·乡善·明》，第 376 页
321	明代	刘时中	时年八十犹扶杖从众募复还古书院	《休宁县志》卷一五《人物·乡善·明》，第 377 页
322	清代	金士瑜	建书室以课族中子弟	《休宁县志》卷一五《人物·乡善·国朝》，第 379 页
323	清代	吴侃、吴巘兄弟	复建还古书院	《休宁县志》卷一五《人物·乡善·国朝》，第 380 页
324	清代	金值	兴文会，造文昌阁，为一邑胜观，修尊经阁，亦多有助	《休宁县志》卷一五《人物·乡善·国朝》，第 383 页
325	清代	朱朝臣	立义塾，以诲贫家子	《休宁县志》卷一五《人物·乡善·国朝》，第 388 页
326	清代	程知柔	创义塾，购民舍以拓学宫	《休宁县志》卷一五《人物·乡善·国朝》，第 388—389 页
327	清代	刘宗尧	倡修黉宫	《休宁县志》卷一五《人物·乡善·国朝》，第 391 页
328	清代	方遐龄、方宏钺父子	方遐龄欲捐金以兴文塾，赍志早殁，其子宏钺积三百金，以成先志	《休宁县志》卷一五《人物·乡善·国朝》，第 394—395 页
329	嘉庆元年	程世珙后裔	捐巨赀助工重造文庙	《休宁县志》卷一五《人物·乡善·国朝》，第 396 页
330	清代	李世敏	嘉鱼籍，值嘉邑修文庙，建书院，捐金乐助	《休宁县志》卷一五《人物·乡善·国朝》，第 398 页
331	清代	金尚柬	捐修文庙，助建二黄先生祠	《休宁县志》卷一五《人物·乡善·国朝》，第 399 页
332		知县左公、教谕王先生等	汪伟《重修休宁县儒学记》：首捐俸，而复橄子祒之赴义者，共襄厥美	《休宁县志》卷二一《艺文·纪述》，第 601 页

续表

序号	年代	施善者	捐资修建学校情况	资料来源
333		知县廖腾煌，邑人张斌等	汪晋征《重修儒学记》：廖侯首捐俸六十金，为同官及士夫倡	《休宁县志》卷二一《艺文·纪述》，第 616 页
334	乾隆年间	知县刘君，司训、院长，汪滋畹等	汪滋畹《重修休宁县学碑记》：岁丁巳，邑侯刘君与司训、院长暨邑绅倡议重修学宫。乾隆庚寅，予与同人倡修魁星楼	《休宁县志》卷二一《艺文·纪述》，第 638 页
335	嘉靖三十九年	邑人少保胡宗宪	请知县林应雷重建学址，为堂七间	《绩溪县志》卷五《学校·学宫》，第 426 页
336	康熙三十六年	邑人章远、汪若金等	邑人章远、汪若金等捐修，并建教谕署于化龙亭后	《绩溪县志》卷五《学校·学宫》，第 426 页
337	乾隆年间	知县孙银槎、张邦桓，绅士	知县孙银槎倡义重建文庙，至四十八年，知县张邦桓率绅士晨夕董劝乃成殿五间	《绩溪县志》卷五《学校·学宫》，第 426 页
338	嘉庆九年	程鹤年	重修茸门及东西围墙	《绩溪县志》卷五《学校·学宫》，第 426 页
339	康熙五十二年	知县雷恒	建义学，设于城西	《绩溪县志》卷五《学校·乡学》，第 445 页
340	明代	周颂	捐地造明伦堂及文公祠	《绩溪县志》卷一〇《人物·儒硕·明》，第 532 页
341	清代	胡伯炯	圣庙倾圮，捐俸倡修	《绩溪县志》卷一〇《人物·宦业·国朝》，第 550 页
342	元代	广德路教授张旂等	与汪梦斗、胡遂、孙胡泳、高山辈各捐赀买地于邑西，建造县学，捐俸倡修圣庙	《绩溪县志》卷一〇《人物·学林·元》，第 561 页
343	明代	程儒	倡复翚阳书院	《绩溪县志》卷一〇《人物·学林·明》，第 562 页

序号	年代	施善者	捐资修建学校情况	资料来源
344	明代	方士旭	捐居址为学宫	《绩溪县志》卷一〇《人物·孝友·明》，第573页
345	明代	葛文彬	董修儒学，众服廉勤	《绩溪县志》卷一〇《人物·尚义·明》，第599页
346	明代	许金	立义塾，以训族姓	《绩溪县志》卷一〇《人物·尚义·明》，第599页
347	明代	余廷楠	捐地为文峰基址，协众董其役	《绩溪县志》卷一〇《人物·尚义·明》，第599页
348	明代	张永茂	茸三山书屋，以诲后进	《绩溪县志》卷一〇《人物·尚义·明》，第600页
349	明代	周之良	建文峰	《绩溪县志》卷一〇《人物·尚义·明》，第600页
350	清代	程王凡	造文昌阁，为会课所	《绩溪县志》卷一〇《人物·尚义·国朝》，第601页
351	清代	胡志良	捐建文馆于祠东	《绩溪县志》卷一〇《人物·尚义·国朝》，第604页
352	清代	王辉	捐金修葺文庙	《绩溪县志》卷一〇《人物·尚义·国朝》，第606页
353	清代	章之清	助修学宫	《绩溪县志》卷一〇《人物·尚义·国朝》，第607页
354	清代	周凤翔	董修学宫，不辞劳瘁	《绩溪县志》卷一〇《人物·尚义·国朝》，第609页
355	清代	章承坚	董修学宫，劳勤弗懈	《绩溪县志》卷一〇《人物·尚义·国朝》，第610页
356	明代	张镇夏	建学皆资经画	《绩溪县志》卷一〇《人物·乡善·明》，第611页
357	清代	任汝贤	督修学宫，捐资勤事	《绩溪县志》卷一〇《人物·乡善·国朝》，第616页
358	清代	章继恩	捐资修文峰	《绩溪县志》卷一〇《人物·乡善·国朝》，第616页

续表

序号	年代	施善者	捐资修建学校情况	资料来源
359	清代	张文贤	助文峰	《绩溪县志》卷一〇《人物·乡善·国朝》，第616页
360	清代	黄维基	捐资独修儒学化龙亭	《绩溪县志》卷一〇《人物·乡善·国朝》，第618页
361	清代	王承藻	凡学宫祠宇等，多捐资助修	《绩溪县志》卷一〇《人物·乡善·国朝》，第627页
362	明代	兵部尚书梅林胡公	袁炜《重修庙学记》：解其橐中所累天子之赐者若千金	《绩溪县志》卷一〇《艺文·记·明》，第718页
363	明代	褚公、陈侯	余孟麟《重修庙学记》：宗主褚公给银五十余两，陈侯乃毅然捐俸金以完其工	《绩溪县志》卷一〇《艺文·记·明》，第725页
364	清代	知县李之韡、直指卫公	李之韡《重修明伦堂记》：余戊戌嘉平受事兹土，直指卫公按部至新安，捐赏修废	《绩溪县志》卷一〇《艺文·记·国朝》，第727页
365	雍正八年	邑侯李世敦、教谕汤显忠	汤显忠《重修庙学记》：倡率捐输，集绅士议修	《绩溪县志》卷一〇《艺文·记·国朝》，第728页

（二）捐修文阁、文昌阁

序号	年代	施善者	捐修文阁情况	资料来源
1	清代	鲍均	更修尊经阁，两学署重建斗山、文昌祠、魁杓亭等	《歙县志》卷九《人物志·义行·清》，第380页
2	嘉庆七年	合邑绅士	捐赀建文昌庙于崇圣祠之左	《婺源县志》卷六《建制》三《学校·学宫》上册，第125页
3	明代	陈伸	复输二百余金助造书院，助造丁峰塔，并捐学校	《婺源县志》卷三七《人物》一一《义行一·明》上册，第672页

序号	年代	施善者	捐修文阁情况	资料来源
4	清代	吕成荣	里中建文昌阁，尤多乐输，又建飞跃书室，延师造士	《婺源县志》卷三七《人物》——《义行一·清》上册，第 683 页
5	康熙年间	戴德志	又捐巨资修里中文阁	《婺源县志》卷三七《人物》——《义行一·清》上册，第 685 页
6	清代	王尚玘	捐千余金建文阁，以当卯峰之缺，旁构桂苑书斋，请族明经淑子弟	《婺源县志》卷三八《人物》——《义行二·清》上册，第 693 页
7	乾隆年间	施用学	建文昌阁	《婺源县志》卷三八《人物》——《义行三·清》上册，第 706 页
8	清代	汪良增	年老回籍，创建文阁	《婺源县志》卷三九《人物》——《义行四·清》上册，第 713 页
9	清代	詹文定	捐赀七八百金建文阁，以凝秀气	《婺源县志》卷三九《人物》——《义行四·清》上册，第 713 页
10	清代	朱启椿	捐输文阁、书院等，义举不一	《婺源县志》卷三九《人物》——《义行四·清》上册，第 719 页
11	清代	祝恒盟	复创造文昌阁，以崇明祀	《婺源县志》卷三九《人物》——《义行四·清》上册，第 723 页
12	清代	俞镇琮	凡造祠宇、创文阁……乐输不后，虽数千金，未尝吝	《婺源县志》卷三九《人物》——《义行四·清》上册，第 723 页
13	清代	程国俊	邑建文昌阁及紫阳书院，并输金	《婺源县志》卷三九《人物》——《义行五·清》上册，第 729—730 页
14	清代	王锡昌	修造文昌阁等，计捐银数百两	《婺源县志》卷四○《人物》——《义行六·清》上册，第 739 页
15	清代	赵之俊兄弟	赵之俊偕弟并建文昌阁，经费巨万	《婺源县志》卷四○《人物》——《义行六·清》上册，第 740 页
16	清代	程荣楼	村建文阁，输数百金	《婺源县志》卷四○《人物》——《义行六·清》上册，第 747 页
17	清代	俞镇连	他如文阁等，靡不竭力襄成	《婺源县志》卷四○《人物》——《义行六·清》上册，第 748 页

序号	年代	施善者	捐修文阁情况	资料来源
18	清代	俞起腾	复尊父命，输六百余金修文阁	《婺源县志》卷四〇《人物》——《义行六·清》上册，第 751 页
19	清代	俞镛	建文阁等，俱不惜巨赀	《婺源县志》卷四〇《人物》——《义行六·清》上册，第 753 页
20	嘉庆年间	程世炘	费数千金建造文阁	《婺源县志》卷四一《人物》——《义行七·清》下册，第 7 页
21	清代	程兆枢	督造文昌阁等，勤劳六载	《婺源县志》卷四一《人物》——《义行七·清》下册，第 14 页
22	清代	程焘	本里文阁、祠厅，共输六百余金	《婺源县志》卷四一《人物》——《义行七·清》下册，第 15 页
23	清代	詹荫梧	命子垣继志修文阁及文庙等，均输赀不吝	《婺源县志》卷四一《人物》——《义行七·清》下册，第 16 页
24	清代	方国錀	族中文阁，欣然领袖，捐数常倍于人	《婺源县志》卷四一《人物》——《义行七·清》下册，第 17 页
25	清代	戴廷槐	起文阁等诸义举，知无不为	《婺源县志》卷四二《人物》——《义行八·清》下册，第 35 页
26	光绪年间	俞光銮	村中造文昌阁、祠宇，又解囊兴修	《婺源县志》卷四二《人物》——《义行八·清》下册，第 35 页
27	清代	吴继祺	复倡捐葺明伦堂，建魁星楼	《休宁县志》卷一五《人物·尚义·国朝》，第 362—363 页
28	清代	戴纯恩	又倡捐千金，迁建海阳书院，修文阁以供游息	《休宁县志》卷一五《人物·尚义·国朝》，第 366 页
29	明代	汪洪	造丁峰，浚学宫，构魁星楼	《休宁县志》卷一五《人物·乡善·明》，第 375 页
30	清代	金值	兴文会，造文昌阁，为一邑胜观，修尊经阁，亦多有助	《休宁县志》卷一五《人物·乡善·国朝》，第 383 页
31	清代	章炜	邑建文峰，首倡以成义举	《绩溪县志》卷一〇《人物·尚义·国朝》，第 604 页
32	清代	石承模	独建文昌阁于村口，以励族中子弟读书，给以膏火，成就甚众	《绩溪县志》卷一〇《人物·尚义·国朝》，第 607 页

续表

序号	年代	施善者	捐修文阁情况	资料来源
33	清代	黄庆辅父子	黄善长卒后，黄族议于古集成书院余地建文昌阁，以培水口，善长子庆辅等继遗志任其半	《同治黟县三志》卷七《人物·尚义》，第 131 页
34	清代	程云翼	先是助资督修魁星楼，节次捐输学宫、书院、考棚	《同治黟县三志》卷七《人物·尚义》，第 123 页

二、捐资助学

（一）捐置学田、学租

序号	年代	施善者	捐置学田、学租情况	资料来源
1		邑人谢佶	捐田二十亩	《歙县志》卷二《营建志·学校·学田》，第 54 页
2	清代	江承珍	置右文田三十亩，以为文士讲学之资	《歙县志》卷九《人物志·义行·清》，第 359 页
3	同治年间	洪受嘉	捐助义学田数十亩	《歙县志》卷九《人物志·义行·清》，第 388 页
4	明代	吴绍祖	乃以金置学田十余亩，供课费	《祁门县志》卷三〇《人物志·义行·明》，第 341 页
5	明崇祯十二年	邑人	捐置早晚田一十八亩三分二厘零，备赈贫生	《婺源县志》卷六《建制》三《学校·学田》上册，第 126 页
6	明万历二十七年	通判掌县事蒲宗启	捐俸银八两并学租银一两五钱，共买晚田二亩	《婺源县志》卷六《建制》三《学校·学田》上册，第 126 页
7	明万历二十五年	武举人程以忠	义输早晚田一百亩零四厘	《婺源县志》卷六《建制》三《学校·学田》上册，第 126 页
8		乡官江一皋	义输早晚田七十亩零五厘	《婺源县志》卷六《建制》三《学校·学田》上册，第 126 页

续表

序号	年代	施善者	捐置学田、学租情况	资料来源
9	明万历二十五年	按院宋某	捐银五十两发院，置早晚田六亩九分六厘，备赈贫生	《婺源县志》卷六《建制》三《学校·学田》上册，第126页
10		生员洪钟声等	生员洪钟声、汪邦龄输田亩，计额租三十秤，备修学宫	《婺源县志》卷六《建制》三《学校·学田》上册，第127页
11		生员汪珊等	生员汪珊及程寅兄弟共输田一十亩一厘三毫	《婺源县志》卷六《建制》三《学校·学田》上册，第127页
12		绅士	附紫阳书院：捐输田亩……以上五号系绅士捐建书院时将租作银输入者	《婺源县志》卷六《建制》三《学校·学宫》上册，第130页
13	道光六年	程大□	附紫阳书院：捐月字拾柒号……又同号地五厘入考棚基	《婺源县志》卷六《建制》三《学校·学宫》上册，第130页
14	元至正七年	里人程本中	割田五百亩，以三百亩之入赡师、弟子，以二百亩养族之贫者	《婺源县志》卷六《建制》三《学校·遗安义学》上册，第134页
15	光绪年间	里人江峰青	捐建东山学舍，并输田二百亩资塾师薪膳	《婺源县志》卷六《建制》三《学校·东山学舍》上册，第134页
16	元代	胡淀	建明经书院，又输田三百亩以充膳费	《婺源县志》卷三七《人物》一一《义行一·元》上册，第669页
17	明代	胡仲海	输田十五亩入学	《婺源县志》卷三七《人物》一一《义行一·明》上册，第672页
18	清代	汪延庚	输学田十亩	《婺源县志》卷三七《人物》一一《义行一·清》上册，第684页

续表

序号	年代	施善者	捐置学田、学租情况	资料来源
19	清代	程时秀	输租儒学	《婺源县志》卷三七《人物》一一《义行一·清》上册，第685页
20		胡廷俊	立膏田以劝学	《婺源县志》卷四一《人物》一一《义行七·清》下册，第1页
21	清代	程涵辉	念族中子弟无力从师，捐田二十亩倡兴义学，尤为宗族利赖	《婺源县志》卷四一《人物》一一《义行七·清》下册，第3页
22	清代	游鉴	输租入湖山书院	《婺源县志》卷四一《人物》一一《义行七·清》下册，第17页
23	清代	查炳炎	置学田	《婺源县志》卷四二《人物》一一《义行八·清》下册，第26页
24	元皇庆年间	龙泉簿胡淀、胡澄	即西山故址建屋，捐田以教养其族与其乡之人	《婺源县志》卷六七《艺文》四《序记》四，（明）程敏政《明经书院重修记》下册，第700—701页
25	明代	胡浚及族人、知县丁祐等	举人胡浚重修明经书院，族人多捐赀者，知县丁祐、教谕陈简、提调学校御史娄谦、巡按御史胡汉皆出俸金	《婺源县志》卷六七《艺文》四《序记》四，（明）程敏政《明经书院重修记》下册，第700—701页
26	明万历年间	邑人舒橦、周光	捐租一百六十九砠十斤	《嘉庆道光黟县志》卷一〇《政事·学校·学租》，第352页
27	明代	教谕陈熙	捐俸置土地祠租二十砠	《嘉庆道光黟县志》卷一〇《政事·学校·学租》，第352页
28	康熙年间	邑人李之虬	又邑人李之虬于国朝康熙年间捐租六十九砠	《嘉庆道光黟县志》卷一〇《政事·学校·学租》，第352页
29	乾隆十九年	舒廷琏	泮池案山输买税业：输田税八厘	《嘉庆道光黟县志》卷一〇《政事·学校》，第352页
30	嘉庆三年	舒万三	泮池案山输买税业：输田税三分	《嘉庆道光黟县志》卷一〇《政事·学校》，第352页

续表

序号	年代	施善者	捐置学田、学租情况	资料来源
31	嘉庆三年	程清等	泮池案山输买税业：输田税一亩三分五厘	《嘉庆道光黟县志》卷一〇《政事·学校》，第352页
32	嘉庆三年	胡彦本	泮池案山输买税业：输田税八分	《嘉庆道光黟县志》卷一〇《政事·学校》，第352页
33	嘉庆四年	舒景云	泮池案山输买税业：输地税壹分四厘	《嘉庆道光黟县志》卷一〇《政事·学校》，第352页
34		县丞张宏鹏	助田一十亩十步	《绩溪县志》卷五《学校·学产》，第444页
35	明万历年间	序班胡廷燃	助五六都田地、山塘三十五亩，共折实田一十八亩三分。按：此项租银以半交学中，半存为三年宾兴之费	《绩溪县志》卷五《学校·学产》，第444页
36		方锐妻胡氏	助十三都田二亩二角、地一角四十五步	《绩溪县志》卷五《学校·学产》，第444页
37		方显仁妻汪氏	助十三都田一十亩零	《绩溪县志》卷五《学校·学产》，第444页
38	雍正年间	曹邦瑞、天蔚父子	助七都田五亩	《绩溪县志》卷五《学校·学产》，第444页；另见卷一〇《人物·尚义·国朝》，第604页
39	雍正年间	曹谦光	助七都白字号田九分	《绩溪县志》卷五《学校·学产》，第444页
40		黄张朋等	坊市十一家排年，黄张朋等助九都田一亩二分五厘	《绩溪县志》卷五《学校·学产》，第445页
41	清代	胡秀之父	置书田以励后学，有谋入橐者，出资购买归众	《绩溪县志》卷一〇《人物·尚义·国朝》，第604页
42	明正德六年	知县唐勋	以堂前及棂星门皆逼近民园，捐俸各购其半，拓使宏敞	《休宁县志》卷三《学校·学制》，第58页

序号	年代	施善者	捐置学田、学租情况	资料来源
43	明万历三十五年	巡按宋焘	又捐银五十两置学田	《休宁县志》卷三《学校·学田》，第64页
44		监生吴怀宝	义输若干亩	《休宁县志》卷三《学校·学田》，第64页
45	明万历二十三年	吴继良	义输唐舟干壹拾柒亩捌厘肆毫，上四干伍拾亩	《休宁县志》卷三《学校·学田》，第64页
46	康熙十四年	监生程子谦	捐银修学宫，复捐银一千两置学田，取租为诸生科举费	《休宁县志》卷三《学校·制》，第59页；另见同卷《学田》，第66页
47	乾隆四十五年	知县王家干	再倡士民输赀并田，以增膏火	《休宁县志》卷三《学校·书院·海阳书院》，第70页
48	嘉庆十四年	程森兰	契捐新丈辰字贰百伍拾肆号内，取空直地壹条，地拾步捌分，税伍厘肆毫	《休宁县志》卷三《学校·书院·海阳书院》，第71页
49	嘉庆十五年	刘谦受堂	捐新丈辰字贰百肆拾号地拾步陆分贰厘伍毫，又辰字贰百肆拾贰号	《休宁县志》卷三《学校·书院·海阳书院》，第71页
50	清代	程子谦	置府县学义田为诸生科举之费，修葺府县学宫等，所费累千万金	《休宁县志》卷一五《人物·尚义·国朝》，第361页

（二）捐助膏火

序号	年代	施善者	捐助膏火情况	资料来源
1	雍正十四年	邑人徐士修	增置号舍，又捐银一万二千两以赡学者	《歙县志》卷二《营建志·学校·问政书院》，第57页；另见卷九《人物志·义行·清》，第359—360页

续表

序号	年代	施善者	捐助膏火情况	资料来源
2	嘉庆十七年	知府龚丽正，歙人鲍均，黟邑绅士	邑人鲍志道之孙均捐银五千两，按月一分行息，每年息银六百两，复劝黟绅士捐输以资膏火，黟绅胡尚燧、胡元熙、胡积城再捐银五千两	《歙县志》卷二《营建志·学校·问政书院》，第57页
3	清代	汪文焕	有读书者，则给束脯，以资弦诵	《歙县志》卷九《人物志·义行·清》，第359页
4	清代	鲍志道	捐银八千两，增置城南紫阳书院膏火	《歙县志》卷九《人物志·义行》，第374页
5	清代	程光国	捐资添助城南紫阳书院膏火	《歙县志》卷九《人物志·义行·清》，第374—375页
6	清代	鲍漱芳之子鲍均	尝修县学文庙，蠲银五千两存两淮生息，以增紫阳书院膏火	《歙县志》卷九《人物志·义行·清》，第380页
7	咸丰二年	知县唐治，邑人洪蒙斋、许映廷等	知县唐治《劝捐东山书院膏火经费启》：邑人前镇洋县学博洪君蒙斋及其乡之许君映廷各捐千金，遍启各乡大姓量为捐助，得万金有奇	《祁门县志》卷一八《学校志二·书院》，第183—184页；另见卷二六《人物志·宦积·补遗》，第316页
8	宋代	汪浚	置义田为膏火资，远方寒士就学者咸给焉	《祁门县志》卷三〇《人物志·义行·宋》，第340页
9	清代	谢明哲	旸源有神交馆，湛若水讲学地，新之，捐田四十亩以给馆谷	《祁门县志》卷三〇《人物志·义行·国朝》，第342页
10	清代	方兆鏑及其子孙	方兆鏑临终命子孙将所遗金五百入东山书院，其子孙如数输焉	《祁门县志》卷三〇《人物志·义行·国朝》，第345页
11	清代	冯光泽	东山书院输膏火银五百两	《祁门县志》卷三〇《人物志·义行·国朝》，第346页
12	清代	郑国恂	东山书院二次输金捌百，为生童膏火	《祁门县志》卷三〇《人物志·义行·国朝》，第346页

序号	年代	施善者	捐助膏火情况	资料来源
13	清代	康周铨	买田若干亩，除存立家塾外，各捐租谷五十秤，入明光化县尹江峰公义塾和明诸生豸山公义塾	《祁门县志》卷三〇《人物志·义行·国朝》，第347页
14	清代	汪正诚	书院捐银六百两以培士林	《祁门县志》卷三〇《人物志·义行·国朝》，第347—348页
15	明代	叶一材	输田二十亩于学宫以佐诸生膏火	《祁门县志》卷三〇《人物志·义行补遗·明》，第349—350页
16	乾隆年间	唐囚是	先捐俸延山长及资生徒膏火	《婺源县志》卷六《建制》三《学校·附紫阳书院》上册，第129页
17	乾隆五十六年	彭家桂、沈恕	后先捐廉，屡延山长	《婺源县志》卷六《建制》三《学校·附紫阳书院》上册，第129页
18	清代	江巨荣等	余庆祠中道光间增赵公忠弼，同治间增邑人俞清芬，光绪间增邑人江巨荣，捐应课生膏火，均祔祀	《婺源县志》卷六《建制》三《学校·附紫阳书院》上册，第130页；另见卷四〇《人物》一一《义行六·清》上册，第741页
19		俞姓	新输田亩土名字号……以上皆俞姓输入，其地在文公庙上手	《婺源县志》卷六《建制》三《学校·附紫阳书院》上册，第131页
20	嘉庆二十四年	县令孙敏浦	膏火及乡会试盘费：又递年捐廉银二百两，加给肄业膏火	《婺源县志》卷六《建制》三《学校·附紫阳书院》上册，第133页
21	元代	祝寿朋	以己产为廪储，延师以教乡弟子之愿学者，其设教之所曰中山书塾	《婺源县志》卷三七《人物》一一《义行一·元》上册，第669页

序号	年代	施善者	捐助膏火情况	资料来源
22	清代	方兴之	输田为膏火赀，以劝勉后隽	《婺源县志》卷三七《人物》——《义行一·清》上册，第 683 页
23	清代	汪焄	历游与交，资膏火助资釜，藉以成名者甚夥	《婺源县志》卷三七《人物》——《义行一·清》上册，第 686 页
24	清代	程一鼎	以里中文风未振，倡筑文峰，诸从有嗜学者，助膏火	《婺源县志》卷三八《人物》——《义行二·清》上册，第 692 页
25	清代	汪陞	乡族间贫而业儒者，膏火馈遗，辅翼有成	《婺源县志》卷三八《人物》——《义行二·清》上册，第 693 页
26	清代	叶尚仪	捐七亩为膏火赀，励族后进	《婺源县志》卷三八《人物》——《义行二·清》上册，第 696 页
27	清代	王立蔼	建书室，延名师，又捐赀以佐族子弟之膏火	《婺源县志》卷三八《人物》——《义行三·清》上册，第 706 页
28	嘉庆年间	俞大凰、俞国祯父子	输一千两以助膏火	《婺源县志》卷三九《人物》——《义行四·清》上册，第 712 页；另见同卷《俞国祯》上册，第 715 页；同卷《义行五·清·俞鹏万》上册，第 725 页
29	清代	李应闻	资族中子弟膏火	《婺源县志》卷三九《人物》——《义行四·清》上册，第 712 页
30	清代	詹振瑚	输租入祠，备膏火资读，复倡兴毓英文会，朔望会课，经理弗懈	《婺源县志》卷三九《人物》——《义行四·清》上册，第 718 页

序号	年代	施善者	捐助膏火情况	资料来源
31	清代	俞清芬	输租七百数十秤入紫阳书院资助膏火，并昭义坊基地一大局	《婺源县志》卷四〇《人物》——《义行六·清》上册，第 740 页
32	清代	余嘉修	买腴田数十亩，增益祀产，余则以给后进膏火赀	《婺源县志》卷四一《人物》——《义行七·清》下册，第 8 页
33	清代	王廷棠	增田产为膏火赀	《婺源县志》卷四一《人物》——《义行七·清》下册，第 16 页
34	嘉庆年间	胡尚增	捐助府紫阳书院膏火	《同治黟县三志》卷七《人物·尚义》，第 117 页
35	清代	胡应钟	助建考棚，增捐碧阳书院膏火	《同治黟县三志》卷七《人物·尚义》，第 118—119 页
36	清代	朱光宅	邑修学宫，建书院、考棚，皆捐赀，又助膏火、乡会试盘费	《同治黟县三志》卷七《人物·尚义》，第 119 页
37	清代	朱承珪	补捐邑书院费及乡会试盘费	《同治黟县三志》卷七《人物·尚义》，第 119 页
38	清代	朱承璠父子	朱光裕早卒，嗣子承璠以父名捐碧阳书院膏火千金	《同治黟县三志》卷七《人物·尚义》，第 119 页
39	清代	朱光谦	捐助碧阳书院膏火	《同治黟县三志》卷七《人物·尚义》，第 120 页
40	清代	江良基	捐助碧阳书院膏火	《同治黟县三志》卷七《人物·尚义》，第 125 页
41	道光二十三年	王盛琦	输碧阳书院银两	《同治黟县三志》卷七《人物·尚义》，第 127 页
42	光绪元年	邑绅程鸿诏等	奉文筹款兴复学校，设局劝捐，陆续集捐学款至一万数千之巨	《民国黟县四志》卷一〇《政事志》《学校》一，第 245 页
43	乾隆四十五年	知县王家干	倡士民输赀并田，以增海阳书院膏火	《休宁县志》卷三《学校·书院·海阳书院》，第 70 页

续表

序号	年代	施善者	捐助膏火情况	资料来源
44	嘉庆十八年	邑人	公输赀重修还古书院，新增生童会课经费	《休宁县志》卷三《学校·书院·还古书院》，第71页
45	清代	汪朝烘	族姻之业儒者，助以膏火	《休宁县志》卷一五《人物·尚义·国朝》，第363页
46	清代	程守奎	资助绩学之士，使成科名	《休宁县志》卷一五《人物·尚义·国朝》，第364页
47	嘉庆年间	汪国柱	新迁海阳书院，捐千金以助膏火	《休宁县志》卷一五《人物·尚义·国朝》，第365页
48	清代	徐名进	输千金于海阳书院，以供膏火	《休宁县志》卷一五《人物·尚义·国朝》，第367页
49	清代	方文镗	资子弟膏火	《休宁县志》卷一五《人物·乡善·国朝》，第389页
50	清代	吴光祖	族人有志读书而无力者，必周之	《休宁县志》卷一五《人物·乡善·国朝》，第400页
51	清代	胡玉德、胡宾父子	每以海阳书院膏火不足为虑，子宾遵父志输三百两于书院	《休宁县志》卷一五《人物·乡善·国朝》，第402页
52	清代	吴思耀	族之读书者，助以膏火	《休宁县志》卷一五《人物·乡善·国朝》，第403页
53	清代	周廷寀	重构三台书院，捐奉以助膏火	《绩溪县志》卷一〇《人物·宦业·国朝》，第551页
54	清代	曹六行	置膏火田数十亩，以兴斯文	《绩溪县志》卷一〇《人物·尚义·国朝》，第602页

（三）捐置祭器

清康熙初，祁门县人陈继宽，曾助学宫田九亩有余，为供祝圣诞之费，行之至清末。[①]咸丰年间，婺源人赵之俊输千金买祭器，筑书斋，置学田，以培人才。[②]

---

① 《同治祁门县志》卷三〇《人物志·义行·国朝》，第343页。

② 《民国重修婺源县志》卷四二《人物》一一《义行八·清》下册，第28页。

（四）捐助刻书

明代，婺源人江国邠不惜捐重赀助刻书籍，并造藏书楼。① 清代，朱子藏书楼灾，遗书尽毁，婺源人查魁捐重赀倡众重刻。②

（五）谢却馈赠

戴显，浮梁人，明代弘治年间任祁门县学训导，"诸生以贽见者，一无所受"。③ 高应经字继道，闽县人，明代嘉靖初年任祁门县学教谕，"岁时馈遗，一切却谢"。④

三、捐资奖学

清道光年间，祁门县知县王让每年捐廉八十两助东山书院额外奖赏。⑤ 裘钟，号瀚峰，江西德化县人，进士。同治四年任祁门知县，乐于课士，每月亲临考棚扃课一次，分俸给赏。⑥

四、捐资助贫

宋代祁门县人汪浚，置义田为膏火资，远方寒士就学者咸给焉。⑦ 吴瑄，江夏人，正德五年任祁门县学教谕，诸生家贫者，常分俸给之。⑧ 钱同文，浙江嘉兴人，嘉靖中任祁门知县，尤加意学校，诸生穷困者辄周之。⑨ 祁门县人胡天禄，输田三百亩为义田，子弟贫而就傅者一一赈给，其曾孙征献复增输三十亩。⑩

---

① 《民国重修婺源县志》卷三七《人物》——《义行一·明》上册，第 671 页。
② 《民国重修婺源县志》卷三七《人物》——《义行一·清》上册，第 683 页。
③ 《同治祁门县志》卷二一《职官志二·名宦·明》，第 215 页。
④ 《同治祁门县志》卷二一《职官志二·名宦·明》，第 215 页。
⑤ 《同治祁门县志》卷一八《学校志二·书院》，第 180 页。
⑥ 《同治祁门县志》卷二一《职官志二·名宦·明》，第 219 页。
⑦ 《同治祁门县志》卷三〇《人物志·义行·宋》，第 340 页。
⑧ 《同治祁门县志》卷二一《职官志二·名宦·明》，第 215 页。
⑨ 《同治祁门县志》卷二一《职官志二·名宦·明》，第 214 页。
⑩ 《同治祁门县志》卷三〇《人物志·义行·明》，第 340 页。

明代绩溪县教谕庄希孟，捐奉以贷贫乏。① 绩溪人吴镐，明代嘉靖丁酉举人，授江西上犹知县，尤恤士之贫者。② 明代绩溪人章淮，授浙江太平县教谕，每捐禄以恤士之贫寒。③ 汪会东任铜陵教谕，修学宫，济贫士，士类为之振起。④ 郑汝砺，由岁贡三任教职，资给贫生，扶翊才士，造就为多。⑤

明代夏邦瑞，历官休宁，士赀多却谢，而廉贫者助之。⑥ 休宁人夏值尝识贺相国于诸生，资助备至。⑦

明代万历、天启年间歙县人洪应绍，历官昆山教谕，受赀多散给贫生。⑧ 江允元，官溧阳教谕，士有贫窭者解囊周恤。⑨

清代婺源县人俞镇琮，词源王某力学，以家窭欲弃儒，镇琮力劝其勿辍，给之膏油家食，逾年游庠。⑩ 俞之纯延师教后进，寒士好学者，乐助膏火。⑪

黟县人胡文淦，其族中子弟无力读书者，助以修金，俾得从师，举行十余年而不息。⑫

此外，还有地方士绅对贫困教师的捐助。如：明代绩溪县教谕王某卒于官，张珂捐金以作路费。⑬

---

① 《嘉庆绩溪县志》卷八《名宦·教谕·明》，第 485 页。
② 《嘉庆绩溪县志》卷一〇《人物·宦业·明》，第 546 页。
③ 《嘉庆绩溪县志》卷一〇《人物·宦业·明》，第 547 页。
④ 《嘉庆绩溪县志》卷一〇《人物·宦业·明》，第 549 页。
⑤ 《嘉庆绩溪县志》卷一〇《人物·学林·明》，第 562 页。
⑥ 《道光休宁县志》卷七《职官·名宦·明》，第 137 页。
⑦ 《道光休宁县志》卷一五《人物·乡善·明》，第 376—377 页。
⑧ 《民国歙县志》卷六《人物志·宦迹·明》，第 232 页。
⑨ 《民国歙县志》卷六《人物志·宦迹·清》，第 245 页。
⑩ 《民国重修婺源县志》卷三九《人物》一一《义行四·清》上册，第 723 页。
⑪ 《民国重修婺源县志》卷四二《人物》一一《义行八·清》下册，第 29 页。
⑫ 《同治黟县三志》卷七《人物·尚义》，第 118 页。
⑬ 《嘉庆绩溪县志》卷一〇《人物·尚义·明》，第 599—600 页。

五、捐资兴办助学组织——文会、文社

明人周绅《颖宾书院讲学会序》载："嘉靖丙辰，书院落成。我邑文韶葛子、连山张子帅其同志百余人每月聚讲，以尽修交……朱夫子道学自任，后代仰之如泰山北斗，我郡固其桑梓也。近代讲学倡自陈白沙，先生躬诣紫阳，聚六邑人士每岁一会，定有规条。后龙溪、近溪两先生扩而远之为四府大会，各县轮司，罔敢逾期。我邑未尝有会也，我邑之尝有会自今日始，每月一会，每季坊乡俱会。置有会田，岁会首二人掌之。彬雅劘切，问难相成。后遇六邑四府之会，各抱所得以往请正大方，华阳自此道风丕振，贤哲辈出矣。"① 由此可见，明代自陈献章首立徽州府文会之后，后南直隶地区有江宁府、徽州府等四府大会，徽州府各属县也有会，县属各坊乡也设会，组织细密，层级清晰。徽州府关于资助文会的记载多达七十余条，现列表如下：

序号	年代	施善者	捐设文会、文社情况	资料来源
1	嘉庆年间	监生程永康	建文会，设义学	《歙县志》卷九《人物志·义行·清》，第 368 页
2	清代	张明侗	立飞霞文会，延师以教里中子弟	《歙县志》卷九《人物志·义行·清》，第 369 页
3	清代	江士相	重建文会及忠愍、节孝二祠	《歙县志》卷九《人物志·义行·清》，第 382—383 页
4	同治年间	张文健等	张文健、吴德基建定山文会	《歙县志》卷九《人物志·义行·清》，第 388 页
5	明代	郑烛	倡六邑文会	《歙县志》卷一〇《人物志·士林·明》，第 391 页
6	乾隆年间	汪荣杰	劝捐文会各义举，罔不踊跃乐为	《祁门县志》卷三〇《人物志·义行补遗·国朝》，第 351 页
7	清代	吴士英	输赀兴文会	《婺源县志》卷三七《人物》——《义行一·清》上册，第 686 页

① 《嘉庆绩溪县志》卷一〇《艺文·序·明》，第 733 页。

续表

序号	年代	施善者	捐设文会、文社情况	资料来源
8	清代	郑可衿	输租创文会，资膏火，劝读书	《婺源县志》卷三八《人物》——《义行二·清》上册，第688页
9	清代	潘元旷	创起元文会，振兴后学	《婺源县志》卷三八《人物》——《义行二·清》上册，第692页
10	清代	江季祥	尝输田，倡兴文会	《婺源县志》卷三八《人物》——《义行三·清》上册，第705页
11	清代	张织云	倡兴文会	《婺源县志》卷三九《人物》——《义行四·清》上册，第716页
12	清代	詹振瑚	复倡兴毓英文会，朔望会课，经理弗懈	《婺源县志》卷三九《人物》——《义行四·清》上册，第718页
13	乾隆年间	程国熖	又造文昌殿，立文社，乡里文风寖起	《婺源县志》卷三九《人物》——《义行五·清》上册，第726页
14	清代	程万里	集邻村捐赀建文社，独任生殖二十余年	《婺源县志》卷四〇《人物》——《义行六·清》上册，第740页
15	清代	洪炳中	兴文会，载诸口碑	《婺源县志》卷三九《人物》——《义行六·清》上册，第745页
16	清代	戴德莅	续建书斋，兴文社，培植多士	《婺源县志》卷四〇《人物》——《义行六·清》上册，第750页
17	清代	潘宝元	文社输租二百秤	《婺源县志》卷四〇《人物》——《义行六·清》上册，第751页
18	清代	黄振甲	汪子双池书局，慷慨输金，以襄义举	《婺源县志》卷四〇《人物》——《义行六·清》上册，第751页
19	咸丰年间	吴荣森	立族中文社	《婺源县志》卷四〇《人物》——《义行六·清》上册，第754页
20	光绪元年	张文明	倡立毓秀文社，培植后进，士林嘉美	《婺源县志》卷四〇《人物》——《义行六·清》上册，第755页
21	清代	余章锦	又输租立文社，以振文风	《婺源县志》卷四〇《人物》——《义行六·清》上册，第756页
22	道光年间	程显荣	建文社，不惜重赏，倡首助成	《婺源县志》卷四一《人物》——《义行七·清》下册，第2页

续表

序号	年代	施善者	捐设文会、文社情况	资料来源
23	清代	洪国桥	居乡立文社	《婺源县志》卷四一《人物》——《义行七·清》下册，第4页
24	清代	戴逢原	倡立登瀛文社，培植后进，乡人嘉之	《婺源县志》卷四一《人物》——《义行七·清》下册，第4页
25	清代	张文灯	培文社	《婺源县志》卷四一《人物》——《义行七·清》下册，第4页
26	清代	詹世鸾	立文社，建学宫，修会馆，挥金不惜	《婺源县志》卷四一《人物》——《义行七·清》下册，第6页
27	清代	方肇泾	立文社	《婺源县志》卷四一《人物》——《义行七·清》下册，第6页
28	清代	余志鳌	输己赀兴文社	《婺源县志》卷四一《人物》——《义行七·清》下册，第7页
29	清代	胡日章	兴文会，乡里颂之	《婺源县志》卷四一《人物》——《义行七·清》下册，第9页
30	道光年间	孙有燨	兴社课文，及襄建本都书院、京师文明会，均领袖捐赀	《婺源县志》卷四一《人物》——《义行七·清》下册，第9页
31	清代	俞应圭	创立文社，增置稔田，后进尤赖之	《婺源县志》卷四一《人物》——《义行七·清》下册，第12页
32	清代	董勋铭	建书塾，兴文社，置膏赀，后进均沾其泽	《婺源县志》卷四一《人物》——《义行七·清》下册，第14页
33	清代	余源开	文社废弛，输田振兴	《婺源县志》卷四一《人物》——《义行七·清》下册，第14页
34	清代	孙洪瓛	捐建至圣庙，兴文社，给送卷赀，所费不下数百金	《婺源县志》卷四一《人物》——《义行七·清》下册，第17页
35	清代	俞友仁	倡输五百金，兴炳蔚文社	《婺源县志》卷四一《人物》——《义行七·清》下册，第17页
36	清代	金纯熙	捐赀兴文社	《婺源县志》卷四一《人物》——《义行七·清》下册，第18页

序号	年代	施善者	捐设文会、文社情况	资料来源
37	清代	俞延	倡建文社，置稔田，给课赀，文风日起	《婺源县志》卷四一《人物》——《义行七·清》下册，第18页
38	清代	俞邦基	倡文社，踊跃襄助，不惜劳费	《婺源县志》卷四一《人物》——《义行七·清》下册，第23页
39	清代	俞承祖	兴文社，竭力劻勷	《婺源县志》卷四一《人物》——《义行七·清》下册，第23页
40	清代	詹斯坤	兴文会	《婺源县志》卷四二《人物》——《义行八·清》下册，第26页
41	清代	潘光丽	捐赀振兴文社，栽培后进	《婺源县志》卷四二《人物》——《义行八·清》下册，第30页
42	清代	潘振光	输数百金兴文社	《婺源县志》卷四二《人物》——《义行八·清》下册，第31页
43	清代	程熺	立大经文社	《婺源县志》卷四二《人物》——《义行八·清》下册，第31页
44	清代	潘腾	尝输租补助文会，以植人才	《婺源县志》卷四二《人物》——《义行八·清》下册，第31页
45	清代	程有鏄	捐金创里中双峰学社	《婺源县志》卷四二《人物》——《义行八·清》下册，第37页
46	清代	朱钟彦	振兴文会	《婺源县志》卷四二《人物》——《义行八·清》下册，第38页
47	清代	董一轮	置田百余亩兴文会，培后进	《婺源县志》卷四二《人物》——《义行八·清》下册，第41页
48	咸同年间	胡廷球	以团务羡余倡兴文社、月课，培养后进	《婺源县志》卷四二《人物》——《义行八·清》下册，第44页
49	咸同年间	胡绶芝	撤团后，倡兴文社、月课，栽培后进	《婺源县志》卷四二《人物》——《义行八·清》下册，第44页
50	清代	余鹏	倡立三峰文会，栽培后进	《婺源县志》卷四二《人物》——《义行八·清》下册，第45页
51	清代	王尚槐	兴文社，助灯油	《婺源县志》卷四二《人物》——《义行八·清》下册，第49页

序号	年代	施善者	捐设文会、文社情况	资料来源
52	清代	詹固维	并邀集邻村创兴丽泽文社，按月课士	《婺源县志》卷四二《人物》——《义行八·清》下册，第50页
53	清代	叶日华	倡文会，具楮笔膳馐，聚族儒课艺，月以为常	《休宁县志》卷一五《人物·乡善·国朝》，第379页
54	清代	汪学易	兴文会	《休宁县志》卷一五《人物·乡善·国朝》，第382页
55	清代	汪泰生	辟文圃东园，集四方名宿会艺其中	《休宁县志》卷一五《人物·乡善·国朝》，第382页
56	清代	金值	兴文会	《休宁县志》卷一五《人物·乡善·国朝》，第383页
57	清代	李琢	尝倡立文会，以培士类	《休宁县志》卷一五《人物·乡善·国朝》，第398页
58	清代	程子谦	捐赀置文萃会，以给族人之应举者	《休宁县志》卷一五《人物·尚义·国朝》，第361页
59	明清时期	合族	云谷文会在大谷，明嘉靖中程宠建，清代合族捐田，按月课士	《绩溪县志》卷五《学校·乡学》，第446页
60	乾嘉年间	曹雅范等	萃升文会在旺川，乾隆间合族众建，曹雅范捐田，嘉庆十三年曹天治停祠祚，开垦书田数十亩	《绩溪县志》卷五《学校·乡学》，第446页
61	明代	章世功	捐赀买宅为志道会所	《绩溪县志》卷一〇《人物·学林·明》，第563页
62	明代	程应阶	倡讲学会，输宅为会文所，名曰近圣居	《绩溪县志》卷一〇《人物·学林·明》，第563页
63	清代	胡玉堦	倡兴文社	《绩溪县志》卷一〇《人物·学林·国朝》，第569页
64	清代	曹振远	捐置祀田，立成教文会	《绩溪县志》卷一〇《人物·尚义·国朝》，第601—602页

续表

序号	年代	施善者	捐设文会、文社情况	资料来源
65	清代	胡元龄	倡建文会于崇山，凡有文誉者召集	《绩溪县志》卷一〇《人物·尚义·国朝》，第 602 页
66	清代	胡治	倡立文会，贫者给以考费，一无吝惜	《绩溪县志》卷一〇《人物·尚义·国朝》，第 605 页
67	清代	章良辅	倡兴文会，以为岁费	《绩溪县志》卷一〇《人物·尚义·国朝》，第 606 页
68	清代	石印	尝倡立会，以造就后学	《绩溪县志》卷一〇《人物·尚义·国朝》，第 607 页
69	清代	胡贞宋	捐产倡兴桂枝文会	《绩溪县志》卷一〇《人物·尚义·国朝》，第 608 页
70	清代	曹梦麟	倡建支立聚星文会，复割田助之	《绩溪县志》卷一〇《人物·尚义·国朝》，第 608 页
71	清代	江光裕	经理文会多年，增谷加试费，修尊经阁	《同治黟县三志》卷七《人物·尚义》，第 124 页
72	清代	吴元吉	捐置横冈文会	《同治黟县三志》卷七《人物·尚义》，第 129 页
73	清代	史世椿	兴文会	《同治黟县三志》卷七《人物·尚义》，第 130 页

六、捐资助考

（一）捐增学额

例如，歙县，清同治初以邑人助饷功，岁、科两试每次增入学额十二名。① 祁门县，同治元年捐输军饷，永远增广文武学定额各十人。②

---

① 《民国歙县志》卷二《营建志·学校·师生员额》，第 54 页。
② 《同治祁门县志》卷一七《学校志·学额》，第 176 页。

（二）捐建考棚

序号	年代	施善者	捐建考棚情况	资料来源
1	道光年间	鲍树艺	捐银五百两，为金陵贡院重修号底、铺砌路径之费	《歙县志》卷九《人物志·义行·清》，第381页
2	道光十年	邑绅洪炯等	知县王让同邑绅洪炯邀集四乡劝捐，购地在学宫之左，创建考棚	《祁门县志》卷一七《学校二·试院》，第186—187页
3	同治八年	知县周溶等	东文场为蛟水冲塌，知县周溶筹款复修如旧	《祁门县志》卷一七《学校二·试院》，第187页
4	道光年间	吕子珏	又创试院，节书院冗费，俾克持久	《同治黟县三志》卷四《职官·名宦》，第25页
5	嘉庆年间	胡元熙	与兄尚燏嗣先人志，倡建碧阳书院，后又移常平旧仓，以其址创试院	《同治黟县三志》卷七《人物·尚义》，第117页
6	清代	胡应钟	助建考棚	《同治黟县三志》卷七《人物·尚义》，第118—119页
7	清代	朱光宅	建书院、考棚，光宅皆捐赀	《同治黟县三志》卷七《人物·尚义》，第119页
8	清代	朱承璨	捐助本邑建考棚	《同治黟县三志》卷七《人物·尚义》，第119页
9	清代	朱辂	邑建书院、考棚，均乐输	《同治黟县三志》卷七《人物·尚义》，第119页
10	清代	程云翼	捐输考棚	《同治黟县三志》卷七《人物·尚义》，第123页
11	清代	程尚坛	以遗资捐助考棚	《同治黟县三志》卷七《人物·尚义》，第123页
12	嘉庆十二年	邑绅刘启伦	邑绅刘启伦营造考棚	《休宁县志》卷三《学校·考棚》，第72页
13	清代	黄凤翼父子	徽郡旧无考棚，士子每就试旌德，黄大顺概然欲捐赀创建，后卒，其子凤翼绍其志成之	《休宁县志》卷一五《人物·尚义·国朝》，第361页

续表

序号	年代	施善者	捐建考棚情况	资料来源
14	清代	吴琛	侨寓武林，捐赀数百缗创立棚厂，每科以为常	《休宁县志》卷一五《人物·尚义·国朝》，第 362 页
15	清代	汪梴	迁海阳书院并考棚，输银一千两	《休宁县志》卷一五《人物·尚义·国朝》，第 365 页
16	嘉庆二年	李嘉德	重建书院、考棚，输千金以济公用	《休宁县志》卷一五《人物·尚义·国朝》，第 365 页
17	清代	洪立登、洪钧父子	命子钧重赀购地，增置贡院号舍及提调公馆，又京师别建会馆，婺邑创造考棚，均首捐巨赀，更新文公祠，总计银壹万贰仟余两	《婺源县志》卷四○《人物》——《义行六·清》上册，第 734 页
18	清代	俞仁	本邑文庙、考棚等，均输金佽助	《婺源县志》卷四○《人物》——《义行六·清》上册，第 734 页
19	道光年间	俞澄辉	他如学宫、考棚、书院、贡院等，皆慷慨捐助	《婺源县志》卷四○《人物》——《义行六·清》上册，第 739 页
20	咸丰年间	余礽绣	他如文祠、试院等，无不乐输	《婺源县志》卷四○《人物》——《义行六·清》上册，第 742 页
21	道光年间	程若金	创造书院、考棚等，无不倡首捐赀	《婺源县志》卷四○《人物》——《义行六·清》上册，第 748 页
22	清代	黄基鉴	县建考棚，皆踊跃输将	《婺源县志》卷四○《人物》——《义行六·清》上册，第 753 页
23	清代	程廷辉	建筑考棚，均输巨赀，为一村冠	《婺源县志》卷四○《人物》——《义行六·清》上册，第 756 页
24	清代	汪光球	及至圣庙、考棚，均输多金不吝	《婺源县志》卷四一《人物》——《义行七·清》下册，第 2 页
25	道光年间	施圭锡	造至圣庙、书院、考棚等，均挥金襄助	《婺源县志》卷四一《人物》——《义行七·清》下册，第 5 页
26	清代	王朝晁	建文庙，造考棚等，均乐输襄助	《婺源县志》卷四一《人物》——《义行七·清》下册，第 6 页
27	清代	程志晖	建书院、考棚，均协力捐助	《婺源县志》卷四一《人物》——《义行七·清》下册，第 9 页

续表

序号	年代	施善者	捐建考棚情况	资料来源
28	清代	余启榜	尚义举，如军饷、考棚等，均量力输赀弗吝	《婺源县志》卷四一《人物》一一《义行七·清》下册，第14页
29	清代	程照	文庙、考棚、省城试院，莫不勉力捐输	《婺源县志》卷四二《人物》一一《义行八·清》下册，第24页
30	光绪年间	俞光銮	营建江南考棚等，无不捐助	《婺源县志》卷四二《人物》一一《义行八·清》下册，第35页

（三）捐助宾兴经费

序号	年代	施善者	捐助宾兴经费情况	资料来源
1	清代	虹县教谕方沛霖	念虹去江宁辽远，赴秋闱者稀，乃与邑绅创置常稔田为应乡举者经费	《歙县志》卷六《人物志·宦迹·清》，第248页
2	清代	曹景宸	置义田五百余亩于休宁，以给族之寡妇，并助族中乡、会试考费	《歙县志》卷九《人物志·义行·清》，第363页
3	道光二年	汪仁晟	捐银千两，发典生息，为阖邑应乡试者卷烛费，仁晟为倡始，慕义者复捐银继之	《歙县志》卷九《人物志·义行·清》，第371页
4	清代	程绍充	捐银二千两，遗命其子崧生，呈县发典生息，为本邑乡试卷烛之费	《歙县志》卷九《人物志·义行·清》，第373页
5	清代	鲍漱芳之子鲍均	蠲银五千两存两淮生息，以增紫阳书院膏火，暨同县之乡、会试者	《歙县志》卷九《人物志·义行·清》，第380页
6	道光年间	汪坤祖、程崧生、潘弈星等	道光二年汪坤祖捐银一千两为乡试卷烛费，五年程崧生捐银二千两，潘弈星捐银一千两，鲍树艺捐银一千两，十六年潘弈紫捐银八百五十两，以增乡试卷烛费	《歙县志》卷九《人物志·义行·清》，第381页
7	清代	鲍勋茂	捐银千两增卷烛费	《歙县志》卷九《人物志·义行·清》，第384页

续表

序号	年代	施善者	捐助宾兴经费情况	资料来源
8	乾隆年间	郑华邦	又与同乡绅士等劝兴阊阳文约，自小试以至宾兴皆助之	《祁门县志》卷三〇《人物志·义行·国朝》，第344页
9	道光年间	郑世昌	独捐钱贰千缗，入书院生息，津贴合邑乡试卷费	《祁门县志》卷三〇《人物志·义行·国朝》，第345页
10	道光年间	江茂星	数十年得钱二百缗，当郑世昌捐助乡试卷费也，心窃慕之，遂将所积倾囊附焉	《祁门县志》卷三〇《人物志·义行·国朝》，第345页
11	清代	王自镰及其孙王世祜	王自镰病革，嘱其子以洋银五百入东山书院，生息为乡试卷烛费，事未行而子旋殁，其孙监生世祜鬻田得洋银五百入书院	《祁门县志》卷三〇《人物志·义行·国朝》，第348页
12	清代	县令朱元理等	道光六年，县令朱元理于茶牙项下划出银六百两为乡、会试盘费。同治五年，以茶捐每引四分拨入书院以资膏火及乡、会盘费	《婺源县志》卷六《建制》三《学校·附紫阳书院·膏火及乡会试盘费》上册，第133页
13	清代	潘姓合族	捐输田租，岁贴束修、考费	《婺源县志》卷六《建制》三《学校·芳溪书院》上册，第135页
14	清代	江鹏高	又捐田十余亩为族士宾兴行赆，以振人文	《婺源县志》卷三七《人物》一一《义行一·清》上册，第684页
15	嘉庆年间	程世杰	岁以平粜所入延师，使合族子弟入学，并给考费，有余即增置田，二举不下万余金	《婺源县志》卷三九《人物》一一《义行四·清》上册，第711页
16	清代	石世焘	考试，均给路赀	《婺源县志》卷四一《人物》一一《义行七·清》下册，第17页
17	清代	胡文耀	筹宾兴费等，罔不捐助	《婺源县志》卷四二《人物》一一《义行八·清》下册，第51页

续表

序号	年代	施善者	捐助宾兴经费情况	资料来源
18	清代	汪国柱	捐输本邑士子乡试盘费生息，九五平九六色本银五千两，加捐银二百五十两	《休宁县志》卷三《学校·乡试旅资规条》，第72页；另见卷一五《人物·尚义·国朝》，第365页
19	清代	邑绅吴立志等	邑绅吴立志倡同余启铿、汪永绥、吴日鑫捐赏取息，以为县府院童子试卷，并县覆试卷及乡试卷资	《休宁县志》卷三《学校·试卷》，第72页；另见卷一五《人物·乡善·国朝》，第401页
20	清代	戴纯恩	备卷资以充考试，力行不息	《休宁县志》卷一五《人物·尚义·国朝》，第366页
21	清代	刘启伦、汪国柱等	刘启伦为同人劝，先后得邑绅汪国柱、徐名进慷慨出巨金，乃悉心部署，为酌章程	《休宁县志》卷一五《人物·尚义·国朝》，第367页
22	清代	徐名进	莫逆交汪国柱倡输金五千为本邑乡试旅费，名进闻之，亦乐输五千以继其美	《休宁县志》卷一五《人物·尚义·国朝》，第367页
23	乾隆十年	戴元坛	贮金三百生息，以为乡试旅资，迄今六十余年，士林德之	《休宁县志》卷一五《人物·乡善·国朝》，第400页
24	乾隆五十五	戴维锜	以大比之年，族中赴试者众，资斧维艰，奉母程氏命，复加金二百，为乡试旅资	《休宁县志》卷一五《人物·乡善·国朝》，第400页
25	清代	朱光宅	又助膏火，乡、会试盘费	《同治黟县三志》卷七《人物·尚义》，第119页
26	清代	朱承珪	捐乡、会试盘费	《同治黟县三志》卷七《人物·尚义》，第119页
27	清代	章廷韬	每于乡试年，士子有负囊者出钱为雇夫担，资斧不继者厚给之，岁费百金	《绩溪县志》卷一〇《人物·尚义·国朝》，第603页
28	清代	尚书胡正会父子	尚书仲子廷怵捐学若干，岁收租息为诸生赴闱赆，岁久礼废，正会起而复之	《绩溪县志》卷一〇《人物·尚义·国朝》，第607页

（四）捐建会馆

序号	年代	施善者	捐建会馆情况	资料来源
1	嘉庆年间	胡元熙	在京师添设会馆房屋	《同治黟县三志》卷七《人物·尚义》，第117页
2		江杰	捐建会馆，祀朱文公	《同治黟县三志》卷七《人物·尚义》，第126页
3	清代	程景伊	在京倡兴歙县会馆，邑士计偕，咸得栖止	《歙县志》卷六《人物志·宦迹·清》，第249页
4	清代	鲍桂星	都下旧有歙邑会馆，为筹划经费，乡里应试之士深赖之	《歙县志》卷六《人物志·宦迹·清》，第249页
5	清代	曹振镛	京师歙县会馆倾圮，振镛谋诸同乡之官京师者，鸠工修葺，不惜多金为之首倡	《歙县志》卷六《人物志·宦迹·清》，第250页
6	清代	徐士业	增建京师歙县会馆南院屋舍	《歙县志》卷九《人物志·义行·清》，第359—360页
7	清代	许荫采	任刑部郎中，京师故有歙县会馆，岁久倾败，荫采偕犹子日辉、日舒重修葺之	《歙县志》卷九《人物志·义行·清》，第366页
8	清代	吴永评	捐费助建会馆	《歙县志》卷九《人物志·义行·清》，第383页
9	清代	黄履昃	由刑部官至武汉黄德道，其京邸在宣武门外，改官时捐为歙县会馆	《歙县志》卷九《人物志·义行·清》，第384页
10	清代	王鉴、汪聘卿	汪聘卿在金陵倡建歙县试馆，王鉴往来苏、扬间，捐募巨款以藏事	《歙县志》卷九《人物志·义行·清》，第387页
11	清代	吴茂清	倡建新安会馆	《歙县志》卷九《人物志·义行·清》，第388页
12	清代	罗亨瀚	以茶商起家，独力建北京内城歙县试馆	《歙县志》卷九《人物志·义行·清》，第388页
13	清代	黄廷松	江右吴城镇创建新安会馆，首为伙助	《休宁县志》卷一五《人物·尚义·国朝》，第364页

序号	年代	施善者	捐建会馆情况	资料来源
14	清代	詹务勇	新安会馆欲建寝楼以祀朱子，苦地隘，詹务勇增价得邻人屋，券输会馆，不取一钱	《休宁县志》卷一五《人物·乡善·国朝》，第389页
15	清代	汪尚昂	捐千金倡建新安会馆，崇祀徽国文公	《休宁县志》卷一五《人物·乡善·国朝》，第404页
16	嘉庆年间	程世杰	京师创建会馆，捐金三百	《婺源县志》卷三九《人物》——《义行四·清》上册，第711页
17	清代	洪立登	又京师别建会馆，首捐巨赀，诸义举总计银壹万贰仟余两	《婺源县志》卷四〇《人物》——《义行六·清》上册，第734页
18	清代	俞仁	京师会馆等，均输金佽助	《婺源县志》卷四〇《人物》——《义行六·清》上册，第734页
19	道光年间	程志章	京都文明会等善举，莫不赞成	《婺源县志》卷四〇《人物》——《义行六·清》上册，第735页
20	清代	李登瀛	京都会馆，踊跃乐输	《婺源县志》卷四〇《人物》——《义行六·清》上册，第737页
21	清代	叶兹垩	领袖建婺会馆，首捐银一千余两	《婺源县志》卷四〇《人物》——《义行六·清》上册，第742页
22	清代	查有堂	经理会馆，倡修整饬	《婺源县志》卷四〇《人物》——《义行六·清》上册，第744页
23	道光年间	孙有燨	其侨金陵，捐助江南北诸会馆	《婺源县志》卷四一《人物》——《义行七·清》下册，第9页
24	清代	俞照	昌江建文公会馆，以照捐输佐理出力祔祭	《婺源县志》卷四二《人物》——《义行八·清》下册，第29页
25	清代	程煜	安徽会馆创建于汉上，又捐千金落成，推为会长	《婺源县志》卷四二《人物》——《义行八·清》下册，第37页
26	清代	董桂敷等	京师婺源新建会馆，董桂敷乃与李椿田水部、汪艻林侍御书遍告同邑绅士，复偕洪梅坪中翰、王竹屿通守、孙仲延朝议、施益堂知事诸君奋力劝输，乃购房屋三十余间	《婺源县志》卷六七《艺文》四《序记》四，董桂敷《京师婺源新建会馆记》下册，第698页

第二节　教育慈善特色及原因

一、特色

（一）教育慈善事业起步较早

宋代徽州地区的教育慈善就有数条。南宋绍兴年间（1131—1163），陈子茂，南兰陵人，历官休宁县尉，邑人争从讲学，户内人满，每坐户外。乃相率出钱建校于县之南，以其盈余购书千卷，之茂日至为诸生讲说。①乾道年间（1165—1173），婺源县人王允恭、李知己并捐其旁便近地，倡出钱粟，修建庙殿及藏书阁，"诸公闻，喜趋之"。②宁宗嘉泰二年（1202），知县林士谦建大成殿，绘从祀于四壁，邑人谢珊等共襄助以成。③嘉熙三年（1239），休宁知县吴遂修县学，端明殿学士程祉以己赀更建大成殿。④祁门县人汪浚置义田为膏火资，远方寒士就学者咸给焉。⑤

（二）总体上高度重视教育慈善，但各县发展不平衡

由上节所列史料可见，徽州地区无论是从施善群体的广泛性来看，还是从施善方式的多样性来看，都表明该地区高度重视教育慈善，尤其体现在各县遍设文会、文阁，从助学组织、文风培养等侧面予以高度重视。但另一方面，徽州各县地理位置、经济发展程度差别很大。歙县是府城驻地，富商云集，婺源是朱熹故里，文化教育渊源有自，而如《休宁县志》卷一五《人物·尚义·明·金祖寿》所载"休宁之民，商少农多"，经济文化则相对薄弱。

（三）重视兴修学校、考棚、试馆、文阁等基础设施

府学、县学等官学及书院，省城贡院、府城试院、县城考棚，以及

① 《道光休宁县志》卷七《职官·名宦·宋》，第132页。
② （宋）洪迈：《婺源县新学记》，载《民国重修婺源县志》卷六五《艺文》四《序记》二，下册，第641页。
③ 《同治祁门县志》卷一七《学校志·学宫》，第153页。
④ 《道光休宁县志》卷三《学校·学制》，第57页。
⑤ 《同治祁门县志》卷三〇《人物志·义行·宋》，第340页。

在国都、省会、府城设置的试馆等，都是士子学习、考试的基础设施。文阁多供奉文昌帝君、魁星，作为地方文风的标志，潜移默化地鼓舞着士子读书赶考，徽商深谙这些基础设施对该地文教事业所起的重要作用。

（四）重视文会、文社及宾兴经费资助

由上节关于文会、文社的大量记载，可见本地官员、士绅非常重视文会、文社等助学、助考组织的建设。由于徽州多山，地处安徽南部，与浙江、江西为邻，南京乡试、北京会试，路程相对较远。加之徽商重视教育，故特别重视对这些方面的资助。

（五）商人在教育慈善中发挥了重要作用

方志对徽商捐助教育慈善多有记载。例如：清乾隆五十五年，两淮商人捐资重建古紫阳书院。① 嘉庆年间，歙县人吴肇福航海贩茶，积有盈余，设义冢、义塾等。② 婺源人朱球，业木于常熟，遇捐修至圣庙，慨然捐材木，值千余金。③ 同治六年，以茶商捐款建文庙及崇圣祠，名宦、乡贤、忠义孝悌祠等。④

（六）宗族观念强

元至正十一年，黟县人黄真元捐租六百三十余亩，立厚本义庄，内建义学，曰集成书院。⑤ 清乾隆年间，桂林程氏置义学屋一所，于县治西。⑥ 云门书屋在三都黄陂，汪氏建，并建文峰塔于其侧，岁时子弟课文于其中。⑦ 以文家塾在十都宏村南湖上，嘉庆十九年汪氏建。⑧ 西园书屋在五都南屏村，心里人叶华年建，为其族中肄业课文之所。⑨ 霭门书屋，

①　《民国歙县志》卷二《营建志·学校·问政书院》，第57页。
②　《民国歙县志》卷九《人物志·义行·清》，第370页。
③　《民国重修婺源县志》卷四一《人物》一一《义行七·清》下册，第13页。
④　《民国重修婺源县志》卷六《建制》三《学校·学宫》上册，第125页。
⑤　《嘉庆道光黟县志》卷一〇《政事·书院义学》，第353页。
⑥　《嘉庆道光黟县志》卷一〇《政事·书院义学》，第353页。
⑦　《嘉庆道光黟县志》卷一〇《政事·书院义学》，第354页。
⑧　《嘉庆道光黟县志》卷一〇《政事·书院义学》，第354页。
⑨　《嘉庆道光黟县志》卷一〇《政事·书院义学》，第354页。

嘉庆九年众姓建，为大宽段子弟肄业之所。① 双溪书屋在五都双溪，余氏建，为会文之所。② 歙县人曹景宸建竹山书院，置义田五百余亩于休宁，以给族之寡妇，并助族中乡、会试考费。③

祖孙、父子累代致力于教育慈善的现象也较为普遍。例如：徽州府原无考棚，士子每就试于旌德，休宁人黄大顺念跋涉艰难，慨然捐赀创建，其子凤翼绍其志而成之。④ 此后，黄大顺之子凤翼，凤翼子铨、钟等皆间岁补缀，至钟子治安置两庑，坐案数百，益以完美。文庙颓圮，治安又慨然独任。可谓数世力行不息。⑤

（七）尊师重教、隆礼慕义观念强

徽州府社会各界尊师重教由来已久，蔚然成风。尤其是妇女也积极参与其中，绩溪方显仁妻汪氏助十三都田一十亩零。⑥ 婺源兴书院，俞瑛妻承其夫志输银一千两。⑦ 正如清代婺源知县言朝楫在《庙学告成后记》中所言："期会于明伦堂，城乡至者不下百人，皆踊跃从事。盖婺为紫阳故里，崇道慕义，积素然也。"⑧

在教育慈善中效力尤多者，在书院"崇教祠"等祠堂内专设牌位予以祔祀。在传统社会中，这是非常荣崇的事情，在一定程度上也刺激了教育慈善事业的发展。例如，清嘉庆九年春，丁应銮召集婺源县绅士捐赀兴建紫阳书院，阖邑绅士俱极踊跃，共捐金三万有奇，内独捐千金者十有八人，程应鹏后裔捐三千金，除营造一切之外，还续置田亩以备膏火。其中捐款一千金以上之绅士程应鹏等祔祀正厅。⑨ 紫阳书院余庆祠，道光间增

① 《嘉庆道光黟县志》卷一〇《政事·书院义学》，第354页。

② 《嘉庆道光黟县志》卷一〇《政事·书院义学》，第354页。

③ 《民国歙县志》卷九《人物志·义行·清》，第363页。

④ 《道光休宁县志》卷一五《人物·尚义·国朝》，第361页。

⑤ 《道光休宁县志》卷一五《人物·尚义·国朝》，第362页。

⑥ 《嘉庆绩溪县志》卷五《学校·学产》，第444页。

⑦ 《民国重修婺源县志》卷三九《人物》一一《义行四·清》上册，第714页。

⑧ （清）言朝楫：《庙学告成后记》，载《民国重修婺源县志》卷六五《艺文》四《序记》二，下册，第655—656页。

⑨ 《民国重修婺源县志》卷六《建制》三《学校·学宫·附紫阳书院》上册，第129—130页。

祀赵忠弼，同治间增邑人俞清芬，光绪间增邑人江巨荣，因捐应课生膏火，故均予以祔祀，共计三十六人。[①] 道光二十三年，黟县王盛琦输碧阳书院银两，奉父世昽主祀于崇教祠。[②]

二、原因

（一）徽商在教育慈善中扮演了重要角色

徽州是中国历史上的一个行政区划，古称新安，于北宋徽宗宣和三年（1121）由歙州改名而来，下辖歙县、黟县、休宁、祁门、绩溪、婺源（今属江西）六县，治所在歙县。元代升格为徽州路，明清时期为徽州府。徽州地处黄山与天目山脉之间，东临吴越故都杭州，与浙西的金华、衢州、严州三地唇齿相依，风光秀美，山水人文毕具，粉墙黛瓦的江南徽派建筑与之相得益彰。明清时期徽商称雄中国商界五百余年，有“无徽不成镇”“徽商遍天下”之说。晚清徽州绩溪儒商胡雪岩，被誉为“红顶商人”，是左宗棠背后的经济支柱，可谓富可敌国。徽商为了改变传统社会商人“富而不贵”的局面，在富裕之后多让子孙读书科举，走“学而优则仕”之路，以商养学，以学求官，再以官保商，实行良性运作。

（二）文化、教育、科举发达

徽州人文荟萃。北宋活字印刷术的发明者毕昇、农民起义领袖方腊等；明代开国皇帝朱元璋的重要谋士朱升、内阁辅臣许国、抗倭名将胡宗宪、文学家汪道昆、数学家程大位、医学家汪机等；清代军机大臣曹振镛、科学家郑复光、货币理论家王茂荫、“扬州八怪”之一汪士慎、清代著名徽商胡雪岩等；近代，更有黄宾虹、詹天佑、陶行知、胡适等名人辈出。

另外，还有两个著名的思想家、学者对后世影响尤为深远。朱熹

① 《民国重修婺源县志》卷六《建制》三《学校・附紫阳书院》上册，第130页。
② 《同治黟县三志》卷七《人物・尚义》，第127页。

（1130—1200），南宋著名的思想家、教育家，理学的集大成者，其祖籍徽州婺源。戴震（1724—1777），清代著名的考据学家、思想家，休宁人。这两位著名的学者、思想家、教育家对该地的教育和教育慈善事业都产生了重大影响。

加之明清时期徽商有让子孙读书应试的强烈愿望，优越的经济条件，还有广泛的人脉资源，故其子弟进士登科者日多。据统计，徽州六县，宋代有六百余名进士，明代有四百余名，清代二百余名，这个数量与拥有二十多个州县的四川省城成都府的进士人数大致相当。

（三）宗族社会在教育慈善中发挥了积极作用

我国经历晋代"永嘉之乱"、唐"安史之乱"与黄巢起义、宋"靖康之乱"，形成了三大移民高潮。徽州除本地土著居民外，多为历代从北方迁徙而来，故多名门望族，素有"新安十五姓"和"徽州八大姓"之说。据徽州方志和《新安名族志》所载，"新安十五姓"是指程、汪、吴、黄、胡、王、李、方、洪、余、鲍、戴、曹、江、孙十五大姓。"徽州八大姓"是指"新安十五姓"中的前八姓，即程、汪、吴、黄、胡、王、李、方八大姓。各族姓之间既相互合作依存，又相互矛盾竞争。本地的教育慈善活动，多以姓氏、宗族、家族为单位进行。"老吾老以及人之老，幼吾幼以及人之幼"，儒家所倡导的由近及远、由亲及疏的伦理得到了很好的诠释。

（四）慈善宣传基础较好

历史上佛教、道教对徽州的影响深远。据许承尧纂《民国歙县志》卷二《寺观》记载，仅徽州歙县一地先后兴建的佛教寺庙就多达二百四十六处，道观也有近二十处，且不包括许多一再重建的在内，其中不乏历代朝廷敕建或赐额的著名道场。正所谓"南朝四百八十寺，多少楼台烟雨中"。徽州的黄山、齐云山及附近的九华山更是著名的佛、道圣地。

当地还非常重视对乡贤、名宦等地方名人的祭祀。婺源作为朱熹的祖居地，尤其重视对朱熹的祭祀。当地文风炽盛，号称"书乡"，文化、教育的普及程度较高，也很重视对教育慈善事业的投入，这与当地重视善

的宣传教育也是分不开的。如黟县人江联燦轻财仗义，见善必为，曾捐刊
《福缘必读》《科名显报》诸书。[①] 这类善书的传播速度快，传播效果好，
对当地慈善风气的形成起了很大作用。

---

① 《同治黟县三志》卷七《人物·尚义》，第 125 页。

第三章　湖南湘东地区

　　本章主要利用了《同治长沙县志》①、《光绪善化县志》②、《同治酃县志》③、《同治茶陵州志》④、《同治攸县志》⑤、《乾隆平江县志》⑥、《同治平江县志》⑦、《同治临湘县志》⑧ 等湘东七州县八种方志，对其中的教育慈善史料

---

①　（清）刘采邦等修，张廷珂、袁继翰纂：《同治长沙县志》，简称《长沙县志》，《中国地方志集成·湖南府县志辑》第 3—4 册，江苏古籍出版社 2002 年版，据清同治十年（1871）刻本影印。

②　（清）吴兆熙、冒沅修，张先抡、韩炳章纂：《光绪善化县志》，简称《善化县志》，《中国地方志集成·湖南府县志辑》第 5 册，江苏古籍出版社 2002 年版，据清光绪三年（1877）刻本影印。

③　（清）唐荣邦等修，周作翰等纂：《同治酃县志》，简称《酃县志》，《中国地方志集成·湖南府县志辑》第 18 册，江苏古籍出版社 2002 年版，据清同治十二年（1873）刻本影印。

④　（清）福昌修，谭钟麟纂《同治茶陵州志》，简称《茶陵州志》，《中国地方志集成·湖南府县志辑》第 18 册，江苏古籍出版社 2002 年版，据清同治十年（1871）刻本影印。

⑤　（清）赵勷、万在衡修，陈之骥纂，王元凯续修，严鸣琦续纂《同治攸县志》，简称《攸县志》，《中国地方志集成·湖南府县志辑》第 17 册，江苏古籍出版社 2002 年版，据清同治十年（1871）刻本影印。

⑥　（清）谢仲坑修，石文成增修《乾隆平江县志》，《中国地方志集成·湖南府县志辑》第 8 册，江苏古籍出版社 2002 年版，据清乾隆二十年（1755）增修刻本影印。

⑦　（清）张培仁、麻维绪修，李元度等纂《同治平江县志》，《中国地方志集成·湖南府县志辑》第 8—9 册，江苏古籍出版社 2002 年版，据清同治十三年（1874）刻本影印。

⑧　（清）盛庆黻、恩荣修，熊文杰、欧阳恩霖纂《同治临湘县志》，简称《临湘县志》。《中国地方志集成·湖南府县志辑》第 4 册，江苏古籍出版社 2002 年版，据清光绪十八年（1892）刻本影印。

进行了系统梳理。其中长沙、善化、攸县、茶陵州四州县属于明清时期的长沙府，平江、临湘二县属于岳州府，酃县（今炎陵县）属于衡州府。以上诸州县整体上来看都属于湖南的东部地区，故本章称之为"湘东地区"，与湖南当地民间所称"湘东"在行政区划上可能略有不同。

第一节　教育慈善活动

一、捐资兴教

序号	年代	施善者	捐资修建学校情况	资料来源
1	万历三十二年	诸生	捐赀重新正殿	《长沙县志》卷一一《学校·文庙源流》，第 155 页
2	天启七年	诸庠生	署教谕程门徒令诸庠生合修之	《长沙县志》卷一一《学校·文庙源流》，第 155 页
3	康熙四年	巡抚周召南	周召南捐赀，并属知县胡壮生、教谕潘如安踵成之	《长沙县志》卷一一《学校·文庙源流》，第 156 页
4	康熙二十二年	知县朱前诒	捐赀重建文庙	《长沙县志》卷一一《学校·文庙源流》，第 156 页
5	康熙五十四年	知县戚士琦，邑诸生	捐赀清理，倡邑诸生增葺	《长沙县志》卷一一《学校·文庙源流》，第 156 页
6	乾隆三年	邑绅士	捐赀重修	《长沙县志》卷一一《学校·文庙源流》，第 156 页
7	乾隆十三年	知县李大本	捐俸倡修	《长沙县志》卷一一《学校·文庙源流》，第 156 页
8	乾隆十七年	知县张天如、邑人徐十范	倡众修葺文庙	《长沙县志》卷一一《学校·文庙源流》，第 156 页
9	乾隆三十年	邑人陈天柱	董修学宫，升高正殿八尺	《长沙县志》卷一一《学校·文庙源流》，第 156 页

续表

序号	年代	施善者	捐资修建学校情况	资料来源
10	乾隆四十九年	邑绅	捐赀重修	《长沙县志》卷一一《学校·文庙源流》，第156页
11	嘉庆十四年	邑绅刘揆之、易文基等	邑绅刘揆之等呈请修葺，太史易文基捐千二百金首倡，合各都助捐共计二万余金	《长沙县志》卷一一《学校·文庙源流》，第156页
12	道光二十年	原任江西盐道余正焕等	倡议重修文庙	《长沙县志》卷一一《学校·文庙源流》，第156页
13	咸丰九年	邑人	省城隍庙火药局不戒于火，震及学宫，邑人捐赀修复	《长沙县志》卷一一《学校·文庙源流》，第157页
14	元代	许熙载	设义学，训诸生，既没，为立东冈书院	《长沙县志》卷一八《名宦·元·许熙载传》，第311页
15	明弘治年间	长沙通判陈纲（《省志》作陈钢）	访朱、张遗迹，谋诸郡人，出俸资建讲堂、斋舍，立崇道祠以祀朱、张	《长沙县志》卷一八《名宦·明·陈纲传》，第311页；另见《善化县志》卷一八《名宦·明》，第306页
16	康熙年间	长沙知县王克庄	捐赀纠绅士移长沙县学宫	《长沙县志》卷一八《名宦·国朝·王克庄传》，第318页
17	清代	长沙知县李大本	倡修学宫	《长沙县志》卷一八《名宦·国朝·李大本传》，第320页
18	乾隆年间	布政使叶佩荪	首捐廉倡增岳麓书院经费	《长沙县志》卷一八《名宦·国朝·叶佩荪传》，第320页
19	嘉庆末年	巡抚左辅	改建城南书院，兼设义学，以训寒微子弟，士民感之	《长沙县志》卷一八《名宦·国朝·左辅传》，第321页；另见《善化县志》卷一八《名宦·国朝》，第318页
20	清代	贡生左之瀚	辟学圃草堂，教授子侄，宗族乡间之俊咸受业焉	《长沙县志》卷二三《人物》一《国朝·左之瀚传》，第456页

续表

序号	年代	施善者	捐资修建学校情况	资料来源
21	清代	知县朱奇政	改建义学	《长沙县志》卷二三《人物》一《国朝·朱奇政传》，第456页
22	乾隆年间	黔阳教谕荣大顺	捐修学宫，建文峰塔及育婴堂	《长沙县志》卷二三《人物》一《国朝·荣大顺传》，第456页
23	乾隆年间	徐士范	倡邑人士增修文庙，终日鸠工庀材	《长沙县志》卷二三《人物》一《国朝·徐士范传》，第460页
24	清代	常鹤	修理义学，每日督其子与诸生共讲习学中，人士成就甚黟	《长沙县志》卷二三《人物》一《国朝·常鹤传》，第461页
25	乾隆年间	编修易文基	捐俸修文庙、武庙、文昌宫、书院、乡贤、潜夫祠，捐俸购全书，建尊经阁于明伦堂后	《长沙县志》卷二四《人物》二《国朝·易文基传》，第464页
26	清代	彭胜桂	培修学宫	《长沙县志》卷二四《人物》二《国朝·彭胜桂传》，第466页
27	清代	郑光郢	邑中修学校，踊跃出资襄事	《长沙县志》卷二四《人物》二《国朝·郑光郢传》，第466页
28	清代	郑重	邑中修学校，解囊无德色，创立文塾，率子弟讲习其中	《长沙县志》卷二四《人物》二《国朝·郑重传》，第466页
29	清代	郡庠生李李景弼	尝建义学，教宗族	《长沙县志》卷二四《人物》二《国朝·李开仙传》，第467页
30	清代	余正焕	立义学于祠之左右，岁延教族中子弟。庚子岁，邑学宫就圯，首输重赀，纠邑人重修之，兼修贡院号舍，屏除不洁。捐买田宅为童试卷费	《长沙县志》卷二四《人物》二《国朝·余正焕传》，第467—468页
31	清代	荣成知县李象薄	山东荣成县无书院，捐赀倡修	《长沙县志》卷二四《人物》二《国朝·李象薄传》，第468页

续表

序号	年代	施善者	捐资修建学校情况	资料来源
32	嘉庆年间	知县彭永思	捐俸拓新书院，每月课，躬亲讲贯，士风以振，倡族中义学，课子读书	《长沙县志》卷二四《人物》二《国朝·彭永思传》，第469页
33	道光年间	刘功杰	道光癸未进士，历任福建凤山、漳浦、仙游等县，捐俸修复书院，增士子膏火	《长沙县志》卷二四《人物》二《国朝·刘功杰传》，第471页
34	道光年间	遂溪知县饶开翰	己未大挑知县，补遂溪县，至则修圣庙，设义学，葺书院，捐廉为诸生膏火赀	《长沙县志》卷二四《人物》二《国朝·饶开翰传》，第474页
35	清代	岁贡生熊光珌	修学宫，竭诚襄事，口不言劳	《长沙县志》卷二四《人物》二《国朝·熊光珌传》，第477页
36	万历三十二年	邑绅黄洽中	邑绅黄洽中倡捐重修县学宫	《善化县志》卷一一《学校·县学宫源流》，第120页
37	乾隆元年	举人李绍衣	捐银倡众修理大成殿	《善化县志》卷一一《学校·县学宫源流》，第120页
38	乾隆元年	知府钱汝驺	捐俸增修县学宫	《善化县志》卷一一《学校·县学宫源流》，第120页
39	乾隆二年	监生李逢淇	倡捐建尊经阁	《善化县志》卷一一《学校·县学宫源流》，第120页
40	乾隆七年	邑绅方如琬	倡建两庑，左礼门，右义路	《善化县志》卷一一《学校·县学宫源流》，第120页
41	乾隆五十二年	邑绅郭灿、邑人唐昌藻等	崇圣祠坍塌，邑绅郭灿修，尊经阁原系西向，知县张光绪、邑人唐昌藻等改为南向	《善化县志》卷一一《学校·县学宫源流》，第120页
42	嘉庆六年	知县褚为章、邑人唐浩等	知县褚为章、邑人唐浩等倡捐重修县学	《善化县志》卷一一《学校·宫源流》，第120页

序号	年代	施善者	捐资修建学校情况	资料来源
43	同治三至七年	邑侯刘凤仪	士绅禀请邑侯刘凤仪，详请大宪，劝捐估修善化县文庙，计费白镪四万有奇	《善化县志》卷一一《学校·县学宫源流》，第 121 页
44	乾隆三十四年	唐昌藻等	倡修教谕署	《善化县志》卷一一《学校·学署》，第 129 页
45	嘉庆二十一年	合邑	合邑修葺教谕署	《善化县志》卷一一《学校·学署》，第 129 页
46	乾隆三十二年	唐昌藻等	倡捐置买县右徐、张二姓住宅，迁建训导署	《善化县志》卷一一《学校·学署》，第 129—130 页
47	明代	督学堵允锡、知府周二南	癸、甲之际，祠堂斋庑毁于兵，督学堵允锡、知府周二南捐修，未竣	《善化县志》卷一一《学校·府学宫源流》，第 136 页
48	康熙四年	知府钱奇嗣	康熙四年，知府钱奇嗣，捐赀增修	《善化县志》卷一一《学校·府学宫源流》，第 136 页
49	乾隆二十年	长郡绅士	长郡绅士捐费	《善化县志》卷一一《学校·府学宫源流》，第 136 页
50	乾隆五十九年	绅士萧于江等	道宪西成督绅萧于江等重修	《善化县志》卷一一《学校·府学宫源流》，第 136 页
51	道光十五年	巡抚吴荣光，官、绅	巡抚吴荣光倡捐，橄属并绅协修，经三载告成	《善化县志》卷一一《学校·府学宫源流》，第 136 页
52	同治十二年	徐敏卿	徐敏卿捐段基三个，培宽禁步，以后永不准开段沤粪	《善化县志》卷一一《学校·府学宫源流》，第 136 页
53	康熙八年	巡抚周召南	捐赀率建岳麓书院，如旧制	《善化县志》卷一一《学校·岳麓书院源流》，第 141 页
54	康熙二十四年	巡抚丁思孔	率属捐俸复修	《善化县志》卷一一《学校·岳麓书院源流》，第 141 页；另见《奏颁岳麓书院匾额、书籍疏》，第 142 页

序号	年代	施善者	捐资修建学校情况	资料来源
55	嘉庆道光年间	巡抚左辅等，诸绅	率属捐廉，并檄各属集费，庀材兴造，逾年落成	《善化县志》卷一一《学校·城南书院源流》，第146页；另见左辅《重建城南书院碑记》，第148页
56	咸丰三年	官绅及诸生	官绅及诸生捐款修复文庙	《善化县志》卷一一《学校·岳麓书院祠祀各庙》，第151页
57	清代	贡生何龙光	零陵贡生何龙光独力捐修文昌阁	《善化县志》卷一一《学校·岳麓书院祠祀各庙》，第151页
58	乾隆五十九年	湖广总督毕沅	致金百两倡建魁星楼	《善化县志》卷一一《学校·岳麓书院祠祀各庙》，第151页
59	嘉庆元年	巡抚姜晟、学政范鏊等	长沙知府张翔建三间大夫祠，巡抚姜晟、学政范鏊等捐置祭田十石	《善化县志》卷一一《学校·岳麓书院祠祀各庙》，第152页
60	嘉庆二十五年、同治十二年	巡抚左辅	贾太傅祠、真文忠祠、赵大中丞祠、李大中丞祠共义学四堂，均系嘉庆二十五年巡抚左辅建，每堂额收贫童十名。同治十二年公议添设义塾二所，费用由恤无告堂经费项下及城南书院李、刘二公祠岁修项下各提钱一百串，每塾十人	《善化县志》卷一一《学校·附义学》，第155页
61	光绪元年	长沙知府宋邦德	捐设义学二处：一在茶园塘凌延广祠，合族捐置田亩，一在澎嘉塘刘学礼祠，祀产余赀捐设	《善化县志》卷一一《学校·附义学》，第155页
62	明隆庆年间	长沙知府高文荐	修岳麓书院，助恤贫儒	《善化县志》卷一八《名宦·明》，第307页
63	明万历年间	教谕曹司忠	铸造文庙铜爵、铁炉、簠簋、笾豆，开池建门，竖坊题额，皆捐俸为之	《善化县志》卷一八《名宦·明》，第309页

续表

序号	年代	施善者	捐资修建学校情况	资料来源
64	康熙初年	巡抚周召南	橄州县各建义学，文风大振	《善化县志》卷一八《名宦·国朝》，第312页
65	康熙年间	提学蒋永修	按试所至，即饬修葺，凡四十余处，并置义仓义学，士民感劝	《善化县志》卷一八《名宦·国朝》，第313页
66	乾隆八年	湖南巡抚蒋溥	疏请绥辑苗猺，慎选教职充讲义学，苗渐知化	《善化县志》卷一八《名宦·国朝》，第315页
67	乾隆四十六年	湖南布政使叶佩荪	首捐廉倡增岳麓书院经费，札饬州县	《善化县志》卷一八《名宦·国朝》，第316页
68	嘉庆四年	知府傅鼐	设义学以明礼让，请以乾、凤、永、保四厅，于乡试额内取中举人二名	《善化县志》卷一八《名宦·国朝》，第317页
69	道光十一年	湖南巡抚吴荣光	捐银千两，发典生息，为岳城两院中试奖银	《善化县志》卷一八《名宦·国朝》，第318页
70	明代	卫指挥周辛甫	捐修岳麓书院讲堂	《善化县志》卷一八《名宦·流寓附·明》，第322页
71	嘉庆年间	汝宁、归德知府杨兆李	建泌阳铜锋书院、陕州召南书院，兼设义学，以培士风	《善化县志》卷一八《名宦·流寓附·国朝》，第322页
72	康熙年间	刘永贵	官漳州时，捐立义学	《善化县志》卷二十三《人物·国朝》，第423页
73	清代	耒阳训导张启洛	初莅任，以学宫向不利科名，捐赀改建，是年即有领乡荐者	《善化县志》卷二十三《人物·国朝》，第425页
74	清代	贡生李绍崧	捐资监修府学，暨本县学圣宫	《善化县志》卷二十三《人物·国朝》，第429页
75	清代	监生林大器	修训导署，捐银一百七十两；教谕署，捐银二百四十两	《善化县志》卷二十三《人物·国朝》，第434页
76	乾隆年间	诸生黄维庚	左杏江中丞聘修城南讲院，资斧自备	《善化县志》卷二四《人物·国朝》，第437页

续表

序号	年代	施善者	捐资修建学校情况	资料来源
77	乾隆年间	张陈锡	主修邑志暨学宫诸务，效力尤多	《善化县志》卷二四《人物·国朝》，第 438 页
78	清代	监生杨璋	董修岳城书院，部署井井	《善化县志》卷二四《人物·国朝》，第 443 页
79	咸丰年间	冀州知州、夔州府知府葛之镛	捐赀倡修书院，设立条规，筹膏火，士风益振，旋授四川夔州府知府，兴义塾	《善化县志》卷二四《人物·国朝》，第 445 页
80	同治四年	编修劳崇光	倡修学宫，兼捐卷费甚巨	《善化县志》卷二四《人物·国朝》，第 445 页
81	清代	唐方燮	本地重修府县学宫，移建城南书院，靡不倡捐巨款，尽力图维	《善化县志》卷二四《人物·国朝》，第 446 页
82	清代	监生张国贤	重修府学宫，增置乐舞，祀典大备	《善化县志》卷二四《人物·国朝》，第 450 页
83	清代	陈赐元	捐赀赞助修学宫	《善化县志》卷二四《人物·国朝》，第 452 页
84	道光年间	刘曙	修郡学宫，兄彦霂为首，未竟业卒，成之	《善化县志》卷二四《人物·国朝》，第 456 页
85	咸丰二年	监生柯光灿	重修学宫不辞劳费	《善化县志》卷二四《人物·国朝》，第 457 页
86	清代	孟之英	文昌阁、文约各举，多其首倡	《善化县志》卷二四《人物·国朝》，第 457 页
87	道光年间	新田训导刘溥	重建县学宫、岁科卷费等各巨举，均身任不辞烦劳	《善化县志》卷二四《人物·国朝》，第 457 页
88	清代	韩森	乙丑重修学宫，实襄其役	《善化县志》卷二四《人物·国朝》，第 457 页
89	清代	杜金泽	倡助学宫	《善化县志》卷二四《人物·国朝》，第 459—460 页

序号	年代	施善者	捐资修建学校情况	资料来源
90	清代	生员张汝翼	邑中巨举如修学庙等，皆力为倡劝	《善化县志》卷二四《人物·国朝》，第 460 页
91	咸丰三年	凌绍耀	倡捐学塾，助修学宫，公培驿路，见义能为	《善化县志》卷二四《人物·国朝》，第 460 页
92	清代	胡逢藻	捐修学宫及卷局筹款，皆与力焉	《善化县志》卷二四《人物·国朝》，第 460 页
93	清代	郭时盛	捐修学宫	《善化县志》卷二四《人物·国朝》，第 461 页
94	明万历三十六年	知县吴世忠、教谕邓继禹、陈荛记	捐俸三十一金，以五十金买学前门房地基，拓广泮池，又以二十金建学南文塔，余二十七金修理明伦堂及文庙两庑，兴贤、育材二坊	《鄮县志》卷五《营建·官署·儒学教谕署》，第 414 页
95	道光十八年	训导王光槐	倡绅捐赀，改造头门三间，门外照墙添造右侧客厅一栋，房屋五间	《鄮县志》卷五《营建·官署·儒学训导署》，第 414 页
96	同治六年	训导邹明馨	劝绅捐赀，傍学宫右侧改造正厅一间，住房四间，厨房、厢房共三间，门外房一间	《鄮县志》卷五《营建·官署·儒学训导署》，第 414 页
97	嘉庆二十二年	知县叶起鹏、教谕方其若、训导刘日旦，邑绅	率阖邑绅士捐赀，迁居城北店，二进，殿前建奎星阁，又前为头门，时邑绅刘武懋、刘庆会等捐祖遗瓦屋三楹，以廓规模	《鄮县志》卷五《营建·祠庙·文昌祠》，第 416 页
98	道光元年	捕厅袁耆庵，罗文道等	袁耆庵率邑人罗文道等捐赀修整文昌祠	《鄮县志》卷五《营建·祠庙·文昌祠》，第 416 页
99	同治三年	邑绅万典璋	重修文昌祠	《鄮县志》卷五《营建·祠庙·文昌祠》，第 416 页

续表

序号	年代	施善者	捐资修建学校情况	资料来源
100	道光年间	邑绅	捐建奎星阁	《酃县志》卷五《营建·祠庙·奎星阁》，第416页
101	同治元年	何、叶、曾三姓	共建文昌宫，在县东十二都沔渡	《酃县志》卷五《营建·祠庙·文昌宫》，第417—418页
102	元大德三年	知县李侃，宪签李栋，诸生	知县李侃捐俸倡捐鼎新学宫，教官罗仲骧董其事，宪签李公栋相佽以费	《酃县志》卷八《学校·学宫·元》，第447—448页
103	明景泰五年	知县韩宁、典史黄长等	教谕邓观与邑人扶智孙、李德，诸生谭源，士民陈迪等谋之，知县韩宁、典史黄长捐俸襄事	《酃县志》卷八《学校·学宫·明》，第448页
104	康熙八年	知县李朝事等	知县李朝事、训导田宏恕、典史茹璜捐俸倡建棂星门，邑绅士釀金助之	《酃县志》卷八《学校·学宫》，第448—449页
105	乾隆元年	知县张浚、教谕盛有义，邑绅士	率邑绅士重加修理	《酃县志》卷八《学校·学宫》，第449页
106	乾隆三十年	知县林愈蕃	以两旁无围墙，劝邑士捐赀，棂星门外建江汉、秋阳两坊，并万仞宫墙及官员下马碑	《酃县志》卷八《学校·学宫》，第449页
107	嘉庆五年	知县刘庆增、教谕陈会钧等	率邑士捐赀重建，又于东西庑下增置钟鼓楼二，并移泮池于棂星门前	《酃县志》卷八《学校·学宫》，第449页
108	道光四年	知县沈道宽、教谕毛国与邑丞罗铜章等	知县沈道宽、教谕毛国与、训导印荣楚倡合邑扩地重新，邑丞罗铜章董其事，捐不敷用，复竭己资赞成之	《酃县志》卷八《学校·学宫》，第449页

续表

序号	年代	施善者	捐资修建学校情况	资料来源
109		教谕彭之昙，邑士	以文庙西有进德、修业二斋旧址，率邑士改建天河书院，邑人跃醵金重修	《鄜县志》卷八《学校·书院·天河书院》，第466页
110	乾隆十九年	知县周仕魁	捐俸倡修洣泉书院，一时开风乐助者若干金，于是庀材鸠工，不日告成	《鄜县志》卷八《学校·书院·洣泉书院》，第466页
111	道光五年	赞府罗铜章，绅耆之善富者	罗赞府铜章议改建鄜湖书院，绅耆之善富者踊跃从事，得屋六十二楹，以所余贯置田，并旧院遗产若干亩，岁入为师弟子束修、膏火之需	《鄜县志》卷八《学校·书院》，第467页
112	同治初年	邑绅万典璋	独立改建洣泉书院，费钱四十万有奇，束修、膳士之费，万典璋又捐租百石，倡邑人附益之	《鄜县志》卷八《学校·书院》，第467页
113	宋、明、清	邑人尹泝、张应祥等、张户	宋嘉定间，邑人尹泝兴学，明正统间，张应祥等重修，清张户置田屡修，仍书院旧址为义学	《鄜县志》卷八《学校·各乡义学附·台山书院》，第469页
114		李氏	青云馆，在南城内青台寺左，李氏家塾	《鄜县志》卷八《学校·各乡义学附·青云馆》，第469页
115		罗氏	文昌阁，在西城内罗氏祠后，为罗氏讲学	《鄜县志》卷八《学校·各乡义学附·文昌阁》，第469页
116		段氏	图南书斋，在西城外二十里枧田洲，段氏家塾	《鄜县志》卷八《学校·各乡义学附·图南书斋》，第469页
117		谭氏	建延庆书院，在东城外	《鄜县志》卷八《学校·各乡义学附·延庆书院》，第469页
118	明代	邑人谭如春	建天香书院，在南城外	《鄜县志》卷八《学校·各乡义学附·天香书院》，第469页

续表

序号	年代	施善者	捐资修建学校情况	资料来源
119		生员陈大道等	建养元书室,在南城外浆村	《酃县志》卷八《学校·各乡义学附·养元书室》,第469页
120		监生孟元、增生孟交魁	建承三书馆,在南城外浆村,捐田共十二亩,为延师膏火之费	《酃县志》卷八《学校·各乡义学附·承三书馆》,第470页
121	乾隆年间	唐三元等	日新书院,在西城外上二都,唐三元倡首捐建	《酃县志》卷八《学校·各乡义学附·日新书院》,第470页
122			文明书院,在西城外霍氏祠侧	《酃县志》卷八《学校·各乡义学附·文明书院》,第470页
123		唐姓	建鹿原书院,在三都塘田	《酃县志》卷八《学校·各乡义学附·鹿原书院》,第470页
124		罗文璨	建洁斋书屋,在城东上四都	《酃县志》卷八《学校·各乡义学附·洁斋书屋》,第470页
125	顺治年间	教谕李光纶	捐建戟门、两庑,修葺大成殿与明伦堂、启圣祠,周遭围垣树皆手植	《酃县志》卷一三《循良·国朝教职》,第524页
126	雍正年间	教谕盛有义	时知县张浚改建学宫,有义与有力焉	《酃县志》卷一三《循良·国朝教职》,第525页
127	乾隆年间	教谕余演	捐俸倡捐学署大堂	《酃县志》卷一三《循良·国朝教职》,第525页
128	嘉庆年间	训导刘日旦	率邑绅改建城北文昌祠	《酃县志》卷一三《循良·国朝教职》,第525页
129	清代	邹世任	设义塾以教士,多所成就	《酃县志》卷一五《人物·宦迹·国朝》,第547—548页
130	乾隆九年	湘阴训导谭泰京	助修文庙、书院	《酃县志》卷一五《人物·宦迹·国朝》,第548页
131	清代	知县谭联升	擢知县,历署天河、阳朔、平乐县事,出俸创建书院,扩新学宫	《酃县志》卷一五《人物·宦迹·国朝》,第548页

序号	年代	施善者	捐资修建学校情况	资料来源
132	嘉庆年间	麻阳教谕朱朝献，邑士	之官，按视学宫，规制未合，商邑士改建之	《酃县志》卷一五《人物·宦迹·国朝》，第548页
133	清代	生员扶道恕	邑修黉宫、创书院，皆极力赞襄	《酃县志》卷一五《人物·笃行·国朝》，第553页
134	乾隆十九年	刘兴煌	复烈山书院，因左侧舍少土数尺，慨然割己土助之，乃获成	《酃县志》卷一五《人物·笃行·国朝》，第553页
135	清代	州判谭秀谦	偕邑人谭谦庵捐赀建文昌殿，置会	《酃县志》卷一五《人物·笃行·国朝》，第553页
136	清代	谭秀义	捐宾兴会，修儒学门、魁星楼	《酃县志》卷一五《人物·笃行·国朝》，第555页
137	清代	生员张义方	率弟侄兴复台山书院	《酃县志》卷一五《人物·笃行·国朝》，第555页
138	清代	兴宁教谕谭显名	修理文庙，重建文昌殿，首捐金与邑人谭秀谦辈共葳厥事，倡议兴复烈山书院，身董其事	《酃县志》卷一五《人物·笃行·国朝》，第555页
139	清代	生员谭衡安	父没，克继先志，建家塾课子弟，烈山书院成，捐田十亩，以佽经费	《酃县志》卷一五《人物·笃行·国朝》，第555页
140	清代	罗文焕	凡邑修黉宫等诸巨务，靡不慷慨乐输	《酃县志》卷一五《人物·笃行·国朝》，第556页
141	清代	唐聊辉	建义学	《酃县志》卷一五《人物·笃行·国朝》，第557页
142	清代	张联升	综理学校，至老不倦	《酃县志》卷一五《人物·笃行·国朝》，第558页
143	清代	陈克恭	以重赀起义学	《酃县志》卷一五《人物·笃行·国朝》，第558页
144	清代	夏超元	经理梅冈书院及文昌宫，诸数毫无侵蚀	《酃县志》卷一五《人物·笃行·国朝》，第558页

续表

序号	年代	施善者	捐资修建学校情况	资料来源
145	道光六年	学正朱怡镪、训导张光曾等	劝捐修理学正训导署	《茶陵州志》卷九《公署·学正训导署》，第72页
146	顺治八年	知州杨嘉兆（一作嘉肇）	捐俸修之	《茶陵州志》卷一三《学校·学宫·国朝》，第100页
147	康熙四年	知州马崇诏	捐俸送儒学，修之	《茶陵州志》卷一三《学校·学宫·国朝》，第100页
148	康熙二十三年	学正江琇生、知州宜思恭，州人	学正江琇生自修殿庑门墙，复请知州宜思恭捐金二百为倡修，琇生自措四十余金，益以阖州捐资，买中坝街刘佐臣房屋一所，改为学正署	《茶陵州志》卷一三《学校·学宫·国朝》，第101页
149	康熙三十三年	知州解金睿	捐廉百金，修殿庑门廊，铺砌正殿、启圣祠地，新两庑宦贤各主，葺奎星阁	《茶陵州志》卷一三《学校·学宫·国朝》，第101页
150	嘉庆二十年		又考棚内桌凳年久损失，兼己巳灾民借居，毁坏过半，另行捐费，易木以石	《茶陵州志》卷一三《学校·学宫·国朝》，第101页
151	道光三十年	监生周扬烈	沿旧制而新之	《茶陵州志》卷一三《学校·学宫·国朝》，第101页
152	咸丰八年	知州刘如玉	督筹防局各绅修理学宫	《茶陵州志》卷一三《学校·学宫·国朝》，第101页
153	乾隆六年	知州张廷琛	捐银四百两为倡，士民踊跃输助，后改为文昌宫	《茶陵州志》卷一三《学校·洣江书院》，第112页
154	道光二十九年	监生周扬烈	独力重修洣江书院	《茶陵州志》卷一三《学校·洣江书院》，第112页

序号	年代	施善者	捐资修建学校情况	资料来源
155	乾隆年间	上一都	公建培桢义社，在州北	《茶陵州志》卷一三《学校·书院·各都书院》，第115页
156	清代	三都	公建文江书院，在州西南马伏墟	《茶陵州志》卷一三《学校·书院·各都书院》，第115页
157	清代	苏姓	公建寻乐书院，在州西四都大乐铺	《茶陵州志》卷一三《学校·书院·各都书院》，第115页
158	清代	谭姓	公建白沙书院，在州西六都白沙	《茶陵州志》卷一三《学校·书院·各都书院》，第116页
159	清代	十六、十七、十八都	三都公建雩江书院，在州东茶乡	《茶陵州志》卷一三《学校·书院·各都书院》，第116页
160	清代	九都、十都、十三都	公建象湖书院	《茶陵州志》卷一三《学校·书院·各都书院》，第116页
161	清代	生员颜可象等	倡建大湖书院	《茶陵州志》卷一三《学校·书院·各都书院》，第116页；另见卷一八《人物·懿行》，第211页
162	清代	谭姓	公建梅林书院	《茶陵州志》卷一三《学校·书院·各都书院》，第116页
163	清代		公建幼学书塾	《茶陵州志》卷一三《学校·书院·各都书院》，第116页
164	清代	刘姓	公建梓林书院	《茶陵州志》卷一三《学校·书院·各都书院》，第116页
165	咸丰元年	谭叙伦等	倡建龙湖书院	《茶陵州志》卷一三《学校·书院·各都书院》，第116页
166	咸丰五年	李春辉等	倡建鳌峰书院	《茶陵州志》卷一三《学校·书院·各都书院》，第116页
167	清代	蓝纯大	倡建范乐书院	《茶陵州志》卷一三《学校·书院·各都书院》，第116页

续表

序号	年代	施善者	捐资修建学校情况	资料来源
168	清代	杨嘉兆	捐俸修学宫	《茶陵州志》卷一六《循良·国朝》，第156页
169	清代	宜思恭	崇学校，建义馆，隆儒重士	《茶陵州志》卷一六《循良·国朝》，第157页
170		合江知县谭中鼎	捐建义学，勤于讲课	《茶陵州志》卷一八《人物·宦绩》，第194页
171		陈龙剑	设塾兴学，捐置义田	《茶陵州志》卷一八《人物·儒林》，第201页
172		谭世俊	学校义举无巨细皆身任之	《茶陵州志》卷一八《人物·懿行》，第206页
173		苏成琛	两建义塾，计千余金	《茶陵州志》卷一八《人物·懿行》，第206页
174		监生谭大琯	倡设义塾，购田租，教育子侄之贤者	《茶陵州志》卷一八《人物·懿行》，第206页
175		例贡生尹果留	倡义建修，捐置祭田，以余赀为义塾	《茶陵州志》卷一八《人物·懿行》，第209页
176		例贡生谭志凝	兴家塾，修考棚，皆慷慨急公，子孙犹能继其志	《茶陵州志》卷一八《人物·懿行》，第209页
177		钟化	于文庙左捐地一区，建文昌阁	《茶陵州志》卷一八《人物·义举》，第213页
178		谭永绍	捐设义馆，裁成乡里俊髦	《茶陵州志》卷一八《人物·义举》，第213页
179		生员谭三锡	建学宫，修南城，皆综其事	《茶陵州志》卷一八《人物·义举》，第216页
180		刘俊镐	建学修城，捐租书院，皆好义乐输	《茶陵州志》卷一八《人物·义举》，第217页
181		州庠生陈蔚生	维持学校，始终不渝	《茶陵州志》卷一八《人物·义举》，第217页
182		谭翔衢	倡建学宫，与有力焉	《茶陵州志》卷一八《人物·义举》，第217页

续表

序号	年代	施善者	捐资修建学校情况	资料来源
183		尹源浑	倡建义学	《茶陵州志》卷一八《人物·义举》，第 219 页
184		监生彭世恕	倡建雪江书院，秉公经理	《茶陵州志》卷一八《人物·义举》，第 219 页
185		谭芝瑞	倡建义塾，凡有关学校事，悉力维持	《茶陵州志》卷一八《人物·义举》，第 219 页
186		廪生苏联元	捐建寻乐书院	《茶陵州志》卷一八《人物·义举》，第 219 页
187		颜显谟	兴义塾等诸义举未竟者，令其子踵行之	《茶陵州志》卷一八《人物·义举》，第 219 页
188		谭文瞻	隆师重道，尤不惜重金	《茶陵州志》卷一八《人物·义举》，第 220 页
189		蓝纯大	倡建范乐书院，为力居多	《茶陵州志》卷一八《人物·义举》，第 220 页
190		龙俊寅	倡建雪江书院	《茶陵州志》卷一八《人物·义举》，第 220 页
191		尹勋	初建洣江书院，以水灾辍工，捐金悉力经理，始告成	《茶陵州志》卷一八《人物·义举》，第 220 页
192		李念修	州中初建学宫，实共襄助	《茶陵州志》卷一八《人物·义举》，第 221 页
193		谭干亭	倡建龙湖书院	《茶陵州志》卷一八《人物·义举》，第 221 页
194		尹嘉谟	设月课，立义塾	《茶陵州志》卷一八《人物·义举》，第 221 页
195	乾隆五十四年	教谕李昲，绅士	重修教谕署	《攸县志》卷一五《学校·教谕署》，第 102 页
196	道光二十八年	教谕张播，绅士	重修教谕署	《攸县志》卷一五《学校·教谕署》，第 102 页

续表

序号	年代	施善者	捐资修建学校情况	资料来源
197	康熙四十五年	生员胡经虞、刘士达、欧阳再思	训导傅大镕建训导署于明伦堂右，生员胡经虞、刘士达、欧阳再思倡建	《攸县志》卷一五《学校·训导署》，第102页
198	乾隆九年	训导刘蕙声，绅士	重修训导署	《攸县志》卷一五《学校·训导署》，第102页
199	同治三年	训导张德逊，绅士	重修训导署	《攸县志》卷一五《学校·训导署》，第102页
200	康熙十二年	彭继华	重修明伦堂	《攸县志》卷一五《学校·明伦堂》，第102页
201	乾隆十六年	合邑	重修明伦堂	《攸县志》卷一五《学校·明伦堂》，第102页
202	乾隆三十九年	知县行有杰	偕合邑绅士，改建尊经阁于明伦堂前	《攸县志》卷一五《学校·尊经阁》，第102页
203	同治三年	洪姓合族	于峡山文昌阁旧址改建峡山书院	《攸县志》卷一五《学校·峡山书院》，第103页
204	咸丰十一年	蔡姓合族	改建凤鸣书院于桑田陇	《攸县志》卷一五《学校·凤鸣书院》，第103页
205	康熙年间	知县陈溥、绅士刘光钰等	督修湘南书院	《攸县志》卷一五《学校·湘南书院》，第103页
206	乾隆初	知县戴国祥等，绅士刘传相等	知县戴国祥、教谕胡兴耒全、训导刘蕙声、典史江汉，集绅士刘传相等重修湘南书院	《攸县志》卷一五《学校·湘南书院》，第103页
207	咸丰元年	余四发	兴贤堂将余四发捐钱伍百串重修黄甲书院	《攸县志》卷一五《学校·黄甲书院》，第103页
208		知县张春源	以梅城书院近市嚣尘，改为文昌祠，督绅士修葺震阳楼，更名东山书院	《攸县志》卷一五《学校·东山书院》，第103页

序号	年代	施善者	捐资修建学校情况	资料来源
209	明嘉靖四十年	陈惟顺	更新文庙，邑绅陈惟顺捐赀建屋十八间	《攸县志》卷一七《祠庙·文庙》，第127页
210	康熙四十七年	生员欧阳再思	捐修文庙后墙	《攸县志》卷一七《祠庙·文庙》，第127页
211	乾隆十六年	合邑绅士	合邑绅士复修文庙	《攸县志》卷一七《祠庙·文庙》，第127页
212	道光五年	安都谭姓	按粮捐修文庙正殿	《攸县志》卷一七《祠庙·文庙》，第127页
213	道光二十二年	陈能灿	重修文庙	《攸县志》卷一七《祠庙·文庙》，第127页
214	康熙二十年	生员陈治安	捐修东庑	《攸县志》卷一七《祠庙·文庙》，第127页
215	康熙二十年	绅士彭继时、向允畴、刘光钰	重修西庑	《攸县志》卷一七《祠庙·文庙》，第127页
216	乾隆十六年	合邑绅士	重修西庑	《攸县志》卷一七《祠庙·文庙》，第127页
217	道光五年	河、兼等十都	按粮捐修西庑	《攸县志》卷一七《祠庙·文庙》，第127页
218	雍正三年	绅士胡经虞等	重修大成门	《攸县志》卷一七《祠庙·文庙》，第127—128页
219	道光五年	天、献二都	按粮捐修大成门	《攸县志》卷一七《祠庙·文庙》，第128页
220	康熙三十年	邑绅士刘其澜等	捐修棂星门	《攸县志》卷一七《祠庙·文庙》，第128页
221	康熙四十一年	陈治人	捐建棂星门石坊	《攸县志》卷一七《祠庙·文庙》，第128页
222	乾隆二年	知县李澎绅士龙璠等	改建棂星门三门六柱青石坊	《攸县志》卷一七《祠庙·文庙》，第128页

续表

序号	年代	施善者	捐资修建学校情况	资料来源
223	乾隆十六年	邑绅张朝职父子	捐建棂星门	《攸县志》卷一七《祠庙·文庙》，第128页
224	道光五年	云都张姓	按粮捐修棂星门	《攸县志》卷一七《祠庙·文庙》，第128页
225	道光五年	河、兼等十都	按粮捐修钟鼓楼	《攸县志》卷一七《祠庙·文庙》，第128页
226	道光五年	庆都余姓	按粮捐修东西石坊	《攸县志》卷一七《祠庙·文庙》，第128页
227	道光五年	庆都龙姓	按粮捐修泮池围墙	《攸县志》卷一七《祠庙·文庙》，第128页
228	同治六年	庆都余宗慎	重修围墙	《攸县志》卷一七《祠庙·文庙》，第128页
229	康熙十九年	知县张潜	捐修崇圣祠	《攸县志》卷一七《祠庙·文庙》，第128页
230	康熙四十六年	绅士尹景莘等	重修崇圣祠	《攸县志》卷一七《祠庙·文庙》，第128页
231	雍正七年	胡经虞，知县陈文言，刘启等	生员胡经虞倡捐建文庙，知县陈文言、教谕李宗德、训导陈一章纠绅士刘启等人助修崇圣祠	《攸县志》卷一七《祠庙·文庙》，第128页
232	乾隆二年	华都邓、贺二姓	捐修崇圣祠	《攸县志》卷一七《祠庙·文庙》，第128页
233	道光五年	华都邓、贺二姓	按粮捐修崇圣祠	《攸县志》卷一七《祠庙·文庙》，第128页
234	雍正三年	绅士胡经虞等	重修名宦祠	《攸县志》卷一七《祠庙·文庙》，第130页
235	乾隆辛未	合邑绅士	复修名宦祠	《攸县志》卷一七《祠庙·文庙》，第130页
236	道光五年	天、献二都	按粮捐修名宦祠	《攸县志》卷一七《祠庙·文庙》，第130页

续表

序号	年代	施善者	捐资修建学校情况	资料来源
237	顺治十四年	举人刘友光	重建乡贤祠	《攸县志》卷一七《祠庙·文庙》，第131页
238	乾隆十六年	合邑绅士	重修乡贤祠	《攸县志》卷一七《祠庙·文庙》，第131页
239	道光五年	天、献二都	按粮捐修乡贤祠	《攸县志》卷一七《祠庙·文庙》，第131页
240	乾隆十六年	邑绅士	改建忠义孝悌祠	《攸县志》卷一七《祠庙·文庙》，第131页
241	道光五年	呈、宝二都	按粮捐修忠义孝悌	《攸县志》卷一七《祠庙·文庙》，第131页
242	乾隆十六年	合邑绅士	重修节孝祠、忠义祠	《攸县志》卷一七《祠庙·文庙》，第133页
243	道光五年	呈、宝二都	按粮捐修节孝祠	《攸县志》卷一七《祠庙·文庙》，第133页
244	道光五年	呈、宝二都	按粮捐修节孝石坊	《攸县志》卷一七《祠庙·文庙》，第134页
245	康熙二十三年	生监文应简等	至圣、四配、十哲木主，生监文应简、文应春等捐修	《攸县志》卷一七《祠庙·文庙》，第134页
246	康熙四十七年	生员胡经虞	并名宦、乡贤木主一概捐修	《攸县志》卷一七《祠庙·文庙》，第134页
247	乾隆二年	知县李澎，邑绅刘来培等	黉门，知县李澎，邑绅刘来培、龙璠、刘应洵、刘重辉、欧阳定枢、欧阳定观捐建	《攸县志》卷一七《祠庙·文庙》，第134页
248	嘉庆十四年	各姓子孙	文昌祠被水倾圮，各姓子孙捐赀重修	《攸县志》卷一七《祠庙·文昌祠》，第135页
249	道光五年	星景嘉屯	新文昌庙，星景嘉屯按粮捐修，甫落成，被大水损坏，各首事再行修葺	《攸县志》卷一七《祠庙·新文昌庙》，第135页

续表

序号	年代	施善者	捐资修建学校情况	资料来源
250	嘉庆六年	庠生欧阳拜钦等八人	文昌阁在清都，庠生欧阳拜钦、监生陈之珍等八人同建	《攸县志》卷一七《祠庙·文昌阁》，第137页
251	康熙二十六年	知县余三奇、绅士陈待诏等	知县余三奇、教谕蓝应象、训导黄钟，同绅士陈待诏等装修文昌金像	《攸县志》卷一七《祠庙·文昌金像》，第137页
252	道光十六年	合邑绅士，尹高鹏	谕令捐资重修文庙，攸县奉派捐银贰仟两，合邑绅士捐银壹仟两，尹高鹏捐钱贰仟串以足数	《攸县志》卷一七《祠庙·府文庙》，第138页
253	明代	知县王玫卜	捐俸浚泮池，修城隍庙、三官殿，建南楼、西阁、罗星，费赀千金	《攸县志》卷三八《政绩·明》，第257页
254	清代	知县冯运栋	任攸六载，文庙、关帝庙暨皂角市文明塔，倡邑绅次第修葺	《攸县志》卷三八《政绩·皇清》，第259页
255	清代	教谕严一心	兵燹后，学宫圮坏，捐资修葺	《攸县志》卷三八《政绩·皇清》，第259页
256	清代	教谕徐祝年	捐俸助修文庙	《攸县志》卷三八《政绩·皇清》，第259页
257	清代	桃源教谕欧阳立焌	捐俸葺署，助修黉宫	《攸县志》卷三九《人物·宦业·皇清》，第270页
258	明代	光禄寺大官署丞陈惟顺	鼎新文庙，不吝多金	《攸县志》卷三九《人物·儒林·明》，第272页
259	清初	白鹿书院山长文应扬	倡修本邑学宫	《攸县志》卷三九《人物·儒林·明》，第273页
260	清代	生员刘旦升	修学宫、启圣祠，捐金不吝	《攸县志》卷三九《人物·儒林·皇清》，第275页

续表

序号	年代	施善者	捐资修建学校情况	资料来源
261	雍正年间	桃源教谕刘传教	倡修学宫	《攸县志》卷三九《人物·儒林·皇清》，第279—280页
262	清代	生员胡绍虞	修学宫，捐祭田	《攸县志》卷三九《人物·文苑·皇清》，第290页
263	清代	唐天柱	倡葺泮宫	《攸县志》卷三九《人物·文苑·皇清》，第291页
264	清代	监生贺治隆	建义塾	《攸县志》卷三九《人物·处士·皇清》，第311页
265	清代	洪图洞	倡兴家塾，饮助宾兴，乡里重之	《攸县志》卷三九《人物·处士·皇清》，第312页
266	清代	陈焜	捐租倡立义塾，置祭田	《攸县志》卷三九《人物·处士·皇清》，第312页
267	清代	廪生余家驹	修学宫、泮池，铸文庙鼎，捐赀不吝	《攸县志》卷三九《人物·孝友·皇清》，第315页
268	康熙十二年	张士翔	修建文庙及棂星门，任劳尤多	《攸县志》卷三九《人物·孝友·皇清》，第317页
269	明清	陈惟顺、陈治人家族	其高祖惟顺在明代曾独力修建学宫，治人继其志，砻石柱，竖立棂星门坊	《攸县志》卷三九《人物·孝友·皇清》，第317页
270	清代	张可赞	修复凤山书院，里中弦诵丕振	《攸县志》卷三九《人物·孝友·皇清》，第317页
271	清代	教谕刘慧珠	后任溆浦教谕，兼署麻阳，捐俸修学宫，课两邑诸生多成名	《攸县志》卷三九《人物·孝友·皇清》，第317—318页
272	清代	生员刘经虞	修学、建亭，见义必为	《攸县志》卷三九《人物·孝友·皇清》，第318页
273	清代	生员欧阳再思	克承父志，捐田租以供学宫、文昌阁油灯之赀，后遵母教，捐修文庙、崇圣祠、两庑及宗祠	《攸县志》卷三九《人物·孝友·皇清》，第318页

续表

序号	年代	施善者	捐资修建学校情况	资料来源
274	清代	生员谭有骥	倡修家塾，凡肄业者给膏火	《攸县志》卷三九《人物·孝友·皇清》，第328页
275	清代	刘昌洪	晚年以租百余桶倡举义塾	《攸县志》卷三九《人物·孝友·皇清》，第330页
276	清代	陈嘉贤	捐田百余亩，设家塾教育一族	《攸县志》卷三九《人物·孝友·皇清》，第331页
277	清代	岁贡蔡伯祥	学宫戟门颓圮，捐赀倡修	《攸县志》卷三九《人物·义行·皇清》，第337—338页
268	清代	同知刘伯朋	学宫戟门、铸鼎，悉捐资助修	《攸县志》卷三九《人物·义行·皇清》，第338页
279	清代	刘光谏	邑文明下塔圮，捐多金重修	《攸县志》卷三九《人物·义行·皇清》，第339页
280	清代	监生彭燕	造书房三间，令子若孙咸肄业其中，又捐田租百石，为延师之费	《攸县志》卷三九《人物·义行·皇清》，第342页
281	清代	易为菜	构别业，凡好学者，饮食、束修悉己出，署县张赠以"集贤书屋"	《攸县志》卷三九《人物·义行·皇清》，第343页
282	清代	谭进世	建奎星楼，费千金	《攸县志》卷三九《人物·义行·皇清》，第348页
283	清代	举人文承凤	新学宫，建考棚，捐赀倡建铺屋为岁修费，经管数十余年矢公矢慎，督修黄甲书院不辞劳勋	《攸县志》卷三九《人物·义行·皇清》，第348页
284	清代	庠生朱功懋	督修崇圣祠暨湘南书院，并捐膏火、助修西阁	《攸县志》卷三九《人物·义行·皇清》，第350页
285	清代	监生□成麟	设家塾，聘名师，独备束金	《攸县志》卷三九《人物·义行·皇清》，第351页
286	清代	谭际星	督修震阳书院，其他公事，皆任劳任怨	《攸县志》卷三九《人物·义行·皇清》，第354页

序号	年代	施善者	捐资修建学校情况	资料来源
287	清代	张积钟	倡建族祠，兴家塾，族党咸钦	《攸县志》卷三九《人物·义行·皇清》，第356页
288	清代	刘兹清	文庙大成殿捐银二百两，兴贤堂捐租五十硕，其他募化无不乐输	《攸县志》卷三九《人物·义行·皇清》，第356页
289	清代	谭章炜	文庙正殿朽坏，倡文炳若、余子衡复修，费千余金	《攸县志》卷三九《人物·义行·皇清》，第358页
290	清代	欧阳上简	倡兴合族义学，独捐租二十石，捐助合邑宾兴局租十石	《攸县志》卷三九《人物·义行·皇清》，第358—359页
291	清代	贡生邓世本	邑凌云塔、崇圣祠、宾兴局，悉力赞成	《攸县志》卷三九《人物·义行·皇清》，第361页
292	清代	邑庠生蔡允福	协建义塾	《攸县志》卷三九《人物·义行·皇清》，第362页
293	清代	田多昌	设义塾	《攸县志》卷三九《人物·义行·皇清》，第362页
294	元元贞二年	谭渊、欧阳发炳等	谭渊捐田百亩建凤山书院，又率亲友欧阳发炳、赵宜孙、刘忠节益田百五十亩，以资廪膳	《攸县志》卷四九《艺文·记·学校类·凤山书院记》，第474页
295	明代	司理林公	捐俸鼎新长沙府学，复建尊经堂以培龙气，广璧水池以澄秀颖，耸文星阁以峙选峰	《攸县志》卷四九《艺文·记·鼎新长沙府学碑记》，第475页
296	明嘉靖年间	邑绅陈楚坤	在县南小天岳峰上建文明塔，为儒学前文峰	《乾隆平江县志》卷七《公署志·塔》，第49页
297	康熙五十八年	邑人陈伯安、吏员陈宜士	修文明塔	《乾隆平江县志》卷七《公署志·塔》，第49页

序号	年代	施善者	捐资修建学校情况	资料来源
398	明弘治十五年	教谕姜元泽	捐修殿庑	《乾隆平江县志》卷八《学校志·建修·明》，第50页
299	雍正元年	知县杨世芳、教谕王文浚、生员彭其位等	知县杨世芳、教谕王文浚倡捐建修，复旧向，生员彭其位捐建棂星门，民吴尊三、熊于占修内泮池	《乾隆平江县志》卷八《学校志·建修·国朝》，第50页
300	雍正十二年	知县高能宣，监生陈德行等，贡生单文焕等	知县高能宣修玉带街，复学前旧路，监生陈德行、陈德盛修崇圣祠、文昌阁，贡生单文焕修义路，民陈焕先修礼门，贡生周兴珩修明伦堂	《乾隆平江县志》卷八《学校志·建修·国朝》，第50页
301	乾隆十年	监生余希远，民余小友，绅士义民单文焕等	监生余希远、民余小友、余显仲等捐赀大修玉带街外泮池、魁星阁，绅士义民单文焕等协力并修各门祠，其中单文焕、陈镜修义路、礼门，邹拔英修大成门，吴嗣龙、熊文捷修内泮池，李不骞修崇圣祠，陈德行修文昌阁	《乾隆平江县志》卷八《学校志·建修·国朝》，第50页；另见《光绪平江县志》卷二二《学校志》一《学宫·国朝》，第432页
302	乾隆十一年	知县杨富仑	募众建昌江义学，在县城内东街	《乾隆平江县志》卷八《学校志·义学·国朝》，第59页
303	清代	邑贡生袁德昌	捐田一石四斗	《乾隆平江县志》卷八《学校志·义学·国朝》，第59页
304	明代	邑生员梅玉章	建青云斋大诰学，在县治北街	《乾隆平江县志》卷八《学校志·大诰学》，第59页
305	明代	邑生员胡尚礼	建凤栖斋大诰学，在县东凤栖乡	《乾隆平江县志》卷八《学校志·大诰学》，第59页

序号	年代	施善者	捐资修建学校情况	资料来源
306	明代	邑生员田阜升	建惜阴斋大诰学，在县南故县乡	《乾隆平江县志》卷八《学校志·大诰学》，第59页
307		张礼文	修学等费数百缗	《乾隆平江县志》卷一九《人物志·好施·国朝》，第139页
308	元代	州判常从仕等	因捐己俸拓地市材，为屋十六楹，募佣三十日，费五百缗有奇，吴君兴仁专董之，冷君、杨君暨学职吴君振道、黄君公俊，咸有以补其不足，吴君既躬督工，助钱以贯计者百具数	《乾隆平江县志》卷二三《艺文·（杨彦博）平江学记》，第158页
309	明成化八年	知县宋鉴	宋鉴捐修正殿，募民张文藻修戟门，刘冲渊修棂星门	《光绪平江县志》卷二二《学校志》一《学宫·明》，第432页
310	明弘治十六年	邑人凌万象、刘义	凌万象造神龛石座、刘义建棂星门	《光绪平江县志》卷二二《学校志》一《学宫·明》，第432页
311	乾隆二十六年	知县黄立尹，邑绅余希远等	知县黄立尹倡修，邑绅余希远等八家合修大成殿……罗维华等共修乡贤祠	《光绪平江县志》卷二二《学校志》一《学宫·国朝》，第432页
312	乾隆五十四年	童圣辅、方大鹏兄弟等	童圣辅之族，监生圣复、先聘继修正殿……皆二十六年原修之家承修外，方大鹏兄弟于两庑下创建钟鼓两楼	《光绪平江县志》卷二二《学校志》一《学宫·国朝》，第433页
313	嘉庆十五年	摄县事通判俞克振，邑绅	俞克振捐廉白金为众倡，邑绅赵之琮等捐银千两应之，教谕左德浚率绅士钟楷等设局兴修	《光绪平江县志》卷二二《学校志》一《学宫·国朝》，第433页

序号	年代	施善者	捐资修建学校情况	资料来源
314	咸丰六年	余希远等后裔	余希远、于文发、吴嗣龙、周兴珩后裔重新大成殿	《光绪平江县志》卷二二《学校志》一《学宫·国朝》，第433页
315	咸丰九年	吴嗣龙玄孙锡震、锡龄等	重修照壁一座，并周围宫墙六十五丈有奇	《光绪平江县志》卷二二《学校志》一《学宫·国朝》，第433页
316	同治六年	余希远等后裔，钟淏后裔钟显谟等	重修大成殿，系余希远、于文发、吴嗣龙、周兴珩后裔捐修，钟淏后裔钟显谟亦承修棂星门，义路系公修，礼门系邑绅丁步贤、王家杰捐修	《光绪平江县志》卷二二《学校志》一《学宫·国朝》，第433页
317	嘉庆十五年	邑绅方大行、大斗、孔巍等	捐建忠义孝悌祠于君子巷，计祠三楹，门首立坊	《光绪平江县志》卷二三《学校志》二《位次》，第445页
318	嘉庆九年	知县徐以垣，邑绅黄桂、黄楷等	昌江书院，知县徐以垣募邑绅黄桂、黄楷首捐，并募众捐置凌姓屋宇一所，价银千四百两，上下三进，计厅堂八所，房二十五间	《光绪平江县志》卷二六《学校志》五《书院》，第472页；另见《光绪平江县志》卷三五《职官志》二《名宦二·国朝》，第69页
319	嘉庆十九年	邑人黄修警等	黄修警、修恒、修诒等捐赀修葺增修讲堂	《光绪平江县志》卷二六《学校志》五《书院》，第472页
320	同治六年	知县麻维绪、邑人张岳龄	知县麻维绪集合邑绅士捐建天岳书院，邑人张岳龄捐置基地，并买田租百三十八石以助膏火	《光绪平江县志》卷二六《学校志》五《书院》，第472页
321	乾隆十一年	知县杨富仑	昌江义学在县城内东街，知县杨富仑募众建	《光绪平江县志》卷二六《学校志》五《义学、社学》，第474页

序号	年代	施善者	捐资修建学校情况	资料来源
322	咸丰同治年间	知县陈凤舞等	咸丰六年，知县陈凤舞立义学，同治九年，价置合防局原置涂姓房屋一所，是为新义学	《光绪平江县志》卷二六《学校志》五《义学、社学》，第474页
323	嘉庆年间	邑绅吴先辉	建星轩书屋，以为社学书屋，凡十数间，捐田土山场，供膏火资	《光绪平江县志》卷二六《学校志》五《义学、社学》，第474页
324	同治六年	邑人张岳龄	建张氏义学，为屋十余间，凡张族子姓皆许入塾读书，岁修由岳龄捐备	《光绪平江县志》卷二六《学校志》五《义学、社学》，第474页
325	同治七年	邑人李元度	建爽溪书院，有义学田，岁纳租五百石，供束修、膏火之费	《光绪平江县志》卷二六《学校志》五《义学、社学》，第474页
326	清代	叶善林	叶氏义学，在县北一百五里叶家洞叶氏宗祠左，叶善林纠族建置，有田租供族中子弟从师膏火	《光绪平江县志》卷二六《学校志》五《义学、社学》，第475页
327	同治七年	曾氏	曾氏义学，在县北一百五里曾家洞宗圣庙左，合族建	《光绪平江县志》卷二六《学校志》五《义学、社学》，第475页
328	康熙年间	知县许国璠	捐修学宫围墙	《光绪平江县志》卷三五《职官志》二《名宦》二第68页
329	康熙年间	知县杨世芳	捐建三贤祠，又建天岳书院以课士	《光绪平江县志》卷三五《职官志》二《名宦》二第68页
330	乾隆年间	知县谢仲玩	设义学，按期亲为督课	《光绪平江县志》卷三五《职官志》二《名宦》二第69页
331	乾隆年间	县训导毛琇	倡建文昌阁	《光绪平江县志》卷三五《职官志》二《名宦》二第70页
332	道光年间	东安训导张瓒昭	躬入猺峒，劝兴学，建清溪、石期、凤山、柏子、芦洪诸书院，捐金倡众	《光绪平江县志》卷四二《人物志》一《儒林·国朝》，第147页

续表

序号	年代	施善者	捐资修建学校情况	资料来源
333	乾隆年间	知县周之瑚	继任河南确山六年，修黉宫，建义学	《光绪平江县志》卷四三《人物志》二《宦迹·国朝》，第158页
334	康熙年间	长沙教谕李长标	出私财葺学宫	《光绪平江县志》卷四四《人物志》三《文学·国朝》，第164页
335	咸丰年间	生员钟颢谟	其先世捐修学宫棂星门，咸丰中门圮，颢谟贫，揭债修复之	《光绪平江县志》卷四四《人物志》三《文学·国朝》，第167页
336	清代	张礼文	葺学宫	《光绪平江县志》卷四七《人物志》六《善行·国朝》，第239页
337	清代	恩贡生钟沅	与邑人同修学宫大成殿及府学大成门	《光绪平江县志》卷四七《人物志》六《善行·国朝》，第240页
338	清代	例贡生吴嗣龙	捐修学宫、郡城考棚等，费以数万计	《光绪平江县志》卷四七《人物志》六《善行·国朝》，第240页
339	清代	余希远	助修学宫	《光绪平江县志》卷四七《人物志》六《善行·国朝》，第240页
340	清代	余有烈	凡修学宫、桥道，偕兄弟倾赀不吝	《光绪平江县志》卷四七《人物志》六《善行·国朝》，第240页
341	清代	监生黄文琮	邑学宫、武庙、书院、考棚、浮桥渡皆捐赀倡修，捐西乡狭颈田二石二斗，充书院膏火	《光绪平江县志》卷四七《人物志》六《善行》，第240—241页
342	清代	余明训	邑中修葺学宫，明训捐赀不次	《光绪平江县志》卷四七《人物志》六《善行·国朝》，第241页

序号	年代	施善者	捐资修建学校情况	资料来源
343	清代	余恒	邑中学校、桥梁，皆捐金助修	《光绪平江县志》卷四七《人物志》六《善行·国朝》，第241页
344	清代	周永遂	学宫、桥渡诸善举，并慷慨捐助	《光绪平江县志》卷四七《人物志》六《善行·国朝》，第241页
345	清代	吴先焕	又率子弟助修县学大成殿、内泮池及围墙照壁	《光绪平江县志》卷四七《人物志》六《善行·国朝》，第241页
346	嘉庆二十四年	举人余远骐	捐修贡院号舍，屡捐金修学宫及桥道，建宝塔于城西飞鹅山，费三千计	《光绪平江县志》卷四七《人物志》六《善行·国朝》，第242页
347	清代	余光典	学宫明伦堂圮，与族洪英合力兴修	《光绪平江县志》卷四七《人物志》六《善行·国朝》，第242页
348	清代	熊健	与吴、周、钟、余、童诸家协力承修学宫大成殿两次，约费千金	《光绪平江县志》卷四七《人物志》六《善行·国朝》，第242页
349	嘉庆十五年	监生何明立	督修学宫凡三载，勾稽精审	《光绪平江县志》卷四七《人物志》六《善行·国朝》，第243页
350	嘉道年间	余洪英家族	与弟钟英、灿英及族光典捐金修学宫明伦堂。道光中，钟英、灿英、复兴、光典裔重加修葺	《光绪平江县志》卷四七《人物志》六《善行·国朝》，第243页
351	乾隆十一年	监生钟圣元	捐修府文庙宫墙及礼门、义路	《光绪平江县志》卷四七《人物志》六《善行·国朝》，第245页
352	咸丰同治年间	李介纯	斥重金助修书院	《光绪平江县志》卷四七《人物志》六《善行·国朝》，第246页

序号	年代	施善者	捐资修建学校情况	资料来源
353	清代	严先义	出重金助修学宫，又捐田五斗以作岁修费	《光绪平江县志》卷四七《人物志》六《善行·国朝》，第246页
354	清代	王锡鸿	捐八百缗助书院膏火，又输钱百三十缗助建天岳书院	《光绪平江县志》卷四七《人物志》六《善行·国朝》，第247页
355	宋宝祐二年	知县曾鸿，邑之富者	猛割微俸，姑为之倡，请于庚台，报可，且挥金捐廪以侑之，邑之富者亦乐为之助	《光绪平江县志》卷五二《艺文志》二《文一·宋·修先师庙记》，第336页
356	乾隆三十一年	吴光普等士绅	绅士建书院于文庙之西，前为试士之场，后为课塾之所，捐金购地，鸠工庀材，越数岁而后落成，捐斯基者，则吴君光普也	《光绪平江县志》卷五三《艺文志》三《文二·本朝·昌江书院碑记》，第385页
357	清代	参军方大行、知县周承章、生员熊泰磊等	诸生熊泰磊等四十余人为纠首，张乐焕等五人为督修，阁创于壬子，功竣于乙卯，约费千八百余金，后方参军大行独修之，费八百余金，原任太湖县周明府承章愿约费二千余金	《光绪平江县志》卷五三《艺文志》三《文二·本朝·新建文昌阁记》，第387页
358	乾隆年间	邹拔英家族	平邑绅士分修文庙，大成门之修，在乾隆乙丑之岁，则邹公拔英创之于前，迄壬午而公之子秋元嗣修之，秋元弟庠生峄董其事，两次约费六百余金。己酉，秋元子雍南解组家居，更而新之。董事邑庠生堂弟开桂又约费三百余金	《光绪平江县志》卷五三《艺文志》三《文二·本朝·重修大成门记》，第388页

序号	年代	施善者	捐资修建学校情况	资料来源
359	嘉庆十五年	邑人	邑绅耆金谋改建，邑首事备赀购撤，教谕署旧立学宫左，亦买地移置，乃规正向，维时承修有人，捐赀有人，未期年而殿庑门祠焕然改观	《光绪平江县志》卷五三《艺文志》三《文二·本朝·平江学宫记》，第389页
360	嘉庆年间	邑绅黄桂、黄楷兄弟，知县麻君，士绅向国鸿等，张子衡廉访、次青方伯	嘉庆初，邑绅黄桂、黄楷兄弟捐置县治迤西民屋十余间，建为昌江书院。丁卯，麻君莅任知县，大集士绅属向国鸿、李藻等，适张子衡廉访买沃田数顷，拓为基址，又购藏书数千卷，次青方伯出千缗以为之倡，邑中人士踊跃捐输，费不下二万缗，改为天岳书院	《光绪平江县志》卷五三《艺文志》三《文二·本朝·天岳书院记》，第399页
361	同治五年	邑候欧阳君等	《平江县学新建魁星阁记》：釀金庀材，构杰阁三层，费缗钱二千有奇	《光绪平江县志》卷五三《艺文志》三《文二·本朝》，第402页
362	明万历十七年	邑绅沈植	建石棂星门	《临湘县志》卷五《学校志·学宫》，第355页
363	康熙二十二年	知县张钎、陈澄度、训导钱有年	捐修学宫，复山左旧址	《临湘县志》卷五《学校志·学宫》，第356页
364	康熙二十四年	知县杨敬儒、教谕杨运昌	倡修启圣祠于庙左	《临湘县志》卷五《学校志·学宫》，第356页

续表

序号	年代	施善者	捐资修建学校情况	资料来源
365	道光二十四年	知县刘德熙等	购民地，改建大成殿及两庑，移崇圣祠于殿后，补葺四祠，拓修两学斋舍，凡捐重资者请叙	《临湘县志》卷五《学校志·学宫》，第356页
366	道光四年	知县徐凤喈	倡建莼湖书院	《临湘县志》卷五《学校志·书院》，第357页；另见卷九《秩官志·名宦·本朝》，第431页
367			义学，有茶港下则洲地九十一亩七厘四丝，原收租银五两四钱	《临湘县志》卷五《学校志·书院·义学》，第360页
368	明代	训导张献民	捐俸甃砌宫墙，铸祭器，卒于任	《临湘县志》卷九《秩官志·名宦·明》，第429页
369	康熙年间	知县陈廷弼	设义学	《临湘县志》卷九《秩官志·名宦·本朝》，第430页
370	康熙年间	知县刘章澄	创启圣祠，置学基，鼎修文庙，未尝妄役一民	《临湘县志》卷九《秩官志·名宦·本朝》，第430页
371	康熙年间	知县耿绣彝	广设义学	《临湘县志》卷九《秩官志·名宦·本朝》，第430页
372	康熙年间	教谕杨运昌	设法劝输修葺学宫	《临湘县志》卷九《秩官志·名宦·本朝》，第430页
373	康熙年间	训导钱有年	倡捐修复文庙	《临湘县志》卷九《秩官志·名宦·本朝》，第430页
374	嘉靖二十五年	广东按察金事沈植	致仕后，倡修灵星门	《临湘县志》卷一一《人物志·孝义·明》，第447页
375	清代	四川天全州知州方同煦	倡建始阳书院，立各乡义学	《临湘县志》卷一一《人物·宦业·本朝》，第455页

二、捐资助学

（一）捐置学田、学租、基地

续表

序号	年代	施善者	捐助学田、学租等情况	资料来源
1	道光二十年	萧大载、萧用贤、易昆荣等	捐谭家湖水山六石，岁租分给贫家子弟就近从师，以作束修	《长沙县志》卷一一《学校·义学·河西都义学》，第173页
2	同治初年	众姓	捐银另置河西都十甲刘家湾田一石五斗	《长沙县志》卷一一《学校·义学·河西都义学》，第173页
3		萧大载	捐田八斗	《长沙县志》卷一一《学校·义学·河西都义学》，第173页
4		萧用贤、萧绍三	共捐田七斗	《长沙县志》卷一一《学校·义学·河西都义学》，第173页
5		张江墉	捐朱家冲清净庵门首垅中田一坵，计三斗五升，岁租归入义学	《长沙县志》卷一一《学校·义学·河西都义学》，第173页
6	乾隆二十三年	吴金门	一处地名棉花坡，大贤都八甲五区，田六亩五分八厘零，除完粮饷外纳租六石六斗四升	《长沙县志》卷一一《学校·书院膏火田》，第174—175页
7			以上共田一百一亩一厘五毫、塘四亩，共纳租九十石八斗二合六勺，每年解学院，面振贫生	《长沙县志》卷一一《学校·赈贫田》，第175—176页
8	康熙三十五年	王若水	捐出一处地名金线塘鄢家湾，共田八石，岁纳租谷一百二十五石	《长沙县志》卷一一《学校·儒学田》，第176页
9	道光年间	周新甫、周必亭	遵父元溢遗命捐出一处地名发牛坡，河西都四甲二区，田六石五斗，岁纳租谷五十石	《长沙县志》卷一一《学校·儒学田》，第176页
10	康熙七年	巡抚周召南、藩司于鹏举等	巡抚周召南、藩司于鹏举、臬司赵曰冕、驿盐粮道饶宇栻、知府钱其嗣各捐俸鼎新岳麓书院	《长沙县志》卷一一《学校·岳麓书院》，第171页

续表

序号	年代	施善者	捐助学田、学租等情况	资料来源
11	康熙年间	巡抚丁思孔等	巡抚丁思孔、藩司张仲举、臬司范时秀、驿盐粮道赵廷标、知府苏佳嗣等捐赀复兴	《长沙县志》卷一一《学校·岳麓书院》，第171页
12	康熙五十三年	生员易象乾、刘宏纲、欧伦等	倡修城南书院，设簿募化，中丞及各属府县人士咸乐捐恐后，仅建立两进	《长沙县志》卷一一《学校·城南书院》，第172页
13	道光初年	邑绅余正焕等	倡捐修建城南书院，其规模较旧制更为宏阔	《长沙县志》卷一一《学校·城南书院》，第172页
14	清代	各路统兵将帅、偏裨人等	捐赀经费及省城三局筹款，置买产业，岁收佃租，以供春秋祭品、山长束修、生童膏火并一切杂用	《长沙县志》卷一一《学校·求忠书院》，第172页
15	元元统年间	邑人黄淡	县西北乔口镇旧有三贤祠，祀屈原、贾谊、杜甫。元元统间，邑人黄淡设义学，赐额"乔江书院"	《长沙县志》卷一一《学校·附载·乔江书院》，第173页
16	康熙二十四年	知县朱前诒	设立义学二所，捐备聘礼、束修、供饩，延生员苏泽民、刘振麟为师以教贫生	《长沙县志》卷一一《学校·义学》，第173页
17	康熙三十四年	巡抚董安国	设立义学于万福禅林右	《长沙县志》卷一一《学校·义学》，第173页
18	康熙四十二年	巡抚赵申乔	建义学于府学之右	《长沙县志》卷一一《学校·义学》，第173页
19	雍正十二年	知府钱汝䮝	重修巡抚赵申乔所建义学	《长沙县志》卷一一《学校·义学》，第173页
20	道光元年	巡抚左辅	设立义学数处，一在李大中丞祠，其余在善化县境	《长沙县志》卷一一《学校·义学》，第173页

续表

序号	年代	施善者	捐助学田、学租等情况	资料来源
21	道光十年	邑人刘贺氏同子一元、孙朝干等	六都乌字一百二十区，地名窑头，以上田百亩捐入学宫，为修理费，岁收府犀租谷九十九石	《善化县志》卷一一《学校·学宫田租》，第132页
22	清代	邑人刘贺氏同男一元等	以上田四十亩捐入儒学，每年实纳租谷三十七石。公议嗣孙入学，无论文武，免其印卷费	《善化县志》卷一一《学校·儒学田租》，第132—133页
23		梁国俊	七都漾湾市，小地名秦坡，田二亩，每年实纳租谷一石，田系梁国俊捐入儒学	《善化县志》卷一一《学校·儒学田租》，第133页
24	光绪元年	邑人胡朝华同子逢藻	将自置六都河西平山冲田一契，岁租二十石，捐入儒学。日后子孙，文武入学，免其印卷费	《善化县志》卷一一《学校·儒学田租》，第133页
25		李君仑、梅石庵、熊先品	长沙新康都五甲二区天井湖，共捐田六石，岁租五十四石	《善化县志》卷一一《学校·府学宫田租》，第137页
26		刘元基	善化六都藜字四十二区杨家冲，捐田一契，岁租三十五石	《善化县志》卷一一《学校·府学宫田租》，第137页
27		徐易氏	善化六都龙字一百二十一区龙洞、杨树嘴，捐田一契，岁租六十六石	《善化县志》卷一一《学校·府学宫田租》，第138页
28		何孝怀	善化六都白字七十九区白泉荷叶塘，捐田一契，岁租一十二石	《善化县志》卷一一《学校·府学宫田租》，第138页
29		丁义为	善化七都竹字五十一区婆公塘，捐田一契，岁租四石	《善化县志》卷一一《学校·府学宫田租》，第138页
30		易先吉	善化八都卢字二十六区涂家塘，捐田一契，岁租七石	《善化县志》卷一一《学校·府学宫田租》，第138页

续表

序号	年代	施善者	捐助学田、学租等情况	资料来源
31	同治十二年	藩司吴元炳	捐送岳麓、城南、求忠三书院住斋月米足纹二千两，交盐署发典生息，每年得息银二百八十八两	《善化县志》卷一一《学校·岳、城两院额外补课及额外领米章程》，第149页
32	道光十年	刘贺氏同子一元、元基等	湖头上田三十亩，捐入岳麓书院以作岁修，南北米照科岁租二十七石，交书院首士收	《善化县志》卷一一《学校·岳麓书院岁修田房租》，第150页
33		陆玉生	捐出六都瓦字区冷冲田二十亩、塘二亩六分三厘八毫，岁租十二石四斗零四合	《善化县志》卷一一《学校·岳城书院膏火田租》，第150页
34		陈姓	捐入七都梅子滩田二十二亩三分二厘、塘九分，岁租八石九斗二升九合	《善化县志》卷一一《学校·岳城书院膏火田租》，第151页
35		黄公祠	七都楠木寺黄公祠捐田一百一十四亩，实纳书院谷八十六石	《善化县志》卷一一《学校·岳城书院膏火田租》，第151页
36	明代	惜阴书院院长周识	入田百亩于书院，助膏火	《善化县志》卷二三《人物·明》，第420页
37	乾隆年间	山东夏津知县周平湘	置义学田，加诸生膏火	《善化县志》卷二三《人物·国朝》，第431页
38	道光二十八年	监生刘元基	捐六都地名杨家冲田四十亩，入府学宫，以裕岁修。倡建宗祠，捐祭产、义学共田百余亩	《善化县志》卷二四《人物·国朝》，第450页
39	道光八年	刘佑榜	捐六都地名挽角子田三十亩入岳麓书院，佐膏火。又捐窑头上田一百四十亩入县学	《善化县志》卷二四《人物·国朝》，第450页
40	清代	胡朝华	捐田入学，培植后起	《善化县志》卷二四《人物·国朝》，第460页
41	万历四十五年	庠生万人钦	捐租于学，地名十都南流岭下石洲上紫草坪高碑石，租共二百七十二斗	《鄮县志》卷五《营建·官署·儒学教谕署》，第414页

序号	年代	施善者	捐助学田、学租等情况	资料来源
42	万历四十五年	义民段士初	捐租地名上四都大塘，租共三百斗	《酃县志》卷五《营建·官署·儒学教谕署》，第414页
43	万历四十五年	康乐乡段户士祚	捐上四都段家岭崖子寨庄居山林茶桐松杉竹木园，土田一十五亩	《酃县志》卷八《学校·学田》，第465页
44	道光年间	邑绅罗文灿同子邑绅铜章等	捐上四都段家湾田三亩	《酃县志》卷八《学校·学田》，第465页
45		康乐乡刘子仰裔	捐二都官冲耷田三十二亩，永供两斋薪水	《酃县志》卷八《学校·学田》，第465页
46	道光年间	邑岁贡何永龄	捐十一都茶山一块，田租永为检盖	《酃县志》卷八《学校·学田》，第466页
47		邑绅周礼	捐新田，黄连树下田二亩八分，田租永为检盖	《酃县志》卷八《学校·学田》，第466页
48		举人贾元贞	捐石坡里田二亩，田租永为检盖	《酃县志》卷八《学校·学田》，第466页
49	嘉庆二年	知县赵宗文，绅士	邑绅捐田八十五亩零，宗文复捐田六十五亩四分，绅士亦风闻踊跃	《酃县志》卷八《学校·书院·洣泉书院》，第466页
50		书院首士刘武衢、孟达章等	捐司事辛赀钱，买土四都两子坰大路脚下店背田，苗七亩，因被水淹，减租六石五斗	《酃县志》卷八《学校·书院·洣泉书院·膏火田》，第468页
51		谭显名	捐六都杨家湾田苗一亩四分，又捐黄沙耷杨家湾田苗三亩五分，又捐六都社家冲田八分，又捐上四都石磐上黑里坑田苗四亩五分	《酃县志》卷八《学校·书院·洣泉书院·膏火田》，第468页
52		谭衡安	捐十一都下馆田三区，苗十亩，因水冲淹，减苗二亩	《酃县志》卷八《学校·书院·洣泉书院·膏火田》，第468页

续表

序号	年代	施善者	捐助学田、学租等情况	资料来源
53		尹祖嵩妻节妇李氏	捐十一都上馆田二区，苗二亩一分	《酃县志》卷八《学校·书院·洣泉书院·膏火田》，第468页
54		罗文灿率男铜章等	捐六都塘辂辂下田山茶桐杂木等项，又对门杉山一面，田一区，苗六亩零一厘	《酃县志》卷八《学校·书院·洣泉书院·膏火田》，第468页
55		周耀堂子礼等	捐一都石湖铺田六区，共苗八亩	《酃县志》卷八《学校·书院·洣泉书院·膏火田》，第468页
56		城南邓户惇裕堂英才等	捐一都石鼓流丝冲田苗十四亩，附载界内束修田四亩，实田十亩	《酃县志》卷八《学校·书院·洣泉书院·膏火田》，第468页
57	同治年间	谭圣谆	捐十一都坪子脑田苗二十四亩	《酃县志》卷八《学校·书院·洣泉书院·膏火田》，第468页
58	同治年间	万典璋	捐六都三亩零，十都共三十八亩零，十一都八亩零，共田五十亩零，尽拨入束修会	《酃县志》卷八《学校·书院·洣泉书院·膏火田》，第468页
59	嘉庆二十二年	知县麦连，邑绅朱光贤等	邑绅朱光贤、贾元贞、张朴庵等在东城外创建梅冈书院	《酃县志》卷八《学校·书院·梅冈书院》，第468页
60		贾惠德堂	捐东城外横坡冲田塘三区，苗二亩	《酃县志》卷八《学校·书院·梅冈书院·膏火田》，第469页
61		廖定兴	捐九都秋禾坑中洞共苗二亩	《酃县志》卷八《学校·书院·梅冈书院·膏火田》，第469页
62		唐学球	捐十都大陂头田一亩五分	《酃县志》卷八《学校·书院·梅冈书院·膏火田》，第469页

序号	年代	施善者	捐助学田、学租等情况	资料来源
63		萧起基	捐上四都小砻里田一坵，苗五分	《鄞县志》卷八《学校·书院·梅冈书院·膏火田》，第469页
64		贾合玉堂	捐十都洋木江漆头冲田山一区，苗四亩四分	《鄞县志》卷八《学校·书院·梅冈书院·膏火田》，第469页
65		李作秀	捐九都苦竹排田苗一亩五分	《鄞县志》卷八《学校·书院·梅冈书院·膏火田》，第469页
66		何八户	捐十一都士名短冲坛官排田一区，苗四亩	《鄞县志》卷八《学校·书院·梅冈书院·膏火田》，第469页
67		廖朝登	捐十一都牛形坝田一区，苗一亩五分	《鄞县志》卷八《学校·书院·梅冈书院·膏火田》，第469页
68		饶振亮	捐十一都楼背田山一区，苗二亩	《鄞县志》卷八《学校·书院·梅冈书院·膏火田》，第469页
69		凌崇亮	捐上四都杉木圳田二区，苗一亩一分	《鄞县志》卷八《学校·书院·梅冈书院·膏火田》，第469页
70		张尚贤	捐七都自盐上洞崔家坝皂棘树下田，苗一亩七分	《鄞县志》卷八《学校·书院·梅冈书院·膏火田》，第469页
71		刘开元	捐上七都石洲坑田一区，苗一亩五分	《鄞县志》卷八《学校·书院·梅冈书院·膏火田》，第469页
72		刘世云	捐十都南流藤吊腰田一区，苗二亩	《鄞县志》卷八《学校·书院·梅冈书院·膏火田》，第469页

续表

序号	年代	施善者	捐助学田、学租等情况	资料来源
73		陈丁蕃	捐十都南流高垅坑八方排田一区，苗一亩二分	《酃县志》卷八《学校·书院·梅冈书院·膏火田》，第469页
74		杨荣华	捐六都黄沙砻田二区，苗五亩	《酃县志》卷八《学校·书院·梅冈书院·膏火田》，第469页
75		张松公户	捐上七都大塘田二亩	《酃县志》卷八《学校·书院·梅冈书院·膏火田》，第469页
76		郭祥公户	捐十都南流朱砂坑田山一区，苗一亩	《酃县志》卷八《学校·书院·梅冈书院·膏火田》，第469页
77		黄祖明	捐十都南流岭背堰塘里田一区，苗二亩五分	《酃县志》卷八《学校·书院·梅冈书院·膏火田》，第469页
78		陈孟瑞公户	捐十都青石江禾子田一区，苗一亩	《酃县志》卷八《学校·书院·梅冈书院·膏火田》，第469页
79		谢才宗	捐十一都佻坪田一区，苗一亩	《酃县志》卷八《学校·书院·梅冈书院·膏火田》，第469页
80		谢永兴	捐十一都低垅下岭背田一区，苗一亩五分	《酃县志》卷八《学校·书院·梅冈书院·膏火田》，第469页
81		龙文建公	捐十一都低垅坳背田一区，苗二亩	《酃县志》卷八《学校·书院·梅冈书院·膏火田》，第469页
82		吴光贤	捐十都小南流田二坵，苗五分	《酃县志》卷八《学校·书院·梅冈书院·膏火田》，第469页

续表

序号	年代	施善者	捐助学田、学租等情况	资料来源
83		邹贵祀户	捐九都安坑田，苗五分	《鄗县志》卷八《学校·书院·梅冈书院·膏火田》，第469页
84		曾云公	捐九都小源田一区，苗一亩五分	《鄗县志》卷八《学校·书院·梅冈书院·膏火田》，第469页
85		李辉公	捐九都安坑田一区，苗一亩五分	《鄗县志》卷八《学校·书院·梅冈书院·膏火田》，第469页
86		邹贵祀	捐九都修目寺庙背田二区，苗二亩二分	《鄗县志》卷八《学校·书院·梅冈书院·膏火田》，第469页
87		黄永胜	捐九都舍禾苗一大垭，苗一亩五分	《鄗县志》卷八《学校·书院·梅冈书院·膏火田》，第469页
88		谢贯文	捐九都良田石背冲田一区，苗一亩五分	《鄗县志》卷八《学校·书院·梅冈书院·膏火田》，第469页
89		朱昆公户	捐九都庙背洲田一区，苗一亩五分	《鄗县志》卷八《学校·书院·梅冈书院·膏火田》，第469页
90		朱席珍	捐九都山脚下田一亩五分	《鄗县志》卷八《学校·书院·梅冈书院·膏火田》，第469页
91		余仕珠	捐十一都上瓜寮田一区，苗一亩五分	《鄗县志》卷八《学校·书院·梅冈书院·膏火田》，第469页
92		郭子华	捐十一都上馆田一区，苗二亩	《鄗县志》卷八《学校·书院·梅冈书院·膏火田》，第469页

续表

序号	年代	施善者	捐助学田、学租等情况	资料来源
93		邱维凤	捐十一都禾上圳田一区，苗一亩	《酃县志》卷八《学校·书院·梅冈书院·膏火田》，第469页
94		何生辉	捐五都麻滩坪田一区，苗二亩一分	《酃县志》卷八《学校·书院·梅冈书院·膏火田》，第469页
95		凌承岳	捐南城外蕉坑田一区，苗五分	《酃县志》卷八《学校·书院·梅冈书院·膏火田》，第469页
96		谭盛万	捐六都易坑大庾皮田一区，苗七分五厘	《酃县志》卷八《学校·书院·梅冈书院·膏火田》，第469页
97		陈德远	捐六都深䂖口田一区，苗一亩	《酃县志》卷八《学校·书院·梅冈书院·膏火田》，第469页
98		李祖政	捐十都八担䂖田一区，苗一亩五分	《酃县志》卷八《学校·书院·梅冈书院·膏火田》，第469页
99		刘开仕	捐三都水东坝里田一区，苗一亩六分	《酃县志》卷八《学校·书院·梅冈书院·膏火田》，第469页
100		张必显	捐二都布口冲田一区，苗二亩	《酃县志》卷八《学校·书院·梅冈书院·膏火田》，第469页
101		张隐士	捐三都岭背田一区，苗二亩四分	《酃县志》卷八《学校·书院·梅冈书院·膏火田》，第469页
102		陈景有	捐上一都石围䂖田三区，共苗二亩二分	《酃县志》卷八《学校·书院·梅冈书院·膏火田》，第469页

续表

序号	年代	施善者	捐助学田、学租等情况	资料来源
103		张齐贤	捐二都瓜菌塘田一亩四分	《鄮县志》卷八《学校·书院·梅冈书院·膏火田》，第469页
104		雷重远户	捐上一都石祭田一坵，苗一亩	《鄮县志》卷八《学校·书院·梅冈书院·膏火田》，第469页
105		刘德盛	捐六都打狗坑田一区，苗一亩	《鄮县志》卷八《学校·书院·梅冈书院·膏火田》，第469页
106		宾兴会	公买坝田苗四亩，额租八石，每石额价钱一千零二十文，公管南城外赵公殿内外税钱二千四百文，北城内文昌宫右厢园士税钱八百文	《鄮县志》卷八《学校·宾兴·洣泉宾兴义田》，第472页
107	乾隆三年	谭显名	捐祖遗及自置二都田二十三亩五分，为每届文武生员乡试卷赀	《鄮县志》卷八《学校·宾兴·洣泉宾兴义田》，第472页
108		万邦义、方春、金殿、点金等	捐祖兴昂所遗十都竹菌下大望里沟下雪斗充田四处，共苗五亩	《鄮县志》卷八《学校·宾兴·洣泉宾兴义田》，第472页
109		万方清、方春、冰清、世棠等	捐祖进奉所遗十都新墟上首田一区，苗二亩二分	《鄮县志》卷八《学校·宾兴·洣泉宾兴义田》，第473页
110		周本镐	初次捐二都杨仙洲田，二次捐塘村田各三亩一分五厘，均被水冲	《鄮县志》卷八《学校·宾兴·洣泉宾兴义田》，第473页
111	咸丰九年	周本镐子大启、承烈等	将前捐田收回，改捐二都马家山田二区，共三亩一分五厘	《鄮县志》卷八《学校·宾兴·洣泉宾兴义田》，第473页

序号	年代	施善者	捐助学田、学租等情况	资料来源
112		周名望	捐七都八字坑牛冈里田一区，苗二亩	《鄮县志》卷八《学校·宾兴·浤泉宾兴义田》，第473页
113		罗文亮	捐九都海字区田三亩，共号之田已存二亩五分	《鄮县志》卷八《学校·宾兴·浤泉宾兴义田》，第473页
114		李世盛	捐十一都下馆田一区，苗二亩	《鄮县志》卷八《学校·宾兴·浤泉宾兴义田》，第473页
115		孟有章	遵父增生文魁遗命，捐己分七都白源田一区，苗二亩，附改四亩	《鄮县志》卷八《学校·宾兴·浤泉宾兴义田》，第473页
116		谭家荣、金彪、家拱、家贵等	捐祖秀义公所遗怀庆堂六房公业，十都沙坑照上田一区，苗三亩	《鄮县志》卷八《学校·宾兴·浤泉宾兴义田》，第473页
117		孟文魁	捐下四都井头田，苗二亩	《鄮县志》卷八《学校·宾兴·浤泉宾兴义田》，第473页
118		周耀堂	捐七都中村八字坑田，苗二亩	《鄮县志》卷八《学校·宾兴·浤泉宾兴义田》，第473页
119		尹德乾男依荣、孙宗庆等	捐六都凌家祠门首田，苗二亩五分	《鄮县志》卷八《学校·宾兴·浤泉宾兴义田》，第473页
120		刘武衢孙祥洽等	捐十一都沔渡横岭田一区，苗三亩	《鄮县志》卷八《学校·宾兴·浤泉宾兴义田》，第473页
121		尹祖盘与子志通、孙复茂等	捐九都小源瓦岭圳田，苗二亩	《鄮县志》卷八《学校·宾兴·浤泉宾兴义田》，第473页

序号	年代	施善者	捐助学田、学租等情况	资料来源
122		尹万福子世泰、世训等	捐十一都蛟湖五个龟田，苗二亩	《酃县志》卷八《学校·宾兴·涞泉宾兴义田》，第473页
123		孟攀珠子章选、孙腾蛟、起凰等	捐七都浆村虾蟆碧田，苗四亩	《酃县志》卷八《学校·宾兴·涞泉宾兴义田》，第473页
124		孟章治、章华	捐七都字源为鸦仙田，五亩四分五厘	《酃县志》卷八《学校·宾兴·涞泉宾兴义田》，第473页
125		万民安男典璋	捐十都楠木冲，又车头田，共苗二亩一分	《酃县志》卷八《学校·宾兴·涞泉宾兴义田》，第473页
126		潘荣茂男华星	捐一都洞溪渡老虎碧田，苗二亩	《酃县志》卷八《学校·宾兴·涞泉宾兴义田》，第473页
127		潘珩公嗣裔	捐下一都洞溪渡田心里苗二亩，共苗五亩内捐田二亩	《酃县志》卷八《学校·宾兴·涞泉宾兴义田》，第473页
128		潘以渊公嗣裔	捐下一都斜濑渡上阶屋背田二区，共苗十一亩，内捐田二亩	《酃县志》卷八《学校·宾兴·涞泉宾兴义田》，第473页
129		潘华潭公后裔	捐下一都斜濑渡茅坪里中心田二区，苗一亩一分，又石邬陂尖堰田苗一亩，共苗二亩一分	《酃县志》卷八《学校·宾兴·涞泉宾兴义田》，第473页
130		潘振文公男昌言等	捐下一都斜濑渡茅坪里中心田二区，苗二亩	《酃县志》卷八《学校·宾兴·涞泉宾兴义田》，第473页
131		潘振蓝公男从言等	捐下一都斜濑渡正碧里雷公湾田苗二亩	《酃县志》卷八《学校·宾兴·涞泉宾兴义田》，第473页

续表

序号	年代	施善者	捐助学田、学租等情况	资料来源
132		唐宝选公男魁万等	捐三都泷下芜坺田，苗三亩	《酃县志》卷八《学校·宾兴·涑泉宾兴义田》，第 473 页
133		唐显朝男受禄等	捐一都高背砻，又上冲南冲砻内田二区，苗二亩	《酃县志》卷八《学校·宾兴·涑泉宾兴义田》，第 473 页
134		龙席廷	捐十一都上馆大岭背田三亩，又坻砻甲下铜锣湖田三亩，又下馆洋古脑田四亩，共田十亩	《酃县志》卷八《学校·宾兴·续捐宾兴会田亩》，第 473 页
135		谭圣谆	捐五都西坑田五亩五分，又六都黄沙砻田三亩，又上四都两子坳田一亩五分	《酃县志》卷八《学校·宾兴·续捐宾兴会田亩》，第 473 页
136		罗汉章	捐十都萝苴洲田二亩	《酃县志》卷八《学校·宾兴·续捐宾兴会田亩》，第 473 页
137		谭联升	捐九都安坑田一亩，又五都南岸田一亩，共田二亩	《酃县志》卷八《学校·宾兴·续捐宾兴会田亩》，第 473 页
138		李绳熹	捐下四都荷叶塘田一亩七分五厘，又十一都贵竹冲田二分五厘，共田二亩	《酃县志》卷八《学校·宾兴·续捐宾兴会田亩》，第 473 页
139		李祖绥	捐十一都下馆贵竹冲田二亩零九厘二毫	《酃县志》卷八《学校·宾兴·续捐宾兴会田亩》，第 473 页
140		谭祖发	捐上一都安砻山石围砻田一亩，又横砻里田一亩，共田二亩	《酃县志》卷八《学校·宾兴·续捐宾兴会田亩》，第 473 页
141		李联奎	捐九都安坑田二亩	《酃县志》卷八《学校·宾兴·续捐宾兴会田亩》，第 473 页

续表

序号	年代	施善者	捐助学田、学租等情况	资料来源
142		谭家英	捐上四都田二亩	《酃县志》卷八《学校·宾兴·续捐宾兴会田亩》，第473页
143		陈文渭	捐上四都石子坝田二亩	《酃县志》卷八《学校·宾兴·续捐宾兴会田亩》，第473页
144		陈章锡	捐上四都石子坝田二亩	《酃县志》卷八《学校·宾兴·续捐宾兴会田亩》，第473页
145		陈章魁	捐六都菜坪田二亩	《酃县志》卷八《学校·宾兴·续捐宾兴会田亩》，第474页
146		罗秉钧	捐六都石围田一亩三分三厘七毫，又上四都小砻上田七分，共田二亩零三厘七毫	《酃县志》卷八《学校·宾兴·续捐宾兴会田亩》，第474页
147		谭振衿	捐五都南岸田二亩	《酃县志》卷八《学校·宾兴·续捐宾兴会田亩》，第474页
148		罗润章	捐九都安坑田一亩，又六都石围田一亩，共田二亩	《酃县志》卷八《学校·宾兴·续捐宾兴会田亩》，第474页
149		尹抡元	捐上四都斗里田二亩	《酃县志》卷八《学校·宾兴·续捐宾兴会田亩》，第474页
150		罗燮	捐镜里老桥边田二亩	《酃县志》卷八《学校·宾兴·续捐宾兴会田亩》，第474页
151		李惠畴	捐六都禾苍源锡坑田二亩	《酃县志》卷八《学校·宾兴·续捐宾兴会田亩》，第474页
152		罗国琛	捐六都石围谢家坪田二亩	《酃县志》卷八《学校·宾兴·续捐宾兴会田亩》，第474页

序号	年代	施善者	捐助学田、学租等情况	资料来源
153		罗国珍	捐上四都石子坝田二亩二分	《酃县志》卷八《学校·宾兴·续捐宾兴会田亩》，第474页
154		罗朱章及其子际煌、际泰等	捐十一都上涝大砻上田二区，载苗四亩，内捐田二亩	《酃县志》卷八《学校·宾兴·续捐宾兴会田亩》，第474页
155		万典璋	捐上四都焦塘田二亩	《酃县志》卷八《学校·宾兴·续捐宾兴会田亩》，第474页
156		扶宣曜	捐官园里田二亩	《酃县志》卷八《学校·宾兴·续捐宾兴会田亩》，第474页
157		万象森	捐十都南流高垅坑田二亩	《酃县志》卷八《学校·宾兴·续捐宾兴会田亩》，第474页
158		尹宗庆	捐六都田二亩	《酃县志》卷八《学校·宾兴·续捐宾兴会田亩》，第474页
159		谭预颜	捐上四都东陂山田二亩	《酃县志》卷八《学校·宾兴·续捐宾兴会田亩》，第474页
160			六都坂下等处田四亩二分三厘……上四都黑里坑梨树砻计田十五坵，苗五亩五分	《酃县志》卷八《学校·宾兴·梅冈宾兴义田·宾兴会各户捐资置买田亩》，第474页
161			田二十五亩有余归梅冈书院，每届乡试备出租钱一百八十千文，交赴闱士子带至省垣，照文七武三例发给，余钱仍归书院课读、印金支用	《酃县志》卷八《学校·宾兴·梅冈宾兴义田·各户所捐田亩》，第474页

续表

序号	年代	施善者	捐助学田、学租等情况	资料来源
162	宋嘉定年间	尹沂	筑台山书院，肖圣贤像，访明经士主讲，置田二十亩，供祀事，赡生徒，一时文风大振	《鄞县志》卷一五《人物·笃行·宋》，第550页
163	明万历年间	段士初	捐上四都大塘田于学，租共三百斗	《鄞县志》卷一五《人物·笃行·明》，第550页
164	清代	刘祥洽	捐金修葺文武庙及炎陵，且为洣泉束修费捐田二十余亩	《鄞县志》卷一五《人物·笃行·国朝》，第559页
165	清代	龙珠光	捐田二十余亩入梅冈书院，为士子课读束修费	《鄞县志》卷一五《人物·笃行·国朝》，第559页
166	明代	先朝士民	捐置熟田一百一十八亩三分一厘八毫，共纳租谷一百一十八石三斗一升八合，赈给贫生	《茶陵州志》卷一三《学校·学田》，第108页
167	康熙五十七年	训导徐鸿趋	捐置地名石湖，实丈得熟田二十三亩九分二厘四毫，额租银四两七钱，作修理文庙之用	《茶陵州志》卷一三《学校·学田》，第108页
168	乾隆十六年	生员周之晖	捐地名巷口，田二亩，额租谷三石二斗，作修理文庙之用	《茶陵州志》卷一三《学校·学田》，第108页
169	乾隆十七年	生员罗家瑚	捐地名江背田二亩四分，额租谷二石四斗，作修理文庙之用	《茶陵州志》卷一三《学校·学田》，第108页
170		李姓	捐地名管塘铺田二十一亩二分，额租银三两二钱四分，修理文昌庙、明伦堂	《茶陵州志》卷一三《学校·学田》，第108页
171	康熙十七年	州判姚含英	捐银付绅士陈蒲生等买田一十二亩五分，屋三间，余地一所，并塘额租粳谷一十六石九斗，糯谷二石五斗，入学为宜公祠祭祀修理之用	《茶陵州志》卷一三《学校·学田》，第108页

续表

序号	年代	施善者	捐助学田、学租等情况	资料来源
172	康熙二十三年	知州宜思恭	捐买陈渌祥原接段玉臣田租三十八石，裴克俊田租十石八斗，谭仲祥田租十石八斗	《茶陵州志》卷一三《学校·学田》，第108页
173	乾隆七年	知州张廷琛，贡生陈一相等	并士民乐捐田租，购置书院公产，贡生陈一相捐杨梅冲田四十八亩，租四十八石	《茶陵州志》卷一三《学校·书院》，第113页
174	乾隆七年	监生刘庭栋	捐黄土墓田一亩五分	《茶陵州志》卷一三《学校·书院》，第113页
175	乾隆七年	周伯达	捐慈里望田一十九亩三分	《茶陵州志》卷一三《学校·书院》，第113页
176	乾隆七年	黄福生	捐大园田四亩	《茶陵州志》卷一三《学校·书院》，第113页
177	乾隆七年	萧陈氏	捐云阳山下田一十亩三分	《茶陵州志》卷一三《学校·书院》，第113页
178	乾隆三十七年	各都	合计乾隆七年公买及捐入田共粮十三石零，续置田产与本年各都所捐，共粮二十八石零	《茶陵州志》卷一三《学校·书院》，第113—114页
179	嘉庆十三年	各都	陈宁添捐田一十一亩九分，监生苏国举捐田五亩三分，监生谭志、尹志凝兄弟捐田四十亩零	《茶陵州志》卷一三《学校·书院》，第114页
180	道光二十六年	汾溪段李徐氏与子监生兴霖	捐松江陇内田七十六坵，实额租五十六石，粮三石三斗六升	《茶陵州志》卷一三《学校·书院》，第115页
181		四川江津县令彭维铭	劝农课士，补修书院，捐俸置学田	《茶陵州志》卷一八《人物·宦绩》，第194页
182		庠生尹嘉谟	能踵父志，捐田租，设月课，集族人教育之	《茶陵州志》卷一八《人物·懿行》，第206页
183		例贡生陈一相	捐学租八十四石，培植俊秀	《茶陵州志》卷一八《人物·义举》，第216页

序号	年代	施善者	捐助学田、学租等情况	资料来源
184	乾隆年间	职员龙朝恩	捐上云桥拾河石	《攸县志》卷一五《学校·学田租》，第102页
185		知县陈溥	捐田贰拾捌亩	《攸县志》卷一五《学校·东山书院》，第104页
186		里民何维祉、旷子瑞	共捐田壹佰壹拾伍亩，共荒熟田壹佰肆拾叁亩，坐聚安二都，实共田壹佰叁拾肆亩	《攸县志》卷一五《学校·东山书院》，第104页
187		刘魁隆	捐中则田伍亩伍分，坐聚都，每亩照民田额租壹硕九升，共纳陆硕	《攸县志》卷一五《学校·东山书院》，第104页
188		谭莪峰	捐下则田贰拾叁亩，坐华都，每亩照民田纳租捌斗陆升玖合，共纳贰拾硕	《攸县志》卷一五《学校·东山书院》，第104页
189		周玉犀	周玉犀捐下则田捌亩叁分，坐晏都，每亩照民田纳租陆斗柒升肆合，共纳伍硕陆斗	《攸县志》卷一五《学校·东山书院》，第104页
190		李周氏	李周氏捐中则田壹拾捌亩，坐聚都，每亩照民田纳租壹硕贰斗，共纳贰拾壹石	《攸县志》卷一五《学校·东山书院》，第104页
191		周超山等	捐下则田拾肆亩，坐华都，每亩照民田纳租壹石贰斗贰升玖合，共纳壹拾柒石贰斗零陆合	《攸县志》卷一五《学校·东山书院》，第104页
192		谭刘氏	谭刘氏捐中则田肆拾亩，坐虎竹坑，每亩照民田纳租壹石伍斗，共纳陆拾石，又水塘三口	《攸县志》卷一五《学校·东山书院》，第105页
193		谭刘氏	谭刘氏捐中则田贰拾柒亩，坐共都，每亩照民田纳租壹石肆斗捌升，共纳肆拾石，又水塘五口，有粮	《攸县志》卷一五《学校·东山书院》，第105页

续表

序号	年代	施善者	捐助学田、学租等情况	资料来源
194		尹祖雷	捐中则田拾五亩陆分，坐国都，每亩照民田纳租壹石伍斗叁升玖合，共纳贰拾二石	《攸县志》卷一五《学校·东山书院》，第105页
195		刘大基	捐星都大旺田，租肆石叁桶	《攸县志》卷一五《学校·东山书院》，第105页
196		谭起晥	捐东城对河冷水洲老君谭田租五十二河斛，粮四斗八升，坐献都	《攸县志》卷一五《学校·东山书院》，第107页
197	道光七年	生员余宗燮	捐云都地名溅水渡田租二处，共一百零四桶	《攸县志》卷一五《学校·东山书院》，第107页
198	道光七年	生员单焕训	捐星都地名银塘田租陆石，佃户刘和息耕，每年止纳三河石三桶	《攸县志》卷一五《学校·东山书院》，第107页
199	道光八年	吴有芳	捐景都毛陂坝田租十六石四斗，折河石二十石零二桶	《攸县志》卷一五《学校·东山书院》，第107页
200	嘉庆十三年	州同谭永祚	自捐书院门前鱼塘一口，即交书院门役佃管	《攸县志》卷一五《学校·东山书院》，第108页
201		江西安福县丞文鸣邦	家居，置义学田，以惠族之入泮者	《攸县志》卷三九《人物·宦业·明》，第266页
202		江西奉新知县余潮	振兴学校，修冯川书院，倡置义学田租	《攸县志》卷三九《人物·宦业·皇清》，第269页
203	乾隆三十二年	龙朝恩	捐学租十石	《攸县志》卷三九《人物·孝友·皇清》，第323页

序号	年代	施善者	捐助学田、学租等情况	资料来源
204		监生夏正宾	助置学田，倾赀不吝	《攸县志》卷三九《人物·义行·皇清》，第346页
205		刘大基	捐星都大旺田租四石三桶入书院	《攸县志》卷三九《人物·义行·皇清》，第350页
206	嘉庆二十年	职员曾景荣	捐朱家洞田五斗，以为学师薪水之资，每年儒学收租纳粮	《光绪平江县志》卷二五《学校志》四《学田》，第471页
207	嘉庆二十一年	监生严有清、贡生严龙章父子	捐晋坑田三斗，为学宫检盖之费	《光绪平江县志》卷二五《学校志》四《学田》，第471页
208	乾隆十一年	贡生袁德昌	捐田租十六石	《光绪平江县志》卷二六《学校志》五《书院》，第472页
209	乾隆三十二年	监生姜誉庆	捐田租十二石	《光绪平江县志》卷二六《学校志》五《书院》，第472页
210	乾隆三十六年	贡生钟混	捐田租十石	《光绪平江县志》卷二六《学校志》五《书院》，第472页
211	乾隆三十九年	监生黄文琮	捐田租三十六石	《光绪平江县志》卷二六《学校志》五《书院》，第472页
212	乾隆四十二年	知县潘从龙	募置田租十六石	《光绪平江县志》卷二六《学校志》五《书院》，第472页
213	乾隆五十九年	吏员袁文荣	捐田租五石	《光绪平江县志》卷二六《学校志》五《书院》，第473页

续表

序号	年代	施善者	捐助学田、学租等情况	资料来源
214	嘉庆十九年	生员严有傅、监生严有容	捐田租十五石	《光绪平江县志》卷二六《学校志》五《书院》，第473页
215	道光二十四年	千总衔钟衔柽	捐下西街铺屋一边	《光绪平江县志》卷二六《学校志》五《书院》，第473页
216	咸丰七年	从九衔钟光裕	捐田租六十五石	《光绪平江县志》卷二六《学校志》五《书院》，第473页
217	咸丰八年	知县郭庆飏	募置黄姓田租一百八十一石，又募置陈姓田租一百八十石	《光绪平江县志》卷二六《学校志》五《书院》，第473页
218	咸丰九年	同知凌文奎兄弟	捐田租七石四斗	《光绪平江县志》卷二六《学校志》五《书院》，第473页
219	咸丰九年	职员钟光涵	捐田租一十八石	《光绪平江县志》卷二六《学校志》五《书院》，第473页
220	同治六年	甘肃按察使张岳龄	布捐置黄土仑田地、庄屋一所	《光绪平江县志》卷二六《学校志》五《书院》，第473页
221	清代	张光前	又捐田六亩归学宫，为岁修经费	《光绪平江县志》卷四七《人物志》六《善行》，第244页
222		周逢朝	捐地名下石田，民田九斗三升，册载粮二斗六升，每年完租谷八石六斗	《临湘县志》卷五《学校志·学宫·附庙田》，第356页
223		李燮堂	捐地名土矶头洲，地八亩二分，每年春秋临地采纳，与佃平分	《临湘县志》卷五《学校志·学宫·附庙田》，第356页

续表

序号	年代	施善者	捐助学田、学租等情况	资料来源
224	乾隆八年	原任江西赣州府知府姚文光	捐杨林里地名姜家畈，中则田二石五斗，下则田一石五斗，并秋地、山场、庄屋、水塘	《临湘县志》卷五《学校志·书院·附田产》，第358页
225	乾隆八年	候选县丞柳元	捐交古里地名汤家桥，中则田四石九斗六升，并秋地、山场、屋基，今定每年实完租谷四十九石六斗	《临湘县志》卷五《学校志·书院·附田产》，第358页
226	乾隆二十九年	监生周运魁	捐西井里地名大条垅，中则田七斗五升，原收租谷四石八斗，今定每年实完租谷七石五斗	《临湘县志》卷五《学校志·书院·附田产》，第358页
227		监生沈程万	两次捐地名垅兜觜，民田一石六斗一升五合，大团地一块，册载粮四斗二合	《临湘县志》卷五《学校志·书院·附田产》，第358页
228		监生谌天锡	捐长安地名丁家塝，民田一石四斗八升，并山地、庄屋、树木、水塘，册载粮二斗五升	《临湘县志》卷五《学校志·书院·附田产》，第358页
229		萧煌建	捐地名莲花塘，民田一石，册载粮八升，秋地大小四块，庄屋两间，基地一段	《临湘县志》卷五《学校志·书院·附田产》，第358页
230		监生王之鹤、王步程兄弟	捐地名文明栗林湾，民田八斗四升，册载粮二斗	《临湘县志》卷五《学校志·书院·附田产》，第358页
231		捐职千总郑光炳、舜卿兄弟	捐保合洲地，四形，共六十三弓，册载芦课银二钱五分四厘	《临湘县志》卷五《学校志·书院·附田产》，第358页
232		郑道纯	捐保合洲地，四形，共六十二弓，册载芦课银二钱五分四厘	《临湘县志》卷五《学校志·书院·附田产》，第358页
233		监生蒋德煌	捐保合洲地，四形，共五十弓，册载芦课银二钱一厘	《临湘县志》卷五《学校志·书院·附田产》，第359页

续表

序号	年代	施善者	捐助学田、学租等情况	资料来源
234		生员郑光泰	两次捐保合洲地，二形，共四十七号，册载芦课银一钱九分	《临湘县志》卷五《学校志·书院·附田产》，第 359 页
235		生员周佐贤、周能	增捐保合洲地，一形，五十号，册载芦课银二钱	《临湘县志》卷五《学校志·书院·附田产》，第 359 页
236		监生陈惟俊	捐保合洲地，一形，十五号，册载芦课银五分七厘	《临湘县志》卷五《学校志·书院·附田产》，第 359 页
237		监生郑道清	捐保合洲地，一形，十四号，册载芦课银四分九厘	《临湘县志》卷五《学校志·书院·附田产》，第 359 页
238		方其辉	捐保合洲地，五形，共十号，册载芦课银二分	《临湘县志》卷五《学校志·书院·附田产》，第 359 页
239		蒋德辉	捐保合洲地，一形，五号，册载芦课银一分	《临湘县志》卷五《学校志·书院·附田产》，第 359 页
240		监生陈惟书	捐地名尖山梅家坨，民田一石一斗二升，册载粮二斗九升九合	《临湘县志》卷五《学校志·书院·附田产》，第 359 页
241		候选从九姚世报	捐地名姜家畈，庄屋一所，计九间，并前后余基、山场、树木	《临湘县志》卷五《学校志·书院·附田产》，第 359 页
242		生员舒世辉、监生舒世耀等	捐田租二石二斗五升，并洲地、湖坪、庄屋、柴障，册载粮一斗五升有余	《临湘县志》卷五《学校志·书院·附田产》，第 359 页
243		职员余作宜	捐沈荣兴屋下手堤背外田，并余家畈田，共四斗五升，册载粮共一斗三升五合	《临湘县志》卷五《学校志·书院·附田产》，第 359 页

序号	年代	施善者	捐助学田、学租等情况	资料来源
244		汪鸣镰	捐民田六斗，册载粮一斗八升，每年完租谷六石，大地五块，完地租钱一千文	《临湘县志》卷五《学校志·书院·附田产》，第359页
245		彭载约	捐新店地，名宋家冲，民田九斗，册载粮二斗七升，每年完租谷八石	《临湘县志》卷五《学校志·书院·附田产》，第359页
246		湖北监利县贡生王柏衢	捐佛岭下田一石二斗，并茶园、柴山，册载粮三斗六升，卖与姚姓九斗五升，实存二斗五升	《临湘县志》卷五《学校志·书院·附田产》，第359页
247		陈魁万	捐地名洋楼司小板桥，街口铺屋二所，计十二间	《临湘县志》卷五《学校志·书院·附田产》，第359页
248		邓楚江	捐城内余家岭基地一所	《临湘县志》卷五《学校志·书院·附田产》，第359页
249		监生沈大椿、沈昌栋	捐基地一围，直十六丈，横六丈五尺，在书院照墙之前	《临湘县志》卷五《学校志·书院·附田产》，第360页
250		阖邑绅士	捐地名学宫岭，基地一围，系买沈序伯之业，即见建书院基地	《临湘县志》卷五《学校志·书院·附田产》，第360页
251		彭世珍	捐基地，从东边斋房，直十一丈至照墙，横六丈六尺，即头门内外基地	《临湘县志》卷五《学校志·书院·附田产》，第360页
252	同治十年	监生曾纪善	捐田一坵，田租三升，又田档上南边小地一块，田塍上新开生地一块，每年完租谷三斗	《临湘县志》卷五《学校志·书院·附田产》，第360页

（二）捐助办学经费

序号	年代	施善者	捐助办学经费情况	资料来源
1	明代	惜阴书院院长周识	入田百余亩于书院，以供饘粥	《长沙县志》卷二三《人物》一《明·周识传》，第450页
2	雍正年间	河南洧川知县常琬	兴学校，捐廉建书院，置膏火田四十余顷	《长沙县志》卷二三《人物》一《国朝·常琬传》，第458页
3	道光年间	知县刘功杰	历任福建凤山、漳浦、仙游等县，捐俸修复书院，增士子膏火	《长沙县志》卷二四《人物》二《国朝·刘功杰传》，第471页
4	道光年间	遂溪知县饶开翰	遂溪地近黎人，鲜知礼教，至则修圣庙，设义学，葺书院，捐廉为诸生膏火赀	《长沙县志》卷二四《人物》二《国朝·饶开翰传》，第474页
5	道光年间	施南知府陈洪钟	施南自国初以来，士人无登乡榜者，洪钟捐廉俸培书院，一年应乡举者五人	《长沙县志》卷二四《人物》二《国朝·陈洪钟传》，第475页
6	嘉庆初年	书院肄业生贡欧阳厚垣等	为助文庙各祠祭祀，倡同人捐助二百两，呈缴道库，发湘潭各典分领，每月一分五厘生息，计年获息银三十六两，春秋二祭分领	《善化县志》卷一一《学校·岳麓书院祠祀经费》，第152页
7	同治六年	刑部侍郎郑敦谨	捐钱四十千文，交三闾大夫祠主持收领生息，以为山长欧阳厚均祠祭祭品香火之资	《善化县志》卷一一《学校·岳麓书院祠祀经费》，第152页
8	道光年间	书院师生	捐置惜阴园，作春秋二祭及魁星祭费，每年租钱三十五千六百文	《善化县志》卷一一《学校·岳麓书院祠祀经费》，第152页
9	嘉庆五年	知府张翔	捐百金交商，合前金二百两，每岁得息银二十八两，以充文庙祭费	《善化县志》卷一一《学校·城南书院祠祀经费》，第152页

续表

序号	年代	施善者	捐助办学经费情况	资料来源
10	道光三年	院长余正焕	城南书院既落成，院长余正焕复鸠赀创建文庙	《善化县志》卷一一《学校·城南书院祠祀经费》，第153页；另见卷一一《学校·附余正焕〈重建城南文庙及文星阁记〉》，第153页
11	嘉庆十二年	绅士	捐银一百两，发典生息，岁得息银一十八两，以为文星阁神诞祭祀之用	《善化县志》卷一一《学校·城南书院祠祀经费》，第153页
12	道光四年	布政使景福泉	张南轩祠在妙高峰，道光四年修复，藩司景提出捐赀二百两，买置伍荣耀白沙井岭上园土一所、茅屋一栋，粮载白字一区，正饷一钱四分，南北照科，每年收租钱二十四千，以作祭费	《善化县志》卷一一《学校·城南书院祠祀经费》，第153页；另见卷一一《学校·附（余正焕）捐置南轩祠祭典并修建祠旁门堂记》，第153页
13	同治六年	各路统兵将帅、偏裨人等	其经费皆由各路统兵将帅、偏裨人等，酌量捐赀，及省城三局筹款，次第修建，并置买产业，岁收佃租，以供春秋祭品、山长束修、生童膏火并一切杂用，遴选绅士经理	《善化县志》卷一一《学校·附求忠书院》，第154—155页
14	明弘治年间	长沙府通判彭琢	以俸资岳麓书院，置田养士	《善化县志》卷一八《名宦·明》，第306页
15	明万历年间	长沙知府吴道行	捐俸月给廪饩，人文丕变，多以学行显名，士有贤而贫不能婚丧者，捐金助之	《善化县志》卷一八《名宦·明》，第308页
16	道光年间	程祖洛	岳、城两院阅课奖银二百两，资助膏火，士林德之	《善化县志》卷一八《名宦·国朝》，第318页
17	道光八年	刘佑榜	捐六都地名挽角子田三十亩，入岳麓书院佐膏火，又捐窑头上田一百四十亩，入县学	《善化县志》卷二四《人物·国朝》，第450页

续表

序号	年代	施善者	捐助办学经费情况	资料来源
18	清代	监生龚金田	倡置祀田，族有孤贫者养于家，子弟能自立者，或读书，或习艺，出赀成就之	《善化县志》卷二四《人物·国朝》，第 453 页
19	清代	韩文礼	捐河西都田数十亩，资岳城两院膏火	《善化县志》卷二四《人物·国朝》，第 454 页
20	道光年间	珠泉书院山长吴绂荣	捐廉课士	《善化县志》卷二四《人物·国朝》，第 460 页
21	康熙年间	知县张瑶	邑旧有官田数十亩，向以租为邑令薪水资，瑶议析其半为烈山书院主讲修脯，复捐俸足之	《酃县志》卷一三《循良·国朝知县》，第 522 页
22	清代	生员李培生	生平提携后进，虽费多赀不吝，邑人推为士林领袖	《酃县志》卷一五《人物·笃行·国朝》，第 552 页
23	清代	谭显名	又捐田二十三亩零，为修葺学校及诸生乡试卷烛费，倡议兴复烈山书院，捐田十亩，以赀膏火。官兴宁教谕，捐田入汉宁书院，岁得谷五十石以充修脯。归之日，以本年所得学谷为文昌诞辰及诸生会课赀	《酃县志》卷一五《人物·笃行·国朝》，第 555 页
24	清代	生员谭衡安	建家塾课子弟，烈山书院成，捐田十亩以佽经费	《酃县志》卷一五《人物·笃行·国朝》，第 555 页
25	道光二十一年	州人	增置田租，以裕院长束修、生童膏火，并岁修费，所捐田租数详后	《茶陵州志》卷一三《学校·洣江书院》，第 112 页
26	咸丰八年	知州刘如玉	知州刘如玉将书院田租捐免钱粮，复以漕羡五百串为膏火，并额外捐廉奖赏	《茶陵州志》卷一三《学校·书院》，第 115 页
27	清代	知州陈廷柱	劝捐书院膏火田租四百石，为肄业资	《茶陵州志》卷一六《循良·国朝》，第 158 页

序号	年代	施善者	捐助办学经费情况	资料来源
28	乾隆年间	浙江泰顺县令尹占寅	任浙江泰顺县令，邑旧无书院，时集诸生于考舍，课其艺而奖励之，资其膏火	《茶陵州志》卷一八《人物·宦绩》，第194页
29		尹梦龄	设家塾教育后学，资其膏火	《茶陵州志》卷一八《人物·儒林》，第201页
30		罗家瑚	议复学宫，倡捐书院膏火，赈恤灾民	《茶陵州志》卷一八《人物·义举》，第217页
31		监生段兴霖	奉母命，捐田租五十六石，为洣江书院膏火费	《茶陵州志》卷一八《人物·义举》，第220页
32		段大霖	倡建义学，捐租为课士费，倡建龙虎塔	《茶陵州志》卷一八《人物·义举》，第221页
33		监生苏芳明	捐田肆亩贰分入洣江书院，以助膏火	《茶陵州志》卷一八《人物·义举》，第221页
34	嘉庆年间	绅士	贤豪之士，急公乐输，或输铺程，或输银，或输塘银，发商一分生息，以备支用	《攸县志》卷一五《学校·东山书院》，第103页
35		刘远胜	捐钱贰拾串入书院	《攸县志》卷一五《学校·东山书院》，第107页
36	嘉庆十一年	州同蔡贻阳	乐捐银四百两	《攸县志》卷一五《学校·东山书院》，第108页
37	嘉庆十一年	贡生颜舒道	乐捐银六百两	《攸县志》卷一五《学校·东山书院》，第108页
38	嘉庆十一年	从九罗兆魁	乐捐银一百廿两	《攸县志》卷一五《学校·东山书院》，第108页
39	嘉庆十一年	监生邓祖缮等	监生邓祖缮、生员邓元麟乐捐银一百两	《攸县志》卷一五《学校·东山书院》，第108页
40	嘉庆十一年	监生唐家汉等	监生唐家汉、生员唐承道、从九唐文典共乐捐银一百两	《攸县志》卷一五《学校·东山书院》，第108页
41	嘉庆十一年	贡生王性健与子道发	共乐捐银五百两	《攸县志》卷一五《学校·东山书院》，第108页

续表

序号	年代	施善者	捐助办学经费情况	资料来源
42	嘉庆十一年	监生刘万湘等	共乐捐银肆百两	《攸县志》卷一五《学校·东山书院》，第108页
43	道光二十四年	贡生陈兆昺	捐书院膏伙钱叁百串文	《攸县志》卷一五《学校·东山书院》，第108页
44	道光二十四年	封职陈泗传	捐书院膏伙钱叁百文串	《攸县志》卷一五《学校·东山书院》，第108页
45	道光二十五年	陈嵩山	捐钱三百千文，已弥补蔡垫，无存	《攸县志》卷一五《学校·东山书院》，第109页
46	嘉庆十二年	职员余鸿、胡祖定等	公捐置湘潭县十七总新码头铺屋二栋，每年给库秤元银四十两，收入书院	《攸县志》卷一五《学校·东山书院》，第109页
47	同治二年	知县翟公	捐钱捌百串，东山书院、兴贤堂、采芹会、育婴堂各出钱叁百串，共贰千串，接买陈彭氏人都田一户，额租壹千石，名曰四公租	《攸县志》卷一五《学校·东山书院》，第110页
48	乾隆十六年	邑绅张朝职等	于祠侧捐置铺屋一栋，岁拨铺租，以供三月初三日文昌祠祭费	《攸县志》卷一七《祠庙·文昌祠》，第135页
49		刘源海、彭翼轩等	文昌祠，在馨都洞井铺，倡置下坪塘、杨梅富二处田二十二亩，租三十二硕两桶	《攸县志》卷一七《祠庙·文昌祠》，第137页
50		刘超廷等	捐置杨梅富、燕子窠二处田十四亩，租二十四硕，契名馨善堂，永为文昌祠祭田	《攸县志》卷一七《祠庙·文昌祠》，第137页
51	顺治十三年	陈之骏	捐白茅洲园土一所，额征银十两八钱，以供油灯之费	《攸县志》卷一七《祠庙·文庙内鼎一座》，第137页
52		贡生谭际举妻节妇刘氏	捐新市田租四十石零两桶，作长明油灯之费	《攸县志》卷一七《祠庙·文庙内鼎一座》，第137页

序号	年代	施善者	捐助办学经费情况	资料来源
53	康熙年间	生员欧阳震亨父子	捐对河周君赤耕立六亩，额纳银六钱五分。康熙五十八年，其子再思给牒，永管供费	《攸县志》卷一七《祠庙·文昌祠内油灯》，第137—138页
54	清代	训导黄钟通	月课集生童于明伦堂，捐赀供给，遇寒士辄周之	《攸县志》卷三八《政绩·皇清》，第259页
55	清代	兴宁教谕刘世埈	捐俸倡置膏火	《攸县志》卷三九《人物·宦业·皇清》，第268页
56	乾隆年间	知县刘有辉	任河南河阴知县，兴学校。旋补宝丰县，修复兴贤书院，捐赀以给膏火	《攸县志》卷三九《人物·宦业·皇清》，第270页
57	清代	生员刘仕莘	家故贫，延师极丰，招族戚俊秀与子弟共学，成就甚多	《攸县志》卷三九《人物·义行·皇清》，第348页
58	清代	尹祖雷	捐助书院膏火，租二十四石	《攸县志》卷三九《人物·义行·皇清》，第352页
59	清代	职员蔡贻阳	捐书院膏火银四百两	《攸县志》卷三九《人物·义行·皇清》，第353页
60	清代	单文斯	捐祠租五十石、书院膏火四石	《攸县志》卷三九《人物·义行·皇清》，第354页
61	清代	谭宗璋	捐书院膏火租二十石	《攸县志》卷三九《人物·义行·皇清》，第354页
62	道光年间	岳州府学训导欧阳金璁	乡学旧有捐存钱三千二百缗，贷商取息，给膏火。事将寝，谒令画策弥补复其旧	《攸县志》卷三九《人物·义行·皇清》，第359页
63	清代	例贡陈兆晁	建兴贤堂，捐租百硕，助书院膏火三百串，捐育婴堂租百硕	《攸县志》卷三九《人物·义行·皇清》，第361页
64	元元贞二年	谭渊、欧阳发炳等	捐田百亩建凤山书院，率其亲友欧阳发炳、赵宜孙、刘忠节益田百五十亩，以资廪膳	《攸县志》卷四九《艺文·记·学校类·（元·陈康祖）凤山书院记》，第474页

续表

序号	年代	施善者	捐助办学经费情况	资料来源
65	同治十三年	盐务聚和谦等二十号	盐务聚和谦等二十号，自光绪元年为始，每年捐钱五百缗，以供膏火	《光绪平江县志》卷二六《学校志》五《书院·附书院田》，第473页
66	清代	监生黄文琮	邑学宫、武庙、书院、考棚皆捐赀倡修，又捐西乡狭颈田二石二斗，充书院膏火	《光绪平江县志》卷四七《人物志》六《善行·国朝》，第240—241页
67	清代	苏渔	又捐助书院膏火	《光绪平江县志》卷四七《人物志》六《善行·国朝》，第244页
68	清代	严先高	捐田助书院膏火	《光绪平江县志》卷四七《人物志》六《善行·国朝》，第246页
69	清代	王锡鸿	知县郭庆飏劝捐书院膏火，复捐八百缗，又输钱百三十缗助建天岳书院	《光绪平江县志》卷四七《人物志》六《善行·国朝》，第247页
70		教谕彭兆松	捐制钱五十千文，生息，备圣诞祭品	《临湘县志》卷五《学校志·学宫·附庙田》，第356页
71	道光年间	知县刘德熙	聘书院讲席，择邑中端方士十人分充十甲义学师，山长束修、义学膏火，皆捐廉	《临湘县志》卷九《秩官志·名宦·本朝》，第431页
72	明嘉靖三十二年	沈廷连	割腴田五百亩充湘学公养之费	《临湘县志》卷一一《人物志·孝义·明》，第447页
73	清代	江西赣州府知府姚文光	解组后，以书院膏火不继，首捐田地，士人至今德之	《临湘县志》卷一一《人物志·孝义·本朝》，第449页
74	乾隆五十七年	桑植教谕余作绶	解组时，捐置田三石作学中公费，士人为勒石于明伦堂	《临湘县志》卷一一《人物·宦业·本朝》，第455页

（三）捐赠书籍

明嘉靖年间，太学生沈廷瓀家藏书万卷，临终时悉数捐给临湘县学宫。①

　　长沙县人易文基，乾隆癸未科进士，历官翰林院检讨、甘肃镇原知县、湖南永顺府学教授，"儒学藏书烬于火，捐俸购全书，建尊经阁于明伦堂后"。② 罗源一，道光丙申恩科进士，任辰州府学教授，修复文庙祭器，捐俸增补官书之破散者。③

　　鄞县人罗君元贯，原任长沙府学训导，以其藏书十余种捐入洣泉书院。④

　　（四）捐置祭器

　　曹司忠，武陵人，明代万历年间善化县教谕，铸造文庙铜爵、铁炉、簠簋、笾豆，开池建门，竖坊题额，皆捐俸为之。⑤ 明崇祯年间，攸县进士、广东三省监军道洪云蒸平贼有功，以所赐太平宴金三百两捐置本县文庙内祭器。⑥ 张献民，云南曲靖人，明代任临湘县学训导，曾捐俸甃砌宫墙，铸祭器，卒于任，无以为敛，诸生为醵金归其榇。⑦

　　清康熙二十年，刘伯朋、陈待举等捐铸文庙内鼎一座。⑧ 雍正十三年，平江知县高能宣捐置文庙各器。⑨ 乾隆元年，贡生何亨服捐置平江县学文庙各器。⑩ 吴嗣正，乾隆七年任鄞县知县，捐廉制造文庙祭器。⑪ 嘉庆五年，攸县知县张振翔捐置文昌祠内祭器。⑫ 同治六年，茶陵州绅谭培滋等因旧有祭器于咸丰二年、五年迭经兵燹，荡然无存，众捐置办云雷尊、象尊、

---

① 《同治临湘县志》卷一一《人物志·孝义·明》，第447页。
② 《同治长沙县志》卷二四《人物》二《国朝·易文基传》，第464页。
③ 《同治长沙县志》卷二四《人物》二《国朝·罗源一传》，第475页。
④ 《同治鄞县志》卷八《学校·书院·洣泉书院》，第466页。
⑤ 《光绪善化县志》卷一八《名宦·明》，第309页。
⑥ 《同治攸县志》卷一七《祠庙·文庙内祭器》，第137页。
⑦ 《同治临湘县志》卷九《秩官志·名宦·明》，第429页。
⑧ 《同治攸县志》卷一七《祠庙·文庙内鼎一座》，第137页。
⑨ 《乾隆平江县志》卷八《学校志·祭器·国朝》，第56页。
⑩ 《乾隆平江县志》卷八《学校志·祭器·国朝》，第56页。
⑪ 《同治鄞县志》卷一三《循良·国朝知县》，第523页。
⑫ 《同治攸县志》卷一七《祠庙·文昌祠内祭器》，第137页。

牺尊、簠、簋各一件，香炉三座，烛台、花瓶各三对，爵杯三十六件，边豆五十件及牲架一副。①

（五）不计束修

田锡钦，永顺举人，善化教谕，课士衡文，不计修贽，多所成就。②胡信，奉新人，任攸县训导，笃于行义，不以脯脡责弟子，人称其廉。③皮文忠，字卓明，训寒士，却其修。④

（六）为士子伸张正义

曹司忠，武陵人，明万历年间善化县教谕，诸生有受枉者，必代为昭雪。⑤明代攸县人刘伯震，号六一，诸生，同学遭困辱者，伯震每以身翼之，为名教干城。⑥清代攸县人刘树榴，由举人历官新化县教谕、桂阳州学正，诸生受诬，不惮曲全昭雪。⑦

三、捐资助奖

清代长沙县人郑世俊，嘉庆壬戌科进士，捐俸拓新紫澜书院，并添膏火，课试奖励。⑧吴荣光，号荷屋，广东南海人，道光十一年，由湖南布政使晋升巡抚，捐银千两，发典生息，为岳麓书院、城南书院两院中试奖银。⑨鄞县人朱光贤倡建梅冈书院，延宿儒主讲，对善学者奖励并至。⑩临湘县书院每月官课，优等奖以纸笔之费，官自捐备，照取录次第分别赏给。⑪余治朝设家塾以课子弟，于馆课外，月设一课，严定甲乙，优给奖

① 《同治茶陵州志》卷一三《学校·祭器》，第 107 页。
② 《光绪善化县志》卷一八《名宦·国朝》，第 321 页。
③ 《同治攸县志》卷三八《政绩·明》，第 258 页。
④ 《同治攸县志》卷三九《人物·义行·皇清》，第 340 页。
⑤ 《光绪善化县志》卷一八《名宦·明》，第 309 页。
⑥ 《同治攸县志》卷三九《人物·儒林·明》，第 273 页。
⑦ 《同治攸县志》卷三九《人物·宦业·皇清》，第 270 页。
⑧ 《同治长沙县志》卷二四《人物》二《国朝·郑世俊传》，第 468 页。
⑨ 《光绪善化县志》卷一八《名宦·国朝》，第 318 页。
⑩ 《同治鄞县志》卷一五《人物·笃行·国朝》，第 558 页。
⑪ 《同治临湘县志》卷五《学校志·书院》，第 358 页。

资。各族皆效法相继举行，文风因之而起。① 茶陵知州刘如玉将书院田租捐免钱粮，复以漕羡五百串为膏火，并额外捐廉奖赏。署篆三年，士气为之一振。②

四、捐资助贫

《光绪善化县志》卷一一《儒学田租》载清乾隆十年上谕一道："江苏各属向有学租一项，以供给发廪生并赈恤贫生之用，此固国家体恤士子之恩也。……该学政核实，即于三日内逐名面赈，则贫者均沾实惠，该教官等如有滥开混报等弊，亦宜查出参处，钦此。"③ 由此可知，江苏全省各府州县"向有学租一项"，除发给廪生外，还用于"赈恤贫生"。乾隆十年颁发上谕，要求"逐名面赈""贫者均沾实惠"，以杜教官"滥开混报"之弊。此外湘东地区的相关史料列表如下：

序号	年代	施善者	捐资助贫活动	资料来源
1			赈贫田：一处地名泥鳅湖……以上共田一百一亩一厘五毫、塘四亩，共纳租九十石八斗二合六勺，每年解学院，面振贫生	《长沙县志》卷一一《学校·赈贫田》，第175—176页
2	明嘉靖年间	兵巡道苟延庚	留意学校，岁时存恤，士民感德之，卒于任，贫无以殓，郡吏邑人咸具资助焉	《长沙县志》卷一八《名宦·明·苟延庚传》，第311—312页
3	明万历年间	长沙知府吴道行	士有贤而贫不能丧婚者，率捐金助之	《长沙县志》卷一八《名宦·明·吴道行传》，第312页；另见《善化县志》卷一八《名宦·明》，第308页
4	清代	廪贡生朱天章	子弟有志而力不逮者，延师课读，多所成就	《长沙县志》卷二三《人物》一《国朝·朱天章传》，第454页

---

① 《光绪平江县志》卷四七《人物志》六《善行·国朝》，第246页。

② 《同治茶陵州志》卷一三《学校·书院》，第115页。

③ 《光绪善化县志》卷一一《学校·儒学田租》，第133页。

续表

序号	年代	施善者	捐资助贫活动	资料来源
5	清代	荣铨	奖励后进，有读书以贫废而为佣者，劝之学，周其匮乏，竟成名去	《长沙县志》卷二三《人物》一《国朝·荣铨传》，第 454 页
6	雍正五年	兴宁训导魏琛	在官三载，修学宫，恤寒微	《长沙县志》卷二三《人物》一《国朝·魏琛传》，第 455 页
7	清代	廪生姚邵嵝	课训生徒，贫者不计修脯	《长沙县志》卷二三《人物》一《国朝·姚邵嵝传》，第 457 页
8	明隆庆年间	长沙知府高文荐	修岳麓书院，助恤贫儒	《善化县志》卷一八《名宦·明》，第 307 页
9	明万历年间	善化知县唐源	吴道行创修邑志，以劳卒于官，贫不能敛，士民捐资助之，祀名宦	《善化县志》卷一八《名宦·明》，第 307 页
10	明代	分巡副使李天植	与修撰张元汴讲学岳麓、惜阴二书院，时值荒歉，捐俸济饥，给各庠每生银谷若干	《善化县志》卷一八《名宦·明》，第 309 页
11	顺治年间	长沙知府张宏猷	贫乏者岁时赒之	《善化县志》卷一八《名宦·国朝》，第 311 页
12	乾隆年间	善化教谕方伯畴	士之贫者不责贽，有不率者呵责不贷，士林敬畏	《善化县志》卷一八《名宦·国朝》，第 318 页
13	明代	周昌明	周昌明，少孤，奋志读书，食饩府庠，延名师，集贫困子弟肄业于家，多所成就	《善化县志》卷二十三《人物·明》，第 420 页
14	明代	宁远训导谭光甸	诸生受经，择甚贫者食之，次给纸笔	《酃县志》卷一五《人物·宦迹·明》，第 547 页

序号	年代	施善者	捐资助贫活动	资料来源
15	清代	辰州府训导段德璋	虽俸入甚薄，而诸生贫者，或助赀应举，或赡粟度岁，辰人至今思之	《酃县志》卷一五《人物·宦迹·国朝》，第548页
16	清代	罗汉章	寒畯嗜读，则更饮之膏火，示劝厉	《酃县志》卷一五《人物·宦迹·国朝》，第549页
17	明代	生员王启光	讲学台山书院，乐育不倦，从游中有单寒者，不受修脯	《酃县志》卷一五《人物·笃行·明》，第550页
18	清代	生员李成龙	业师谢鼎萧，永宁孝廉，家极贫，成龙馈遗不绝。没，为制木主，入谢氏宗祠，捐金资岁祀	《酃县志》卷一五《人物·笃行·国朝》，第554页
19	清代	周世锟	遇异地寒士，尤多款洽而厚赠之	《酃县志》卷一五《人物·笃行·国朝》，第556页
20	清代	朱化楚	创字炉凡数处，梓《太上感应篇》等书，桂东胡某以贡生老，选博乏资，倾囊相助	《酃县志》卷一五《人物·笃行·国朝》，第557页
21	清代	生员罗承效	贫士乏膏火者助以赀	《酃县志》卷一五《人物·耆寿·国朝》，第562页
22	明代	先朝士民	捐置地名贝水等四处，实共熟田一百一十八亩三分一厘八毫，共纳租谷一百一十八石三斗一升八合，赈给贫生	《茶陵州志》卷一三《学校·学田》，第108页
23	明弘治年间	黄泗	张文毅少贫，几废学，泗见而奇之，教养、婚娶，皆取资焉	《茶陵州志》卷一六《循良·明》，第156页
24	明嘉靖年间	学正曹益	每月捐俸课士，赡贫寒，助葬娶，不少吝	《茶陵州志》卷一六《循良·明》，第156页
25		平乐府教授曾章	贫士执经请业，且待食焉	《茶陵州志》卷一八《人物·儒林》，第198页

序号	年代	施善者	捐资助贫活动	资料来源
26		恩贡生周达俊	资助从游寒士	《茶陵州志》卷一八《人物·儒林》，第200页
27		欧阳珍	以寒畯起家，辄以余赀苏人之涸	《茶陵州志》卷一八《人物·儒林》，第203页
28		生员邓翔	助寒素郡试资斧，乡邑效之	《茶陵州志》卷一八《人物·懿行》，第208页
29		周惇爵	以舌耕为业，家贫者不计束修	《茶陵州志》卷一八《人物·懿行》，第211页
30		陈宗说	湘中吴腊，会试贫不能备公车赀，宗说厚贶之得登第	《茶陵州志》卷一八《人物·义举》，第212页
31		陈镇湘	有友人贫而好学，湘割腴田十亩，资其膏火	《茶陵州志》卷一八《人物·义举》，第215页
32		陈赓甲	捐业田肆拾叁石玖斗贰升，每年纳租拾千文，折银捌两壹钱，赍院以赈贫生	《攸县志》卷一五《学校·赈贫学田》，第102页
33	明代	赵行可	四川宜宾人，任教谕，和易爱士，贫者每资之	《攸县志》卷三八《政绩·明》，第257页
34	清代	教谕古通今	寒者润之以资，每月会课必备酒	《攸县志》卷三八《政绩·皇清》，第259页
35	清代	训导黄钟通	月课集生童于明伦堂，捐赀供给，遇寒士辄周之	《攸县志》卷三八《政绩·皇清》，第259页
36	清代	桂阳州学正刘树榴	膏火不继，每捐俸助之，诸生或受诬，不惮曲全昭雪	《攸县志》卷三九《人物·宦业·皇清》，第270页
37	清代	夏芬	学子有贫而才美者，分脯修资之以成其才	《攸县志》卷三九《人物·儒林·皇清》，第276页
38	清代	桂东训导刘传相	每得薄俸，辄资义举，及卒，桂人士醵金资丧，无少长皆白衣冠送之	《攸县志》卷三九《人物·儒林·皇清》，第279页

续表

序号	年代	施善者	捐资助贫活动	资料来源
39	清代	生员蔡谋忠	舌耕为业，从游有寒畯者，分束修以助膏火	《攸县志》卷三九《人物·处士·皇清》，第310页
40	清代	夏鸣盛	周恤贫窭，加意寒畯	《攸县志》卷三九《人物·处士·皇清》，第312页
41	明嘉靖初	教谕吕廷律	士之贫而力学者，不惜割俸周济	《乾隆平江县志》卷一六《名宦志·教泽·明》，第111页
42	明嘉靖年间	叙州府训导喻志儒	诸生贫者，分俸资其力学	《乾隆平江县志》卷一九《人物志·乡贤·明》，第132页
43	明嘉靖初	教谕李廷律	士之贫而力学者，割俸周之	《光绪平江县志》卷三五《职官志》二《名宦二·明》，第70页
44	清代	廪生魏介圭	以经学教授生徒，寒畯或不能具束修，辄招致门下，所裁成甚众	《光绪平江县志》卷四七《人物志》六《善行·国朝》，第247页
45	明万历三十三年	分巡金事周应中	发赎锾置王禾里田五十三亩，解学政衙门，以赈贫士	《临湘县志》卷五《学校志·学宫·附学田》，第356页
46		教谕	置云溪驿等处田四十七亩二分，申解学政衙门，以赈贫士	《临湘县志》卷五《学校志·学宫·附学田》，第356页
47	清代	例贡生李载谟	于寒士尤加意资助	《临湘县志》卷一一《人物志·孝义·本朝》，第449页
48	清代	例贡生来建邦	戚族中有佳子弟，必劝之学，贫者助以膏火，给之衣食	《临湘县志》卷一一《人物志·孝义·本朝》，第450页

五、捐资助考

（一）捐广学额

序号	年代	施善者	捐广学额情况	资料来源
1	咸丰七年	长沙县士民	捐输助饷数逾十万，加广文武学额各十名。（嗣后取进文童定额三十二名，武童定额二十七名。其恩诏广额及捐输广额举行一次，后不为例者。）	《长沙县志》卷一一《学校·学额》，第168页
2	咸丰十年	长沙、善化、湘阴三县	共捐输银十万两，加广府学定额十名。（长沙县士民捐银四万两，善化县士民捐银四万两，湘阴县士民捐银二万两。）	《长沙县志》卷一一《学校·府学定额》，第168页
3	咸丰六年	邑绅易棠	在陕甘总督任内捐饷，奏加本籍文武定额各一名	《善化县志》卷一一《学校·学额》，第129页；另见卷二四《人物·国朝》，第447页
4	咸丰七年	善化县	以士民捐饷九万四百九十两，奏加文武定额各九名。嗣后，取进文童定额三十二名，武童定额二十七名，其恩诏广额及捐输广额一次，后不为例者，屡次奉旨举行，不在定额之内	《善化县志》卷一一《学校·学额》，第129页
5	咸丰十年	长沙、善化、湘阴三县士民	守城有功，加广府学定额三名。十年，以长沙、善化、湘阴三县士民共捐输银十万两，加广府学定额十名	《善化县志》卷一一《学校·府学定额附》，第129页
6	咸、同年间		咸丰八年，因捐输加广一名。同治四年，加广一名，连正额、广额文武各进县学十名，府学二三名不定	《鄮县志》卷八《学校·学额》，第464页

序号	年代	施善者	捐广学额情况	资料来源
7	咸丰年间		通省初次共捐银一百三十五万七千余两，二次共捐银八十四万五千余两，三次共捐银八十二万三千七百余两，均经分别加广学额、中额……第四次捐资助饷，共银玖拾贰万肆仟柒佰余两，加以三次余银二万五千七百余两，并计共银九十五万余两……加该省文武乡试永远中额三名，一次广额一名，连前次所广定额七名，计永远定额，共足十名之数	《酃县志》卷八《学校·学额》，第465页
8	咸、同年间		至咸丰八年，因捐输加广一名。同治元年，加广一名。三年，加广二名。六年，又加广一名。前后共加广文武学永远定额五名，皆由捐输，奉有部文。同治七年岁试，正额十五名，连广额五名，文武各进州学二十名外，拨府学五名。八年科试，取数同，外拨府学三名，其原减额五名，仍寄存府学	《茶陵州志》卷一三《学校·学额》，第112页
9	同治五年		历届捐输广额，文武各加九名	《攸县志》卷一五《学校·学额》，第102页
10	咸丰七年	平江县	湖南士民第一次捐输助饷内单开：平江县捐银一万八千两有奇，奉旨加文武学定额各一名	《光绪平江县志》卷二五《学校志》四《学额·国朝》，第467页
11	咸丰八年	平江县	湖南第二次捐输内单开：平江县捐银二万二千八百余两，奉旨加文武学定额各二名，又加增一次文武学额各一名	《光绪平江县志》卷二五《学校志》四《学额·国朝》，第467页

续表

序号	年代	施善者	捐广学额情况	资料来源
12	咸丰十年	平江县	湖南第三次捐输，以邑人李元度所带平江营弁勇在江西报捐，积欠口粮银十五万两，奉旨除加广文武乡试一次中额各一名，暨岳州府学定额各九名外，又加广平江县文武学定额各六名。又单开平江县捐银八万二千六百余两，奉旨续广平江县文武学定额各一名一次，文武学额各三十一名。第一届加倍取进二十四名，第二届取进七名，余银再广岳州府学文武定额各一名，计县学定额二十五名	《光绪平江县志》卷二五《学校志》四《学额·国朝》，第467页
13	同治元年	平江县	奉恩诏广取文生员五名。湖南第四次捐输内单开：平江捐银五万四千五百余两，奉旨续广一次文武学额各二十七名	《光绪平江县志》卷二五《学校志》四《学额·国朝》，第467页
14	同治三年	平江县	湖南第五次捐输内单开：平江县捐银七千一百余两，奉旨续广一次文武学额各三名	《光绪平江县志》卷二五《学校志》四《学额·国朝》，第467页
15	同治九年	平江县	湖南第六次捐输内单开：平江县捐银十万两，奉旨续广一次文武学额五十名	《光绪平江县志》卷二五《学校志》四《学额·国朝》，第467页
16	同治元年	临湘县	临湘县第四次捐输三万两零，准永增学额文武各三名	《临湘县志》卷五《学校志·学额》，第357页

（二）捐修贡院、考棚

序号	年代	施善者	捐修贡院、考棚情况	资料来源
1	嘉庆六年	士绅	捐建宾兴坐棚，在贡院东辕门外	《长沙县志》卷一二《典礼·贡院》，第184页
2		高拔等生员	是年廪饩银两踊跃出捐，重建号舍五千间	《长沙县志》卷一二《典礼·贡院》，第184页
3	清代	余正焕	首输重赀，纠邑人重修邑学宫，兼修贡院号舍，屏除不洁	《长沙县志》卷二四《人物》二《国朝·余正焕传》，第467—468页
4	嘉庆十二年	学宪狄、岳麓山长罗	因考棚倾颓，学宪狄、岳麓山长罗，倡捐重修，嗣后历届重修	《善化县志》卷七《公署·提督学院》，第65页
5	乾隆三十九年	邑人王继声	倡买庙左基地，捐建考棚，因岁歉经费难齐，变产以成其举	《善化县志》卷一一《学校·学署》，第131页；另见卷一一《学校·县学宫源流》，第120页
6	康熙四十八年	湖南巡抚潘宗洛	继前抚赵申乔，题请分闱试士，以避洞庭之险，虽格于部议，士林德之	《善化县志》卷一八《名宦·国朝》，第313页
7	康熙五十四年	湖南布政使宋致	详准湖南各属士子因湖北洞庭之险，愿捐三年廪膳、科举盘费、岁贡旗扁、举人会试脚价各项银两等情，于长沙府分设科场，与抚臣李发甲捐俸筹建贡院，后格部议	《善化县志》卷一八《名宦·国朝》，第314页
8	康熙五十五年	湖南巡抚李发甲	三疏恳请湖南分闱，捐俸创立贡院，格于部议，乃改为湖湘书院。迨雍正元年七月，钦奉上谕分闱，因贡院先已齐全，即于次年二月甲辰科举行南北两闱乡试	《善化县志》卷一八《名宦·国朝》，第314页；另见《长沙县志》卷一八《名宦·国朝·李发甲传》，第318页

序号	年代	施善者	捐修贡院、考棚情况	资料来源
9	康熙年间	吕谦恒	及谦恒，试竣密奏，适当雍正改元，由编修转御史，复申请焉，始克准行	《善化县志》卷一八《名宦·国朝》，第 314 页
10	乾隆三十六年	邑绅刘武懋等	知县黄华年、教谕何潭、训导邓世谦率邑绅刘武懋捐赀，将武庙旧址建立考棚	《酃县志》卷五《营建·考棚》，第 418—419 页
11	嘉庆十五年	邑绅罗文焕等	邑绅罗文焕、刘武循等倡众捐赀改修	《酃县志》卷五《营建·考棚》，第 419 页
12	嘉庆二十二年	邑绅士谭大有等	知县麦连率邑绅士谭大有、尹抡元等踵南向旧规，增建奎光楼，并左右厢房	《酃县志》卷五《营建·考棚》，第 419 页
13	道光二十一年	邑绅尹宗声父子	独立捐赀，置买清泉县前右侧横大街地基，创建府试考棚一所，并捐东城外四都等处田六亩，又南城外田二区，作修补捡盖诸费	《酃县志》卷五《营建·府考棚》，第 419 页
14	道光、同治年间	邑绅罗文璨及其子孙	遗嘱其子锡章等，捐银八百四十两，买建屋一、铺面三，共二十余间，道光三年建。道光三十年，其孙等垫税重修。同治六年，其孙等又敛税叠修。九年，其孙等恐日久难以经营，永交书院首事收税存赀、置田修整	《酃县志》卷八《学校·酃县试馆》，第 471 页；另见《酃县志》卷一五《人物·笃行·国朝》，第 556 页
15	清代	周本镐	捐建衡郡考棚	《酃县志》卷一五《人物·孝友·国朝》，第 544 页
16	清代	尹依荣	府随院试，临场自备桌凳于府署，士林苦之，建府考棚，规制大备，虽万金勿吝	《酃县志》卷一五《人物·笃行·国朝》，第 557 页
17	清代	唐殿升	族创义塾，置试馆，独任不少	《酃县志》卷一五《人物·笃行·国朝》，第 558 页

续表

序号	年代	施善者	捐修贡院、考棚情况	资料来源
18	道光初	罗鸿	倡捐兴贤会,作育合族人才,倡修省垣试馆,费逾千金	《鄜县志》卷一五《人物·笃行·国朝》,第 558 页
19	嘉庆二十年		考棚内桌凳年久损失,兼己巳灾民借居,毁坏过半,另行捐费,易木以石,为永久计	《茶陵州志》卷一三《学校·学宫·国朝》,第 101 页
20		谭青耀	倡复南城学宫考棚,输赀数百	《茶陵州志》卷一八《人物·懿行》,第 208 页
21		例贡生谭志凝	兴家塾,修考棚,皆慷慨急公,子孙犹能继其志	《茶陵州志》卷一八《人物·懿行》,第 209 页
22		刘□□	建试棚,捐地成之	《茶陵州志》卷一八《人物·义举》,第 218 页
23		同知周扬烈	遵父世法遗言,捐二千余金,修州中书院、考棚	《茶陵州志》卷一八《人物·义举》,第 219—220 页
24	乾隆三十九年	知县行有杰、邑绅	知县行有杰倡邑绅捐建考棚于明伦堂之前	《攸县志》卷一五《学校·考棚》,第 102 页
25	乾隆三十九年	谭刘氏	捐钱八十千,助修考棚桌凳	《攸县志》卷一五《学校·考棚》,第 102 页
26	清代	余世桐	助修本邑东山书院及省垣宾兴坐棚,皆不吝多金	《攸县志》卷三九《人物·孝友·皇清》,第 325 页
27	清代	监生王名照	与兄名熙倡捐社谷,助修考棚	《攸县志》卷三九《人物·义行·皇清》,第 349 页
28	乾隆三十七年	知县吴镠	倡众捐资,创建考棚于学宫右侧青石巷左	《光绪平江县志》卷二六《考棚附》,第 475 页
29	乾隆四十一年	知县范元琳	倡建讲堂,重修大门及甬道阶基	《光绪平江县志》卷二六《学校志》五《考棚附》,第 475 页
30	嘉庆七年	绅董张乐焕等	知县李滋枏择绅董张乐焕、钟楷等募赀,鼎建门庑三间	《光绪平江县志》卷二六《学校志》五《考棚附》,第 475 页

续表

序号	年代	施善者	捐修贡院、考棚情况	资料来源
31	同治九年	邑绅喻崇古伯侄	捐衡鉴堂后基地一所	《光绪平江县志》卷二六《学校志》五《考棚附》，第475页
32	同治十二年	邑绅凌文奎等	邑绅凌文奎、文苪、文藻捐赀增修考棚，自旧衡鉴堂以上，撤而新之，增建川堂	《光绪平江县志》卷二六《学校志》五《考棚附》，第475页
33	同治十三年	邑绅林元炳等	将中西街铺屋一所，计七间，捐入考棚，纳租金以作岁修之费	《光绪平江县志》卷二六《学校志》五《考棚附》，第475页
34	乾隆年间	知县吴璜	倡建考棚，规制具备，至今赖之	《光绪平江县志》卷三五《职官志》二《名宦二·国朝》，第69页
35	道光年间	宁乡教谕陈作宾	省城修贡院，按属派捐，县应捐四百金，作宾一门独任之，岳郡修复试院，亦输金至再	《光绪平江县志》卷四三《人物志》二《宦迹·国朝》，第160页
36	清代	监生黄文琮	邑学宫、武庙、书院、考棚皆捐赀倡修	《光绪平江县志》卷四七《人物志》六《善行·国朝》，第240—241页
37	乾隆四十五年	吴嗣龙与子先耀等	独赀修试院考棚，费约二千六百两有奇，嗣龙子先耀、先诚、先辉、先焕合力任之，督工则先耀子光珠	《光绪平江县志》卷五三《艺文志》三《文二·本朝·重修岳州试院考棚记》，第385页
38	嘉庆十五年	知县张富业	倡修临湘县考棚	《临湘县志》卷五《学校志·考棚》，第360页
39	同治十年	邑绅	通加补葺，自头门至龙门，捐建过厅	《临湘县志》卷五《学校志·考棚》，第360页
40	同治十年	浙江台州府知府刘璈	于考棚之西，捐建官厅一间、堂号一间、夹号二十间，规模较两文场更阔	《临湘县志》卷五《学校志·考棚》，第360页

（三）捐助宾兴

湖南湘东地区，明清时期距离京师北京地隔悬远，有些县城距省城长沙也不近便，故许多士子艰于参加乡试、会试，这是湖南重视捐助宾兴经费的重要原因。以临湘、酃县二县为例，《同治临湘县志》卷五《宾兴》载：同治八年，从一品封职刘品章捐制钱一千二百缗，九年续捐八百缗，发商生息，作为文乡会试宾兴存款，董事一科一换，由各绅联名出具保结存案，每届乡试，核算历年官息若干，开销若干，刊单分布，易银解省，定期八月初三易钱，按投卷人数均分，以五百缗为限。遇有恩科，分别散给其文会试及优拔贡、应朝考者，每名助四十缗。①《同治酃县志》卷八《科举宾兴始事由》载：宾兴昉自成周，后世因制为科举。我朝文教覃敷，应乡、会试者额设科举长夫等银，典至渥矣。酃处衡湘上游，距省颇远，大比之年，寒士多以斧资为虑。前哲意在树人，相与先后倡捐，兹为汇萃成卷，后有兴者当无忘其嘉惠之功也夫。②另外，该书同卷《宾兴礼》载：例给科举银，文武共三十三两二钱六分七厘。内文生分二十三两二钱八分六厘九毫，武生分九两八分零一毫，总领带至省。场前五日，试馆内，照正案名数均分，总领带省者加分一股。府学正案科举银由府学领分。③

序号	年代	施善者	教育慈善活动	资料来源
1	清代	余正焕	捐买田宅为童试卷费	《长沙县志》卷二四《人物》二《国朝·余正焕传》，第467—468页
2	嘉庆年间	检讨李象鹍等	邑文童应试，苦无卷费，检讨李象鹍与余观察正焕各捐赀置田宅，为诸生卷费	《长沙县志》卷二四《人物》二《国朝·李象鹍传》，第470页
3	同治年间	士绅	劝捐估修文庙，计费白镪四万有奇，以捐醵羡余添置田房，取息作阖邑大小试卷之赀	《善化县志》卷一一《学校·县学宫源流》，第121页

---

① 《同治临湘县志》卷五《学校志·宾兴》，第366页。
② 《同治酃县志》卷八《学校·宾兴·科举宾兴始事由》，第470页。
③ 《同治酃县志》卷八《学校·宾兴·宾兴礼》，第470页。

续表

序号	年代	施善者	教育慈善活动	资料来源
4	清代	劳师俭	于学院西辕门口捐屋，每年共佃钱一百四十二千八百文	《善化县志》卷一一《学校·卷局房租》，第133页
5	清代	吴曤	捐枞木塘田三十亩，岁租三十石	《善化县志》卷一一《学校·卷局田租》，第133页
6	嘉庆年间	户部主事唐方煦	任京职时，倡建善化会馆，捐公车费，置有田亩，善举甚多	《善化县志》卷二四《人物·国朝》，第446页
7	道光年间	新田训导刘溥	重建县学宫、城隍庙、岁科卷费、饷厘捐输各巨举，均身任，不辞烦劳	《善化县志》卷二四《人物·国朝》，第457页
8	清代	胡逢藻	捐修学宫及卷局筹款，皆与力焉	《善化县志》卷二四《人物·国朝》，第460页
9	乾隆年间	知县赵宗文	邑宾兴礼久废，宗文复之，并捐廉助卷烛资	《鄱县志》卷一三《循良·国朝知县》，第523页
10	康熙年间	教谕彭之昙	建天河书院，置田资膏火，复以士多无力应举，并请学使潘宗洛特加优助	《鄱县志》卷一三《循良·国朝教职》，第524页
11	清代	祁阳训导刘笃庆	捐助宾兴公费，秩满，迁城步教谕，其培育士类，一如在祁时	《鄱县志》卷一五《人物·宦迹·国朝》，第548页
12	清代	罗文璨	于省垣独立创建邑试馆，旁置市廛数椽，以岁入赁租百余金，为秋闱卷烛资	《鄱县志》卷一五《人物·笃行·国朝》，第556页
13	清代	罗文亮	凡宾兴、学校诸大端，各捐腴田为邑士倡	《鄱县志》卷一五《人物·笃行·国朝》，第556页
14	清代	监生唐绍科	族邻赴试缺资者，必亲询所需，解囊相助	《鄱县志》卷一五《人物·笃行·国朝》，第557页
15	清代	监生贾德明	又倡捐士子印金，置田数百亩，为新进束修费	《鄱县志》卷一五《人物·笃行·国朝》，第557页
16	清代	刘宪章	经理梅冈书院印金，矢公矢慎	《鄱县志》卷一五《人物·笃行·国朝》，第558页

序号	年代	施善者	教育慈善活动	资料来源
17	清代	州绅	于文昌宫设立兴贤堂，公举首士清理，将所有书院往年所捐田租改为士子乡会试帮费	《茶陵州志》卷一三《学校·书院》，第 115 页
18	清代	江琇生	每大比，仿三场事例关防校试，一切供应暨卷烛之属，皆捐俸散给	《茶陵州志》卷一六《循良·国朝》，第 157 页
19		尹瑞庆	都人倡建宾兴，庆力为筹画，宏纲细目，井井有条，后人赖焉	《茶陵州志》卷一八《人物·懿行》，第 210 页
20		□之圭	以余赀为课士费，里中士廿年两举京兆，亦伙助之力	《茶陵州志》卷一八《人物·义举》，第 219 页
21		监生谭赞宸	建书院，捐宾兴，造文塔，率以身倡	《茶陵州志》卷一八《人物·义举》，第 219 页
22	清代	洪图洞	倡兴家塾，伙助宾兴，乡里重之	《攸县志》卷三九《人物·处士·皇清》，第 312 页
23	清代	夏鸣盛	邑中设宾兴，身董其事，输赀无少吝，率诸弟捐租百余硕，周恤贫窭，加意寒畯	《攸县志》卷三九《人物·处士·皇清》，第 312 页
24	清代	廪生文舒培	邑中设立宾兴局，劝捐督修，不辞劳悴	《攸县志》卷三九《人物·孝友·皇清》，第 330 页
25	清代	监生洪开适	捐租十硕入家塾，教育族中子弟，捐租二十硕，为宾兴局公费	《攸县志》卷三九《人物·义行·皇清》，第 357 页
26	清代	欧阳上简	倡兴合族义学，独捐租二十石，捐助合邑宾兴局租十石	《攸县志》卷三九《人物·义行·皇清》，第 358—359 页
27	清代	贡生邓世本	邑凌云塔、崇圣祠、宾兴局，悉力赞成	《攸县志》卷三九《人物·义行·皇清》，第 361 页
28	清代	监生蔡锡魁	助宾兴捐赀约计千金，增置义塾租百廿石	《攸县志》卷三九《人物·义行·皇清》，第 362 页

续表

序号	年代	施善者	教育慈善活动	资料来源
29	清代	张廷铨	邑中宾兴局等，皆首先怂助，无吝色	《攸县志》卷三九《人物·义行·皇清》，第362页
30	咸丰八年	知县郭庆飏	凡邑人应文武乡试者，各助钱三缗，会试三十缗	《光绪平江县志》卷二六《学校志》五《书院·宾兴书院》，第473页
31	清代	凌星曜	助宾兴费，自道光丙午迄咸丰戊午阅四科，乡试人助三缗，会试十倍之	《光绪平江县志》卷四七《人物志》六《善行·国朝》，第245页

（四）院府接试、平息考场事端、组织补考

湖南平江县原来岁、科试，文武童生要两次赴岳州府城，"跋涉滋艰，寒畯且缺旅费"，恩贡生张礼启倡诸廪保，"力请于知府、学院，求院、府接试，批允定案"。① 也就是张礼启呼吁学院、知府，请他们在岁、科试时接送考生。

《光绪善化县志》卷一八《名宦·国朝·张锡谦》记载了这样一桩科场突发事件：道光九年己丑科岁试，县令王渭因滥刑擅责而引发众怒，考生激愤之下到总督巡抚衙门请愿控诉，此时有些考生扬言要罢考，督抚大员将发兵往捕，长沙府知府张锡谦力为制止，并亲往开陈抚慰，事遂平息。考试完毕，督抚大员又令穷治控诉之人，生童株连甚众，锡谦又力主以平允定谳，士民感恩戴德。②

清代武冈州学被兵最烈，适学使将按临武冈，学正陈直请造难生册，招还避乱诸生百数十名，并就长、衡补考，士林嘉赖，勒石以纪其事。③

（五）试馆、会馆

长沙云阳试馆始建于雍正年间，在省南城内府学宫右侧，同治三年

---

① 《同治平江县志》卷四七《人物志》六《善行·国朝》，第242页。

② 《光绪善化县志》卷一八《名宦·国朝》，第318页。

③ 《同治茶陵州志》卷一八《人物·宦绩》，第194—195页。

六月由茶陵州人捐资重修，鸠工庀材，越两月告竣。①

六、捐资创办教育机构或教育慈善机构

捐资创办教育机构或教育慈善机构，包括：助学组织，如士子平时切磋交流的文会、文社，专门为学校文武新生及补廪、出贡诸生致送学师修金的兴贤堂等；助考组织翰苑公车局等；文庙修缮和日常运营、祭祀组织阙里会、丁祭局等。

文会，例如：鄘县人谭显开好善乐施，晚年犹念家庙文会久缺，捐腴田为每岁费。②

兴贤堂，据《光绪平江县志》卷一一载：清同治十二年，湖南平江邑绅黄益杰、李元度、张岳龄、黄焯等人建立兴贤堂，公捐巨款，营运生息，每年以所获息金代文武新生及补廪、出贡诸生致送学师修金。公议章程，呈明地方官立案，并移会府县儒学查照，以垂久远。文新生每名须捐钱二缗入丁祭会，责成认保交局，能多捐者尽力。文生补廪加捐二缗，廪生出贡加捐四缗，能多捐者仍尽力。③ 由此可见，湖南平江县兴贤堂是在晚清同治末年由邑绅联合创办，众筹巨款，每年以所获利息为该县新考中的文武生员，增广生、附学生补为廪生者，以及出贡诸生给学师们致送修金。

翰苑公车局，据《光绪平江县志》卷一一《翰苑公车局》载："同治十一年，张岳龄等以邑人登甲第者无多，半由行赍阔措，不能悉与计偕。又或仓猝北征，不及早到静养，故未尽展一日之长。爰邀集同志八十余人，人各捐钱百缗，名曰翰苑公车费，择四乡公正殷实首士领管生息。凡文举人应会试者，每人助行赍百缗，以岁前启程为度。其或因事故未入会场，自中途返者缴还一半，已抵京者免缴。附捐赀姓名：张子衡、李

---

① 《同治茶陵州志》卷九《公署·云阳试馆》，第 73 页。

② 《同治鄘县志》卷一五《人物·笃行·国朝》，第 552 页。

③ 《光绪平江县志》卷一一《建置志》二《保息公所·兴贤堂》，第 367—368 页。

次青……朱懋修。"① 此平江县士绅八十余人联合所设翰苑公车局，专为本县文举人进京会试提供路费资助，每名举人资助一百缗，并作了相关要求。

阙里会，据《同治攸县志》卷一七《祠庙·文庙·附阙里会》载：乾隆十六年，邑绅刘启、欧阳定相等倡合邑重修文庙大成殿、东西庑、大成门、泮池、崇圣祠、名宦祠、乡贤祠、忠义孝悌祠、节孝祠等处，规制宏敞，庙貌特崇。并捐置铺屋六栋，岁收租钱四十二千，后增至七十七千四百文。② 阙里会通过邑绅众捐置买铺屋，以所收租钱用作文庙修缮和日常运营经费。

丁祭局，据《光绪平江县志》卷一一《丁祭局》载：同治十二年，张岳龄等捐赀倡众，创立丁祭会。文生与会者数百人，各捐二缗，有力者倍徙不等，除置备祭器外……新进文生及文生补廪各捐钱二缗，廪生出贡各捐钱四缗，入会能多捐者尽力。拟俟经费充裕时，仿照浏阳县学章程，修明礼乐。③ 由此可见，平江县丁祭局创始于清末同治年间，由地方士绅捐资创建，入会文生人数多达数百人，文生入会需缴纳一定的会费，其经费主要用于置备祭器、修明礼乐。

第二节　教育慈善特色及原因

一、特色

（一）施善方式多样、形式灵活

该地在捐资兴修学校、捐置学田学租、捐助办学经费、捐置祭器、捐资助奖、捐资助贫、捐广学额、捐修贡院考棚、资助宾兴经费等各方面都有突出的表现。此外，还有教育慈善活动的其他方式：

---

① 《光绪平江县志》卷一一《建置志》二《保息公所·翰苑公车局》，第368页。

② 《同治攸县志》卷一七《祠庙·文庙·附阙里会》，第134页。

③ 《光绪平江县志》卷一一《建置志》二《保息公所·丁祭局》，第368页；另见《光绪平江县志》卷一一《建置志》二《保息公所·兴贤堂》，第367—368页。

1. 不计束修

田锡钦，号惺斋，永顺县举人，历官善化县教谕，课士衡文，不计修贽，多所成就。① 胡信，奉新县人，任攸县训导，不以脯脡责弟子，人称其廉。② 攸县人皮文忠，字卓明，训寒士，却其修。③

2. 为士子伸张正义

曹司忠，武陵人，万历年间任善化县教谕，诸生有受枉者，必代为昭雪。④

攸县人刘伯震，号六一，诸生，慷慨有气节，县缙绅子弟为群小所侮，或同学遭到困辱者，伯震每以身翼之，"为名教干城"。⑤ 攸县人刘树榴，字石簹，由举人任新化县教谕，升桂阳州学正，诸生有受诬陷者，不惮曲全昭雪。⑥

3. 院府接试、平息考场事端、组织补考等

如上文所述平江县恩贡生张礼启倡诸廪保，力请于知府、学院，求院府接考生赴试，最终获得批准。长沙知府张锡谦妥善处理了道光九年己丑科岁试时那次科场突发事件。茶陵州人武冈州学正陈直在战乱之后请造难生册，并招还避乱诸生百数十名，就长沙、衡州府补考。

此外，在筹措慈善资金方面，该地区也别有创意。例如，《同治攸县志》卷一五《学校·东山书院》有"四公租"的记载："同治二年，前县翟捐钱捌百串，东山书院、兴贤堂、采芹会、育婴堂各出钱叁百串，共贰千串，接买陈彭氏人都田一户，额租壹千石，名曰'四公租'。每年租谷公同经收，除完粮饷应用经费外，按四股均分，收入各共。"⑦ 这里的"四公租"就是四方联合，为兴办慈善事业众筹善款。

---

① 《光绪善化县志》卷一八《名宦·国朝》，第 321 页。
② 《同治攸县志》卷三八《政绩·明》，第 258 页。
③ 《同治攸县志》卷三九《人物·义行·皇清》，第 340 页。
④ 《光绪善化县志》卷一八《名宦·明》，第 309 页。
⑤ 《同治攸县志》卷三九《人物·儒林·明》，第 273 页。
⑥ 《同治攸县志》卷三九《人物·宦业·皇清》，第 270 页。
⑦ 《同治攸县志》卷一五《学校·东山书院》，第 110 页。

（二）妇女也积极参与

施善群体庞大，是教育慈善事业蓬勃发展的重要标志之一。湘东地区除了常规的地方政府官员、教官、士绅之外，广大妇女以及个别贫寒者也积极参与其中，反映了当地教育慈善事业已深入人心。

乾隆七年，湖南茶陵州萧陈氏捐云阳山下田一十亩三分。① 道光二十六年，汾溪段李徐氏与子监生兴霖等捐松江陇内田七十六坵，实额租五十六石，粮三石三斗六升。②

乾隆年间攸县贡生谭际举妻节妇刘氏捐钱八十千，助修考棚桌凳。③此外，谭刘氏还捐中则田肆拾亩，坐虎竹坑，每亩照民田纳租一石五斗，共纳六十石，又水塘三口，有粮。④ 捐东山书院中则田二十七亩，坐共都，每亩照民田纳租一石四斗八升，共纳四十石。⑤ 捐新市田租四十石零两桶，作长明油灯之费。⑥ 另外，攸县李周氏捐中则田十八亩，坐聚都，每亩照民田纳租一硕二斗，共纳二十一石。⑦

道光十年，善化县刘贺氏与子一元、元基、元勋，孙朝干、朝翰等，以六都鸟字一百二十区，地名窑头，上田百亩捐入学宫，为修理费。应完正饷银二两四钱九分七厘，南米五斗九升八合，北米七斗零五合，岁收府庠租谷九十九石。⑧ 六都鸟字一百二十区，地名窑头，上田四十亩，本邑刘贺氏与子一元、元基、元勋，孙朝干、朝翰等，捐入儒学。每年实纳租谷三十七石。两学师三十石，书门七石。应完正饷银九钱九分四厘，南米二斗三升八合，北米二斗八升六合，册名东西斋户下完纳。公议：刘贺氏

---

① 《同治茶陵州志》卷一三《学校·书院》，第113页。
② 《同治茶陵州志》卷一三《学校·书院》，第115页。
③ 《同治攸县志》卷一五《学校·考棚》，第102页。
④ 《同治攸县志》卷一五《学校·东山书院》，第105页。
⑤ 《同治攸县志》卷一五《学校·东山书院》，第104页。
⑥ 《同治攸县志》卷一七《祠庙·文庙内鼎一座》，第137页。
⑦ 《同治攸县志》卷一五《学校·东山书院》，第104页。
⑧ 《光绪善化县志》卷一一《学校·学宫田租》，第132页。

嗣孙入学，无论文武，免其印卷费。① 道光十年，善化刘贺氏同男一元、元基、元勋等，捐湖头上田三十亩入岳麓书院，以作岁修。粮载本邑六都鉴字一百五十区，饷银五钱五分，南北米照科岁租二十七石，交书院首士收。见佃萧馥斋。② 另外，善化徐易氏捐田一契，岁租六十六石，正饷银三钱九分八厘，南米九升六合，漕一斗一升四合。③

鄞县尹祖嵩妻节妇李氏捐十一都上馆田二区，苗二亩一分。④

（三）推动教育慈善的举措——硬性摊派

《同治茶陵州志》卷一三《学校·书院》载：乾隆三十七年，知州陈廷柱谕令各都捐置田亩。上一都捐买颜文东地名下清水田五亩九分，实租八石七斗，二都共捐田地额租十二石五斗，三都捐买地名古塘基田一十一亩，额租一十二石一斗，四都共捐田租六石，五都共捐田租一十石二斗，六都共捐田租二十一石五斗，七都共捐田租一十五石七斗五升，八都共捐租一十九石二斗六升，九都共捐田租一十三石六斗，十都共捐田租一十八石，左十一都共捐田租一十四石，右十一都共捐田租一十一石六斗，十二都共捐租三十六石，十三都共捐田租二十四石四斗，十四都共捐田租二十石零九斗，十五都共捐田租一十三石二斗，十六都共捐田租一十五石六斗，十七都共捐买夹雾岭田租七石二斗，十八都共捐买小槎黄土等处，田租四石八斗，右十九都共捐田租一十石五斗，二十都共捐田租一十四石六升，左二十一都共捐田租六石六斗六升，二十二都共捐田租一十一石五斗，二十三都共捐田租一十一石八斗五升，二十四都共捐买□山档边雷家山等处田租共二十石二斗，合计：乾隆七年，公买及捐入田共粮一十三石二斗二升八合，坐衰乡二十四都信区花名州义学。续置田产，与乾隆三十七年各都所捐田地，除未推收者照额于租价内支钱完粮外，已归总

---

① 《光绪善化县志》卷一一《学校·儒学田租》，第132—133页。
② 《光绪善化县志》卷一一《学校·岳麓书院岁修田房租》，第150页。
③ 《光绪善化县志》卷一一《学校·府学宫田租》，第138页。
④ 《同治鄞县志》卷八《学校·书院·洣泉书院·膏火修金田附载》，第468页。

者，共粮二十八石九斗三升七合，亦坐信区花名洣江书院。① 由"知州陈廷柱谕令各都捐置田亩"明确记载便知，这次大规模的捐置学田活动，带有官方命令的强制性质。

《攸县志》中还有关于"按粮捐修"的史料记载。如道光五年，安都谭姓按粮捐修县文庙正殿，河、兼、海、晏、谷、馨、物、共、芝、民十都按粮捐修西庑，天、献二都按粮捐修大成门、名宦祠、乡贤祠，呈、宝二都按粮捐修忠义孝弟祠、节孝祠、节孝石坊，云都张姓按粮捐修棂星门，河、兼、海、晏、谷、馨、物、共、民、芝十都按粮捐修钟鼓楼，庆都余姓按粮捐修东西石坊，庆都龙姓按粮捐修泮池围墙，华都邓、贺二姓按粮捐修崇圣祠。② 星景嘉屯按粮捐修新文昌庙。③

（四）利益吸引，施善力度大

《同治平江县志》卷四〇《选举制·职衔》载："职衔始于西汉之赐民爵。孝惠帝元年，赐民爵户一级。自后，史不绝书。六年，令民得买爵。盖延秦纳粟拜爵之令也。唐宋时，凡赐民爵曰公士。明有纳马纳草纳银之例。国朝因之。自纳监外，并许援例就京外职衔。近岁军兴筹饷，捐例益推广矣。"④

据《长沙县志》记载，景泰四年四月，令生员输米八百石入监读书。五月，令入监者减米三百石。天顺五年十月，令生员入马二十匹补监生。是前明之监非生员不得入也。我朝俊秀皆得入监……捐输得官者，不问曾否入监，惟以官阶大小、实职虚衔为区别。⑤

康熙十八年，饬建义仓。每岁秋收，劝谕绅民捐输米谷，照例议叙……又户部覆：准令俊秀捐纳常平仓谷石，准作监生……⑥

道光二十四年，知县刘德熙购民地，改建大成殿及两庑，移崇圣祠

---

① 《同治茶陵州志》卷一三《学校·书院》，第 113—114 页。

② 《同治攸县志》卷一七《祠庙·文庙》，第 127—134 页。

③ 《同治攸县志》卷一七《祠庙·新文昌庙》，第 135 页。

④ 《同治平江县志》卷四〇《选举制·职衔》，第 118 页。

⑤ 《同治长沙县志》卷二二《选举》二《议叙》，第 400 页。

⑥ 《同治茶陵州志》，卷一〇《惠政》，第 74 页。

于殿后。补葺四祠，拓修两学斋舍。凡捐重资者请叙。①

《同治临湘县志》卷五《学校志·学宫》载：六都鸟字一百二十区，地名窑头，上田四十亩，本邑刘贺氏同男一元、元基、元勋，孙朝干、朝翰、朝经、朝琨、朝翊、朝采、朝柱、朝崧、朝鼎、朝仪等，捐入儒学，每年实纳租谷三十七石，两学师三十石，书门七石。应完正饷银九钱九分四厘，南米二斗三升八合，北米二斗八升六合，册名东西斋户下完纳。公议：刘贺氏嗣孙入学，无论文武，免其印卷费。②

茶陵州，清代大量捐买职衔。"国朝捐用教职"共二十三名，"捐职请封赠"二百余人，"国朝捐职"共一百三十六名，"国朝例贡"一百余人。③《同治平江县志》卷四○《选举制·仕宦》《选举制·职衔》，所载"由援例"任职授衔者特多，说明湖南比较重视捐资买官，捐纳制度得到了淋漓尽致的贯彻。

（五）教育慈善机构完善、组织周密

教育慈善机构完善。乾隆十六年，攸县邑绅创建阙里会。同治十一年，平江县邑绅建翰苑公车局。同治十二年平江县邑绅建兴贤堂、丁祭局。此外各县还广建文会。

捐修分工很细，记载明确。如《攸县志》中有关于"按粮捐修"的史料记载。道光五年，安都谭姓按粮捐修正殿。河、兼、海、晏、谷、馨、物、共、芝、民十都，按粮捐修西庑。天、献二都，按粮捐修大成门、名宦祠、乡贤祠。呈、宝二都，按粮捐修忠义孝弟祠、节孝祠、节孝石坊。云都张姓，按粮捐修棂星门。河、兼、海、晏、谷、馨、物、共、民、芝十都，按粮捐修钟鼓楼。庆都余姓，按粮捐修东西石坊。庆都龙姓，按粮捐修泮池围墙。华都邓、贺二姓，按粮捐修崇圣祠。④星景嘉屯，

---

① 《同治临湘县志》卷五《学校志·学宫》，第 356 页。

② 《光绪善化县志》卷一一《学校·儒学田租》，第 132—133 页。

③ 《同治茶陵州志》卷一七《选举·例职》，第 175—187 页。

④ 《同治攸县志》卷一七《祠庙·文庙》，第 127—134 页。

按粮捐修新文昌庙。①

（六）宗族慈善

湖南，宗族社会组织发达，这种宗族力量也渗透在教育慈善的方方面面。以清代平江县吴嗣龙家族为例。例贡生吴嗣龙，捐修学宫、郡城考棚及桥梁、庙宇，费以数万计。②乾隆十年，绅士义民单文焕等协力并修各门祠，其中吴嗣龙等人修内泮池等。③乾隆四十五年，重修岳州试院考棚，费约二千六百两有余，乃嗣龙子先耀、先诚、先辉、先焕合力任之，督工为先耀之子光珠。④咸丰六年十月，吴嗣龙等后裔重新大成殿。⑤咸丰九年二月，重修县学照壁一座，并周围宫墙六十五丈有奇，系吴嗣龙玄孙锡震、锡龄等承修。⑥同治六年十月，重修大成殿，系吴嗣龙等后裔捐修。⑦历经乾隆、嘉庆、道光、咸丰、同治等五朝，吴嗣龙及其子先耀、先诚、先辉、先焕，孙光珠，玄孙孙锡震、锡龄等数代前赴后继致力于平江县的教育慈善事业。

二、原因

（一）地理条件、经济基础

长沙、善化两县是湖南省会长沙府之驻地。此外鄙县、茶陵州、攸县、平江县、临湘县五州县，在湘东地区自南而北依次排列，前四州县东与江西相邻，仅有临湘一县北与湖北临界。地处我国南北交通要道，云梦平原及湘江河谷地带土壤肥沃，物产丰富。

① 《同治攸县志》卷一七《祠庙·新文昌庙》，第135页。
② 《光绪平江县志》卷四七《人物志》六《善行·国朝》，第240页。
③ 《乾隆平江县志》卷八《学校志·建修·国朝》，第50页。
④ 《光绪平江县志》卷五三《艺文志》三《文二·本朝·钱沣〈重修岳州试院考棚记〉》，第385页。
⑤ 《光绪平江县志》卷二二《学校志》一《学宫·国朝》，第433页。
⑥ 《光绪平江县志》卷二二《学校志》一《学宫·国朝》，第433页。
⑦ 《光绪平江县志》卷二二《学校志》一《学宫·国朝》，第433页。

（二）文化、教育基础

春秋、战国时期的湖南为楚国。春秋时期伍子胥，战国时期屈原，西汉贾谊，东汉蔡伦、庞统、费祎，唐代欧阳询、怀素、皮日休、孟浩然、陆羽，宋朝毕昇、周敦颐、米芾等，明代张居正、熊廷弼、李时珍、"公安派"、"竟陵派"、王夫之等，彪炳史册。

宋太祖开宝九年（976），潭州知州朱洞在僧人办学的基础上，由官方捐资兴建了岳麓书院。北宋福建崇安人著名学者胡安国移居湘潭，讲学著书，诞生了湖湘学派。南宋理学集大成者朱熹又曾在湖南任潭州知府、湖南安抚使等职，大力发展岳麓书院。著名学者、教育家张栻，南宋汉州绵竹（今四川绵竹市）人，孝宗乾道元年（1165）主管岳麓书院教事，从学者达数千人，初步奠定了湖湘学派规模，成为一代学宗，与朱熹、吕祖谦齐名，时称"东南三贤"，一时"惟楚有材，于斯为盛"。岳麓书院弘扬经世致用、实事求是的学风。近代以来，魏源、曾国藩、左宗棠、谭嗣同、毛泽东等人都从岳麓书院里汲取了思想的源泉。

湖南的南岳衡山为佛教名山，湖北的武当山为道教名山，受儒、释、道综合影响，湖南有着深厚的文化底蕴和教育基础。

（三）宗族社会

由上述原因，湖南受宋明理学影响极深，宗族观念浓厚，宗族组织完善。在此基础上，科举时代的教育慈善活动，也深深地打上了宗族文化的烙印。各县志中常见到"宗族""族中子弟"等字眼儿，就是宗族观念渗透在教育慈善中的明证。

（四）教育慈善土壤肥沃

湖南的教育慈善事业有肥沃的社会土壤，坚实的群众根基。东汉时，医圣张仲景曾为长沙太守，理政之余在公堂之上常为民免费治病，这种医疗慈善对当地影响深远。例如，扶道恕字协曾，鄱县增生，质性慷慨。邑修黉宫、创书院，皆极力赞襄。遇雀角则多方排解。悯野墓多暴露，每岁一修之。逢人便说阴德，乡里多化焉。① 谭文瞻，号沃臣，州同衔，乐善好施，造桥修路，施棺赈荒，刻送《劝世文》不计其数，而隆师重道尤不惜重金。②

　　除了教育慈善的相关史料之外，关于民生方面慈善活动的记载尤为丰富。例如，同治元年，巡抚恽公檄州全民积谷备荒，《同治茶陵州志》卷一〇《惠政》备载各都捐谷之数：一都捐谷四百五十石，二都捐谷七百五十六石……二十四都捐谷三百六十三石五斗，二十五都捐谷五百二十一石。总共积谷一万零三百四十四石。③ 此外，还有大量关于养老、抚恤孤寡、育婴等方面的记载。

　　近代湖南著名的教育家、慈善家熊希龄（1870—1937），湖南凤凰县人，他就是在湖南这块肥沃土壤里绽放的一朵奇葩。

---

① 《同治酃县志》卷一五《人物·笃行·国朝》，第 553 页。
② 《同治茶陵州志》卷一八《人物·义举》，第 220 页。
③ 《同治茶陵州志》，卷一〇《惠政》，第 76—77 页。

第四章　江西南昌地区

　　因为宋明时期江西理学、诗学发达，进士登科者位居全国前列。南昌又为本省省会，官学、书院、文庙、贡院等教育基础设施齐全，教育慈善活动较为集中。故本章主要利用了（清）许应鑅、王之藩修，（清）曾作舟、杜防纂《同治南昌府志》①，对江西南昌府进行个案研究，该府包括南昌、新建、丰城、进贤、奉新、靖安、武宁七县与义宁州一州，共八州县。

第一节　教育慈善活动

一、捐资兴教

序号	年代	施善者	捐资修建学校情况	资料来源：《同治南昌府志》
1	康熙三十二年	巡抚马如龙等	率属捐修南昌府儒学	卷一六《学校·南昌府儒学》，第429页
2	康熙四十七年	按察使吴存礼	捐修府儒学	卷一六《学校·南昌府儒学》，第429页

---

① （清）许应鑅、王之藩修，（清）曾作舟、杜防纂：《同治南昌府志》，《中国地方志集成·江西府县志辑》第1—3册，江苏古籍出版社1996年版，据清同治十二年（1873）刻本影印。

续表

序号	年代	施善者	捐资修建学校情况	资料来源：《同治南昌府志》
3	乾隆五十五年	合郡	重修府儒学	卷一六《学校·南昌府儒学》，第429页
4	乾嘉年间	义宁州绅陈密	捐修儒学殿庑	卷一六《学校·南昌府儒学》，第430页
5	道光十五年	陈密之子陈伟	捐赀重修府儒学	卷一六《学校·南昌府儒学》，第430页
6	咸丰十年	南昌绅士刘于浔等	南昌绅士刘于浔、丰城绅士万启琛捐赀复修儒学殿庑	卷一六《学校·南昌府儒学》，第430页
7	乾隆五十六年	丰城吕林育	丰城吕林育重建崇圣祠	卷一六《学校·南昌府儒学》，第430—431页
8	乾隆五十五年	义宁张耀祖	义宁张耀祖捐修名宦祠	卷一六《学校·南昌府儒学》，第431页
9	乾隆五十五年	南昌黄麒瑞	南昌黄麒瑞捐修乡贤祠	卷一六《学校·南昌府儒学》，第432页
10	乾隆五十五年	丰城二坊	是年大修学宫，至嘉庆九年竣工，以后捐修各工皆同，丰城二坊捐修忠义孝悌祠	卷一六《学校·南昌府儒学》，第433页
11	乾隆五十五年	南昌郑祥生	捐修节烈祠	卷一六《学校·南昌府儒学》，第433页
12	乾隆五十五年	奉新岳廷塈	捐修文昌宫	卷一六《学校·南昌府儒学》，第433页
13	乾隆五十五年	丰城金名标	捐修文昌先代殿	卷一六《学校·南昌府儒学》，第433页
14	乾隆五十五年	奉新罗冕	捐修魁星阁及阁前阶级、东圈门崇礼堂外路石	卷一六《学校·南昌府儒学》，第433页
15	乾隆五十五年	丰城于大潮	捐费修五贤祠	卷一六《学校·南昌府儒学》，第433页
16	乾隆五十五年	丰城合城	捐修邵公祠	卷一六《学校·南昌府儒学》，第433页

序号	年代	施善者	捐资修建学校情况	资料来源：《同治南昌府志》
17	乾隆五十五年	丰城二坊	捐修土地祠	卷一六《学校·南昌府儒学》，第433页
18	乾隆五十五年	义宁陈密	捐修祭器库、乐器库，式面丹墀大成门、戟门	卷一六《学校·南昌府儒学》，第433页
19	乾隆五十五年	南昌黄麒瑞	捐修泮池、月桥、棂星门、义路、礼门、下马两石牌	卷一六《学校·南昌府儒学》，第433页
20	咸丰十年	刘于浔、万启琛	南昌刘于浔、丰城万启琛捐赀重修泮池、月桥、棂星门、义路、礼门、下马两石牌	卷一六《学校·南昌府儒学》，第433页
21	乾隆五十五年	奉新廖廉	捐修泮宫坊	卷一六《学校·南昌府儒学》，第433页
22	乾隆五十五年	进贤合县	捐修御碑亭、宰牲亭	卷一六《学校·南昌府儒学》，第433页
23	乾隆五十五年	黄麒瑞、罗允叔等	南昌黄麒瑞、奉新罗允叔等、靖安余光瑞捐修大成门前阶级、甬道	卷一六《学校·南昌府儒学》，第433页
24	乾隆五十五年	奉新彭翰	捐修圣学心传坊、兴贤坊、育才坊、屏墙街石	卷一六《学校·南昌府儒学》，第434页
25	咸丰十年	刘于浔、万启琛	南昌刘于浔、丰城万启琛重修圣学心传坊、兴贤坊、育才坊、屏墙街石	卷一六《学校·南昌府儒学》，第434页
26	乾隆五十五年	武宁卢兆鲸、翁显祖	捐修大成坊两旁护墙	卷一六《学校·南昌府儒学》，第434页
27	乾隆五十五年	奉新熊守谦等	奉新熊守谦、余纶、刘德、凌章信捐建射圃	卷一六《学校·南昌府儒学》，第434页
28	乾隆五十五年	南昌程世蘐	捐修德配天地门、道冠古今门、宫墙	卷一六《学校·南昌府儒学》，第434页
29	乾隆五十五年	南昌许世琦	捐修彝伦堂	卷一六《学校·南昌府儒学》，第434页

续表

序号	年代	施善者	捐资修建学校情况	资料来源：《同治南昌府志》
30	咸丰十年	南昌刘于浔捐	捐赀重修彝伦堂	卷一六《学校·南昌府儒学》，第434页
31	乾隆五十五年	南昌程世芝	捐修正学署	卷一六《学校·南昌府儒学》，第434页
32	乾隆五十五年	奉新县民	捐修正学署后围墙	卷一六《学校·南昌府儒学》，第434页
33	乾隆五十五年	新建县民	捐修副学署	卷一六《学校·南昌府儒学》，第434页
34	乾隆五十五年	联芳社等	联芳社、南昌黄贻燕堂、寿德堂、奉新罗裕堂捐修副学署后围墙	卷一六《学校·南昌府儒学》，第434页
35	乾隆五十五年	奉新严盛旭	捐修东西官厅长墙	卷一六《学校·南昌府儒学》，第434页
36	乾隆五十五年	靖安舒际昌等	靖安舒际昌、舒延翰、熊祖、余光瑞捐修府学门厢房	卷一六《学校·南昌府儒学》，第434页
37	乾隆五十五年	奉新熊守谦等	奉新熊守谦、余纶、刘德、凌章信捐修尊经阁	卷一六《学校·南昌府儒学》，第434页
38	乾隆五十五年	进贤杨殿辅	捐修会文堂	卷一六《学校·南昌府儒学》，第434页
39	乾隆五十五年	南昌郑祥生	捐修敬一堂	卷一六《学校·南昌府儒学》，第434页
40	乾隆五十五年	南昌程世蕙	捐修敬一堂前范公讲堂	卷一六《学校·南昌府儒学》，第434页
41	乾隆五十五年	南昌合邑	捐修赐书楼	卷一六《学校·南昌府儒学》，第434页
42	乾隆五十五年	新建合邑	捐修上达阁	卷一六《学校·南昌府儒学》，第434页
43	乾隆五十五年	丰城合邑	捐修志道堂	卷一六《学校·南昌府儒学》，第434页

续表

序号	年代	施善者	捐资修建学校情况	资料来源：《同治南昌府志》
44	乾隆五十五年	谢安卿	捐修志道堂东明道堂	卷一六《学校·南昌府儒学》，第434页
45	乾隆五十五年	熊扬铨	捐修志道堂西宇	卷一六《学校·南昌府儒学》，第434页
46	乾隆五十五年	进贤合邑	捐修据德堂	卷一六《学校·南昌府儒学》，第434页
47	乾隆五十五年	义宁陈密	捐修依仁堂	卷一六《学校·南昌府儒学》，第434页
48	乾隆五十五年	武宁长乐乡	捐修游艺堂	卷一六《学校·南昌府儒学》，第434页
49	乾隆五十五年	奉新合邑	捐修崇礼堂东厅，披厦屏墙	卷一六《学校·南昌府儒学》，第434页
50	乾隆五十五年	李揩廷、周勉斋	分修崇礼堂西厅	卷一六《学校·南昌府儒学》，第434页
51	乾隆五十五年	靖安合邑	捐修敬义堂	卷一六《学校·南昌府儒学》，第434页
52	乾嘉年间	先贤	彭廷训《重修南昌府学碑记》：棘院右亭左圃，皆先贤遗韵，次第捐俸竖葺	卷一六《学校·南昌府儒学》，第440页
53	乾隆五十六年	乡人	巡抚阮元《重修南昌府学碑记》：乡人皆踊跃捐赀，度地营建，用银十三万两有奇，其程工或一人独任，或数人同任，或合邑众任	卷一六《学校·南昌府儒学》，第440—441页
54	明隆庆年间	巡抚刘光济、徐栻	相继捐修南昌县儒学	卷一六《学校·南昌县儒学》，第441页
55	康熙五十一年	提学冀霖	捐俸，檄知县佟世俊修南昌县学	卷一六《学校·南昌县儒学》，第441页
56	康熙五十八年	知府汪宏琺、知县李莲	捐修启圣祠及两庑	卷一六《学校·南昌县儒学》，第441页

续表

序号	年代	施善者	捐资修建学校情况	资料来源:《同治南昌府志》
57	雍正十二年	教谕、生童	捐修明伦堂左右廊房	卷一六《学校·南昌县儒学》,第441页
58	乾隆十五年	知县汪元麟、顾锡鬯,绅士	知县汪元麟、顾锡鬯先后倡集绅士捐修文庙,并移建魁星阁于学宫头门内	卷一六《学校·南昌县儒学》,第441页
59	乾隆三十四年	知县徐联奎	倡捐改建先师庙、两庑,制如府学	卷一六《学校·南昌县儒学》,第441页
60	嘉庆十三年	邑绅黄惠堂等	倡捐重修	卷一六《学校·南昌县儒学》,第441页
61	嘉庆二十三年	邑绅闵鏷等	倡修县学头门,移节孝祠于忠义祠后,移省牲亭于射圃侧	卷一六《学校·南昌县儒学》,第441页
62	道光十年	邑人	大成殿火,邑人鸠费修头门、砌门墙	卷一六《学校·南昌县儒学》,第441页
63	道光十一年	知县石家绍,邑绅	知县石家绍倡捐三百金,督邑绅尚允元、万贤楷等重建殿庑、棂星门、乡贤名宦两祠	卷一六《学校·南昌县儒学》,第441页
64	道光二十五年	邑绅周学光、刘锡名等	撤屏墙,改砌沿湖石岸	卷一六《学校·南昌县儒学》,第441页
65	咸丰末年	考棚首事	措赀修魁星阁	卷一六《学校·南昌县儒学》,第441页
66	同治四年	邑绅刘于浔等	筹款重修殿庑、祠阁、门墙、堂亭、泮池及门外湖南北石泊岸,湖前筑堤、植木	卷一六《学校·南昌县儒学》,第441页
67	清代	县学教谕邵戒三	熊一潇《重修南昌县学碑记》:岁甲寅,浙西邵戒三先生视学豫章,捐俸鼎新	卷一六《学校·南昌县儒学》,第444页

序号	年代	施善者	捐资修建学校情况	资料来源：《同治南昌府志》
68	清代	绅士何之栋、李连桂等	绅士何之栋、李连桂、邓国符等人，或劝谕捐输，或采买工料，或司银钱出入	卷一六《学校·南昌县儒学》，第445页
69	道光年间	石家绍	石家绍《重修大成殿记》：捐廉三百金为倡，合邑人士乐输其善	卷一六《学校·南昌县儒学》，第445页
70	乾隆三十六年	合邑绅士	公建文昌祠	卷一六《学校·南昌县儒学》，第446页
71	乾隆四十四年	合邑绅士	复捐赀添建忠孝祠、尊经阁、廨舍三处	卷一六《学校·南昌县儒学》，第446页
72	明景泰年间	巡抚段正等	倡议捐修新建县儒学	卷一六《学校·新建县儒学》，第446页
73	康熙二十二年	巡抚宋荦	捐俸檄修新建县儒学	卷一六《学校·新建县儒学》，第447页
74	康熙四十年	知县方峨	捐修县学	卷一六《学校·新建县儒学》，第447页
75	康熙五十八年	知府汪宏珏	捐修县学	卷一六《学校·新建县儒学》，第447页
76	康熙五十九年	知县刘辉祖等	倡捐悉修县学	卷一六《学校·新建县儒学》，第447页
77	乾隆十四年	知县邸兰标等	知县邸兰标、教谕萧家驹、阖邑绅士于忠义孝悌祠之南建魁星阁	卷一六《学校·新建县儒学》，第447页
78	乾隆五十四年	训导程燮	倡捐大修	卷一六《学校·新建县儒学》，第447页
79	嘉庆四年	知县朱钰、教谕邓江城等	知县朱钰、教谕邓江城、训导许冠林率阖邑重修	卷一六《学校·新建县儒学》，第447页
80	道光三年	知府耿维祐、郑祖琛等	知府耿维祐、郑祖琛，知县雷学淦暨学官率合邑夏修恕等捐建先师庙、两庑，制如府学	卷一六《学校·新建县儒学》，第447页

续表

序号	年代	施善者	捐资修建学校情况	资料来源：《同治南昌府志》
81	同治四年	邑绅吴坤修	捐赀重修门墙及魁星阁，建跃龙桥坊	卷一六《学校·新建县儒学》，第447页
82	同治九年	陈念德堂	捐修彝伦堂	卷一六《学校·新建县儒学》，第447页
83	乾隆四年	知县杨志道，邑人李堡等	知县杨志道倡率合邑捐银五千两，邑人金华通判李堡捐银一千两，鼎新丰城县儒学	卷一六《学校·丰城县儒学》，第450页
84	乾隆四十年	职员吕仕麟	捐二千四百余金重修丰城县学	卷一六《学校·丰城县儒学》，第450页
85	嘉庆十一年	知县朱如金等	劝捐重新，并创忠义祠，建文昌宫于文庙东	卷一六《学校·丰城县儒学》，第450页
86	同治四年	合邑	合邑重修先师庙、两庑，制如府学	卷一六《学校·丰城县儒学》，第450页
87	清代	熊廷芬	捐文昌宫祀田五十二石六分	卷一六《学校·丰城县儒学》，第452页
88	道光四年	熊扬铨	捐文昌宫岁修店屋一所	卷一六《学校·丰城县儒学》，第452页
89	明天启五年	邑人傅冠	砌进贤县儒学泮池	卷一六《学校·进贤县儒学》，第455页
90	乾隆十九年	知县卫崇升，邑人	率邑人再修进贤县学，并建忠义祠、魁星阁	卷一六《学校·进贤县儒学》，第455页
91	乾隆四十一年	乡耆傅思宽	修建崇圣祠	卷一六《学校·进贤县儒学》，第455页
92	嘉庆九年	邑人	邑人重修县学，建博文斋	卷一六《学校·进贤县儒学》，第455页
93	道光二年	知县朱楣，邑人	知县朱楣率邑人自修县学，复建约礼斋	卷一六《学校·进贤县儒学》，第455页
94	同治五年	知县王麟昌	捐百金倡修先师庙、两庑，制如府学	卷一六《学校·进贤县儒学》，第455页

序号	年代	施善者	捐资修建学校情况	资料来源:《同治南昌府志》
95	宋景德四年	邑人大理评事胡仲容	捐创奉新县儒学殿宇,颇为宏敞	卷一六《学校·奉新县儒学》,第457页
96	宋淳祐八年	邑人王允升、周守约	割地增址	卷一六《学校·奉新县儒学》,第457页
97	明正德十六年	知县梁干暨儒学师生	各捐俸资修建殿庑、戟门、斋舍,又建名宦、乡贤祠等	卷一六《学校·奉新县儒学》,第457—458页
98	明嘉靖十一年	生员蔡焰	捐赀增修	卷一六《学校·奉新县儒学》,第458页
99	万历二十四年	耆民廖兴干	重修县学	卷一六《学校·奉新县儒学》,第458页
100	顺治十八年	知县黄虞再、教谕梅遇	知县黄虞再捐修两庑,立戟门,并葺大成殿,重建名宦、乡贤祠,教谕梅遇捐助	卷一六《学校·奉新县儒学》,第458页
101	康熙五十年	知县庄清度	捐葺奉新县儒学	卷一六《学校·奉新县儒学》,第458页
102	雍正十二年	生员陈坦	增修县学	卷一六《学校·奉新县儒学》,第458页
103	乾隆五年	吏员彭仕	捐葺县学	卷一六《学校·奉新县儒学》,第458页
104	乾隆十年	蔡尚才、鸿才兄弟	举人蔡尚才偕弟贡生鸿才合赀捐修	卷一六《学校·奉新县儒学》,第458页
105	乾隆四十年	知县娄起铨、郝适	先后倡捐重修	卷一六《学校·奉新县儒学》,第458页
106	嘉庆中	邑人	先后捐修先师庙、两庑,制如府学	卷一六《学校·奉新县儒学》,第458页
107	咸丰七年	登瀛集	捐葺县学	卷一六《学校·奉新县儒学》,第458页

序号	年代	施善者	捐资修建学校情况	资料来源：《同治南昌府志》
108	嘉靖四十一年	主簿徐汉	捐修靖安县学	卷一六《学校·靖安县学》，第462页
109	明万历三年	邑人舒效盛	捐赀缮治靖安县学	卷一六《学校·靖安县学》，第462页；另见万恭《靖安县儒学记》，第464页
110	万历二十三年	知县应汝稼等	辟学西地建庙	卷一六《学校·靖安县学》，第462页；另见御史谢师启《重修靖安县学宫记》，第464页
111	康熙五十三年	知县李作仁等	倡捐修葺	卷一六《学校·靖安县学》，第462页
112	乾隆五年	知县王端等	倡捐重建明伦堂、两庑	卷一六《学校·靖安县学》，第462页
113	乾隆十一年	邑人舒亮文	重修戟门	卷一六《学校·靖安县学》，第462页
114	乾隆二十六年	知县李纪等	倡捐重修	卷一六《学校·靖安县学》，第462页
115	嘉庆十四年	知县马廷燮等	倡捐重新，并建尊经阁于明伦堂后	卷一六《学校·靖安县学》，第462页
116	道光二十一年	知县佛尔国春等	劝捐重修先师庙、两庑，制如府学	卷一六《学校·靖安县学》，第462页
117	明成化六年	邑人徐碔、张文献	邑人徐碔捐金，张文献捐地，建武宁县儒学	卷一六《学校·武宁县儒学》，第465页
118	康熙三年	知县冯其世	知县冯其世捐修武宁县学	卷一六《学校·武宁县儒学》，第465页
119	乾隆三年	贡生卢大举	修葺殿庑，建尊经阁	卷一六《学校·武宁县儒学》，第465页
120	乾隆二十二年	生员卢迪	重葺尊经阁	卷一六《学校·武宁县儒学》，第465页

序号	年代	施善者	捐资修建学校情况	资料来源：《同治南昌府志》
121	乾隆二十五年	邑人翁维品	邑人翁维品捐修玉印桥等	卷一六《学校·武宁县儒学》，第465页
122	乾隆三十四年	邑人卢琮	再葺尊经阁	卷一六《学校·武宁县儒学》，第465页
123	乾隆四十四年	贡生潘崇桂	捐建大成殿等	卷一六《学校·武宁县儒学》，第465页
124	乾隆四十七年	四十都	买民屋葺充学署	卷一六《学校·武宁县儒学》，第465页
125	嘉庆间	潘运型等及各乡	捐赀修葺	卷一六《学校·武宁县儒学》，第465页
126	道光初年	邑人	复修之，并创五子祠	卷一六《学校·武宁县儒学》，第465页
127	同治九年	邑绅	以修志余金重加修葺	卷一六《学校·武宁县儒学》，第465页
128	成化四年	义士陈郇	提学佥事李龄募义士陈郇独任捐修义宁州儒学	卷一六《学校·义宁州儒学》，第468页
129	康熙四年	知州徐永龄	捐修义宁州儒学	卷一六《学校·义宁州儒学》，第468页
130	康熙五十二年	武生陈侃言	捐赀重建	卷一六《学校·义宁州儒学》，第468页
131	雍正三年	贡生陈昌言	捐赀重建大成殿	卷一六《学校·义宁州儒学》，第468页
132	乾隆四十年	陈密、胡全浤、荣廷彦等	陈昌言子陈密、胡全浤、荣廷彦、胡起鼇及邑绅捐赀重新先师庙、两庑，制如府学	卷一六《学校·义宁州儒学》，第468页
133	道光十三年	陈昌言曾孙陈应楷	昌言曾孙应楷等相继修葺	卷一六《学校·义宁州儒学》，第468页
134	道光三十年	陈昌言孙陈伟	昌言孙伟相继修葺	卷一六《学校·义宁州儒学》，第468页

序号	年代	施善者	捐资修建学校情况	资料来源：《同治南昌府志》
135	咸丰五年	陈昌言后裔	陈昌言裔修复	卷一六《学校·义宁州儒学》，第468页
136	道光年间	按察使刘体重、温予巽，各县	按察使刘体重首捐千金，檄郡县，各劝其治捐赀有差，后按察使温予巽分廉为倡，复檄各属劝捐，计各县共捐银八千九百两有奇	卷一七《学校·书院·经训书院》，第477页
137	清代	绅士黄立诚、陆廷杰等	南昌绅士黄立诚、龚鸿辉，丰城陆廷杰、杨潜、杨沛、金光炋、王廷瑞，进贤樊廷英，奉新彭际华、徐光旭、刘清华捐银钱田业不等，为改建及束修、膏火之费，后南昌、进贤、奉新、靖安、武宁、义宁绅士各有续捐	卷一七《学校·书院·洪都书院》，第478页
138	嘉庆八年	知县黎承惠、邑人	捐买院基，倡率修建东湖书院，仍集乐输兼筹经费，以赡束修膏火	卷一七《学校·书院·南昌县·东湖书院》，第479—480页
139	嘉庆十一年	邑绅黄中模兄弟	捐银二千两，前捐银六百两	卷一七《学校·书院·南昌县·东湖书院》，第480页
140	嘉庆十五年	邑绅龚绍玉	捐惠民门内张王庙对门屋一所，改为东湖别业	卷一七《学校·书院·南昌县·东湖书院》，第480页
141	嘉庆十七年	知县沈礼亿、邑绅陶士遴	各捐元丝银一千两	卷一七《学校·书院·南昌县·东湖书院》，第480页
142	嘉庆十八年	知县陈煦	捐银五百两	卷一七《学校·书院·南昌县·东湖书院》，第480页
143	道光五年	知县徐清选，绅士	率绅董劝捐修葺，余银六百两，通共得存盐匣生息元丝银一万两	卷一七《学校·书院·南昌县·东湖书院》，第480页

续表

序号	年代	施善者	捐资修建学校情况	资料来源：《同治南昌府志》
144	道光十七年	知县蒋启敫、邑绅尚允元等	知县蒋启敫、邑绅尚允元、万贤楷、黄森以斋舍破坏，大加修葺	卷一七《学校·书院·南昌县·东湖书院》，第480页
145	咸丰四年	邑绅刘于浔与考棚董事	鸠赀重葺东湖书院	卷一七《学校·书院·南昌县·东湖书院》，第480页
146	同治元年	局绅	局绅筹费重修东湖书院	卷一七《学校·书院·南昌县·东湖书院》，第480页
147			南浦义学在广润门外米市，即旧南浦所署改设	卷一七《学校·书院·南昌县·南浦义学》，第481页
148	嘉庆二十一年	知县郑祖琛、合邑绅士	率合邑绅士捐建	卷一七《学校·书院·新建县·西昌书院》，第482页
149	明代	邑人谢廷杰	建香城书院，并捐赀充经费	卷一七《学校·书院·新建县·香城书院》，第483页
150		知县邸兰标等	倡建义学、社仓，在吴城镇	卷一七《学校·书院·新建县·湖山书院》，第484页
151	明代	邑人熊曦、熊文举	界坛义塾在尽忠乡，明邑人熊曦建，熊文举重修	卷一七《学校·书院·新建县·界坛义塾》，第484页
152	明代	里人公建	霞源义塾在游仙乡，明时里人公建，置田延师、课业	卷一七《学校·书院·新建县·霞源义塾》，第484页
153	明代	邑人谢氏	前泽义学在十二都一图，明邑人谢氏建	卷一七《学校·书院·新建县·前泽义学》，第484页
154	明代	邑人胡子昭、胡汤新等	竹林义塾在仪凤乡，明邑人胡子昭建，胡汤新倡置义田四百余亩，义赡祭祀、供膏火	卷一七《学校·书院·新建县·竹林义塾》，第484页
155	康熙年间	知县杨周宪	建义学二：一在章江门外江渚书院后，一在德胜门外北坛东	卷一七《学校·书院·新建县·义学》，第484页

续表

序号	年代	施善者	捐资修建学校情况	资料来源：《同治南昌府志》
156	乾隆年间	陈在杞等	陈氏义塾在仪凤乡，陈在杞等公建，置田以资膏火	卷一七《学校·书院·新建县·陈氏义塾》，第484页
157		乔乐、邓廷选兄弟	捐建养正义塾，在太平乡	卷一七《学校·书院·新建县·养正义塾》，第484页
158	乾隆三十七年	知县于崇敕，绅耆雷清琦等	倡捐，绅耆雷清琦捐银一千两，徐城等各捐银六百两，李甫余三百两，创建龙山书院	卷一七《学校·书院·丰城县·龙山书院》，第484页
159	道光三年	八坊	逢原书院在八坊熊庄，本坊捐建	卷一七《学校·书院·丰城县·逢原书院》，第487页
160	清代	曾廷楹、曾廷梁等	曾廷楹倡捐钱一千串公建凤山书院，中有文昌宫，曾廷梁捐建	卷一七《学校·书院·丰城县·凤山书院》，第487页
161	清代	县南三坊合乡	狮麓书院在县南三坊，合乡捐建	卷一七《学校·书院·丰城县·狮麓书院》，第487页
162	清代	十八都	鹏搏书院在二坊，十八都公建	卷一七《学校·书院·丰城县·鹏搏书院》，第487页
163		揭德	在长宁乡建蒨冈义塾，制如贞文书院，有田百亩，给游学者	卷一七《学校·书院·丰城县·蒨冈义塾》，第487页
164	明嘉靖四十年	袁伯明	在袁坊建剑东义学，捐腴田二百二十亩以给就学者之费	卷一七《学校·书院·丰城县·剑东义学》，第488页
165	乾隆三十三年	县西南一坊	狮山义塾在县西南一坊，本坊公建	卷一七《学校·书院·丰城县·狮山义塾》，第488页
166			麟山义塾在四坊石滩里	卷一七《学校·书院·丰城县·麟山义塾》，第488页
167		一坊九都三图	九都义塾在一坊九都三图，公建，有赡学田	卷一七《学校·书院·丰城县·九都义塾》，第488页
168			兴贤义塾在四坊邵坊	卷一七《学校·书院·丰城县·兴贤义塾》，第488页

序号	年代	施善者	捐资修建学校情况	资料来源：《同治南昌府志》
169	乾隆十二年	知县向德一	捐建曲水书院	卷一七《学校·书院·进贤县·曲水书院》，第488页
170	道光二十六年	知县陈儁	劝捐重新曲水书院	卷一七《学校·书院·进贤县·曲水书院》，第488页
171	同治六年	知县王麟昌	捐建曲水书院讲堂	卷一七《学校·书院·进贤县·曲水书院》，第488页
172		二十三都	服古书院在二十三都，合都因祖教寺社学旧基，捐田地二百余亩、费千两公建	卷一七《学校·书院·进贤县·服古书院》，第490页
173	同治七年	十六都	南台书院在十六都，众捐田地四百余亩、钱八百余串公建	卷一七《学校·书院·进贤县·南台书院》，第490页
174	道光三年		文昌义学在三十三都罗溪	卷一七《学校·书院·进贤县·文昌义学》，第490页
175	乾隆五年	徐元勋	即旧修业斋址捐建冯川书院，并捐租五十二石	卷一七《学校·书院·奉新县·冯川书院》，第490页
176	同治八年	知县吕懋先，邓维城，胡姓	知县吕懋先捐廉一百五十千，邓维城捐银一百两，胡姓赎山价八十千，重修十店	卷一七《学校·书院·奉新县·冯川书院》，第490—491页
177	道光三年	知县邹山立	捐建岐峰书院，并修二何讲堂	卷一七《学校·书院·奉新县·岐峰书院》，第491—492页
178	乾隆三十七年	廖择后裔	捐资移建于右数十步	卷一七《学校·书院·奉新县·九贤书院》，第494页
179		奉化乡上村七姓	李罗戴温黄曾王七姓建上义书院，合捐田租一百二十五石零，钱二百四十余串	卷一七《学校·书院·奉新县·上义书院》，第494页
180	康熙三十年	知县高克藩	即旧布政分司行署故址捐建	卷一七《学校·书院·靖安县·双溪书院》，第494页

序号	年代	施善者	捐资修建学校情况	资料来源：《同治南昌府志》
181	乾隆三十八年	署知州边学海等	倡捐重修濂山书院	卷一七《学校·书院·义宁州·濂山书院》，第498页
182	乾隆五十二年	署知州王茂源	捐廉修葺濂山书院	卷一七《学校·书院·义宁州·濂山书院》，第498页
183	嘉庆二十二年	知州周澍	捐置田四亩，倡修濂山书院	卷一七《学校·书院·义宁州·濂山书院》，第498页
184	道光二十四年	绅民	梯云书院在州城铁炉巷，绅民捐建，置田租千数百石，为师生脯修膏火费	卷一七《学校·书院·义宁州·梯云书院》，第499页
185	同治四年	知州邓国恩，本籍绅董	倡集绅董创建凤巘书院，鸠费一万有奇，买地建屋三重，岁收租息，以赡束修膏火	卷一七《学校·书院·义宁州·凤巘书院》，第499页
186	乾隆二十四年	万来英	在长茅黄家园创建成孝书院，捐田租百石，延师课子弟之贫者，种茶子万株，用佐焚膏	卷一七《学校·书院·义宁州·成孝书院》，第500页
187	嘉庆二十三年	万来英子鋕	来英子鋕增置成孝书院田租五十石	卷一七《学校·书院·义宁州·成孝书院》，第500页
188	道光年间	万鋕子承煊	鋕子承煊复增置成孝书院田租五十余石	卷一七《学校·书院·义宁州·成孝书院》，第500页
189	道光十八年	知州周玉衡等	倡捐，因社学旧址建奎光书院，在武乡铜鼓城南岸	卷一七《学校·书院·义宁州·奎光书院》，第500页
190	道光二十四年	武乡士民	士民加捐租息，前后共置奎光书院田租千数百石，以赡束修膏火	卷一七《学校·书院·义宁州·奎光书院》，第500页
191	同治五年	知州邓国恩等	倡捐修复奎光书院	卷一七《学校·书院·义宁州·奎光书院》，第500页
192	道光二十年	西乡	西平书院在西乡六十九都，合乡公建，共捐租六百余石、钱一千二百串为膏火费	卷一七《学校·书院·义宁州·西平书院》，第500页

序号	年代	施善者	捐资修建学校情况	资料来源：《同治南昌府志》
193	道光三十年	仁乡	仁义书院在仁乡六十四都，合乡捐建，置田租一千二百石，供束修膏火。院西有宾兴馆，合乡捐建，置田租四百石给乡会试程费	卷一七《学校·书院·义宁州·仁义书院》，第500页
194		公捐	至诚书院在武乡铜鼓城西，公捐田租一千余石为束修膏火费	卷一七《学校·书院·义宁州·至诚书院》，第500页
195		乡众	印山书院在泰乡天马塔北，乡众捐田六十余亩为束修费	卷一七《学校·书院·义宁州·印山书院》，第500页
196	同治元年	安乡	培元书院在安乡十二都，乡人捐田租千余石建，课士有费，岁科乡会试有程仪	卷一七《学校·书院·义宁州·培元书院》，第500页
197	咸丰二年		仁义别墅在渣津，中文昌宫，后试士十二棚，岁有租息，为课士费	卷一七《学校·书院·义宁州·仁义别墅》，第500页
198	康熙十七年	知州班衣锦	葺学宫，东西二隅为学舍，延庠生之优者，教授州中子弟，月给馆谷、笔札、膏火	卷一七《学校·书院·义宁州·义学》，第500页
199		邱姓	在武乡铜鼓公建尚义家塾，有田租二百石	卷一七《学校·书院·义宁州·尚义家塾》，第501页
200		梯云书院绅众	捐建山口义学，在武乡二十九都	卷一七《学校·书院·义宁州·山口义学》，第501页
201	同治二年	士民	在武乡二十四都捐建重光社学，置买田租百七十石，为春秋课士费及文武乡会试程仪	卷一七《学校·书院·义宁州·社学》，第501页
202		士民	在武乡二十三都捐置奎文堂社学，田租四十余石为春秋课士费	卷一七《学校·书院·义宁州·社学》，第501页

序号	年代	施善者	捐资修建学校情况	资料来源：《同治南昌府志》
203	清代	南昌县令黎世序	慨出三千金为倡，邑人士争相输助，创复东湖书院	卷二六《职官·名宦·南昌县·国朝》，第124页
204	清代	新建知县刘辉祖	捐俸修葺新建县学宫	卷二六《职官·名宦·新建·国朝》，第128页
205	元代	夏益朝	捐俸修葺学宫	卷二六《职官·名宦·丰城·元》，第130页
206	雍正年间	丰城知县刘象贤	慨然兴复义学，清侵牟闲田租六百余石，并入龙山书院，为膏火奖赏之资	卷二六《职官·名宦·丰城·国朝》，第133页
207	雍正年间	奉新知县王藩	捐俸立义学，延名师教之	卷二七《职官·名宦·奉新·国朝》，第145页
208	乾隆年间	奉新知县赵增	冯川书院岁久倾圮，增出己俸修葺，广斋舍，缮器用，新几榻，肄业生赖之	卷二七《职官·名宦·奉新·国朝》，第146页
209	嘉庆年间	奉新知县邹山立	倡建岐峰书院，重修二何讲堂，诸生膏火视冯川书院有加	卷二七《职官·名宦·奉新·国朝》，第146页
210	康熙年间	奉新教谕李文锦	捐赀修葺学庙	卷二七《职官·名宦·奉新·国朝》，第146页
211		靖安知县高克藩	捐赀建义学，买学田	卷二七《职官·名宦·靖安·国朝》，第148页
212	乾隆年间	靖安知县马廷燮	倡捐修文庙，躬亲督治，规制一新，增书院膏火，立定章程	卷二七《职官·名宦·靖安·国朝》，第149页
213	顺治年间	靖安训导刘曰琬	于无力者解囊贷之，请广科举额，捐赀葺学宫	卷二七《职官·名宦·靖安·国朝》，第150页
214	明代	州民陈郁、知州汪宪	义宁州学宫为州民陈郁捐建，久而复圮，知州汪宪捐俸鼎新	卷二七《职官·名宦·义宁州·明》，第158页
215	乾隆年间	徐肇基	倡劝绅民得捐金万余，重起而修葺之	卷二七《职官·名宦·义宁州·国朝》，第160页

序号	年代	施善者	捐资修建学校情况	资料来源:《同治南昌府志》
216	明代	谢一夔	居乡立义田,建义学	卷三九《人物·名臣·明》,第 377 页
217	清代	曹秀先	立义学	卷三九《人物·名臣·国朝》,第 402—403 页
218	明代	县学生史孟俊	建义学	卷四〇《人物·仕绩·明上》,第 433 页
219	明弘治年间	蕲水知县汪深	捐赀葺学	卷四〇《人物·仕绩·明上》,第 444 页
220	明弘治年间	举人李缙	州学倾圮,捐俸修之	卷四〇《人物·仕绩·明上》,第 446 页
221	明正德年间	随州学正邓镛	捐俸修文庙祭器	卷四〇《人物·仕绩·明上》,第 448 页
222	明正德年间	程番知府高宇	捐俸修学,置学田、社田数百亩	卷四〇《人物·仕绩·明上》,第 450 页
223	明嘉靖年间	熊汲	为迁建学宫,捐俸延名师训迪之	卷四一《人物·仕绩·明下》,第 456—457 页
224	明嘉靖年间	竹溪知县陆于嘉	捐俸修学宫,设讲席,严考课,士有不给辄助之	卷四一《人物·仕绩·明下》,第 461 页
225	明嘉靖年间	永州知府黄翰	捐俸创宗濂书院,进诸生日勤考课,更置学田	卷四一《人物·仕绩·明下》,第 464 页
226	明代	徐高	捐俸修建学宫	卷四一《人物·仕绩·明下》,第 468 页
227	明万历年间	新宁知县章应韶	捐俸迁建学宫,广置学舍	卷四一《人物·仕绩·明下》,第 481 页
228	明万历年间	贵池知县罗宪凯	捐俸修复齐山书院	卷四一《人物·仕绩·明下》,第 486 页
229	明崇祯年间	云南知县赵敷政	倡建学宫,置义田以养士	卷四一《人物·仕绩·明下》,第 493 页
230	顺治年间	新安知县范禔	捐俸筑城浚池,修葺文庙	卷四二《人物·仕绩·国朝》,第 497 页

续表

序号	年代	施善者	捐资修建学校情况	资料来源：《同治南昌府志》
231	顺治年间	富阳县丞熊登	以学宫倾圮，倡募修葺，公余进诸生讲学	卷四二《人物·仕绩·国朝》，第498页
232	康熙年间	万安教谕徐启运	捐俸倡修大成殿及两庑	卷四二《人物·仕绩·国朝》，第504页
233	康熙年间	上饶县教谕舒濂	学宫倾圮，捐俸倡义修葺，又建文昌阁	卷四二《人物·仕绩·国朝》，第504页
234	康熙年间	巴东知县雷曾	县试童生仅数十人，雷曾立义学，亲为讲授，期年遂至三百余人	卷四二《人物·仕绩·国朝》，第505页
235	康熙年间	金县知县宋一端	首捐俸修葺学宫，建立文昌阁为义学，以教读书者	卷四二《人物·仕绩·国朝》，第505页
236	清代	崇仁训导刘承祥	捐俸倡修学前之桥，并募好义者赞助成之	卷四二《人物·仕绩·国朝》，第506页
237	康熙年间	揭阳知县李景运	于城之东西立两义学，延名宿主其教，又亲课其甲乙	卷四二《人物·仕绩·国朝》，第507页
238	清代	靖江知县舒香	捐俸修学宫，备祭器，又设义学，手著条训以授生徒	卷四二《人物·仕绩·国朝》，第513页
239	雍正年间	知府陶万达	任成县知县时，创立义学，置田以资膏火。升卫辉知府，调陈州府，倡修学宫，增书院膏火。尝捐千金置田，延塾师课通族子弟	卷四二《人物·仕绩·国朝》，第513页
240	乾隆年间	灌阳知县甘志道	创兴义学，由是猺人始知文义，增邑书院膏火	卷四二《人物·仕绩·国朝》，第514页
241	乾隆年间	新乡知县赵开元	捐建鄘南书院，养士课文，科名大盛	卷四二《人物·仕绩·国朝》，第514页
242	乾隆年间	永善知县游方震	捐廉倡立书院，给膏火，时亲往督课	卷四二《人物·仕绩·国朝》，第515页
243	乾隆年间	长宁知县唐光云	捐俸倡修学宫，政暇进诸生于庭，讲学不倦	卷四二《人物·仕绩·国朝》，第516页

续表

序号	年代	施善者	捐资修建学校情况	资料来源：《同治南昌府志》
244	乾隆年间	毕节知县曹祖升	捐廉倡修文庙，课士有常，奖励备至	卷四二《人物·仕绩·国朝》，第516页
245	乾隆年间	莲花厅训导陈继镇	捐修学宫，增设书院	卷四二《人物·仕绩·国朝》，第518页
246	乾隆年间	宣化知县万廷莘	捐廉修正谊书院，置学田，供膏火	卷四二《人物·仕绩·国朝》，第519页
247	乾隆年间	太湖知县胡国滨	捐廉倡修熙湖书院	卷四二《人物·仕绩·国朝》，第519页
248	乾隆年间	崇信知县金光斗	捐俸鼎新超然书院，延名师，选俊秀肄业其中	卷四二《人物·仕绩·国朝》，第521页
249	乾隆年间	保定知县杨其谟	捐修玉带书院，亲为督课	卷四二《人物·仕绩·国朝》，第521页
250	乾隆年间	山阳知县余芬	捐廉建丰阳书院，延名宿训迪多士，暇则亲为讲课	卷四二《人物·仕绩·国朝》，第521页
251	乾隆年间	霍山知县甘山	捐俸廉兴复衡山书院	卷四二《人物·仕绩·国朝》，第521—522页
252	乾隆年间	青浦知县郭良义	创建书院，出俸余以给膏火	卷四二《人物·仕绩·国朝》，第522页
253	乾隆年间	湖南知县袁珥	重修安陵书院，捐廉给诸生膏火，亲为讲学课文	卷四二《人物·仕绩·国朝》，第522—523页
254	清代	广东临高知县李翰	首建书院，捐俸置田为薪水费	卷四二《人物·仕绩·国朝》，第525页
255	清代	来宾知县舒振甲	捐修书院，严讲课，给考费	卷四二《人物·仕绩·国朝》，第525页
256	乾隆年间	庐陵训导万承坡	与绅士商择善地鼎新文庙，与知县范元飓图兴复石阳书院，捐膏火，增屋宇	卷四二《人物·仕绩·国朝》，第527页
257	乾隆年间	安福知县刘起厚	加意学校，创修书院，捐增膏火，延请名宿主讲	卷四二《人物·仕绩·国朝》，第528页
258	乾隆年间	兴安教谕蔡耀	捐廉三百金，倡建大成殿及门庑、斋署，规制灿然	卷四二《人物·仕绩·国朝》，第529页

序号	年代	施善者	捐资修建学校情况	资料来源:《同治南昌府志》
259	乾隆年间	直隶完县知县涂日烜	捐廉重建书院,邻邑多来就学	卷四二《人物·仕绩·国朝》,第531页
260	乾隆年间	严廷典	捐俸修上禄书院,暇辄与生徒讲论其中	卷四二《人物·仕绩·国朝》,第531页
261	乾隆年间	廖学鹏	书院久废,学鹏至即倡修之,捐廉俸为膏火费,延名师讲课其中	卷四二《人物·仕绩·国朝》,第532页
262	嘉庆年间	浙江知县荣锡鹏	捐廉修复清溪书院	卷四二《人物·仕绩·国朝》,第536—537页
263	清代	鄂县知县李鲲化	捐建明道书院,设课程,岁给膏火	卷四二《人物·仕绩·国朝》,第537页
264	嘉庆年间	涂澄瀛	捐廉修葺崇文书院,月课必亲评甲乙	卷四二《人物·仕绩·国朝》,第539页
265	清代	渭南知县夏若瓛	捐千金修葺邑中书院,助膏火,延名师督课之	卷四二《人物·仕绩·国朝》,第540页
266	嘉庆年间	阜平知县高遽	捐廉建乐育书院,政暇辄与诸生讲学	卷四二《人物·仕绩·国朝》,第541页
267	嘉庆年间	胡元瑛	更捐廉修志,立书院暨义学,于东西城上下建魁星楼、文昌阁	卷四二《人物·仕绩·国朝》,第542页
268	道光年间	平乐知县徐盛持	盛持捐廉修复敬修书院,公余督课,士习以端	卷四二《人物·仕绩·国朝》,第544—545页
269	道光年间	灵台、西宁知县徐维缙	修学宫,增书院膏火,每亲诣课试	卷四二《人物·仕绩·国朝》,第547页
270	道光年间	萧芸生	捐廉修葺学宫,邑有龙漳书院,复捐廉为薪奖资	卷四二《人物·仕绩·国朝》,第547页
271	清代	遂平知县刘鸿勋	捐廉修葺大成殿、崇圣祠、文昌宫,创建考棚、书院	卷四二《人物·仕绩·国朝》,第548页

二、捐资助学

（一）捐置学田、学租

序号	年代	施善者	捐置学田、学租情况	资料来源：《同治南昌府志》
1	乾隆五十七年	邑人谢启昆	为学宫捐田租一百三十五石零	卷一六《学校·南昌县儒学》，第446页
2	乾隆十四年	监生郭懋琳、李奇安	捐买田五十亩，以为修葺文庙、奎阁及诸生膏火费	卷一六《学校·新建县儒学·学田》，第448页
3	明代	邑人杨廉	捐上田三十九亩零	卷一六《学校·丰城县儒学·学田》，第452页
4	明代	邑人丁果	捐上田七十四亩零	卷一六《学校·丰城县儒学·学田》，第452页
5	乾隆年间	邑人蒋一宗	乾隆十三年将施于大明寺田九十八工零归学收管，为修理文庙之费，后复以留赡大明寺田十七工零并归修学	卷一六《学校·丰城县儒学·学田》，第452页
6	乾隆三十六年	邑人袁生	捐田十四亩六分	卷一六《学校·丰城县儒学·学田》，第452页
7	乾隆四十三年	邑人李羽老	捐田九工三角	卷一六《学校·丰城县儒学·学田》，第452页
8	乾隆五十一年	邑人万石亭	捐田十六亩零	卷一六《学校·丰城县儒学·学田》，第452页
9	乾隆五十三年	邑人范昌珍	捐田三十七亩六分	卷一六《学校·丰城县儒学·学田》，第452页
10	嘉庆二年	邑人徐芝化	捐田九亩三分，旋售，价修宫墙	卷一六《学校·丰城县儒学·学田》，第452页
11	道光十九年	邑人吴章化	捐田四十三工三角	卷一六《学校·丰城县儒学·学田》，第452页
12	道光二十一年	邑人蔡献廷	捐田二十四亩四分	卷一六《学校·丰城县儒学·学田》，第452页

续表

序号	年代	施善者	捐置学田、学租情况	资料来源：《同治南昌府志》
13	道光三十年	丁氏	邑人节孝李绍宝妻暨李培本母丁氏捐田四十八工一角	卷一六《学校·丰城县儒学·学田》，第452页
14	明代	知县周光祖	捐置县西圩田五十五亩零，额收租六十石二斗，豆一石五斗俱归学收管	卷一六《学校·进贤县儒学·学田》，第456页
15	明代	知县黄汝亨	捐置田四十四亩零，额收租二十六石七斗六升，俱归学收管	卷一六《学校·进贤县儒学·学田》，第456页
16	明代	邑人胡士琇	捐置奉化乡蛟湖田租四百石，后改买附郭田租早晚三百二十一石三斗八升	卷一六《学校·奉新县儒学·学田》，第459页
17	雍正年间	邑人廖斯骐兄弟	捐田租十石	卷一六《学校·奉新县儒学·圣庙田》，第459页
18	乾隆年间	邑人李继拔	捐田租二十一石八斗五升	卷一六《学校·奉新县儒学·圣庙田》，第459页
19	乾隆年间	邑人谢懋楠	捐田租六石	卷一六《学校·奉新县儒学·圣庙田》，第459页
20	乾隆年间	邑人蔡济才	复捐田租二十五石五斗，以备学宫修茸	卷一六《学校·奉新县儒学·圣庙田》，第459页
21	乾隆年间	邑人谢士迎	捐田租一石二斗五升	卷一六《学校·奉新县儒学·圣庙田》，第459页
22	乾隆年间	邑人刘宣仁等	捐田租一石八斗	卷一六《学校·奉新县儒学·圣庙田》，第459页
23	乾隆年间	邑人胡国章	捐田租七石	卷一六《学校·奉新县儒学·圣庙田》，第459页
24	乾隆年间	邑人李嘉闾	捐田租十石	卷一六《学校·奉新县儒学·圣庙田》，第459页
25	乾隆年间	邑人熊三寿	捐田租三石	卷一六《学校·奉新县儒学·圣庙田》，第459页

序号	年代	施善者	捐置学田、学租情况	资料来源：《同治南昌府志》
26	乾隆年间	邑人廖为睿	捐田租八石五斗	卷一六《学校·奉新县儒学·圣庙田》，第459页
27	乾隆年间	邑人解绍纶	捐田租十石五斗	卷一六《学校·奉新县儒学·圣庙田》，第459页
28	乾隆年间	邑人邹隆先	捐田租八石	卷一六《学校·奉新县儒学·圣庙田》，第459页
29	乾隆年间	邑人徐世显	捐田租八石	卷一六《学校·奉新县儒学·圣庙田》，第459页
30	乾隆年间	邑人严有性	捐田租八石七斗	卷一六《学校·奉新县儒学·圣庙田》，第459页
31	乾隆年间	邑人余元相	捐田租六石四斗	卷一六《学校·奉新县儒学·圣庙田》，第459页
32	乾隆年间	邑人潘澄兄弟	捐田租三十二石	卷一六《学校·奉新县儒学·圣庙田》，第459页
33	乾隆年间	邑人廖廉	捐田租十石	卷一六《学校·奉新县儒学·圣庙田》，第459页
34	乾隆年间	邑人宋之郊	捐会埠店一所	卷一六《学校·奉新县儒学·圣庙田》，第459页
35	乾隆年间	邑人张三仕兄弟	捐田租十二石	卷一六《学校·奉新县儒学·圣庙田》，第459页
36	乾隆年间	邑人刘学煌等	捐田租三十五石六斗	卷一六《学校·奉新县儒学·圣庙田》，第459页
37	乾隆年间	邑人宋璜	捐宋埠店一间	卷一六《学校·奉新县儒学·圣庙田》，第459页
38	乾隆年间	邑人甘本辉兄弟	捐田租二十石斗	卷一六《学校·奉新县儒学·圣庙田》，第459页
39	乾隆年间	邑人廖为淞兄弟	捐田租七石，又六石二斗五升	卷一六《学校·奉新县儒学·圣庙田》，第459页
40	乾隆年间	邑人廖宏恩兄弟	捐茶山一嶂	卷一六《学校·奉新县儒学·圣庙田》，第459页

续表

序号	年代	施善者	捐置学田、学租情况	资料来源：《同治南昌府志》
41	嘉庆年间	邑人洪逵	捐田租八石五斗	卷一六《学校·奉新县儒学·圣庙田》，第459页
42	嘉庆年间	邑人徐锡卓	捐田租三石	卷一六《学校·奉新县儒学·圣庙田》，第459页
43	嘉庆年间	邑人余席珍	捐田租八石	卷一六《学校·奉新县儒学·圣庙田》，第459页
44	嘉庆年间	邑人陈允胜	捐田租五石五斗，又屋一间，竹山一块	卷一六《学校·奉新县儒学·圣庙田》，第459页
45	嘉庆年间	邑人徐爱棠	捐田租三十石	卷一六《学校·奉新县儒学·圣庙田》，第459页
46	嘉庆年间	邑人陈世瑜兄弟	捐田租二十四石	卷一六《学校·奉新县儒学·圣庙田》，第459页
47	嘉庆年间	邑人黄百福	捐和尚脑茶山一半	卷一六《学校·奉新县儒学·圣庙田》，第459页
48	嘉庆年间	邑人廖经纶	捐田租八石	卷一六《学校·奉新县儒学·圣庙田》，第459页
49	嘉庆年间	邑人赵蕴和	捐田租七石	卷一六《学校·奉新县儒学·圣庙田》，第459页
50	嘉庆年间	邑人熊鸣凤兄弟	捐田租五石七斗	卷一六《学校·奉新县儒学·圣庙田》，第459页
51	嘉庆年间	邑人熊履泰兄弟	捐田租十一石	卷一六《学校·奉新县儒学·圣庙田》，第459页
52	嘉庆年间	邑人李崇藩	捐田租二十石	卷一六《学校·奉新县儒学·圣庙田》，第459页
53	嘉庆年间	邑人廖炅祥	捐田租三石五斗	卷一六《学校·奉新县儒学·圣庙田》，第459页
54	嘉庆年间	邑人廖廷辉等	捐田租四石五斗	卷一六《学校·奉新县儒学·圣庙田》，第459—460页
55	嘉庆年间	邑人刘世臣	捐田租十六石八斗	卷一六《学校·奉新县儒学·圣庙田》，第460页

序号	年代	施善者	捐置学田、学租情况	资料来源：《同治南昌府志》
56	嘉庆年间	邑人刘校书等	捐田租五石七斗五升	卷一六《学校·奉新县儒学·圣庙田》，第460页
57	道光年间	邑人廖守汾	捐田租八石	卷一六《学校·奉新县儒学·圣庙田》，第460页
58	同治五年	邑人刘于道妻邓氏	捐田租二十五石五斗五升	卷一六《学校·奉新县儒学·圣庙田》，第460页
59	咸丰四年		广华精舍移学文武生束修田：捐送田租八百石	卷一六《学校·奉新县儒学》，第460页
60	同治四年		广华精舍移学文武生束修田：因广额，加捐田租二百三石五斗	卷一六《学校·奉新县儒学》，第460页
61	乾隆十五年	蔡尚才、鸿才兄弟	邑举人蔡尚才偕弟贡生鸿才捐置县市北关外田租二十五石，以备修葺	卷一六《学校·奉新县儒学·崇圣殿田》，第460页
62	雍正十二年	生员陈坦	捐创魁楼	卷一六《学校·奉新县儒学·魁楼田》，第460页
63	乾隆十五年	陈钟竟、钟牲兄弟	陈坦子监生钟竟、生员钟牲捐置健康乡田租二十石零七斗，以备修葺魁楼	卷一六《学校·奉新县儒学·魁楼田》，第460页
64	嘉庆元年	邑人彭献琨	捐田二十三石为文昌祠魁楼香灯之费	卷一六《学校·奉新县儒学·魁楼田》，第460页
65	康熙五十一年	寓贤金孟庚	捐租三十石为靖士购买书籍之资	卷一六《学校·靖安县学·学田》，第463页
66	清代	东乡民	捐田租一石五斗	卷一六《学校·靖安县学·学田》，第463页
67	嘉庆年间	喻三省、舒采鹿	喻三省捐田租十四石，舒采鹿捐田租十一石五斗	卷一六《学校·靖安县学·学田》，第463页
68	道光年间	钱遇春、熊文炳等	钱遇春、熊文炳、胡显聪、万丙章各捐田租若干石	卷一六《学校·靖安县学·学田》，第463页

续表

序号	年代	施善者	捐置学田、学租情况	资料来源：《同治南昌府志》
69	咸丰九年	万丙章	捐田租二十一石	卷一六《学校·靖安县学·学田》，第 463 页
70	同治二年	观光集	移学束修田租五百石八斗五升	卷一六《学校·靖安县学·学田》，第 463 页
71	嘉庆十九年	郑映川	捐田租百石	卷一六《学校·靖安县学·学田》，第 463 页
72	道光二十七年	邑人	公买田租六十石零、店租一所，为文武生童岁科试、乡试卷赀	卷一六《学校·靖安县学·学田》，第 463 页
73	顺治年间	万列	捐田十六亩五分，地基十亩三分	卷一六《学校·武宁县儒学·学田》，第 466 页
74	乾隆年间	卢景	捐田五亩八分	卷一六《学校·武宁县儒学·学田》，第 466 页
75	乾隆年间	盛赓咏	捐田五亩	卷一六《学校·武宁县儒学·学田》，第 466 页
76	乾隆年间	盛大逢等	捐田三亩六分	卷一六《学校·武宁县儒学·学田》，第 466 页
77	乾隆年间	张一飞兄弟	捐田四亩	卷一六《学校·武宁县儒学·学田》，第 466 页
78	乾隆年间	李达朝等	捐田四亩一分	卷一六《学校·武宁县儒学·学田》，第 466 页
79	乾隆年间	崔成鼋	捐田六亩一分、塘一口。按，此田原捐入社学，后查归学田	卷一六《学校·武宁县儒学·学田》，第 466 页
80	乾隆年间	林二存	捐田四亩	卷一六《学校·武宁县儒学·学田》，第 466 页
81	乾隆年间	罗彦	捐田四亩七分	卷一六《学校·武宁县儒学·学田》，第 466 页
82	乾隆年间	黄贤佩妻段氏	捐田四亩五分	卷一六《学校·武宁县儒学·学田》，第 466 页

续表

序号	年代	施善者	捐置学田、学租情况	资料来源：《同治南昌府志》
83	乾隆年间	朱国祥等	捐田四亩	卷一六《学校·武宁县儒学·学田》，第466页
84	乾隆年间	陈容照	捐田四亩二分	卷一六《学校·武宁县儒学·学田》，第466页
85	乾隆年间	盛大猷等	捐学宫门首基地一片	卷一六《学校·武宁县儒学·学田》，第466页
86	嘉庆年间	凌允元	捐水田二亩	卷一六《学校·武宁县儒学·学田》，第466页
87	嘉庆年间	张绍玑	捐水田四亩	卷一六《学校·武宁县儒学·学田》，第466页
88	道光年间	盛翙等	捐田三亩三分、地八片、塘二口	卷一六《学校·武宁县儒学·学田》，第466页
89	道光年间	陈志绪	捐水田二亩五分	卷一六《学校·武宁县儒学·学田》，第466页
90	道光年间	吴士清三女	合捐田四亩一分	卷一六《学校·武宁县儒学·学田》，第466页
91	道光年间	姚国山	捐水田二亩五分	卷一六《学校·武宁县儒学·学田》，第466页
92	道光年间	苏光绶	捐田三亩七分	卷一六《学校·武宁县儒学·学田》，第466页
93	道光年间	苏远沄	捐田三亩三分	卷一六《学校·武宁县儒学·学田》，第466页
94	道光年间	黄鹰羽	捐田三亩三分	卷一六《学校·武宁县儒学·学田》，第466页
95	道光年间	邓载芳	捐田三亩一分	卷一六《学校·武宁县儒学·学田》，第466页
96	道光年间	苏光绂等	捐田二亩分	卷一六《学校·武宁县儒学·学田》，第466页
97	道光年间	王维龄等	捐田二亩	卷一六《学校·武宁县儒学·学田》，第466页

序号	年代	施善者	捐置学田、学租情况	资料来源： 《同治南昌府志》
98	道光年间	王定祥等	捐田二亩	卷一六《学校·武宁县儒学·学田》，第466页
99	道光年间	黄兆泰	捐洲地八亩	卷一六《学校·武宁县儒学·学田》，第466页
100	道光年间	葛盛钥等	捐田租六石	卷一六《学校·武宁县儒学·学田》，第466页
101	道光年间	葛德求	捐田租六石	卷一六《学校·武宁县儒学·学田》，第466页
102		邑人葛厚斋等	与程奏勋等各捐钱百千，共买田租一百四十五石八斗五升等，为修葺费	卷一六《学校·武宁县儒学·圣庙田》，第466页
103	道光十九年	黄家泰、黄兆泰	捐水田二百三十一亩三分零，额租谷四百二石零，折价归县学	卷一六《学校·武宁县儒学·府县学文武生束修之费》，第466页
104		武宁县各乡	又各乡捐入文光祠田租二百四石，今归学补束修费	卷一六《学校·武宁县儒学·府县学文武生束修之费》，第466页
105		长乐、安乐乡文会	各捐田租二十石	卷一六《学校·武宁县儒学·府县学文武生束修之费》，第466页
106		黄心泰、刘翔龙等	黄心泰等、刘翔龙兄弟、雷恒振、聂性金兄弟、葛方扶兄弟等各捐田租十石	卷一六《学校·武宁县儒学·宾兴会送学束修田》，第466页
107		二十五都文会等	二十五、二十六都文会各捐田租五石	卷一六《学校·武宁县儒学·宾兴会送学束修田》，第466页
108		翁焕廷	捐田租十石、庄屋一所、塘二口	卷一六《学校·武宁县儒学·宾兴会送学束修田》，第466页

续表

序号	年代	施善者	捐置学田、学租情况	资料来源：《同治南昌府志》
109		九乡	捐田租十四石	卷一六《学校·武宁县儒学·门斗催租工食田》，第466页
110		汤举尹	捐田租十石	卷一六《学校·武宁县儒学·门斗催租工食田》，第466页
111		陈延沔兄弟	捐田地共九十二亩四分零	卷一六《学校·武宁县儒学·广额束修租田》，第466页
112		李云均等	捐田租四十九石四斗	卷一六《学校·武宁县儒学·广额束修租田》，第466页
113		刘明典兄弟	捐田租二十九石三斗六升	卷一六《学校·武宁县儒学·广额束修租田》，第466页
114		下南乡	捐田十七亩八分	卷一六《学校·武宁县儒学·广额束修租田》，第466页
115		二十三都	捐田租十石	卷一六《学校·武宁县儒学·广额束修租田》，第466页
116		张震霆兄弟叔侄	文童县府院试卷费田：捐田租三百四十一石八斗九升	卷一六《学校·武宁县儒学》，第466—467页
117	雍正二年	孀妇陈杨氏	捐夫陈允达所遗水田七十七亩零	卷一六《学校·义宁州儒学·旧学田》，第469页
118	嘉庆十六年	查承瑛	捐田十三亩零	卷一六《学校·义宁州儒学·旧学田》，第469页
119	道光元年	陈韬	捐店一所	卷一六《学校·义宁州儒学·旧学田》，第469页

续表

序号	年代	施善者	捐置学田、学租情况	资料来源：《同治南昌府志》
120	道光三年	胡澄源	捐田三十五亩，庄屋一所	卷一六《学校·义宁州儒学·旧学田》，第469页
121	同治八年	吴德全	捐入义宁州儒学田五十亩，各捐奎光、梯云两书院田租三十五石	卷一六《学校·义宁州儒学·旧学田》，第469页
122	乾隆三十九年	武生严赵鈖	捐田一庄，计田二十七亩三分九厘，额收漕斛谷一十六石八斗	卷一七《学校·书院·友教书院》，第477页
123	清代	南昌张朝瑞等	南昌张朝瑞、殷洪章，新建谌家达，奉新刘清华兄弟等人各捐田租若干石	卷一七《学校·书院·洪都书院》，第478—479页
124	清代	知县陈乔荣	捐惠民门内陈家桥屋一所，改名东湖别墅	卷一七《学校·书院·南昌县·东湖书院》，第480页
125	清代	邑人涂大成	捐田租十六石	卷一七《学校·书院·南昌县·东湖书院》，第480页
126	清代	邑人胡华坚	捐田租四十余石	卷一七《学校·书院·南昌县·东湖书院》，第480页
127	嘉庆二十一年	陈、谌、李诸姓	陈姓捐田六弓半，谌姓捐田十四弓七分半，李姓捐田二石一斗五升	卷一七《学校·书院·新建县·西昌书院》，第482页
128	乾隆三十七年	金后八、聂功美	金后八捐早田十亩半，聂功美捐田九石五斗又二亩	卷一七《学校·书院·丰城县·龙山书院》，第484页
129	明嘉靖四十年	袁伯明	捐腴田二百二十亩以给就学者之费	卷一七《学校·书院·丰城县·剑东义学》，第488页
130	清代	汪子旺、潘崇桂、知县石赞韶等	耆民汪子旺捐朝元宫废址，潘崇桂撤屋捐地及雷志刚捐地拓之，潘崇桂、知县石赞韶等诸人捐买田、地、屋若干	卷一七《学校·书院·武宁县·正谊书院》，第495—496页

续表

序号	年代	施善者	捐置学田、学租情况	资料来源： 《同治南昌府志》
131			曲池义塾，一曰俯江书屋，在龙腹潭西岸，有义田六十亩，以给膏火	卷一七《学校·书院·武宁县·曲池义塾》，第497页
132		卢馨畲堂、长乐乡	长乐乡学，中潢卢馨畲堂捐屋为基，合乡捐置田租三百一十石零	卷一七《学校·书院·武宁县·长乐乡学》，第497页
133		顺义乡民	顺义乡学在顺义乡，公置田四十八亩三分	卷一七《学校·书院·武宁县·顺义乡学》，第497页
134		魏子宜等	允茂义学在四十都，公置田租二十石，魏子宜捐田租三十石	卷一七《学校·书院·武宁县·允茂义学》，第497页
135		陈诚圃	跂如义塾在顺义乡，陈诚圃置店四所，田租四十石	卷一七《学校·书院·武宁县·跂如义塾》，第497页
136		七房裔	葛翼堂义学，七房裔公捐田租二百四十六石八斗零，铺店额租田钱五十余串	卷一七《学校·书院·武宁县·葛翼堂义学》，第497页
137		集体	叶浚源堂义学在上南乡上一图，众捐及公置田租二百三十八石零	卷一七《学校·书院·武宁县·叶浚源堂义学》，第497页
138		集体	叶少峰积字裔义学在上南乡一图，众捐田租六十五石	卷一七《学校·书院·武宁县·叶少峰积字裔义学》，第497页
139	清代	姜国钦等乡人	新增社学十九所，一在城市东北，众捐田二十一亩零……国钦捐田租五十石	卷一七《学校·书院·武宁县·新增社学十九所》，第498页
140	清代	二十三都人	服古书院在二十三都，合都因祖教寺社学旧基，捐田地二百余亩、费千两公建	卷一七《学校·书院·进贤县·服古书院》，第490页

续表

序号	年代	施善者	捐置学田、学租情况	资料来源：《同治南昌府志》
141	同治七年	民众	南台书院在十六都，众捐田地四百余亩、钱八百余串公建	卷一七《学校·书院·进贤县·南台书院》，第490页
142	乾隆三十六年	杨镗	捐田九亩七分，地二亩八分	卷一七《学校·书院·进贤县·曲水书院》，第488页
143	道光元年	知县朱楣	捐廉买田四十四亩为膏火费	卷一七《学校·书院·进贤县·曲水书院》，第488页
144	乾隆五年	徐元勋、知县赵知希、邑绅	徐元勋捐建冯川书院，并捐租五十二石，知县赵知希捐新垦田租一十二石，邑绅公同捐买田租一百四十三石零	卷一七《学校·书院·奉新县·冯川书院》，第490—491页
145	道光三年	谌召棠	谌召棠捐岐峰书院田租三十九石	卷一七《学校·书院·奉新县·岐峰书院》，第491—492页
146	清代	李、罗、戴等七姓	李罗戴温黄曾王七姓建，合捐田租一百二十五石零，钱二百四十余串	卷一七《学校·书院·奉新县·上义书院》，第494页
147	乾隆五年	邑绅、张敏功、项至炳	邑绅捐赎马田五十四亩五分零，张敏功、项至炳捐田租若干石	卷一七《学校·书院·靖安县·双溪书院》，第494—495页
148	清代	张铎妻胡氏	捐田三十五亩零	卷一七《学校·书院·义宁州·濂山书院》，第498页
149	清代	张方渠妻石氏	捐田租三十二石	卷一七《学校·书院·义宁州·濂山书院》，第498页
150	清代	韩永斌裔	捐田租六石	卷一七《学校·书院·义宁州·濂山书院》，第498页
151	清代	许廷遇、许廷遂	捐田租四十石、屋三间	卷一七《学校·书院·义宁州·濂山书院》，第498页

续表

序号	年代	施善者	捐置学田、学租情况	资料来源：《同治南昌府志》
152	清代	知州陈云章、州同谭芳谷	陈云章捐钱六百串，谭芳谷捐钱一百二十串，存两典生息，咸丰五年乱后，一以典铺一所，一以田租四十石抵款	卷一七《学校·书院·义宁州·濂山书院》，第498—499页
153	清代	余许氏	捐店屋一所	卷一七《学校·书院·义宁州·濂山书院》，第499页
154	清代	李醇	捐田租十五石	卷一七《学校·书院·义宁州·濂山书院》，第499页
155	清代	余黼堂	捐田租八石	卷一七《学校·书院·义宁州·濂山书院》，第499页
156	清代	袁汉平	捐田租四石	卷一七《学校·书院·义宁州·濂山书院》，第499页
157	道光二十四年	绅民	绅民置田租千数百石，为师生脯修膏火费	卷一七《学校·书院·义宁州·梯云书院》，第499页
158	乾隆二十四年	万来英	捐田租百石，延师课子弟之贫不能就学者，并种茶子万株，用佐焚膏	卷一七《学校·书院·义宁州·成孝书院》，第500页

（二）捐助束修、膏火

序号	年代	施善者	捐助束修膏火等情况	资料来源：《同治南昌府志》
1	同治四年	合邑	筹公费银八千两，存典生息，为新进童生入学束修之费	卷一六《学校·新建县儒学·束修经费》，第449页
2	康熙五十六年	巡抚白潢等	巡抚白潢即旧址重建豫章书院，借学使王思训捐俸给廪饩	卷一七《学校·书院·豫章书院》，第471页
3	同治元年	督学冯誉骥	督学冯誉骥捐钱七百六十串，存省典，每月一分行息，闰月照加，为增广课额膏火	卷一七《学校·书院·洪都书院》，第478页

续表

序号	年代	施善者	捐助束修膏火等情况	资料来源:《同治南昌府志》
4	同治元年	山长刘于浔	捐备闰月膏火银五百两存典,按月一分生息	卷一七《学校·书院·南昌县·东湖书院》,第480页
5	同治三年	邑绅吴坤修	捐银五千两,助给膏火	卷一七《学校·书院·新建县·西昌书院》,第482页
6	道光四年	聂良恰媳黄节妇	知县徐清选倡捐以益膏火,时聂良恰媳黄节妇捐六百金	卷一七《学校·书院·丰城县·龙山书院》,第484—485页
7	乾隆四十年	陈密	捐屋一所及田租银五十两入院,以资膏火	卷一七《学校·书院·义宁州·濂山书院》,第498页
8	嘉庆八年	知州陆模孙	捐廉增膏火	卷一七《学校·书院·义宁州·濂山书院》,第498页
9	晋代	豫章太守范宁	起学堂,并取郡四姓子弟皆充学生,课读五经,学者闻风而至累千余人,资给众费一出私禄	卷二六《职官·名宦·南昌府·晋》,第105页
10	清代	丰城知县于崇敕	倡建龙山书院,置学田四百余亩为膏火资	卷二六《职官·名宦·丰城·国朝》,第133页
11	乾隆年间	进贤知县陈德林	捐俸助曲水书院膏火	卷二六《职官·名宦·进贤·国朝》,第139页
12	乾隆年间	奉新知县沈均安	前令赵知希常欲倡兴义学,会调去不果,均安慨然举行,捐俸为膏火,士类兴起	卷二七《职官·名宦·奉新·国朝》,第145页
13	乾隆年间	奉新知县宁有诚	捐俸倡首,置义学田租一百八十余石,诸生裕膏火,弦诵不绝	卷二七《职官·名宦·奉新·国朝》,第146页
14	清代	刘曰琬	于无力者解囊贷之	卷二七《职官·名宦·靖安·国朝》,第150页
15	清代	杨恒春	兴书院,月课生童,膏火不足,捐廉助之	卷二七《职官·名宦·武宁·国朝》,第155页
16	清代	陈云章	濂山书院局课生童,厚款之,岁以为常,大比加课,膏火、奖赏,捐廉以给	卷二七《职官·名宦·义宁州·国朝》,第161页

序号	年代	施善者	捐助束修膏火等情况	资料来源：《同治南昌府志》
17	宋代	雷宜中	经略广东，比还，捐俸买田以给桐江书院	卷三九《人物·名臣·宋》，第373页
18	明弘治年间	岳州训导张钦	周诸生贫乏	卷三九《人物·名臣·明》，第380页
19	嘉庆年间	程楸采	旧有关中书院，捐廉添课	卷三九《人物·名臣·国朝》，第406页
20	明嘉靖年间	邓州学正万宗义	学例有额贴，悉济弟子贫乏	卷四一《人物·仕绩·明下》，第460页
21	明嘉靖年间	邵阳知县孙樾	任盐城教谕，升邵阳知县，捐俸置学田五十余亩资膏火	卷四一《人物·仕绩·明下》，第466页
22	明嘉靖年间	知县陈文	黄梅教谕，累任昌邑、崇明、上元知县，所至建修书院，督士子读书其中，资以膏火	卷四一《人物·仕绩·明下》，第466页
23	明万历年间	仁寿知县翟文简	廉州距省千有余里，贫士多不能应试，力为陈请，捐俸资公费，创学道，诸生得免跋涉之苦	卷四一《人物·仕绩·明下》，第485页
24	明万历年间	仁和知县樊良枢	置学田，以给士之贫者，民祀之西湖	卷四一《人物·仕绩·明下》，第486页
25	清代	乐平教谕盛际斯	贫者给以膏火	卷四二《人物·仕绩·国朝》，第503页
26	康熙年间	震泽知县伍斯璜	为立义学，置田以资膏火	卷四二《人物·仕绩·国朝》，第506—507页
27	清代	雩都训导万重辉	贫窭者辄倾助之	卷四二《人物·仕绩·国朝》，第509页
28	雍正年间	大庾教谕杜名世	士有单寒者，令其就学肄业，资以膏火	卷四二《人物·仕绩·国朝》，第512—513页
29	乾隆年间	平远知县周孔易	捐俸倡给书院膏火，资生童	卷四二《人物·仕绩·国朝》，第515页

续表

序号	年代	施善者	捐助束修膏火等情况	资料来源:《同治南昌府志》
30	乾隆年间	万安教谕赵鸣岐	置义学田以资膏火,聚徒讲学	卷四二《人物·仕绩·国朝》,第517页
31	乾隆年间	三原知县陈希贤	密之子,县有学古书院,延名师,益膏火,以奖励诸生	卷四二《人物·仕绩·国朝》,第521页
32	乾隆年间	赣县训导彭瀚	贫士助以膏火,奖劝不遗余力	卷四二《人物·仕绩·国朝》,第524页
33	乾隆年间	宣化知府甘立德	郡有柳川书院,捐廉给膏火,延名师督课	卷四二《人物·仕绩·国朝》,第525页
34	乾隆年间	训导蔡溆	累官瑞州府及金溪县训导,在筠时,寒士则助以膏火	卷四二《人物·仕绩·国朝》,第525页
35	乾隆年间	镇平知县敖宗瑚	筹添桂岭书院膏火,捐俸延山长。告归,倡里中狮山义塾	卷四二《人物·仕绩·国朝》,第525页
36	乾隆年间	甘定进	捐海山书院膏火	卷四二《人物·仕绩·国朝》,第528页
37	乾隆年间	太湖知县余心畅	书院旧存租不敷膏火,出廉俸佐之	卷四二《人物·仕绩·国朝》,第528—529页
38	乾隆年间	周兆增	邑有金鳌书院,捐俸延师,亲为讲论	卷四二《人物·仕绩·国朝》,第533页
39	嘉庆年间	丰都知县幸翰	义学久废,捐廉设膏火,督考课	卷四二《人物·仕绩·国朝》,第536页
40	嘉庆年间	黄家礼	嗣补德化,兼掌濂溪书院,贫士辄捐膏火培植之	卷四二《人物·仕绩·国朝》,第543页
41	道光年间	萧鸿铨	旧有桂山书院,课名虚设,捐加膏饩	卷四二《人物·仕绩·国朝》,第547—548页

(三)捐置图书

义宁州儒学,宋代黄庭坚《藏书阁铭并序》载:"于是,学有职及诸生之父兄皆自劝,市书以给诸生之求。且为出入之不严,不可以保存,曝凉之不时，不可以持久，又相劝作书阁，并祭器而藏之。"①

丹徒人殷士望，明嘉靖年间任新建县教谕，捐俸修尚友堂，买书贮学舍。②

清康熙五十一年，寓贤金孟庚捐租三十石，作为靖安士子购买书籍之资。③

康熙五十六年，江西巡抚白潢重建豫章书院，并偕学使王思训捐俸供给廪饩，复购十三经、二十一史、唐宋大家文集、先儒语录诸书储于院中。④

新建人伍斯瑸，康熙甲午科举人，历官震泽知县，曾立义学，置田以资膏火，并购书资之，暇则亲加考课，一时人文大振。⑤

三、捐资助奖

丰城人李遇陛，字珂鸣，康熙年间举人，任娄县知县，每月诣学课士，手定甲乙，捐俸奖之。⑥南昌人萧芸生，字怀元，道光壬辰科举人，曾捐廉为龙漳书院薪奖之资。⑦

熙恬，号引之，汉军正蓝旗人，道光庚子科进士，由工部虞衡司主事改授靖安知县，该县有双溪书院，恬捐廉加奖，每课亲自校阅，肄业诸生靡不悦服。⑧陈云章，号秋河，莆田进士，在义宁州为官十余年以振兴文教为己任，濂山书院大比加课，捐廉资助奖赏。⑨

---

① 《同治南昌府志》卷一六《学校·义宁州儒学》，第469页。本章下引《同治南昌府志》，书名从略。
② 卷二六《职官·名宦·新建·明》，第127页。
③ 卷一六《学校·靖安县学·学田》，第463页。
④ 卷一七《学校·书院·豫章书院》，第471页。
⑤ 卷四二《人物·仕绩·国朝》，第506—507页。
⑥ 卷四二《人物·仕绩·国朝》，第502页。
⑦ 卷四二《人物·仕绩·国朝》，第547页。
⑧ 卷二七《职官·名宦·靖安·国朝》，第150页。
⑨ 卷二七《职官·名宦·义宁州·国朝》，第161页。

四、捐资助贫

资助贫困。例如：丰城人李彦，明正德年间进士，任歙县知县，有柳姓诸生鬻儿事母，特捐俸构室予以周济。[①]清代，南昌岁贡生万重辉，任雩都训导，贫窭生员辄予佽助。[②]

资助婚葬。例如：元代，重庆人夏益朝，曾捐俸修葺丰城县学宫，诸士贫不能娶葬者给予佽助。[③]进贤人赵鎯，明成化年间举人，授滕县教谕，清介自持，复补浚县，虽束修贽币，一无所受。诸生有不能葬其亲者，辄出余俸以助。[④]靖安人吴廷光，明隆庆年间恩贡，任郧县知县，贫士不能婚者，助其完配。[⑤]

五、捐资助考

(一) 捐助学额

南昌府儒学，咸丰十年，以武宁捐输案，加定额五名。同治二年，以丰城捐输案，加定额五名。同治三年，以新建捐输案，加暂额二十五名。又以捐祥子营饷，加暂额五名，分年录取。)[⑥]南昌县儒学，咸丰年间以捐输案，累加定额十名。捐输案累加暂额二百五十二名，分年录取。[⑦]新建县儒学，咸丰年间以捐输案，累加定额十名。(暂额，捐输案累加暂额二百五十五名，分年录取)[⑧]丰城县儒学，咸丰七年后以捐饷累加定额十名。捐输案累加暂额一百五十四名，分年录取。[⑨]丰城县儒学武生额同南昌县学，以捐饷累加十名，暂额同文生。[⑩]进贤县儒学，咸丰八年后，

---

① 卷四〇《人物·仕绩·明上》，第 448 页。
② 卷四二《人物·仕绩·国朝》，第 509 页。
③ 卷二六《职官·名宦·丰城·元》，第 130 页。
④ 卷四〇《人物·仕绩·明上》，第 441 页。
⑤ 卷四一《人物·仕绩·明下》，第 470 页。
⑥ 卷一六《学校·南昌府儒学·弟子员额》，第 438 页。
⑦ 卷一六《学校·南昌县儒学·弟子员额》，第 444 页。
⑧ 卷一六《学校·新建县儒学·弟子员额》，第 448 页。
⑨ 卷一六《学校·丰城县儒学·弟子员额》，第 452 页。
⑩ 卷一六《学校·丰城县儒学·武生额》，第 452 页。

以捐饷累加定额十名。捐饷加暂额四十九名，分年录取。① 奉新县儒学，咸丰八年后，以捐饷累加定额十名。捐饷累加暂额一百八十六名，分年录取。奉新县儒学武生额，捐饷加十名。暂额与文生同。② 靖安县儒学，同治四年，以捐饷累加定额七名。又捐饷加暂额三十四名，分年录取。武生定额、捐饷加额同文生，暂额亦同。③ 武宁县儒学，咸丰十年，以捐饷加定额八名。又捐饷累加暂额一百三十五名，分年录取。武生新旧定额同文生，暂额亦同。④ 义宁州儒学，咸丰九年，以捐饷加额十名。捐饷加暂额一百四十八名，分年录取。武生永暂额均与文生同。⑤ 洪都书院课额，生监内外正课各四十名外，正续十二名，督学冯捐廉增二十名。童生内外正课各二十二名外，正续增八名，督学冯捐廉增十名，分属定额录取。⑥

（二）捐修试院、考棚

南昌人熊一潇，康熙甲辰进士，官至工部尚书，"北闱号舍，旧覆以席，不蔽风雨，一潇捐赀易以瓦，至今乡会试士子赖之"。⑦ 南昌人刘起厚，乾隆乙未进士，加通判衔署靖州知州，捐廉重建考棚。⑧ 奉新人宋鸣琦，乾隆丁未进士，历官嘉定知府，复修试院，捐廉为倡。⑨ 丰城人万光岚，捐赀重新南昌试院。⑩ 奉新人刘鸿勋，初任遂平知县，捐廉创建考棚、书院。⑪

（三）捐助宾兴

南昌人罗汝元，字懋先，万历年间进士，授行人，擢御史，巡按云

① 卷一六《学校·进贤县儒学·弟子员额》，第 456 页。
② 卷一六《学校·奉新县儒学·弟子员额》，第 459 页。
③ 卷一六《学校·靖安县学·弟子员额》，第 463 页。
④ 卷一六《学校·武宁县儒学·弟子员额》，第 466 页。
⑤ 卷一六《学校·义宁州儒学·弟子员额》，第 469 页。
⑥ 卷一七《学校·书院·洪都书院·课额》，第 479 页。
⑦ 卷四二《人物·仕绩·国朝》，第 501 页。
⑧ 卷四二《人物·仕绩·国朝》，第 528 页。
⑨ 卷四二《人物·仕绩·国朝》，第 533 页。
⑩ 卷四二《人物·仕绩·国朝》，第 515 页。
⑪ 卷四二《人物·仕绩·国朝》，第 548 页。

南，滇士苦无公车费，捐所积俸给之，乃得就道。滇士计偕，自兹始。①
南昌人徐学晋，嘉庆乙丑进士，由庶吉士改授文昌知县。文昌距省会三千
余里，乡闱贫士不能赴，捐廉俸赠行。②

《南昌府志》对奉新县儒学圣庙田记载颇详：乾隆间，同知涂锡盛捐
田租二百三石五斗为应乡试卷费。龚懋宽捐店二间、基地一所、银四十两
累年本息买田租七石，廖为轸捐田租八石，阴锼裔捐田租二石，刘校书等
捐田租六石，徐有达捐田租四石，为乡试年祀魁及试卷费。嘉庆十二年，
新兴乡捐田租八十石五斗零，为县试文童正场卷费。道光二年，陈世瑜等
捐田租二百三十石，为县试招覆至末覆及府试正场卷费，其覆试卷费悉由
登瀛集捐。三年，甘本烈捐田租五十二石六斗为武乡试卷费，捐田租三十
石一斗为武童试卷费。③

马廷燮，字梅亭，献县人。乾隆丙午举人，任靖安知县。每秋闱
前，期必治具演剧，荐送诸生东郊外，各赠以卷资，计数科所费，约数
百缗。④嘉庆十九年，郑映川捐田租百石。道光二十七年，公买田租六十
石七斗五升为文武生童岁科试乡试卷赀，又店租一所为文武生岁科试卷
赀。⑤靖安人舒振甲，历官广西来宾，捐修书院，严讲课，给考费，三年
后遂有乡举。⑥

道光二十一年，邹经邦捐钱三千串入进贤县儒学，置产，为文生岁、
科试卷费，现存本邑当店一所，省垣店三所。⑦

道光中，程（行恕、丽中）堂捐制钱一万八千缗入新建县儒学，岁
收息钱为公车会试卷价川资。⑧

---

① 卷四一《人物·明仕绩下》，第478页。
② 卷四二《人物·仕绩·国朝》，第539页。
③ 卷一六《学校·奉新县儒学·圣庙田》，第459—460页。
④ 卷二七《职官·名宦·靖安·国朝》，第149页。
⑤ 卷一六《学校·靖安县学》，第463页。
⑥ 卷四二《人物·仕绩·国朝》，第525页。
⑦ 卷一六《学校·进贤县儒学》，第456页。
⑧ 卷一六《学校·新建县儒学·宾兴经费》，第449页。

同治三年，丰城合邑捐制宾兴会，合旧李棠捐元银三千两，李翔千捐钱一千串，所存余费制店业十三所，为文武考试卷价。① 丰城新立宾兴会，每年拨公费一百五十串入龙山书院，又由官每年拨公款为膏火费。②

武宁县张震霆兄弟叔侄捐田租三百四十一石八斗九升，作为文童县府院试卷费。③

义宁州仁义书院西有宾兴馆，合乡捐建，置田租四百石，给乡会试程费。④ 培元书院在安乡十二都，同治元年乡人捐田租千余石，五年创院宇，房屋有四十余间，课士有费，岁科乡会试有程仪。⑤ 重光社学在武乡二十四都，同治二年士民捐建，置买田租百七十石，为春秋课士费及文武乡会试程仪。⑥ 义宁州人陈希贤，倡建宁州会馆于京邸。⑦

第二节　教育慈善特色及原因

一、特色

（一）教育慈善事业历史悠久

笔者在方志中所见最早的教育慈善史料是晋代的范宁。范宁，字武子，晋代南阳顺阳人，历官豫章太守时，大设庠序，遣人往交州采磬石，以供学用。改旧制，起学堂，并取郡四姓子弟皆充学生，课读五经。学者闻风而至者千余人，资给众费，一出私禄。⑧ "私禄"二字就明确了他的教育慈善性质。

---

① 卷一六《学校·丰城县儒学》，第452页。

② 卷一七《学校·书院·丰城县·龙山书院》，第485页。

③ 卷一六《学校·武宁县儒学·文童县府院试卷费田》，第466页。

④ 卷一七《学校·书院·义宁州·仁义书院》，第500页。

⑤ 卷一七《学校·书院·义宁州·培元书院》，第500页。

⑥ 卷一七《学校·书院·义宁州·社学》，第501页。

⑦ 卷四二《人物·仕绩·国朝》，第521页。

⑧ 卷二六《职官·名宦·南昌府·晋》，第105页。

有关宋代教育慈善的史料也有数条。宋景德四年（1007），奉新县人大理评事胡仲容捐创县学殿宇，颇为宏敞。① 宋黄庭坚（1045—1105）《藏书阁铭并序》记载了义宁儒学之学官及诸生之父兄捐购书籍并建藏书阁一事。② 丰城人雷宜中，端平间（1234—1236）补太学生，曾经略广东，"比还，捐俸买田以给桐江书院"。③ 淳祐八年（1248），奉新县人王允升、周守约割地增址修建儒学。④

（二）积极资助书院建设

书院作为府学、州学、县学等官学的重要补充，尤其是到了明清时期，其在培养人才方面的巨大作用不可替代。受欧阳修、王安石、朱熹、陆九渊、吴与弼、娄谅、胡居仁、罗钦顺、邹守益、罗洪先等宋明时期一大批思想家、教育家影响，江西南昌府及所属各县也都遍设书院。

（三）高度重视捐资助考环节

由前文可见，江西非常重视捐资助考这一环节，尤其是在捐广学额、捐助宾兴经费等方面表现得非常突出。

（四）妇女积极从事教育慈善

广大妇女也积极参与教育慈善。如：清雍正二年，义宁州孀妇陈杨氏捐夫陈允达所遗水田七十七亩有余。⑤ 乾隆年间，武宁县黄贤佩妻段氏捐田四亩五分。⑥ 嘉庆十八年，节妇邓盛氏捐屋一所。⑦ 道光年间，吴士清三女合捐田四亩一分。⑧ 道光三十年，丰城县节孝李绍宝妻暨李培本母丁氏捐田四十八工一角。⑨ 同治五年，奉新县刘于道妻邓氏，捐田租二十五

① 卷一六《学校·奉新县儒学》，第457页。
② 卷一六《学校·义宁州儒学》，第469页。
③ 卷三九《人物·名臣·宋》，第373页。
④ 卷一六《学校·奉新县儒学》，第457页。
⑤ 卷一六《学校·义宁州儒学·学田》，第469页。
⑥ 卷一六《学校·武宁县儒学·学田》，第466页。
⑦ 卷一七《学校·书院·武宁县·正谊书院》，第495页。
⑧ 卷一六《学校·武宁县儒学·学田》，第466页。
⑨ 卷一六《学校·丰城县儒学·学田》，第452页。

石五斗五升。① 乂宁州张铎妻胡氏捐田三十五亩有余。② 张方渠妻石氏捐田租三十二石。③ 余许氏捐店屋一所。④

（五）宗族、家族力量渗透在教育慈善之中

奉新人黄载，明洪武年间进士，以俸糈所余悉置义田，以给族之读书及贫不能娶者。⑤

新建人陶万达，清雍正乙卯举人，历官成县知县、卫辉知府、陈州知府，曾捐千金置田，延塾师课通族子弟。⑥ 同治八年，知县吕懋先捐廉一百五十千，邓维城捐银一百两。胡姓赎山价八十千，重修十店。⑦ 上义书院，在奉化乡上村。李、罗、戴、温、黄、曾、王七姓建。合捐田租一百二十五石有余，钱二百四十余串。⑧ 乂宁州的陈昌言、陈密、陈伟、陈应楷家族等数代力行教育慈善。

（六）具有地方摊派性质

南昌府学内各个建筑大修时，通常由所属各县分工捐修，如清代乾隆末年那次大修。大多数民办书院，也多由所属县、乡、都、图捐建。以上均明显带有地方摊派的性质。

二、原因

（一）境内多山，交通不便

江西境内多山，农耕条件较差，读书是人们唯一的进身之阶。加之江西距离京师北京路途遥远，故比较重视宾兴经费的捐助。

---

① 卷一六《学校·奉新县儒学·圣庙田》，第 460 页。
② 卷一七《学校·书院·乂宁州·濂山书院》，第 498 页。
③ 卷一七《学校·书院·乂宁州·濂山书院》，第 498 页。
④ 卷一七《学校·书院·乂宁州·濂山书院》，第 499 页。
⑤ 卷四〇《人物·仕绩·明上》，第 426 页。
⑥ 卷四二《人物·仕绩·国朝》，第 513 页。
⑦ 卷一七《学校·书院·奉新县·冯川书院》，第 490—491 页。
⑧ 卷一七《学校·书院·奉新县·上义书院》第 494 页

（二）文化、教育底蕴深厚

江西自古乃人文渊薮，闻人辈出。田园诗派的开创者东晋陶渊明为江西九江人，唐宋八大家，宋代欧阳修、王安石、曾巩，江西就占了三个。宋代文学家、书法家黄庭坚、元末学者危素、明代著名辅臣"三杨"之一杨士奇、主持编纂《永乐大典》的解缙、嘉靖朝权臣严嵩、明末清初著名画家朱耷皆为江西人。

江西重视教育渊源有自，底蕴深厚。春秋时期的澹台灭明，复姓澹台，名灭明，字子羽，鲁国人，孔子七十二名徒之一，他后来游学到今天的江西，师从者有三百多人，他建立了一套完备的教学管理制度，对后世影响甚大，是当时儒家在南方的一个很有影响的学派。南宋伟大的教育家、思想家朱熹祖籍就在今天的江西婺源，也曾任职江西南康知府。所到之处，重视文教，振兴书院，对后世产生重大影响。江万里，朱熹再传弟子，理学名家，创建了白鹭洲书院。此外江西的白鹿洞书院、鹅湖书院等皆为宋代全国著名书院。

这些文化、教育名家，在中国历史上皆影响甚巨，对其家乡的影响就可想而知。

（三）科举发达

由于重视教育，广建书院，培养了大批高素质的人才，故在科举考试中进士登科、高中鼎甲者为数众多。尤其是在明朝，江西举业尤为发达。因居官者多，他们尝到了投资教育的甜头，故更加热衷于支持教育、科举，形成了良性循环。

（四）宗族、礼法观念强

江西宗族家族观念、礼法观念极强。为了对施善者进行奖励和回馈，以彰显施善者的德行，募捐活动的组织者会在工程完竣之后，在显要位置设立木主以祀，加以尊崇，这种激励手段无疑又进一步刺激了教育慈善的发展。

例如：仁义书院，在仁乡六十四都，道光三十年合乡捐建。院内建文昌阁，东藏书斋，西储才馆，中为堂，祀捐赀木主。[1] 培元书院，在安乡十二都，同治元年乡人捐田租千余石，五年创院宇，中讲堂，后文昌宫，附祀捐输姓氏。[2]

---

[1]　卷一七《学校·书院·义宁州·仁义书院》，第 500 页。

[2]　卷一七《学校·书院·义宁州·培元书院》，第 500 页。

第五章 山西晋中地区

晋商为我国明清时期著名的商帮之一，而晋商主要集中在晋中地区，包括太谷、灵石、介休、榆次、祁县、平遥等县。本章选择探讨北方黄河流域山西晋中地区的教育慈善，其目的是与南方徽州地区徽商的教育慈善进行对比，更全面地了解我国传统社会的教育慈善事业。本章主要利用了《乾隆太谷县志》[1]、《民国太谷县志》[2]、《嘉庆灵石县志》[3]、《民国灵石县志》[4]、《乾隆介休县志》[5]、《嘉庆介休县志》[6]、《同治榆次县志》[7]、《光绪榆次

---

[1] （清）郭晋修，管粤秀纂：《乾隆太谷县志》，《中国地方志集成·山西府县志辑》第19册，凤凰出版社2005年版，据清乾隆六十年（1795）刻本影印。

[2] 安恭己等修，胡万凝纂：《民国太谷县志》，《中国地方志集成·山西府县志辑》第19册，凤凰出版社2005年版，据1931年铅印本影印。

[3] （清）王志瀜修，黄宪臣纂：《嘉庆灵石县志》，《中国地方志集成·山西府县志辑》第20册，凤凰出版社2005年版，据清嘉庆二十二年（1817）刻本影印。

[4] 李凯朋修，耿步蟾纂：《民国灵石县志》，《中国地方志集成·山西府县志辑》第20册，凤凰出版社2005年版，据1934年铅印本影印。

[5] （清）王谋文纂修：《乾隆介休县志》，《中国地方志集成·山西府县志辑》第24册，凤凰出版社2005年版，据清乾隆三十五年（1770）刻本影印。

[6] （清）徐品山、陆元鐩修，熊兆占等纂：《嘉庆介休县志》，《中国地方志集成·山西府县志辑》第24册，凤凰出版社2005年版，据清嘉庆二十四年（1819）刻本影印。

[7] （清）俞世铨、陶良骏修，王平格、王序宾纂：《同治榆次县志》，《中国地方志集成·山西府县志辑》第16册，凤凰出版社2005年版，据清同治二年（1863）凤鸣书院刻本影印。

县续志》①、《光绪祁县志》②、《光绪平遥县志》③ 等六县十种县志。

第一节　教育慈善活动

一、捐资兴教

序号	年代	施善者	捐资修建学校情况	资料来源
1	乾隆五十五年	知县顾售、邑绅士	知县顾售集邑绅士重修明伦堂	《乾隆太谷县志》卷二《学校》，第50页
2	乾隆五十一年	训导郝鉴	重修敬一亭，有绅士乐输姓名碑记	《乾隆太谷县志》卷二《学校》，第50页
3	乾隆五十七年	教谕崔敏第、邑绅士	会邑绅士重修尊经阁，并东斋、修道堂	《乾隆太谷县志》卷二《学校》，第50页
4	乾隆五十七年	知县郭晋	捐构正馆东厢房二楹	《乾隆太谷县志》卷二《学校·凤山书院》，第52页
5	乾隆十五年	知县冯浩	设义学，知县冯浩专为穷民子弟无力延师，于本城资福寺设立学房，延师训课	《乾隆太谷县志》卷二《学校·义学》，第52页
6	明嘉靖年间	邑诸大姓之乐义者	增修太谷县儒学，凡庀财七百八十有五缗，以邑诸大姓之乐义者出之	《乾隆太谷县志》卷六《艺文·记·明》，第175页
7	清代	邑令吕崇谧，邑绅	缮修书院，首出俸金以倡，而踊跃以捐者逾千金，嗣捐者又得银千余金	《乾隆太谷县志》卷六《艺文·记·国朝》，第180页；另见《乾隆太谷县志》卷六《艺文·记·国朝》，第181页

---

① （清）吴师祁、张承熊修，黄汝梅、王徽纂：《光绪榆次县续志》，《中国地方志集成·山西府县志辑》第16册，凤凰出版社2005年版，据清光绪十一年（1885）刻本影印。

② （清）刘发岐修，李芬纂：《光绪祁县志》，《中国地方志集成·山西府县志辑》第23册，凤凰出版社2005年版，据清光绪八年（1882）刻本影印。

③ （清）恩端修，武达材、王舒萼纂：《光绪平遥县志》，《中国地方志集成·山西府县志辑》第17册，凤凰出版社2005年版，据清光绪八年（1882）刻本影印。

续表

序号	年代	施善者	捐资修建学校情况	资料来源
8	乾隆年间	阖邑缙绅	阖邑缙绅善体公意，倡为义举，捐赀勉励	《乾隆太谷县志》卷六《艺文·记·国朝》，第187页
9	清代	韩昌谷	升任后，犹留官俸，令葺文庙	《乾隆太谷县志》卷七《艺文·传·国朝》，第188页
10	清代	国子监学正孙庄	修文庙，捐资以为众先	《乾隆太谷县志》卷七《艺文·传·国朝》，第194页
11	清代	知府孟周衍	置义学，俾民之孝秀者有教	《乾隆太谷县志》卷七《艺文·传·国朝》，第197—198页
12	清康熙六十年	白梦兆	为立义学，聚之读书，给纸笔，其贫无赀者，并给以薪水	《乾隆太谷县志》卷七《艺文·传·国朝》，第201页
13	清道光年间	知县孙衔	义学，在文庙西南，即社学改建，延师以训贫民子弟	《民国太谷县志》卷四《教育》，第396页
14	道光年间	县绅员崇本	乡义学，在县南沟子村西数十步	《民国太谷县志》卷四《教育》，第396页
15	康熙六十年	白长庚	于里中设义学，聚子弟读书，贫者给以纸笔、薪水	《民国太谷县志》卷五《乡贤·义行·清》，第454页
16	清代	武文焕	尝设义学于南席村，以教贫民子弟	《民国太谷县志》卷五《乡贤·义行·清》，第455页
17	清代	白澄	修建凤山书院、文庙，历任长官谂澄能，悉属办焉	《民国太谷县志》卷五《乡贤·义行·清》，第455页
18	清代	孟建春	捐银五千两存宗祠，以赡族之贫暨无力读书者，出钱万缗益凤山书院膏火。县修文庙，沟子村建义学，榆次县修孟母庙，元戈村修圣庙，皆捐巨资助营	《民国太谷县志》卷五《乡贤·义行·清》，第456页
19	康熙六十年	贡生王麟趾	捐赀独力修整学宫	《嘉庆灵石县志》卷四《学校志·学宫》，第58页

序号	年代	施善者	捐资修建学校情况	资料来源
20	雍正十三年	王麟趾孙王喜	王麟趾孙喜复修县学，以完其先人未竟之志	《嘉庆灵石县志》卷四《学校》，第58页
21	乾隆元年	知县胡承泽、职员王喜	知县胡承泽倡职员王喜增修县学	《嘉庆灵石县志》卷四《学校》，第58页
22	乾隆四十七年	生员祁霖泽	补修县学	《嘉庆灵石县志》卷四《学校》，第58页
23	元至正二年	知县冉大年等	率乡民南塘等建文庙	《嘉庆灵石县志》卷四《学校·文庙》，第66页
24	康熙年间	乡民王斗星	乡民王斗星捐修文庙	《嘉庆灵石县志》卷四《学校·文庙》，第66页
25	雍正十二年	知县胡承泽	捐建义学，在东门外瑞云观东	《嘉庆灵石县志》卷四《学校·义学》，第66页
26	雍正二年	梁应宸	设义学	《嘉庆灵石县志》卷七《宦绩志》，第90页
27	嘉庆二年	教谕刘衡诏	捐俸修学宫	《嘉庆灵石县志》卷七《宦绩志》，第91页
28	清代	优生王梦鹏	号六翮，设义学	《嘉庆灵石县志》卷九《人物·国朝》，第129页
29	清代	刘敬	立义学，以训育后进	《嘉庆灵石县志》卷九《人物·国朝》，第130页
30	元至元二年	乡民南塘等	建文庙于里中，屡坏屡修，皆积乡村之财力为之	《嘉庆灵石县志》卷九《善行·国朝》，第132页
31	清代	王斗星	捐金独力重修，庙制为之一新	《嘉庆灵石县志》卷九《善行·国朝》，第132页
32	清代	张集义	设立义学，凡穷约之家，皆得来学	《嘉庆灵石县志》卷九《善行·国朝》，第133页
33	乾隆年间	王中行	乾隆四十八年捐修文昌阁，五十三年修学宫，修会文馆，彩画魁星阁	《嘉庆灵石县志》卷九《善行·国朝》，第134页

续表

序号	年代	施善者	捐资修建学校情况	资料来源
34	清代	张说	倡建文昌阁，以补邑东南风气	《嘉庆灵石县志》卷九《善行·国朝》，第135页
35	清代	张鸿猷	设义塾，躬自教读，不计束修，村中多所成就	《嘉庆灵石县志》卷九《善行·国朝》，第136页
36	乾隆年间	举人陈德溥	捐赀建义学二所	《嘉庆灵石县志》卷九《善行·国朝》，第137页
37	清代	张玫	设家塾训诲子侄，有来学者不受束修，如是者十余年	《嘉庆灵石县志》卷九《善行·国朝》，第137页
38	清代	王中极	父六翮设义学，克承父志，捐金添建义学房屋二十三间，延师以训无力子弟	《嘉庆灵石县志》卷九《善行·国朝》，第137页
39	乾隆年间	杨溪	捐设义学银三百两	《嘉庆灵石县志》卷一○《捐赈·国朝·乾隆年》，第139页
40	明万历年间	知县路一麟	倡议建文昌庙于翠屏山上，以助文风	《嘉庆灵石县志》卷七《宦绩志》，第89页；另见《嘉庆灵石县志》卷一一《艺文志·记》，第174页
41	清代	梁塽家族	于村中设立义塾，建竹林书院	《民国灵石县志》卷九《忠孝·清》，第346—347页
42	嘉庆年间	举人梁永康	在冠县任内，捐廉千金，建立清泉书院	《民国灵石县志》卷九《忠孝·清》，第347页
43	嘉庆年间	举人梁中孚	书院、义学，有废必兴	《民国灵石县志》卷九《忠孝·清》，第348页
44	清代	梁乐善	见子弟有造者，鬻产以助之	《民国灵石县志》卷九《忠孝·清》，第359页
45	道光十年	王锡琪	捐银三百两修忠义祠	《民国灵石县志》卷九《善行·清》，第360页

续表

序号	年代	施善者	捐资修建学校情况	资料来源
46	明崇祯三年	知县何腾蛟	以学前道路阻塞，捐俸市民居为云路。又作石梯直达南城，上建三台坊，未讫工丁忧去。后任大兴县令，寄金成之	《嘉庆介休县志》卷三《学校》，第313页
47	崇祯四年至清初	生员董尔型家族	董尔型重修文庙，子正绅踵成之，后正绅子印传、印直重修明伦堂，侄印心重修尊经阁	《嘉庆介休县志》卷三《学校》，第313页
48	康熙三十四年	候选郎中梁锡珩	重修尊经阁	《嘉庆介休县志》卷三《学校》，第313页
49	雍正九年	国学生梁浚、梁泌兄弟	重修尊经阁	《嘉庆介休县志》卷三《学校》，第313页；另见卷一二《艺文·李寿朋〈修尊经阁记〉》，第525页
50	乾隆三年	国学生宋怡棠	捐千金重修介休县学	《嘉庆介休县志》卷三《学校》，第313页
51	嘉庆元年	兰州府知府张燮	重修忠义孝悌祠	《嘉庆介休县志》卷三《学校》，第313页
52	康熙三十二年	乡宦梁钦	射圃，乡宦梁钦构地一区筑之	《嘉庆介休县志》卷三《学校》，第314页
53	嘉庆十七年	绅士梁誉佐	顺城关义学，捐资另于华岩寺空基建造为李公祠，仍设义学于其中	《嘉庆介休县志》卷三《学校》，第314页
54	康熙六十年	龙头村任复裕	建龙头村义学，置地二十四亩	《嘉庆介休县志》卷三《学校》，第314页；另见卷一二《艺文》四六·（清）任麟凤〈龙头村建义学记〉》，第523页
55	康熙年间	赵承舜	建中街村义学，地八亩，生息银三百两有奇	《嘉庆介休县志》卷三《学校》，第314页

续表

序号	年代	施善者	捐资修建学校情况	资料来源
56	康熙年间	国学生温贵极	建曹褚村义学	《嘉庆介休县志》卷三《学校》，第314页
57	康熙年间	国学生梁濬	建南靳屯义学	《嘉庆介休县志》卷三《学校》，第314页
58	乾隆二十二年		张兰镇义学，在分府署东，乾隆二十二年建	《嘉庆介休县志》卷三《学校》，第314页
59	康熙年间	刘世昌	先后出粟三千石、银二千余两以济贫乏，郡庠、邑庠修葺多有功	《嘉庆介休县志》卷一〇《孝义·国朝》，第447—448页；另见《乾隆介休县志》卷一二《艺文二·王玮〈赠奉政大夫州同知刘世昌墓志铭〉》，第204页
60	清代	国学生张呈绣	于城关设二义学，延明师，给纸笔、膏火	《嘉庆介休县志》卷一〇《孝义·国朝》，第452页
61	清代	候选游击李日暹	邑中修庙，建考棚、公馆，诸工皆捐赀，董其事	《嘉庆介休县志》卷一〇《孝义·国朝》，第453页
62	清代	侯为龙	凡邑中创武庙、建书院，诸公举皆力为之	《嘉庆介休县志》卷一〇《孝义·国朝》，第453页
63	清代	通政司知事马震	张兰镇向无书院，邑人马震捐赀创立	《嘉庆介休县志》卷一〇《孝义·国朝》，第453—454页
64	清代	郭承迁家族	郭承迁及子康图，孙维翰、维藩，曾孙大桂、大柱，立义学，以任恤世其家	《嘉庆介休县志》卷一〇《孝义·国朝》，第455页
65	清代	湖北荆州府经历田士孝	立义学，为里中所称	《嘉庆介休县志》卷一〇《孝义·国朝》，第455页
66	清代	候选都司温泰履	尝立义学	《嘉庆介休县志》卷一〇《孝义·国朝》，第455页
67	清代	候选训导温璞、贡生温瑗兄弟	温璞于其村捐赀建魁星楼，事未成而卒，其弟瑗踵成之	《嘉庆介休县志》卷一〇《孝义·国朝》，第456页

续表

序号	年代	施善者	捐资修建学校情况	资料来源
68	元代	县尹田泽、主簿王益、官民	元贞元年（1295）八月一日，介休文庙修竣，县尹田君泽、主簿平阳王益及邑之吏民，相率捐金以助	《嘉庆介休县志》卷一二《艺文·（元）冷思贤〈新文庙记〉》，第509页
69	清代	梁星煜父子等	因效钟离捐金之意，亟命堉儿归里，经始其事，于是父老欢然助理	《嘉庆介休县志》卷一二《艺文·梁星煜〈新文奎楼记〉》，第521页
70	清代	参政范毓馪	后进有贫不能学者，公为备修脯	《乾隆介休县志》卷一二《艺文二·梁锡玙〈参政范毓香覃墓志铭〉》，第205—206页
71	清代	邑侯王公	庀工扩其制，俸钱不自糜，悉资为经费	《乾隆介休县志》卷一三《艺文·补遗·任大廪〈绵山书院落成恭记·邑侯王公政绩〉》，第205—206页
72	明崇祯二年	知县张任学、邑人御史张养	重修学宫，邑人御史张养以银八百两助其役，于敬一亭之北建尊经阁	《同治榆次县志》卷三《学校·明》，第342页
73	清顺治十四年	知县熊光裕	捐俸修葺学宫	《同治榆次县志》卷三《学校·国朝》，第342页
74	康熙十二年	教谕窦瑀、绅士	率绅士共修县学，又于明伦堂东建文昌祠，上为魁星阁	《同治榆次县志》卷三《学校·国朝》，第342页
75	乾隆年间	知县王有德、钱标、钱之青，邑绅	乾隆元年，知县王有德与绅士共议修葺，越明年，功过半而有德去。七年，知县钱标继修，工未竣复迁朔州牧。十五年，知县钱之青复为经画落成	《同治榆次县志》卷三《学校·国朝》，第342页
76	嘉庆十五年	邑绅	捐赀重修县学，复置水田叁亩肆分，以作庙中洒扫之费	《同治榆次县志》卷三《学校·国朝》，第342—343页

续表

序号	年代	施善者	捐资修建学校情况	资料来源
77	乾隆年间	邑令钱之青、史湛	乾隆十三年，邑令钱之青就两贤祠设义学，出修脯，延师课士。越十八年，邑令史湛增建学舍，榜为凤鸣书院	《同治榆次县志》卷三《学校·国朝》，第343页
78	乾隆十二年	知县钱之青	源池书院，知县钱之青捐资复修	《同治榆次县志》卷三《学校·国朝》，第344页
79	道光二十四年	里人宁国、贡生宁述俞父子，崔映南	源池书院，宁国同子述俞等募资数千金，与生员崔映南拓而新之	《同治榆次县志》卷三《学校·国朝》，第344页
80	明万历年间	知县刘似鼇	建西门街义学，岁捐学谷六石、银六两	《同治榆次县志》卷三《学校·国朝》，第344页
81	康熙年间	知县王亦宣	鸣谦镇义学，以官亭废址改建	《同治榆次县志》卷三《学校·国朝》，第344页
82	乾隆十一年	知县徐玉田	建东郝村义学，次年以村东三妙沟地三十一亩入学中	《同治榆次县志》卷三《学校·国朝》，第344页
83	乾隆十二年	知县钱之青	什贴镇义学，捐建学舍，新置地十亩，以供脯修	《同治榆次县志》卷三《学校·国朝》，第344页
84	乾隆三十八年	里人	聂村义学，里人公建	《同治榆次县志》卷三《学校·国朝》，第344页
85	乾隆十三年	监生智昌	张村义学，捐地造学舍，复捐膏火地三十亩，以为师资	《同治榆次县志》卷三《学校·国朝》，第344页
86	乾隆十三年	监生王光	捐地建永康镇义学，并岁给脯修延师以教乡之子弟	《同治榆次县志》卷三《学校·国朝》，第344—345页
87	清代		东阳镇义学	《同治榆次县志》卷三《学校·国朝》，第345页
88	康熙六十年	赵光文	为乡人立学舍、延师，使远近皆来就学	《同治榆次县志》卷九《人物传下·义行·国朝》，第441页

续表

序号	年代	施善者	捐资修建学校情况	资料来源
89	清代	胡光地	尝抵京师，过深泽，见至圣庙像露处，招其里人，捐百金修葺之，庙貌一新	《同治榆次县志》卷九《人物传下·义行·国朝》，第442页
90	光绪五年	邑富绅	慨助巨赀，于书院之艮维购置地基，建置考院	《光绪榆次县志》卷一《建置·考院》，第442页
91	康熙年间	祁县知县王帷筹	陕西华州人，解元，创义学	《光绪祁县志》卷五《名宦·国朝》，第351页
92	明隆庆、万历年间	河南布政使戴光启	葺学宫，立书院，建文昌阁	《光绪祁县志》卷七《乡贤·明》，第418页
93	清代	直隶容城知县程愫	建立义学，延师训课，多所成就	《光绪祁县志》卷八《人物一·国朝》，第430—431页
94	清代	国学生戴祚祥	尝立书舍，延师课子侄及里党之秀者	《光绪祁县志》卷九《人物》二《尚义·国朝》，第438页
95	清代	颉俊	尝修葺学宫，捐重赀，竭力经营	《光绪祁县志》卷九《人物》二《尚义·国朝》，第438页
96	清代	程作贤、庠生程凌宵	程作贤输百金倡义修举村东文昌阁，庠生程凌宵相与募修	《光绪祁县志》卷九《人物》二《尚义·国朝》，第438页
97	清代	宁武府学训导杨聚春	解组后，设立义学，以训村蒙	《光绪祁县志》卷九《人物》二《新续人物·饬行·国朝》，第453页
98	清代	乔致远	广开学舍，以容四方游学之士	《光绪祁县志》卷九《人物》，第453页
99	明嘉靖年间	耆民王廷杰等	耆民王廷杰等修学宫，三月而功成	《光绪祁县志》卷一一《艺文》二《记·明》，第501页
100	清代	知县郭公、教谕田绍前等	两公捐俸倡率，多士不言而化，即贫窭亦乐为输助，故一钱一力无扰市民	《光绪祁县志》卷一二《艺文》三《记·国朝》，第506页
101	清代	举人范子，阳城学谕阎子	募输重修县学	《光绪祁县志》卷一二《艺文》三《记·国朝》，第515—516页

续表

序号	年代	施善者	捐资修建学校情况	资料来源
102	清代	邑侯陈公，学博，太学生康福旺等	太学生康福旺偕众纠首，邑侯陈公及学博、城守诸公皆捐俸以助，本镇及沿河诸乡、城中士民，及在外贸易者皆乐捐	《光绪祁县志》卷一二《艺文》三《记·国朝》，第517—518页
103	康熙三十九年	知县王绶	捐俸修理文庙，仍辟云路，建文昌阁	《光绪平遥县志》卷四《学校志·学宫》，第79页
104	康熙四十二年	县令王绶	县令王绶奉中丞噶公命，捐俸创建西河书院	《光绪平遥县志》卷四《学校志·书院》，第94页
105	康熙年间	知县王绶	于路东创建义学，买田二百九十余亩，为书院费，买田六十余亩，为义学费	《光绪平遥县志》卷四《学校志·书院续编》，第95页
106	道光初年	平遥合邑，城内铺户	省城修贡院，平遥合邑摊捐银三千二百两有奇，只用二千两，发回银一千二百两有奇，后以此项已捐之银创建超山书院，又从城内铺户募捐银七百两有奇	《光绪平遥县志》卷四《学校志·书院续编》，第95页
107	道光十九年	平遥知县靳廷钰，绅士郭宪章、刘充实等	首倡捐银三百两，劝诸绅士修文庙，止用银七千两有奇，尚余银九千两有奇，诸董事捐资凑成万金之数，发合县当商，以六厘半生息，每岁得息银六百五十两，超山书院山长束修、火食银三百两，生童膏火及杂费银三百两，余银五十两为历年修补房屋之用，仿祁县、太谷、榆次章程，生息之项由董事二十四家轮流值年管理，官吏概不经手	《光绪平遥县志》卷四《学校志·书院续编》，第95页；另见《光绪平遥县志》卷九《人物志上·义行续编》，第193页

续表

序号	年代	施善者	捐资修建学校情况	资料来源
108	清代	道光乙未举人侯配金	立义学，以训村蒙	《光绪平遥县志》卷九《人物志上·懿行续编》，第177页
109	清代	任明武	闻邑宰振修文庙，扶杖至，施银六十两	《光绪平遥县志》卷九《人物志上·义行续编》，第191页
110	清代	尹清兰及其兄清芝	积一千三百金欲倡修义学，未果而逝，遗言托兄清芝经理，后创建并置田三十亩，余银出放子息为馆谷之需，租课所入为岁修之费	《光绪平遥县志》卷九《人物志上·义行续编》，第191页
111	清代	冀烈章	邑中文庙、书院诸大役，悉竭力董其事	《光绪平遥县志》卷九《人物志上·义行续编》，第193页
112	清代	赵存锡	文庙等诸大役，始终经理其事，数十年无倦色	《光绪平遥县志》卷九《人物志上·义行续编》，第194页
113	清代	张四维	在村倡立义学	《光绪平遥县志》卷九《人物志上·义行续编》，第194页
114	明代	魏学征	重修庙学，财不费公帑，捐俸以足	《光绪平遥县志》卷一一《艺文志》上（明）纪云鹤《魏公重修庙学记》，第274页
115	明代	杨廷谟，士绅	除自俸捐助外，于诸狱讼法非无赦，例应赎锾，事匪上橄者，或愿赎金或愿备材，令充公用，而少贷其罚，以故逮者乐输恐后，青衿捐赀捐材，即乡士夫、成均士，并巨氓咸助工有差	《光绪平遥县志》卷一一《艺文志》上（明）阎庚《杨公重修学宫记》，第275页

续表

序号	年代	施善者	捐资修建学校情况	资料来源
116	明嘉靖十七年	庠生王荣	孔庙创造祭器，旧邑庠生王荣资其功	《光绪平遥县志》卷一一《艺文志》上（明）雷洁《孔庙创造祭器记》，第276页
117	康熙十四年	魏裔愍，绅士	倡率绅士协力捐输迁移学宫	《光绪平遥县志》卷一一《艺文志》上（清）魏裔愍《迁移学宫记》，第295—296页
118	康熙二十三年	黄汝钰等	捐资创立义学于县治之南，买邓生地一亩五分，计赀四百五十余缗，岁延文行兼优之士以为师，官给廪饩，以教贫民之子弟，财悉官捐，故民无费	《光绪平遥县志》卷一一《艺文志》上（清）黄汝钰《创建义学碑记》，第296—297页
119	康熙十年	知县张恪	捐俸鸠工，邑中搢绅暨博士弟子员竭缪输资，共襄盛事	《光绪平遥县志》卷一一《艺文志》上（清）梁潢《重修明伦堂碑记》，第305页
120	清代	知县张廷琪	捐俸廿金重为修葺棂星门	《光绪平遥县志》卷一一《艺文志》下《艺文续编·重修棂星门记》，第319—320页
121	清代	六村村民	公立义学，六村汇集，翕然同心	《光绪平遥县志》卷一一《艺文志》下《艺文续编》（清）阎泰和《增建义学碑记》，第332页
122	清代	蔡亮茂，绅士	先捐俸为倡，众亦无不踊跃乐输，择绅士贤能者董其役，糜百金七千余两	《光绪平遥县志》卷一一《艺文志》下《艺文续编》（清）蔡亮茂《重修文庙碑记》，第333页
123	咸丰元年	邑人	重修文昌阁，合邑募缘鸠资	《光绪平遥县志》卷一一《艺文志》下《艺文续编》（清）徐继畲《重修文昌阁碑记》，第334页

序号	年代	施善者	捐资修建学校情况	资料来源
124	清代	冀午亭等邑人	捐赀改建文峰塔、奎星楼等，约费若干金，惟冀君午亭实筹画之，命午亭勒捐赀之姓名于石，以诏将来	《光绪平遥县志》卷一一《艺文志》下《艺文续编》（清）赵焕《汪县尊修古迹培文风经费总碑记》，第338—339页

二、捐资助学

（一）捐助束修、膏火

序号	年代	施善者	教育慈善活动	资料来源
1	乾隆二十六年	知县高继允	捐廉，并绅士共捐银一千二百两，交市肆行息，以为修金、膏火之资	《乾隆太谷县志》卷二《学校·凤山书院》，第51页；另见卷六《艺文·记·国朝》，第183—184页
2	乾隆四十二年	知县单燝，邑绅士	复捐廉，劝邑绅士共输银二千二百一十两，依前存市肆行息，为士子膏火之资	《乾隆太谷县志》卷二《学校》，第51页；另见卷六《艺文记》，第188页
3	清代	知县吕崇谧	立文社于文昌宫，每会课，捐己赀为诸生饮食费，创建凤山书院，太谷文风之盛，实由此始	《乾隆太谷县志》卷三《名宦·国朝》，第86页；另见《民国太谷县志》卷四《教育》，第396页
4	清代	进士阎敦本	设帐授徒，以修脯自给，布衣粝食	《民国太谷县志》卷五《乡贤·文学·清》，第446页
5	清代	孟先修	授徒自给，教人务为经术有用之学	《民国太谷县志》卷五《乡贤·文学·清》，第447页

续表

序号	年代	施善者	教育慈善活动	资料来源
6	清代	生员王佐才	建立义学，置立学田二十亩，为薪水资	《嘉庆灵石县志》卷九《善行·国朝》，第132页
7	清代	武光昌	立季课，补助膏火	《民国灵石县志》卷九《忠孝·清》，第350页
8	光绪年间	兵部郎中梁以治	村中公益无不乐捐，并在村中设课培养俊秀，多所成就	《民国灵石县志》卷九《忠孝·清》，第352页
9	光绪年间	誊录官赵子瑗等士绅	竹林书院，光绪中，李君翌宸、程生汝箴发起，通县士绅合力捐募。二十二年冬，赵子瑗与赵焕春亲往四乡敦劝，各绅共集捐银四千余两，又亲往汾阳聘请武鉴轩来县主讲	《民国灵石县志》卷九《忠孝·清》，第352页
10	乾隆四十五年	史村寨	捐地六顷九十四亩五分，每亩每年租银四钱一分，收租银二百八十四两七钱零，作膏火	《嘉庆介休县志》卷三《学校》，第314页
11	明万历年间	教谕杨起凤	立社课士，凡笔纸饮馔，俱捐俸取给诸生	《嘉庆介休县志》卷五《宦迹·明》，第356页
12	乾隆年间	安顺知府鲁习之	在安顺建立习安书院，捐俸生息，以资补葺	《嘉庆介休县志》卷九《人物·国朝》，第444页
13	道光十七年	文光	邑令文光督士民捐资壹万两，旋发当行，不计闾，按月八厘生息，以为凤鸣书院膏火资	《同治榆次县志》卷三《学校·国朝》，第343页
14	清代	虞城知县郝文光	在虞城修古虞书院，捐俸千金，为束修膏火资，榆邑议起书院膏火，捐金三百为众倡	《同治榆次县志》卷八《人物传上·才品·国朝》，第435页
15	清代	府庠生赵绍宋	家贫，课徒为业，不计修脯，勤于教督	《同治榆次县志》卷九《人物传下·文学·国朝》，第445页

续表

序号	年代	施善者	教育慈善活动	资料来源
16	道光初年	知县程茂冲	倡捐富绅，得银贰万两，发本当行生息，以为每年延师修馔及诸生膏火等费，书院赖以复兴	《光绪祁县志》卷三《学校·昭余书院》，第322页
17	光绪八年	李五玉之母	诰封夫人李王氏捐银三千两，发商生息，用助书院膏火之费	《光绪平遥县志》卷四《学校志·书院续编》，第99页
18	道光二十四年	郭宪章	文庙落成，余银九千八百两，复集同人捐足成万金，发商生息，为书院束修、膏火之资	《光绪平遥县志》卷九《人物志上·义行续编》，第193页

（二）捐置学田

雍正时，祁县知县罗著藻捐学田四亩，在县东三合村，每岁纳租银二两。①万象新，江南宜兴人，也捐置学田，士民为之建祠于城东门外。②

道光二十年，榆次县人贾珍、王治泰施入凤鸣书院郭门外地一亩零。③同治四年，榆次县庄子村何振浚施入书院小东关老虎地二亩五分。④

光绪年间，侯新辉施入家祠良田一顷有余作为祭田，为族中子弟无力读书者延师。⑤

（三）捐资刻书

灵石县人梁枢，字斗文，任繁峙县教谕，捐俸倡修文庙，增置祭器、乐器，重刻司马文正公《稽古录》行世。⑥

---

① 《光绪祁县志》卷三《学校·学田》，第323页。
② 《光绪祁县志》卷五《名宦·明》，第351页。
③ 《同治榆次县志》卷三《学校·国朝》，第343—344页。
④ 《光绪榆次县续志》卷四《纪事·书院生息》，第568页。
⑤ 《光绪平遥县志》卷九《人物志上·义行续编》，第193页。
⑥ 《嘉庆灵石县志》卷九《善行·国朝》，第133页。

（四）捐置桌椅板凳

介休县学教谕赵璿，捐俸置条桌、长凳各四十，以便月课。①

（五）免费教育

明代介休县学教谕许曰可，恬冲廉介，有语及束修者，拒而不受，多士敬服。②介休人李初茂，里中有延其为子师者，鬻地十金为赘，初茂谓其徒曰："闻汝止此数十亩地，今为束修而鬻之，使汝母无以养，我心何安？"坚却之，而后就馆。③

（六）建立助学组织

知县吕崇谧，立文社于文昌宫，每会课，捐己赀为诸生饮食费。还创建凤山书院。太谷文风之盛，实由此始。④

三、捐资助奖

太谷县文庙原有赡田不足，孟传薪慨捐数百金以增益之。书院向无诗赋课，传薪临终前谆谆告语其子继孔，令以千金助诗赋奖赏之费。⑤

四、捐资助贫

序号	年代	施善者	教育慈善活动	资料来源
1	明万历三十五年	知县牛维曜	捐俸五十两，买东南二胡应科南门外水地三十亩，税量二石二斗五升，应科起纳租谷二十石，给贫生读书薪油之资	《乾隆太谷县志》卷二《学校·儒学·赡田》，第51页
2	明嘉靖年间	知县王楫	作养学校，贫士不能备婚礼者，捐俸助之	《乾隆太谷县志》卷三《名宦·明》，第85页

① 《嘉庆介休县志》卷五《宦迹·明》，第355页。

② 《嘉庆介休县志》卷五《宦迹·明》，第356页。

③ 《乾隆介休县志》卷一〇《孝义·明》，第159页。

④ 《乾隆太谷县志》卷三《名宦·国朝》，第86页。

⑤ 《民国太谷县志》卷五《乡贤·义行·清》，第457页。

续表

序号	年代	施善者	教育慈善活动	资料来源
3	明嘉靖年间	训导戴麟	轻财重义，贫士进束修，力辞之	《乾隆太谷县志》卷三《名宦·明》，第 85 页
4		翼城训导吴瑛	王系《翼城县训导吴君墓表》：其有志科举而苦贫乏者，辄给予之	《乾隆太谷县志》卷八《艺文墓表》，第 225 页
5	清代	孟建春	捐银五千两存宗祠，以赡族之贫暨无力读书者	《民国太谷县志》卷五《乡贤·义行·清》，第 456 页
6	乾隆五十四年	山西学政郑际唐	学田地贰顷捌拾贰亩贰分，该粮六石七斗七升三合一勺四抄，折银陆两柒钱柒分叁厘，每年支给廪生贫士	《嘉庆灵石县志》卷四《学校·学田》，第 66 页
7	清代	诸生张时栋	时东河使者兰第锡亦未遇，最为莫逆，兰公贫，多饮助之	《嘉庆介休县志》卷九《人物·国朝》，第 441—442 页
8	明代	完县人张穆	士有贫不能婚者，出俸以资之	《同治榆次县志》卷四《宦迹·明》，第 366 页
9	清代	武进人钱标	诸生贫苦者，每周给之	《同治榆次县志》卷四《宦迹·国朝》，第 370 页
10	清代	临潼人顾麟趾	考试文童，文既佳，必询，知为寒士有品者，乃予以榜首	《同治榆次县志》卷四《宦迹·国朝》，第 370 页
11	清代	郝铣	有李生困贫病，延之于家，而给以衣食，及卒，厚葬之	《同治榆次县志》卷九《人物传下·义行·国朝》，第 441 页
12	清代	武配京	喜振拔寒士，不计资脯，一时俊造，多出其门	《光绪祁县志》卷九《人物》二《饬行·国朝》，第 443 页
13	清代	乔衡	教授生徒，贫者辄赀助，以故多所成就	《光绪祁县志》卷九《人物》二《新续人物·饬行·国朝》，第 452 页

续表

序号	年代	施善者	教育慈善活动	资料来源
14	清代	冀俨	陕省姓许武孝廉赴京会试，过平邑，艰于资斧，慨赠五十金，以赡行囊，其人官至云贵提镇	《光绪平遥县志》卷九《人物志上·懿行续编》，第175页
15	清代	田锡邵	族里无力读书者，代给束修、膏火，使得成材	《光绪平遥县志》卷九《人物志上·义行续编》，第189页
16	清代	李亨翠	每年冬季，设立义馆，教训贫邻子弟	《光绪平遥县志》卷九《人物志上·义行续编》，第190页

五、捐资助考

（一）捐广学额

太谷县，咸丰乙卯科考，以县人捐助军饷银较多，增取附学生员十二名。[1]

榆次县，学额原为二十名，"咸丰间，以乐输之故文武各加常额，又或有广额济济焉，郁郁焉"。[2]

平遥县，咸丰年间，两次奉准部议，因捐输加文武生永远定额四名。[3]

祁县，咸丰年间，因本邑富户屡次乐输，奉旨于原额外，科岁两试各加文童十名，岁试并加武童十名，永为定额。[4]

（二）捐资修建考场

光绪五年，榆次县富绅慨助巨资，始于书院之艮维购置地基，建置

---

[1] 《民国太谷县志》卷四《教育·清》，第396页。

[2] 《同治榆次县志》卷三《学校·国朝》，第343页。

[3] 《光绪平遥县志》卷四《学校志·学额》，第94页。

[4] 《光绪祁县志》卷三《学校·学额》，第323页。

考院。①

　　介休县候选游击李日暹，邑中建考棚、公馆等诸工皆捐赀，董其事。②

　　（三）考试经费

　　灵石人王中立，出赀三百金，以生息之银为族中士子乡、会试之费，以鼓励士气。③

　　《光绪平遥县志》卷四《学校志·宾兴》载："光绪己卯科，楚籍杨公玉科捐三百金为平邑士子乡试资，本届散给时都人士感慕兴起，佥欲醵金创宾兴社，因岁饥未转，议遂寝。庚辰冬，程君遵濂承父志，倡捐五千金为宾兴费，又捐童试卷价壹千缗，折银五百八十两。历邑侯蒙古锡公良捐二百金，朝邑徐公炪捐百五十金，邓君元文捐千金，王君克谦捐三百金，踵之者，踊跃争输，共捐壹万叁千三百八十余两，除提储给发本科文武乡会试川资、童试卷价、社中刊刻公费外，发典商本银壹万贰千两，年六厘五毫生息，核定章程，详宪立案，并寿诸贞珉，笔诸邑乘。"并详载宾兴条规及宾兴经理名衔。④此次众筹到一万三千三百八十余两银子作为宾兴经费，数目不菲。

第二节　教育慈善特色及原因

一、特色

（一）与南方诸省相比，总体上对教育慈善重视程度不够

　　由上节可知，山西晋中地区教育慈善的施善方式，主要体现在：捐资兴修学校、捐资助贫这两个方面，而其他方式诸如捐助膏火、捐置学田学租、捐资助奖、捐资助考等方面，虽有涉及，但数量较少，或偶一为之。

①　《光绪榆次县续志》卷一《建置》，第535页。
②　《嘉庆介休县志》卷一〇《孝义·国朝》，第453页。
③　《嘉庆灵石县志》卷九《善行·国朝》，第134页。
④　《光绪平遥县志》卷四《学校志·宾兴》，第100页。

由此可见，经济相对发达的山西晋中地区，尚且远远不能与南方的徽州、湖南、江西等地相比，何况广大的贫困地区呢？

（二）家族、宗族力量在教育慈善中起到一定作用

在晋中地区的很多教育慈善活动中，都提到慈善的范围是为了"族中子弟""族中士子"。诸如：太谷县人孟建春尝捐银五千两存宗祠，以赡族之贫暨无力读书者。凤山书院旧有膏火经费，建春出钱万缗以增益之。本县修文庙，沟子村建义学，榆次县修孟母庙，元戈村修圣庙，建春皆捐巨资以助经营。①

平遥县人田锡邵，为族里无力读书者提供束修、膏火，使得成材。②光绪年间，侯新辉施入家祠良田一顷余，作为祭田。族中子弟无力读书者，延师以课之。③

灵石县人王中立，出赀三百金，以生息之银为族中士子乡会试之费，以鼓舞士气。④

（三）累代致力于教育慈善

明崇祯四年，介休县生员董尔型重修文庙，子正绅踵成之。后正绅子印传、印直重修明伦堂，侄印心重修尊经阁。⑤

清康熙六十年，河涨学宫颓圮，贡生王麟趾捐赀独力修整。雍正十三年，麟趾孙喜复修，以完其先人之未竟。⑥

灵石县人王梦鹏，号六翮，优生，曾设义学。⑦王中极，号约轩，梦鹏季子，克承父志，复捐金添建义学房屋二十三间，延师以训无力子弟。⑧

---

① 《民国太谷县志》卷五《乡贤·义行·清》，第 456 页。
② 《光绪平遥县志》卷九《人物志上·义行续编》，第 189 页。
③ 《光绪平遥县志》卷九《人物志上·义行续编》，第 193 页。
④ 《嘉庆灵石县志》卷九《善行·国朝》，第 134 页。
⑤ 《嘉庆介休县志》卷三《学校》，第 313 页。
⑥ 《嘉庆灵石县志》卷四《学校志·学宫》，第 58 页。
⑦ 《嘉庆灵石县志》卷九《人物·国朝》，第 129 页。
⑧ 《嘉庆灵石县志》卷九《善行·国朝》，第 137 页。

二、原因

（一）地理位置，自然环境

山西地处黄土高原，西面隔黄河与陕西相邻，北以长城为界与内蒙古自治区为邻，南以黄河为界，河之南为河南，东邻河北。山西自古农业生产生活条件较差，春旱、夏涝，黄河经常泛滥决口，地瘠民贫，黄土具有直立性，百姓常年住窑洞，明清时期虽有晋商叱咤风云，但毕竟为数极少，故山西首要的还是生计问题。

（二）重视生存方面的慈善

山西历来重视生存方面的慈善救助，而对教育慈善重视不够，或者说无力顾及。方志中多有民生方面慈善史料的记载，其中包括：赈灾疗饥、施粥舍药、捐棺掩骼、捐置义冢、助婚助葬、全枕、焚券，育婴、养老、资助残疾，修桥补路、捐置义渡，捐修水利等等。教育慈善是慈善领域中层次较高的一种形式。生存永远都是第一要义，发展位居其次。教育属于自身和社会的"发展"范畴。慈善行为不仅要有一颗慈善的心，还需要有施善的物质基础和经济条件。

《民国灵石县志》卷九《捐赈》载："光绪三年大祲，哀鸿遍野，嗷嗷待哺。即子舆氏所说'民有饥色，野有饿莩'是也。民国以来，又经数次灾荒，虽未如光绪丁丑之甚，而断炊之家，亦实不在少数。况邑境多山，土地又非膏腴，是以全县人民二万余户，类皆十室九空，自顾不暇。幸赖小康之家仁慈为怀，竭力捐助，或施以银钱，或施以米谷，人民得以生活。"[1] 此段叙述只是千百年来山西人民真实生活写照的一个缩影，借此我们也能够更加深刻地理解恩格斯《在马克思墓前的讲话》中那段哲学经典："正像达尔文发现有机界的发展规律一样，马克思发现了人类历史的发展规律，即历来为繁芜丛杂的意识形态所掩盖着的一个简单事实：人们首先必须吃、喝、住、穿，然后才能从事政治、科学、艺术、宗教等等；所以，直接的物质的生活资料的生产，从而一个民族或一个时代的一定的

---

[1]　《民国灵石县志》卷九《捐赈》，第386—387页。

经济发展阶段，便构成基础，人们的国家设施、法的观点、艺术以至宗教观念，就是从这个基础上发展起来的，因而，也必须由这个基础来解释，而不是像过去那样做得相反。"山西历史上的慈善史料也再次为这段经典做了注脚。

（三）商人重视捐纳职衔

晋中诸县，煤炭资源丰富，历史上就有与国内云南、四川等西南地区，以及俄罗斯、蒙古等国做茶马生意的传统。明清时期，商品经济进一步繁荣，出现资本主义萌芽并进一步萌发。一些晋商经营票号、钱庄，成为我国明清以来较有影响力的著名商帮。这些晋商有了经济基础，故有些人也乐于捐助。

多数晋商不像徽商那样高度重视对晚辈后生的儒家教育，而是花钱买官，捐买职衔，借以保商，维护其商业利益。这类事例在方志中记载颇详，例如《民国灵石县志》卷八《议叙》详载了乾隆三十年捐修城垣人员、乾隆三十八年捐输川饷人员、乾隆五十八年捐输五台差务人员、嘉庆五年捐输本省军饷人员、嘉庆十一年捐输南河料价人员、嘉庆十六年捐输台差人员、道光二十二年捐输海疆经费议叙职衔、道光二十四年捐输河工经费议叙职衔、咸丰元年捐输粤西军需议叙职衔、咸丰三年捐输本省军需议叙职衔、咸丰十年捐输京防各饷议叙职衔、同治二年捐输本省办防经费议叙职衔。[①] 由此可见，这类由政府号召捐助，又有"议叙"回报的捐助，晋商是比较乐意为之的。商人的一切投入总是自觉不自觉地与效益挂钩，这是商业和商人的逻辑。这一方面是清代捐纳制度、民风传统使然，另一方面也体现了晋商相对"短视"，不如徽商那样重视对子弟的教育，重视科举功名。

（四）有一定的文化、教育基础

历史上山西也是闻人辈出。春秋时期晋文公的大臣介子推，"割股奉君"，隐居"不言禄"。三国时期的关羽，民间奉之为"武圣""关公""老

---

① 《民国灵石县志》卷八《议叙》，第331—333页。

关爷"，身在曹营，夜读《春秋》，是"尚义"之典范。此外，诸如荀子、郭璞、裴松之、王勃、王维、柳宗元、文彦博、司马光、元好问、萨都剌、薛瑄、傅山、魏象枢、阎若璩等等，他们在中国古代的政治、思想、文化、学术、教育史上群星璀璨，大放异彩。明末清初大思想家顾炎武长期在山西生活，他把浙东学派的学术带到山西，促进了当地学术文化教育事业的发展。但由于山西农耕生产条件恶劣，经济基础薄弱，文化教育名人相对较少，文教事业总体不够发达，故民间教育慈善基础较差。

（五）受县志史料采集、编纂体例等方面所限

县志所载名宦、人物仅仅是历代芸芸众生中沧海之一粟，九牛之一毛。没有记载的人物，未必就没有做过教育慈善。正如归有光《明敕赠文林郎褚君墓碣》所言："前史有《孝友传》，余尝叹之。世之善人君子，非其迹著于朝廷，莫可得见。至于岩壑草莽之中汲汲者多矣，其得列于史盖百之一二也。若榆次褚君者，其孝友笃行，非其子进登于朝，与当世之君子游，亦何以称焉？"此文道破历代修史之弊。褚大全，因其三子褚鈇嘉靖四十四年进士登科，授直隶河间县知县，隆庆二年，以册立东宫恩，赠如子官。鈇在京师，具状拜谒归有光，归氏才特撰此墓碣。

中国古代，由于北方经济总体大大落后于南方，修方志需要大量资金，当地方政府没有能力修志时，就会动用社会力量来完成。例如《乾隆太谷县志》后面附有捐资刊刻者的姓名、钱数。为了压缩资金开支，故方志版面页数也要压缩，字句也要斟酌精简，不像南方县志那样事无巨细，详加罗列。例如《嘉庆灵石县志》中多用概括性的描述，诸如："公廉勤慎，增修学宫"，"修学造士，尤为竭力，咸颂其德"，"整理学校，尤为首功"，"修学宫，民饮其德"，"修建书院，课士子，邑人德之"，"于文教实有功焉"，"设立家塾，受业其门者，成就五十余人"，"修辑学宫，殿宇辉以金碧"等等，因为没有明确记载捐助，本章就没有把这些史料统计进去，但这并不等于他们没有参与教育慈善活动。

下编　相关专题研究

第六章　施善主体

传统中国，以儒立国。数千年来，尊师重教一直是中华民族的优良传统。相应的，教育慈善事业也随着社会的发展而发展，教育慈善的施善主体涵盖了社会的各个阶层。

历代王朝都会把"振教兴学"情况作为考核地方官员政绩优劣的重要指标之一。外籍官员在此地为官，就参与此地的教育慈善事业；本籍人士在异地为官，便积极参与当地的教育慈善事业。在京城和省城任职的官员既要参与该地区的教育慈善活动，还要参与设在该地的同乡试馆或会馆的相关慈善活动。此外，只要家乡需要，也随时参与家乡的教育慈善事业。

那些回籍、致仕、丁忧、候选、捐纳等各类"在野"官员，作为地方缙绅，或为了博得清誉，以求尽快补缺或起复，或为了在地方政治、经济和社会权力中占有一席之地，也大多积极参与地方的教育慈善事业。

一些有经济实力的地方士子，汲汲于功名，也渴望通过积极参与地方教育慈善，以获得学官、地方官的赏识，以便在选贡、拔贡、例贡时获得比他人更多的机会。

一些富民，为进一步获得地方社会的政治、经济、社会、文化权力，也积极参与其中。

一些商人，为让子孙走科举之路进而步入仕途，改变富而不贵的尴尬局面，也积极参与本地的教育慈善活动，以及京师、省城的试馆或会馆的建设运营。

普通邑人乡民，或出于自愿而积极参与，或出于派捐而被动参与，情愿不情愿，也都会参与其中。

各阶层纷纷卷入到教育捐募的洪流，实现财富的再次分配和微调，借此维系区域社会平衡、社会稳定和可持续发展。

一部中国教育史，就是一部以政府为主导，由政府官员来倡导、组织，由地方士绅、商人、富民、普通民众，乃至妇女、乞丐、僧人等社会各个阶层广泛参与的教育慈善史。如果没有最广泛施善群体的参与，中国历代各级官学、书院、社学、义学、私塾等各类学校教育不可能如此稳定持续发展，中国的文化教育事业不可能如此持久发展，并走向繁荣。

第一节　各级政府官员

中国历代都重视办学。无论中央官员还是各级地方官员，无论外籍在本地为官者还是本籍在异地为官者，他们接受的都是孔孟之道、程朱理学，也都是教育的受益者，都认识到办好教育的重要性。

北宋徽宗大观元年（1107），诏布《周官》"八行八刑"之法于学宫，令镌刻。南宋理宗淳祐六年（1246），御书白鹿教条，颁学立石。[1] 元文宗至顺三年（1332）智玉成《嘉定州重建庙学记》载："盖天下之风化，不可一日而亡教也。隆古盛时，上自王宫国都，下及闾巷，莫不有学，所以淑人心，一民俗，俾迁善向化，胥出于教之本原哉。"[2]

元至正九年（1349）薛元德《梅岩瞿先生作兴乡校记》载："至宋庆历间，天下郡县皆立学，视昔为极盛。国朝龙兴，诞颁明诏，大兴学校，专设官以主领其事，道□名贤，在在又立精舍以祀事，视宋尤为盛。"[3] 据

---

[1]　《同治茶陵州志》卷一三《学校·颁发》，第103页。

[2]　（元）智玉成：《嘉定州重建庙学记》，载《论丛》第10页。

[3]　（元）薛元德：《梅岩瞿先生作兴乡校记》，载《论丛》第11—13页。

至正二十一年杨维桢《嘉定州重建儒学记》载，至正十六年嘉定儒学毁圮，次年教授陈公礼请示太尉府分帅兼摄州事张元良予以修建，张元良说："时论虽急矣，而吾庠序之教，纲常所系，不可以一日废也。"①

《同治茶陵州志》卷一三《学校》中引用了明代嘉靖时期阁臣张治的一段话，意味更为深长："夫学以明人伦也。圣人者，人伦之至也。故郡必有学，所以使之教也。学必有庙，所以教之以孔子之道也。知尊孔子之道，而后知明伦。知明伦，而后为臣者忠、为子者孝也。忠孝之道兴，而后天下可治也。是故教也者，政治之本也。去其教而求民之化也，虽圣人弗能得也。是故，古之王者建国君民，教学为先。"②张治不愧为一代名相，他把学校教育与国家社会治理二者之间的逻辑关系梳理得非常明晰，他的结论是：教育是政治之本，治国安邦当以教育为先。故历代从中央到地方各级官员都非常重视教育，重视对教育的投入。在教育慈善活动中，他们往往会率先垂范，带头倡捐。

明清时期，历朝皇帝多亲自御批圣旨予以重教。地方官员自总督、巡抚以下，包括布政使、提学副使、监察御史、知府等，尤其是作为基层地方官的历任知州、知县，以及主管地方文化教育的州学学正、县学教谕及其副职训导等学官更是高度重视办学。首先，这是他们的职守所在。办学情况，尤其是科举录取人数的多寡，直接与他们的政绩、考核、升黜密切相关。所以这些地方官员为官伊始，必先祭拜文庙，当看到文庙、学宫破败不堪时，便会主动捐俸倡捐修葺。一方面表明他尊师重教，深谙为官之道，另一方面他们也急需作出一些政绩，以期尽速得以升迁。当然，在千百年的教育慈善史上，也不能排除某些官员利用大兴文庙、学宫、贡院、考棚、试馆等教育基础设施以及筹措膏火、学田、宾兴经费等过程中从中贪墨渔利、中饱私囊。

---

① （元）杨维桢：《嘉定州重建儒学记》，载《论丛》第15—16页。
② 《同治茶陵州志》卷一三《学校》，第100页。

一、总督、巡抚、布政使、按察使等地方大员

（一）总督、巡抚

福建侯官县瓜山义学，在府城南十二都，元至正间歙人郑潜为泉州总督，徙居于此。创义学以教乡闾子弟，置田百亩以给之。① 侯官道山书院，在乌石山麓，清乾隆十七年，总督、尚书喀尔吉善、盐法道吴谦铥谕令闽商捐建。② 岳麓书院魁星楼，乾隆五十九年，湖广总督毕沅致金百两倡建。③ 道光十八年，总督陶文毅公立惜阴书舍于盋山园，自捐廉一万两发典生息，课士经史诗赋，有优奖，每月一试。④ 自同治十二年，总督李宗义始给城内武举人二十两，然一时之捐廉也。⑤

明代，浙江巡抚喻思恂割月俸为资，倡修府学。⑥ 泺源书院经费，乾隆六年，巡抚朱定元奏明捐银四千零六十余两，俱交历城等九州县当商生息，岁解济东道库银一千五百五十两。嘉庆九年，巡抚铁保又公捐银六千两，盐商生息，岁共息银二千四百两有奇。道光八年，巡抚琦善又奏明历年积羡三千二百两，仍交商生息，并前共银一万六千二百两，岁收息银二千八百余两。⑦

---

① （清）徐景熙修，鲁曾煜、施廷枢等纂：《乾隆福州府志》，《中国地方志集成·福建府县志辑》，上海书店出版社 2000 年版，据清乾隆十九年（1754）刻本影印，卷一一《学校·侯官县学·附瓜山义学》上册，第 268 页。

② 《乾隆福州府志》卷一一《学校·福州府儒学·附道山书院》上册，第 262 页。

③ 《光绪善化县志》卷一一《学校·岳麓书院祠祀各庙》，第 151 页。

④ （清）蒋启勋、赵佑宸修，（清）汪士铎纂：《同治续纂江宁府志》，《中国地方志集成·江苏府县志辑》第 2 册，江苏古籍出版社 1991 年版，据清光绪七年（1881）刻本影印，卷五《学校》，第 48 页。

⑤ 《同治续纂江宁府志》卷五《学校》，第 47 页。

⑥ （清）陈璚修、王棻纂、屈映光续修、陆懋勋续纂、齐耀珊重修、吴庆坻重纂：《民国杭州府志》，《中国地方志集成·浙江府县志辑》第 1—3 册，上海书店出版社 1993 年版，据民国十一年（1922）铅印本影印，卷一四《学校》一《府学·明·喻思恂〈运学附郡黉碑记〉》，第 411 页。

⑦ （清）王赠芳、王镇修，（清）成瓘、冷烜纂：《道光济南府志》，《中国地方志集成·山东府县志辑》第 1—3 册，凤凰出版社 2004 年版，据清道光二十年（1840）刻本影印。卷一七《学校》，第 364 页。

（二）布政使、按察使

段志熙，河南济源人，康熙五十二年任浙江布政使，时巡抚朱轼重建敷文书院，岁费廪饩千金，志熙力任其事，捐俸资给，士风振起。① 同治四年，布政使蒋益澧重修紫阳书院，七年又捐廉置买旁地一片。② 同治五年，布政使蒋益澧捐俸重建诂经精舍。③ 光绪十九年，布政使刘树棠捐廉生息，每岁增送塾师季修，年终择尤奖励，并择塾生之寒甚者给度岁资。④

康熙四十七年，江西按察使吴存礼捐修南昌府学。⑤ 道光年间，江西按察使刘体重首捐千金，檄郡县，各劝其治捐赀创建经训书院，后按察使温予巽至，分廉为倡，复檄各属劝捐，踵而成之，前后总计各县先后共捐银八千九百两有余。⑥ 玉泉洞义学，道光八年按察使李文耕捐赀重修邹平县学，次年致书知县杨煌，于其旁建玉泉洞义学。⑦

二、提学官员、监察御史等方面官、监督官

（一）提学官员

明代有提学副使。李天植，广德州人，由进士任提学副使，与修撰张元汴讲学岳麓、惜阴二书院，时值荒歉，捐俸济饥，给各庠每生银谷若干，士民感戴。⑧

清代有学政。乾隆五十四年，山西学政郑际唐置办学田，地二顷八拾十二亩二分，该粮六石七斗七升三合一勺四抄，折银六两七钱七分三厘，每年支给廪生贫士，儒学经理，报销牒县转详。⑨ 嘉庆元年，长沙府

---

① 《民国杭州府志》卷一二一《名宦》六《国朝·段志熙传》，第 66—67 页。

② 《民国杭州府志》卷一六《学校》三《书院·紫阳书院》，第 455 页。

③ 《民国杭州府志》卷一六《学校》三《书院·诂经精舍》，第 456 页。

④ 《民国杭州府志》卷一六《学校》三《义学·普济堂义塾》，第 463 页。

⑤ 《同治南昌府志》卷一六《学校·南昌府儒学》，第 429 页。

⑥ 《同治南昌府志》卷一七《学校·书院·经训书院》，第 477 页。

⑦ 《道光济南府志》卷一七《学校·邹平县学》，第 369 页。

⑧ 《光绪善化县志》卷一八《名宦·明》，第 309 页。

⑨ 《嘉庆灵石县志》卷四《学校·学田》，第 66 页。

张翙建三间大夫祠，巡抚姜晟、学政范鏊等捐置祭田十石。① 嘉庆二十年，学政顾莼与司道捐银一千两，付县经理，为字课、卷资、奖赏之用。② 道光元年，学政杨殿邦捐廉俸增置昆明县学书舍。③

（二）监察御史

有些监察御史也关注教育。明嘉靖四十五年，监察御史温如玉按临苏、松，在评定倭寇之后，又歼灭嘉定、太仓边境的"大盗"，并"散其故所夺民田还其主，其散而无所归者则申析之，以斥给州县之学宫，而吾嘉得田盖四顷有奇，合前之入，岁可得谷千斛。于是，诸生膏膱饮射之费，与贫不能婚葬者之资，及凶侵无以自瞻者之恤，咸仰需焉。又以岁积之羡，敛而贮之，以待学庐之工事。"④ 清嘉庆十二年，歙县议叙盐运使鲍淑芳、掌四川道御史鲍勋茂等重修徽州府学，用白金一万四千两有奇。⑤

三、其他部门官员

（一）侍郎、郎中、主事等朝中京官

南宋咸淳五年，于潜县人侍郎赵景纬捐私帑重建县学。⑥ 同治六年，刑部侍郎郑敦谨等捐钱四十千文，交三间大夫祠主持收领生息，以为岳麓书院山长欧阳厚均祠祭祭品香火之资。⑦ 玉屏书院，前设义学，海氛鞠为茂草，底定后，将军吴英建文昌殿华文亭店，户部郎中雅奇构集德堂，增置学舍为士子课文所，买漳之垣泥乡水田若干亩，岁收谷若干石为士子会

---

① 《光绪善化县志》卷一一《学校·岳麓书院祠祀各庙》，第 152 页。
② （清）戴絅孙纂修：《道光昆明县志》，《中国地方志集成·云南府县志辑》第 2 册，凤凰出版社 2009 年版，据清光绪二十七年（1901）刻本影印，卷四《学校志》第七，第 54 页。
③ 《道光昆明县志》卷四《学校志》第七，第 54 页。
④ （明）徐学谟：《嘉定新给学田记》，载《论丛》第 34—35 页。
⑤ 《民国歙县志》卷二《营建志·学校·府学宫》，第 55 页。
⑥ 《民国杭州府志》卷一五《学校》二《于潜县学·宋》，第 440 页。
⑦ 《光绪善化县志》卷一一《学校·岳麓书院祠祀经费》，第 152 页。

文之需。① 唐方煦，道光壬午科顺天举人，曾历官户部主事，任京职时倡建善化会馆，捐公车费，置有田亩，善举甚多。②

（二）将军等军职人员

长沙求忠书院由各路统兵将帅、偏裨人等酌量捐赀及省城三局筹款修建，并置买产业，岁收佃租，以供春秋祭品、山长束修、生童膏火，并一切杂用。③ 龙光书院，在东大街澳桥下，即八旗总官学，道光十年，镇闽将军萨秉阿捐俸延师，改名书院。④

（三）盐法道部门官员

道光十年，廪生林志澄等请于盐法道王耀辰，倡捐重建侯官县学，并赎西墙外侵地拓之置祭器库。⑤ 嘉庆二十二年建凤池书院，道光元年盐法道吴荣光因而廓之，并捐廉倡率，始有经费。道光二年，盐法道王楚堂捐廉建仰止楼五楹于后。⑥

四、知府、知州、知县及其佐贰官

作为地方官的知府、知州、知县等正职，非常热心教育慈善，因为这是他们的职守所在，也是考核他们的重要指标之一。正如明代山西平遥知县何其智上任伊始，看到破败不堪的文庙、县学，发出如是感慨："殿宇如是，何以栖神？学堂如是，曷以造士？当官六事，此为之首。况卯科在即……新庙学以鼓舞之，可缓乎？"⑦ 此等史料，俯首即是。

---

① 厦门市修志局纂修：《民国厦门市志》，《中国地方志集成·福建府县志辑》第3册，上海书店出版社2000年版，据福建省图书馆藏抄本影印，卷一二《学校志》一《书院》，第256页。

② 《光绪善化县志》卷二四《人物·国朝》，第446页。

③ 《同治长沙县志》卷一一《学校·求忠书院》，第172页。

④ 欧阳英修，陈衍纂：《民国闽侯县志》，《中国地方志集成·福建府县志辑》第2册，上海书店出版社2000年版，据民国二十二年（1933）刻本影印，卷三三《书院》，第565页。

⑤ 《民国闽侯县志》卷三二《学校》下《侯官》，第563页。

⑥ 《民国闽侯县志》卷三三《书院》，第565页。

⑦ （明）梁樘：《何公重修庙学记》，载《光绪平遥县志》卷一一《艺文志》上，第273页。

至于府同知、通判，州同知、州判，县丞、县尉等佐贰官，因其上司正职都已经带头倡捐，或上峰授意，所以通常也会出资捐助或参与效力。例如，明代徽州府婺源县学教谕陈来，于敷教之暇，毅然以增修庙学为己任，度费无所出，乃捐俸余及衰诸生贽仪购料兴工。府同知张英、通判娄琼、邑令丁佑尝捐俸以助。① 清代三藩之乱时岳麓书院被毁，巡抚丁思孔、藩司张仲举、臬司范时秀、驿盐粮道赵廷标、知府苏佳嗣、同知赵宁、通判王骏捐赀复兴。② 福建越山书院，道光六年知府王耀辰、闽县知县陆我嵩设立，捐俸延师。九年，复倡海防同知、粮捕通判、闽侯两县捐俸为生徒膏火。③ 湖南攸县人刘伯朋，由附监授同知，学宫戟门、铸鼎，悉捐资助修。④

五、府州县学官

教官、学官在教育慈善活动中，发挥着重要的作用。他们从事教育管理工作，办好教育是他们的职责，只有创造比较好的办学条件才能办好教育。明清时期教官地位卑冷，求学科举之路的艰辛，他们感同身受，故多同情贫困士子。对教育事业也很有感情，对教育投入有着较为深刻的认识。另一方面，他们也想通过好好表现，进而获取仕途升迁的资本，改变自己的命运。如清代山东济南府历城县陈镇九，乾隆丙午举人，嘉庆戊辰大挑一等，分福建，以知县用，"因赀斧不给改教，选阳信训导，捐修学宫，记功一次。"⑤ 他是因为当初没有把钱花到位，才由知县改为教官。又因为捐款修建学校，得记功一次。之后什么命运，笔者没有详加考证。豫剧《七品芝麻官》主人翁明代的唐成，本来可以做京官，正是因为没有花钱通融上司，才被分到保定府清苑县做了个七品县令。

① （明）陈音：《婺源县学记》，载《民国重修婺源县志》卷六五《艺文》四《序记》二，下册，第 644 页。
② 《同治长沙县志》卷一一《学校·岳麓书院》，第 171 页。
③ 《民国闽侯县志》卷三三《书院》，第 565 页。
④ 《同治攸县志》卷三九《人物·义行·皇清》，第 338 页。
⑤ 《道光济南府志》卷五三《人物》九《国朝·历城》，第 652 页。

由上所述我们看到，兴学乃为官为政之首务，地方官员，尤其是知府、知州、知县及官学的教官，千百年来在地方官学历次修缮过程中，起到了策划者、组织者、召集者、倡导者、带头人的身份、形象和作用，其具体经办则多由地方士绅来完成。这些地方官员带头倡捐，集资办学，他们自己不出钱，或者出小钱倡捐，不花公帑，或者少花公帑，用地方士绅之财，为地方百姓办事。官员花钱少，办大事，易操作，时间短，见效快，不遭悱怨，不激众怒，民怨少，口碑好，影响大，且有利于个人升迁提拔。不仅博取政绩盛名于一时，而且为官一任，功在千秋，博取英名于一世。个别人还会利用修建、募捐之际而中饱私囊。有道是："累累扒扒，弄点儿花花；扒扒累累，弄点儿美美。"只有兴修工程，才有机会从中捞取钱财。"三年清知府，十万雪花银"，否则，他们钱从何来？故地方官员多乐为之。反之，若坐视颓圮，任其荒废，却难辞其咎。

小制作，多出公帑，或出官员私俸，也不伤筋骨，还可博得清誉，美名远扬，利于升迁。且借竣工后立碑于官学、书院、文庙之际，附带也为自己树碑立传，传之永久。

其中，也可能存在着地方官员转嫁负担的挟捐、迫捐、逼捐之情形，有时也可能是地方官员的无奈之举，不得已而为之。

故在探讨官员参与的教育慈善时，应注意以下几点：他们用于教育慈善的钱，是出于官帑，还是私俸？应当区别政绩当中的德政、善政、恤政与慈善之关系。该项教育慈善活动是官员的分内职守，还是分外助力？是出于公，还是出于私？其动机是真心为民，真心为了振兴地方文化教育事业，还是捐纳为官、借以议叙、借机敛财？地方教育机构的学官，包括府学教授、州学学正、县学教谕及其副职训导等，兴修学校、教书育人，本是其分内职守，属于主管工作，其工作优劣自有奖惩，所以他们更为积极主动效力于教育慈善。知县、知州、知府、监察御史、提学副使、布政使、巡抚、总督等各级地方官员，发展文化教育，培养人才，也是地方政府各级官员全盘工作的一部分，也关乎他们的政绩和升黜，故也多以兴学重教为工作的重中之重。但是，无论出于何种目的和动机，只要他们在教育慈善活动中出钱、出力、出智，起到了组织、策划、监督等正面作用，都是难能可贵的，都值得首肯。

第二节　地方缙绅

地方缙绅主要包括本籍非在任官员、本地富民和富商。

一、本籍非在任官员

非在任官员，即"在野"官员，指具有官员身份，但没有掌握实际职权的人员，包括因致仕、丁忧、黜落等原因而回籍的官员，候选官员，捐纳职衔官员等。

（一）致仕官员

湖南临湘人沈植，明嘉靖丙午乡举，官广东按察佥事，致仕后，倡修灵星门。①山西祁县人戴光启，明隆庆辛未进士，授会宁知县，官至迁河南布政，致仕后，葺学宫，立书院，建文昌阁，凡地方事务皆力为之。②山东平原人任有刚，清顺治恩贡，任黄安知县，升太原同知，致仕后设义学，以教乡之子弟。③

（二）候选官员

康熙三十四年，山西介休县候选郎中梁锡珩重修尊经阁。④仁和人王泰，诸生，候选员外郎，承父志，乐善不倦，葺学宫，增号舍，凡任劳怨，必身先之。⑤道光八年，邑人候选布政司经历贾延龄，置南山火阄庄义学学舍十一间、学田七十四亩。⑥湖南善化县人胡朝华，候选从九，捐

---

① 《同治临湘县志》卷一一《人物志·孝义·明》，第447页。

② 《光绪祁县志》卷七《乡贤·明》，第418页。

③ 《道光济南府志》卷五六《人物》一二《国朝·平原》，第130页。

④ 《嘉庆介休县志》卷三《学校》，第313页。

⑤ 《民国杭州府志》卷一四三《人物》七《义行》三《国朝·王锡仁传》，第431—432页。

⑥ 《道光济南府志》卷一七《学校》，第367页。

田入学，培植后起。①

（三）捐职官员

湖南《同治茶陵州志》记载了"国朝捐用教职"二十三名，"捐职请封赠"二百余名，"国朝捐职"一百三十六名，"国朝例贡"一百余名。②《同治平江县志》卷四〇《选举制·仕宦》、《选举制·职衔》，所载"由援例"任职授衔者特多。说明湖南比较重视捐资买官，捐纳制度得到淋漓尽致的贯彻。这些捐职者，也想通过教育慈善来引起上级官员的重视，以期尽早授予实职。例如捐职千总郑光炳、郑舜卿兄弟捐保合洲地四形，共六十三弓，册载芦课银二钱五分四厘。③另外，道光十年十月初一日的一道上谕很能说明问题：

> 陶淑奏绅士捐建书院恳请奖励一折。江苏嘉定县安亭江上有明儒归有光读书之处，经该县并毗连之昆山、新阳、青浦四邑绅士暨寓居客绅捐建震川书院，善举速成，洵堪嘉尚。所有捐银四千两以上之嘉定县监生张鉴、三千两以上之昆山县捐职州同胡墉、五百两以上之昆山县候选翰林院待诏胡镜、寓居该处之工部郎中李秉绶，均着加恩，交部分别议叙。监生张鉴出资既多，且董办出力，着交部从优议叙。前任嘉定县知县、捐升道员淡春台首先倡捐银四千余两，督令绅士创修。又现任嘉定县知县保先烈妥筹竣事，俱着加恩，交部议叙。其余五百两以下捐资各人，照例咨部请叙，以示奖励。该部知道，钦此。④

这是标准的论功请赏。所有捐资的前任和现任知县，捐职、候选官员，寓居本地京官，监生等，皆根据其捐助多寡，相应地"议叙"等级也会有所

---

① 《光绪善化县志》卷二四《人物·国朝》，第460页。
② 《同治茶陵州志》卷一七《选举·例职》，第175—187页。
③ 《同治临湘县志》卷五《学校志·书院·附田产》，第358页。
④ （清）《震川书院御碑》，载《论丛》第67页。

不同，这其实也是一种变相的卖官鬻爵，变相的捐纳。

二、地方富民

为富不仁者并不罕见，富而好义者亦所在多有。富民，首先他们具备经济条件，有进行教育慈善活动的能力。其次，他们也想凭借捐资教育活动，进而参与、掌控地方的文化、教育及社会权力。也不排除地方官员通过"吃大户"来转嫁负担，把政府职责让渡给地方社会力量。

宋代湖南平江知县曾鸿子猛割微俸，率先倡捐，"邑之富者，亦乐为之助"。[①] 明成化年间，知县李璜欲修泮桥，得知义官吴瑛"富而好礼"，此前也曾参与捐建棂星三门之建石楣柱槛，于是专门设宴招待吴瑛，瑛慨然允诺，捐金挥廪粟，予以重建，以石为之。[②] 许乃裕，清嘉庆二十四年举人，官平湖教谕，"劝富人捐田，立宾兴公产，士林称道弗衰"。[③] 他这是"削富济贫"，劝富人捐田，助贫者参加科举考试。

诸如"商诸绅耆之善富者"，"家巨富，急公好义"，"合邑绅富"，"捐廉为绅富倡"，"本邑富户屡次乐输""浦邑绅富先后捐银助饷不下数十万两"之类记载，不绝于史志。

三、地方富商

商人，尤其是富商，首先他们有条件资助教育。其次，他们在从商的实践中也逐渐认识到知识、教育、科举、人才的重要性，认识到只有通过教育，才能获取知识。自己的子孙只有通过学校、科举之途，才能改变他们"富而不贵"的社会处境。除了为子孙习儒入仕计之外，他们还想通过积极参与教育慈善活动，官商结合，进而寻求官员庇护，寻找政治靠山。商人致力于教育慈善，有直接参与和间接参与这两种情形。

① 《光绪平江县志》卷五二《艺文志》二《文一·宋·修先师庙记》，第336页。
② （明）沈庆《儒学泮桥记》，载《民国杭州府志》卷一五《学校》二《余杭县学》，第435页。
③ 《民国杭州府志》卷一三七《人物》四《仕绩》六《国朝·许学欧传》，第320页。

　　直接参与教育慈善，试举几例：明代，浙江巡抚喻思恂、盐运司长官杨湛然号召盐商积极捐资教育，"鹾司杨运长念诸商业籍武林，其子弟已得司衡者额取之。因比武学例，申请运库合郡黉宫内，率商协助二百余金，更先有所捐为劝。"① 清乾隆五十五年，两淮商人捐资重建，名古紫阳书院。② 嘉庆年间，歙县人吴肇福航海贩茶，归积有盈余，设义冢、义塾。③ 婺源人朱球在姑苏之常熟做木材生意，遇捐修至圣庙，慨然捐材木，值千余金。④ 同治六年，以茶商捐款建文庙及崇圣祠、名宦乡贤忠义孝悌祠、明伦堂。⑤ 罗亨瀚以茶商起家，独力建北京内城歙县试馆。⑥ 江苏南京崇义堂书塾，在篦子巷，清嘉庆中，以淮商捐赀存息为经费，其中盐商捐银四万二千两，存盐典生息，为秀民之无力从师者肄业之所，道光中高才生多出于此。⑦ 福建道山书院，清乾隆十七年，总督、尚书喀尔吉善、盐法道吴谦钛谕闽商捐建。⑧ 道光五年，盐法道朱桓请于总督赵慎畛、巡抚孙尔准，捐廉以充凤池书院经费，"商输金钱者益众，养士额倍过于前"。⑨

　　另外一种情形是"典商生息"，即地方官员、士绅等把筹措到的资金放在金融商人手里，或让盐商、茶商等商人有偿使用，由这些商人提供利息，进而保证了教学经费的良性运转，间接支持了教育慈善。例如：乾隆二十一年，知县吕崇谧就察院废址改建书院，历经官绅倡捐、续捐银二万余两，前后交商征息，以供师生束修膏火之资。⑩ 嘉庆十一年内，共

---

① （明）喻思恂：《运学附郡黉碑记》，载《民国杭州府志》卷一四《学校》一《府学》，第411页。

② 《民国歙县志》卷二《营建志·学校·问政书院》，第57页。

③ 《民国歙县志》卷九《人物志·义行·清》，第370页。

④ 《民国重修婺源县志》卷四一《人物》一一《义行七·清》下册，第13页。

⑤ 《民国重修婺源县志》卷六《建制》三《学校·学宫》上册，第125页。

⑥ 《民国歙县志》卷九《人物志·义行·清》，第388页。

⑦ 《同治续纂江宁府志》卷一四之九上《人物·义行·附录》，第292页。

⑧ 《乾隆福州府志》卷一一《学校·福州府儒学·附道山书院》上册，第262页。

⑨ 《民国闽侯县志》卷三三《书院》，第565页。

⑩ 《民国太谷县志》卷四《教育》，第396页。

捐银二千二百二十两。详明发铺商毛源丰、陈同发、王泰兴、萧义兴等，每两一分生息，遇闰加增。① 道光二十四年，山西平遥县文庙落成，余银九千八百余两，郭宪章复集同人捐足成万金，发商生息，为书院束修、膏火之资。② 同治六年，将求忠书院原置落星田园产变价，合之原存捐款，共银一万三千两呈缴盐道衙门，发典生息，以垂久远。其典商息银，由各商按时呈缴盐署。每月八厘，不计闰，每年共缴息银一千二百四十八两，由盐署照章支发。③ 此外方志中有很多"发商生息""发典商生息""发当商生息"等类似记载。

第三节　各类学生

一、举人

举人，虽然具备了做官的资格，但在明代，尤其是到了中期以后，是"非进士不入翰林，非翰林不入内阁"，科举重进士，为官重资格。清代科举制度更是积重难返，雍正以后渐趋酷烈，导致很多举人难以授职，不得不于乾隆十七年实行"大挑"制度。明清时期，许多举人入国子监读书，是为"举监"。一些书院也招收会试落第举人，继续备考，以期进士登科。

张泰来，明万历乙卯科举人，尊其父命捐修石城，又以节省银两修葺学宫。④ 清康熙末年，闽浙总督满保重修钱塘县学，建尊经阁，并复褒忠祠，该县举人潘兆新、廪生范玉鉁、施博仪等人积极参与。乾隆元年，善化县举人李绍衣捐银倡众修理该县文庙大成殿。⑤

---

① 《同治攸县志》卷一五《学校·东山书院》，第108页。

② 《光绪平遥县志》卷九《人物志上·义行续编》，第193页。

③ 《光绪善化县志》卷一一《学校·附求忠书院》，第154—155页。

④ 《道光济南府志》卷五〇《人物》六《明·淄川》，第552页。

⑤ 《光绪善化县志》卷一一《学校·县学宫源流》，第120页。

二、监生

明清时期，国子监兼有国家教育管理机构和最高学府的双重性质。国子监生员简称监生，其来源有多途：会试落第举人入监读书的，称为"举监"，贡生入监称为"贡监"，皇帝加恩救准入监读书的称为"恩监"，官僚子弟依靠其父祖恩荫而取得入监资格的称为"荫监"，通过捐纳而入监读书的称为"例监"，亦称"捐监"。

以湘东地区为例，乾隆二年，善化县监生李逢淇倡捐建尊经阁。① 嘉庆十三年，茶陵州扩建书院，各都增捐田租，其中四都监生苏国举捐大水塘岸上田五亩三分，十四都监生谭志、尹志凝兄弟捐扶江陇内田四十亩有余。② 嘉庆二十一年，平江县监生严有清同其子贡生龙章捐晋坑田三斗，为学宫检盖之费。③

此外，乾隆十三年，山西榆次县监生智昌捐地建造张村义学学舍，又捐膏火地三十亩，以为师资。④ 道光十年，嘉定县监生张鉴在修建震川书院时捐银四千两，朝廷颁旨："出资既多，且董办出力，着交部从优议叙"。⑤

三、贡生

贡生主要是指科举时代挑选府、州、县生员中成绩优异或老于资格者，贡入国子监继续深造的学生。恩贡、岁贡、优贡、拔贡、副贡这五类贡生总称"五贡"，皆为正途出身资格。另有因"援例捐纳"而取得贡生资格的，称为例贡。"五贡"在资格上远不如举人，更勿论进士，其社会地位由此可知。例贡，本为富家子，又非正途出身，所以往往尤效力于教育慈善。

---

① 《光绪善化县志》卷一一《学校·县学宫源流》，第120页。
② 《同治茶陵州志》卷一三《学校·书院》，第114页。
③ 《光绪平江县志》卷二五《学校志》四《学田》，第471页。
④ 《同治榆次县志》卷三《学校·国朝》，第344页。
⑤ 《震川书院御碑》，载《论丛》第67页。

以徽州婺源、祁门县为例：康熙五十二年，邑人贡生江应熊同弟伭输五百金，重建明伦堂。① 雍正二年，邑人岁贡程寅、州同程宇捐赀造崇圣祠。② 乾隆二年丁巳，贡生马焯重修大成殿。③

四、生员

地方官学府州县学的生员包括廪生、增广生和附学生等。

以湘东地区为例，明万历三十二年，长沙县诸生捐赀呈请学道窦子偁重新正殿。④ 清康熙四十七年，攸县生员欧阳再思捐修文庙后墙。⑤ 鄜县增生扶道恕，极力赞襄邑修黉宫、创书院。⑥ 鄜县增生孟交魁与监生孟元创建承三书馆，二人并捐田十二亩为延师膏火之费。⑦ 增广生李成龙，其业师谢鼎鼐乃永宁县举人，家极贫，成龙深笃弟子之礼，平素馈遗不绝。鼎鼐卒，为其制木主，入谢氏宗祠，并捐金付其族老，以资岁祀。⑧ 平江县廪生魏介圭，以经学教授生徒，寒畯或不能具束修，辄招致门下，所裁成甚众。⑨

五、童生

明清时期，通过了县试、府试两场考核的学子，不管其年龄大小，在未考取生员资格之前，皆称之为童生或儒童。记得清代有这样一个故事，印象深刻。有个学政在主持院试时，发现一个老者满头银发，心生悲悯，说他出一上联，只要该童生对上了下联，即便录取为生员。其上联

① 《民国重修婺源县志》卷六《建制》三《学校·学宫》上册，第 124—125 页。
② 《民国重修婺源县志》卷六《建制》三《学校·学宫》上册，第 125 页。
③ 《同治祁门县志》卷一七《学校志一·学宫》，第 158 页。
④ 《同治长沙县志》卷一一《学校·文庙源流》，第 155 页。
⑤ 《同治攸县志》卷一七《祠庙·文庙》，第 127 页。
⑥ 《同治鄜县志》卷一五《人物·笃行·国朝》，第 553 页。
⑦ 《同治鄜县志》卷八《学校·各乡义学附·承三书馆》，第 470 页。
⑧ 《同治鄜县志》卷一五《人物·笃行·国朝》，第 554 页。
⑨ 《光绪平江县志》卷四七《人物志》六《善行·国朝》，第 247 页。

是："上弯为老，下弯为考，考老的童生，童生考到老。"童生一听上联，感触万千，提笔写出下联："一人是大，二人是天，天大的人情，人情大于天。"道出了该童生因不夤缘权贵而皓首举业的辛酸。

略举两例：雍正十二年，南昌县教谕及生童捐修明伦堂左右廊房。[1]湖南临湘县生员舒世辉、监生舒世耀、童生舒泽成捐地名黄沙条柘园沟，田租二石二斗五升，并洲地、湖坪、庄屋、柴障，册载粮一斗五升一合六勺。[2]

第四节　特殊群体

一、华侨

华侨捐助教育慈善，主要发生在近代的广东、福建等地区。厦门女子师范，创于清末，由华侨捐资倡办，在鼓浪屿。[3]厦门高等女校，于清末由华侨捐资创办，在鼓浪屿。[4]厦门中学堂，于光绪三十二年成立，其经费由玉屏、紫阳两书院原有经费拨充，并得华侨王蔼堂先生慨捐银万两，以助基金。[5]

二、妇女

传统社会，妇女地位普遍较低，但作为母亲、祖母，她们对子孙后代同样抱有殷切的期望，故在其丈夫去世以后，作为家里的长者往往也致力于教育慈善，湖南、江西这方面的例子较多，反映了这两个地区妇女在教育慈善活动中的参与度较高。

---

① 《同治南昌府志》卷一六《学校·南昌县儒学》，第 441 页。
② 《同治临湘县志》卷五《学校志·书院·附田产》，第 359 页。
③ 《民国厦门市志》卷一二《学校志》二《学校·附已停办之学校及书院等简史》，第 308 页。
④ 《民国厦门市志》卷一二《学校志》二《学校·附已停办之学校及书院等简史》，第 309 页。
⑤ 《民国厦门市志》卷一二《学校志》一《书院》，第 262 页。

三、贫者、乞丐

嘉庆间，浙江嘉兴周士涟，以家贫力学，慨念孤寒，矢愿募建义塾者三载，得汤锡龄绍岐、袁昆璧在山、张世熙锦渊各捐巨资先后创建平林、盐溪、尚文、里仁四塾。后至杭，击钲于途以募。汤绍岐首捐百金，兴宗文义塾。士涟病，又有海宁朱善人裔号蒙泉者出资以济，复为募捐膳米，经费宽裕，又得徐步鳌捐助保安坊屋三十六间。[①] 周士涟募捐创办多处义学，其情形与之后山东东昌府的武训极其类似，孔子所云"德不孤，必有邻"，岂虚言哉？

湖南平江贫民钟颢谟，字亦皋，县学生，其先世曾捐资修建学宫棂星门。咸丰中棂星门颓圮，"颢谟贫，揭债修复之"。[②]

武训（1838—1896），山东堂邑县柳林镇武家庄人，他出生在贫苦农民之家，幼年时随母以乞讨为生。母丧，稍长，且佣且乞。在勤苦劳作中，曾因自己不识字而备受欺侮。因此，他"誓积赀设义学，以所得钱寄富家权子母，积三十年，得田二百三十亩有奇"[③]，用自己平生所积之资，在堂邑县创办了崇贤义塾，在馆陶县出资与了证和尚合办了杨二庄义学，在临清州创办了御史巷义塾，三学分布于三州县，创造了乞人办学的人间奇迹。武训兴学成功，固然与他自身所具有的舍生取义、无私奉献、助学寒士等强烈的社会责任感密不可分，同时也离不开当地士绅的鼎力相助。

第五节　宗族、家族

俗话说"一揸没有四指近"。我国宗法制源远流长，根深蒂固，宗法观念深入人心，族权乃封建四大权力之一，儒家历来就非常重视敦宗睦族。北宋著名政治家范仲淹（989—1052），在其祖籍苏州始设义庄，置有大量义田，用于资助贫困族人，还专设义塾以教育族中子弟。在其影响

---

① 《民国杭州府志》卷一六《学校》三《义学·宗文义塾》，第462—463页。
② 《光绪平江县志》卷四四《人物志》三《文学·国朝》，第167页。
③ （清）赵尔巽《清史稿》卷四九九《孝义传·武训》，中华书局1977年版，第13812页。

下，千百年来，历代慕义者纷纷效仿，在本族内设义学、义塾、义馆，为中国传统教育，尤其是为平民教育作出了卓越贡献。故宗族与家族是传统教育慈善事业的一大基石。

我国传统社会宗族组织发达，尤其是江南地区宗族、家族组织完备，宗族观念较强，这种宗族势力也渗透在教育慈善的方方面面，发挥着重要作用。

如上编所述，宋元时期上海嘉定的王子昭、林畴、瞿懋、沈氏等家族，清代湖南平江县吴嗣龙家族，江西义宁州陈昌言、陈密、陈伟、陈应楷家族等皆数代力行教育慈善。徽州黟县人黄真元，元至正十一年蠲租六百三十余亩，立厚本义庄，庄内建有义学，名曰集成书院。①歙县人曹景宸建竹山书院，置义田五百余亩于休宁，助族中乡会试考费等之用。②江宁人王言经仿范氏成规建宗祠、学舍，置义田、义塾。③浙江仁和县人李聪照购仁和、钱塘、余杭三县田及祠墓基地共五百余亩，用银万五千余两，以所收租息为祀先赡族之资，立义庄，老幼废疾皆有所养，设塾以课族中子弟，童试、乡试、会试皆有资助。④福建尤溪乃朱熹故里，故福建受宋明理学影响更深，宗法观念很强，宗族力量对教育慈善活动的组织、实施作用很大。北方的山东作为儒家文化的发祥地，历来就有重视文化教育的传统，且宗族、家族观念较强。科举时代，特别是明清时期，山东地区以科举起家，入仕为宦的科举家族也层出不穷，尤以清代首科状元聊城的傅以渐家族和"中国甲骨文之父"烟台福山的王懿荣家族较为典型。山西很多教育慈善活动中，也提到"族中子弟""族中士子"等字眼儿。例如，太谷县人孟建春曾捐银五千两存宗祠，以赡族之贫及无力读书者。⑤光绪年间，平遥县人侯新辉施入家祠良田一百余亩作为祭田，延师课族中

---

① 《嘉庆、道光黟县志》卷一〇《政事·书院义学》，第 353 页。

② 《民国歙县志》卷九《人物志·义行·清》，第 363 页。

③ 《同治续纂江宁府志》卷一四之九上《人物·义行》，第 282 页。

④ 《民国杭州府志》卷一四三《人物》七《义行》三《国朝·李聪照传》，第 440 页。

⑤ 《民国太谷县志》卷五《乡贤·义行·清》，第 456 页。

子弟无力读书者。[①] 灵石县人王中立出赀三百金，以生息之银为族中士子乡会试之费。[②]

家庭、家族、宗族，以血缘、亲情为纽带，血浓于水。这种血缘关系超越了其他地缘、职缘、学缘等关系。人们往往为了光宗耀祖、显耀门楣，"老吾老以及人之老，幼吾幼以及人之幼"，倡导宗族慈善、家族慈善，竭力提携后辈族人，尤其是提携贫困的有志青年才俊。同时，有道是"朝里有人好居官"，青年族人一朝登第，他们定会反哺家族、宗族，支撑家族门面，维护宗族利益。另一方面，南方广东、福建、江西等地，不仅存在着同一乡里不同族群之间的矛盾，还存在土著与客家之争。为了落籍、风水、地界等其他原因，历史上曾发生过多次大规模的械斗。康乾盛世，人口急剧增加，而土地开垦数量增加无几，导致人们的生活进一步艰难，科举之路也日渐拥塞，从而加剧了族群之间的竞争。这在客观上也刺激了宗族力量办学，促进了族内教育慈善事业的发展。

第六节　教育慈善组织机构

到了明清时期，随着科举考试竞争的不断加剧，商品经济的发展，白银日渐成为主流货币，尤其是江南地区资本主义萌芽的出现，以及教育慈善事业本身的发展，开始出现了助学、助考、文庙修缮等多种类型和功能的教育慈善组织机构。

一、助学组织

助学组织包括士子平时切磋交流的文会、文社，专门为学校文武新生及补廪、出贡诸生致送学师修金的兴贤堂等。

---

① 《光绪平遥县志》卷九《人物志上·义行续编》，第 193 页。
② 《嘉庆灵石县志》卷九《善行·国朝》，第 134 页。

（一）文会、文社

据上编第二章所述，徽州六县有关文会、文社的记载有 70 余条。据明代周绅《颖宾书院讲学会序》载，明代讲学倡自陈白沙，聚徽州府六邑人士，每岁一会，后龙溪、近溪两先生扩而远之，为四府大会，各县轮司，罔敢逾期。嘉靖三十五年绩溪县也专设文会。由此可见，明代南直隶地区有江宁府、徽州府等四府大会，徽州府有会，徽州府属各县有会，县属各坊乡亦有会，组织细密，层级清晰。

再以南直隶江宁府江浦县为例。王之纲，字素张，湖广夷陵举人。隆庆元年，由中书左迁江宁府江浦知县。见浦人士文采彬彬，于治城内创靖云、文昌、三茅、聚奎四会以校文艺，又置学田一千二百余亩为会赀，差其高下而给以饩。逾二年，复与学博何时杰就城乡所居近地增改为文昌、泰茅、晋接、玉虚、西清、东华、石渠、青琐、三元、南宫等十会，并各题其额而序之，士风丕振。[1] 同文书院在浦口东门外左所大街。明隆庆初，知县王之纲尝于浦口创立东华、西清、玉虚三文会以角艺，出学田租，分赡优等。清康熙、乾隆中，邑人刘岩、赵滋等先后主会事，膏火虽乏而会文不辍。道光十九年，邑人禀请知县白联元建立，以合三会之士试之，故名同文云。咸丰中毁。光绪二年兴复，课额如旧，屋宇未建。[2] 由此可见，明隆庆年间，南直隶江宁府江浦县知县王之纲始于县城内创设靖云、文昌、三茅、聚奎四会，后与县学教谕何时杰就全县城乡增改为十会，一直延续到清末。

（二）兴贤堂

据《光绪平江县志》卷一一载：清同治十二年，湖南平江邑绅黄益杰、李元度、张岳龄、黄焯等人建立兴贤堂，公捐巨款，营运生息，每年以所获息金代文武新生及补廪、出贡诸生致送学师修金。公议章程，呈明地方官立案，并移会府县儒学查照，以垂久远。文新生每名须捐钱二

---

① 《光绪江浦埤乘》卷一九《职官下·名宦》，第 193 页；另见《光绪江浦埤乘》卷一二《学校下·珠江书院》，第 128 页。

② 《光绪江浦埤乘》卷一二《学校下》，第 129 页。

缗入丁祭会，责成认保交局，能多捐者尽力。文生补廪加捐二缗，廪生出贡加捐四缗，能多捐者仍尽力。① 由此可见，湖南平江县兴贤堂是在晚清同治末年由邑绅联合创办，众筹巨款，每年以所获利息为该县新考中的文武生员，增广生、附学生补为廪生者，以及出贡诸生给学师们致送修金。

（三）集善堂

道光年间，江宁府六合知县云茂琦于棠城小学前创集善堂，专为恤嫠、书院、义学、施药、埋瘗诸善举而设，劝捐购产，取息支用。咸丰初，堂款渐绌，知县温绍原令募业商月捐以补之，由绅士轮月经理。"粤寇之乱，田产荒芜"。同治年间，知县莫祥芝详明，以恤嫠、书院膏火两款于留县五成厘金内拨给，其余由集善堂支取。② 集善堂虽并非专为教育慈善而设，但其中有教育慈善之功能，诸如为书院、义学提供资助等。

二、助考组织

清代，助考组织宾兴会在湖南、江西尤为盛行。或众捐田产、田租，年收租谷，或众筹资金，月收利息，以维持宾兴会的持久性运作。此外，还有资助考生路费的翰苑公车局等。

（一）宾兴会

以湖南酃县为例。洣泉书院宾兴义田，宾兴会公买洪义龙十都南流中心坝田一区，苗四亩，额租八石，每石额价钱一千零二十文。公管南城外赵公殿内外税钱二千四百文，公管北城内文昌宫右厢园士税钱八百文。③《同治酃县志》卷八《学校·宾兴·续捐宾兴会田亩》，详列龙席廷、谭圣谆、罗汉章、谭联升、李绳熹、李祖绥、谭祖发、李联奎、谭家英、陈文渭、陈章锡、陈章魁、罗秉钧、谭振衿、罗润章、尹抡元、罗

---

① 《光绪平江县志》卷一一《建置志》二《保息公所·兴贤堂》，第367—368页。
② 《同治续纂江宁府志》卷一四之九上《人物·附录·义举·六合》，第295页。
③ 《同治酃县志》卷八《学校·宾兴·洣泉宾兴义田附载》，第472页。

燮、李惠畴、罗国琛、罗国珍、罗朱章、罗际煌、际泰等、万典璋、扶宣曜、万象森、尹宗庆、谭预颜等人所捐田亩的地址及亩数。① 该书同卷《学校·宾兴·梅冈宾兴义田》也详载了宾兴会各户捐资置买田亩的地址及亩数。②

再以江西南昌府为例。《同治南昌府志》卷一六《学校·武宁县儒学·宾兴会送学束修田》载：黄心泰等、刘翔龙兄弟、雷恒振、聂性金兄弟、葛方扶兄弟、葛盛銮、刘维德、舒化鹏、成甫衡、二十七都、二十三都及顺义乡各捐田租十石，二十五、二十六都文会各捐田租五石，翁焕廷捐田租十石、庄屋一所、塘二口。③ 同治三年，江西丰城县合邑捐制宾兴会，合旧李棠捐元银三千两，李翔千捐钱一千串，所存余费制店业十三所，为文武考试卷价。④ 丰城县新立宾兴会每年拨公费一百五十串，又由官每年拨公款为龙山书院膏火费。⑤

（二）翰苑公车局

据《光绪平江县志》卷一一《翰苑公车局》载："同治十一年，张岳龄等以邑人登甲第者无多，半由行赀罔措，不能悉与计偕。又或仓猝北征，不及早到静养，故未尽展一日之长。爰邀集同志八十余人，人各捐钱百缗，名曰翰苑公车费，择四乡公正殷实首士领管生息。凡文举人应会试者，每人助行赀百缗，以岁前启程为度。其或因事故未入会场，自中途返者缴还一半，已抵京者免缴。附捐赀姓名：张子衡、李次青……朱懋修。"⑥ 此平江县士绅八十余人联合所设翰苑公车局，专为本县文举人进京会试提供路费资助，每名举人资助一百缗，并作了相关要求。

---

① 《同治鄞县志》卷八《学校·宾兴·续捐宾兴会田亩》，第473—474页。
② 《同治鄞县志》卷八《学校·宾兴·梅冈宾兴义田附载·宾兴会各户捐资置买田亩》，第474页。
③ 《同治南昌府志》卷一六《学校·武宁县儒学·宾兴会送学束修田》，第466页。
④ 《同治南昌府志》卷一六《学校·丰城县儒学》，第452页。
⑤ 《同治南昌府志》卷一七《学校·书院·丰城县·龙山书院》，第485页。
⑥ 《光绪平江县志》卷一一《建置志》二《保息公所·翰苑公车局》，第368页。

三、文庙修缮、祭祀组织

（一）阙里会

据《同治攸县志》卷一七《祠庙·文庙·附阙里会》载：乾隆十六年，邑绅刘启、欧阳定相等倡合邑重修文庙大成殿、东西庑、大成门、泮池、崇圣祠、名宦祠、乡贤祠、忠义孝悌祠、节孝祠等处，规制宏敞，庙貌特崇。并捐置铺屋六栋，岁收租钱四十二千，后增至七十七千四百文。[①] 阙里会通过邑绅众捐置买铺屋，以所收租钱用作文庙修缮和日常运营经费。

（二）洒扫会

为了更好地祭祀文庙及学宫内其他祠庙，有些地方绅士还组织成立洒扫会，专门资助祭祀所用香火、灯油及日常的卫生打扫、看管等项开支。

《同治续纂江宁府志》卷五《学校》载："惟洒扫会，近赖邑人伍承钦、田宝瑚实力经营，不可略其已收之效也……上元、江宁两县学，向于雍正年间，即立有洒扫会，由绅衿捐赀置产生息以供。至圣先师诞辰、升遐春秋两祭及学内各祠祭祀，朔望香火，并扫房拾漏、培树薅草、雇役看门等用，绅捐绅办，输值年月。而于尊经书院及儒学四衙署遇有事故，概不与闻，此系百数十年旧章，相沿勿替。"[②] 由此可知，洒扫会至迟在清雍正年间即已产生，绅捐绅办，仅针对江宁府上元、江宁两县学文庙及学内各祠之祭祀、香火、洒扫、培树薅草、雇役看门等事项加以资助。

（三）丁祭局

据《光绪平江县志》卷一一《丁祭局》载：同治十二年，张岳龄等捐赀倡众，创立丁祭会。文生与会者数百人，各捐二缗，有力者倍徙不等，除置备祭器外……新进文生及文生补廪各捐钱二缗，廪生出贡各捐钱四缗，入会能多捐者尽力。拟俟经费充裕时，仿照浏阳县学章程，修明礼

---

①　《同治攸县志》卷一七《祠庙·文庙·附阙里会》，第134页。

②　《同治续纂江宁府志》卷五《学校》，第46页。

乐。① 由此可见，平江县丁祭局创始于清末同治年间，由地方士绅捐资创建入会文生人数多达数百人，文生入会需缴纳一定的会费，其经费主要用于置备祭器、修明礼乐。

四、其他社会组织

传统社会认为"夫文字者，圣贤道脉，承传文明，敬之者生福，毁之者有过。"应当"尊崇文明，敬天惜字"。清代还流传《惜字征信录》《惜字福报》《新刊惜字金箴》《惜字正宗》《文昌帝君惜字功罪律》《桂宫惜字律》等惜字类善书。《文昌帝君圣像阴骘文》是我国道教教义，也是流传甚广的善书，其中有"勿弃字纸"等戒条。故明清时期，尤其是清代民间多建焚字炉，也称惜字炉、惜字塔、字库塔等。如清代湖南酃县人朱化楚创字炉凡数处，梓《太上感应篇》、《吕祖醒心经》等书。②

有些地方还建有惜字会、惜字社等教育慈善组织，如清代山东济南府新城县的伊矩，字均方，性慈仁，建义塾，延师训族人之贫不能读者，晚年结放生、惜字诸社。③

第七节　宗教界

一、佛教

儒释道三教合流，有一个漫长的历史过程。期间，因统治者的好恶，如"三武灭佛"，佛教也曾多次受到排挤、抑制。

历史上有很多书院都是在原来佛教寺院的基础上建立的。江西铅山鹅湖书院，唐代大历中（766—779），佛教禅宗马祖道一弟子大义禅师开创了鹅湖寺。后因南宋朱熹、吕祖谦、陆九渊、陆九龄四贤鹅湖之会而闻

---

① 《光绪平江县志》卷一一《建置志》二《保息公所·丁祭局》，第 368 页；另见《光绪平江县志》卷一一《建置志》二《保息公所·兴贤堂》，第 367—368 页。

② 《酃县志》卷一五《人物·笃行·国朝》，第 557 页。

③ 《道光济南府志》卷五五《人物》一一《国朝·新城》，第 61 页。

名，后来发展成著名的鹅湖书院。湖南长沙岳麓书院，宋太祖开宝九年
(976) 潭州知州朱洞在僧人办学的基础上，由官方捐资兴建了岳麓书院。
江苏无锡东林书院，创建于北宋政和元年（1111），是知名学者杨时长期
讲学之地。元至正十年（1350），僧人秋潭在此地建了东林庵，明成化
二十年（1484），僧人信谅又加重修，期间二百余年一直为僧人所居。明
万历三十二年由顾宪成仲兄顾自成组织督理修复，费银一千二百余两，始
成闻名于世的东林书院。

　　个别僧人也积极参与兴办义学。例如，山东禹城邢家庙义学，在城
西三十里邢家寺，乃寺僧亮庵募建。① 山东馆陶城东北二十五里庄科村旧
有千佛寺，主持了证和尚身在佛寺，心慕儒教，光绪十四年，在地方士绅
汪信远及贫民教育家武训的资助下，了证和尚在今属临清市的杨二庄兴办
了一所义学，名曰"育英堂"。后来不久，又在乡绅义士的帮助下，在他
原籍庄科村创办了第二处义学。②

　　清末，在浙江杭州府，佛教还创办了多处学堂。佛教初等小学堂在
仁和县治王马巷赁屋，由佛教公所绅监督汪希创办，及诸丛林住持赞助而
成，光绪三十二年九月开学。③ 佛教公立国民初等小学堂，第一所在钱塘
县治狮子巷，第二所在钱塘县治东都司卫，第三所在仁和县治潮鸣寺巷，
第四所在仁和县治孩儿巷，均由佛教公所绅监督汪希及僧永胜等十二人赞
助而成，开办费由公所各寺垫款内开支，光绪三十二年九月开学。每年由
僧立教育会拨给经费，每所一千元左右。④

　　在江苏上元县，僧人还帮助义学收租。该县义民杨逢域捐田
一百二十亩，即附近村庵设立义学，请县给凭证，乡邻父老交庵僧收租，
延师课里中贫人子弟。知县蓝公曾莅其塾，书"忠厚流芳"四字以旌表，

---

① 《道光济南府志》卷一七《学校·禹城县学》，第 373 页。
② 杨俊平：《了证和尚与武训》，山东省武训教育基金会《武训文化的春天·新武训集》
　（内部资料），2014 年版，第 152—153 页。
③ 《民国杭州府志》卷一七《学校》四《学堂·佛教初等小学堂》，第 471 页。
④ 《民国杭州府志》卷一七《学校》四《学堂·佛教公立国民初等小学堂》，第 471 页。

自康熙年间创始，至道光年间犹不废。①

　　还有另外一种情形，地方官员为了抑制、打压佛教，或个别僧人违法犯罪时，把一些佛教寺院的资产、田地充公，或以赎代刑，把这些财产充作教育经费。其实这是一种变相的、非情愿的教育慈善。例如：明嘉靖三十二年（1553），嘉定县重修儒学，"时公帑不盈，民财犹匮。会有僧以富干法，而刑疑宜赎。万子执而谕之行其义，罚使捐财为费，工成得释⋯⋯而官不知费，民不知役。"② 知县万思谦对犯了法的富僧令其赎刑，把罚款充作修建县学的经费。至于该富僧是真犯法了，还是被"套路"了，实情不得而知。

　　据《光绪平江县志》卷二六载：宾兴书院，旧为尧峰寺，寺僧饶于财，淫纵不法。咸丰八年，僧奉持等奸占民妇，经知县郭庆飏访拿，尽弃所有而逃。庆飏查明寺产六百余石，详请充公，作为合邑宾兴之费。凡邑人应文武乡试者，各助钱三缗，会试各助三十缗，且改寺额曰书院，邑人士岁常设馆于此。③ 这则史料就是寺院由政府改为书院的典型例子。

二、基督教

　　自 1860 年《北京条约》签订后，山东登州（今山东烟台）始开埠通商。美国长老会传教士倪维思博士（John Livingston Nevius）夫妇，于 1862 年，创办了一所女子学校。而后，狄考文（Calvin Wilson Mateer，1836—1908）1864 年 1 月来登州传教，开办蒙养学堂。该学堂 1876 年改称文会馆，由小学升为中学，1881 年开设大学预科，1904 年迁至潍县，与英国浸礼会在青州办的广德书院大学部合并，改称广文学堂（后成为齐鲁大学的一部分）。赫士博士（Warson McMillen Hayes）于 1882 年至登州，在文会馆任教，后接任馆主（校长）职位。伯尔根博士（Paul D. Bergen）继至，与郭显德（Hunter Corbett，1835—1920）、梅理士

---

① 《道光上元县志》卷一九《人物志·义行》，第 357 页。
② （明）欧阳德：《嘉定县重修儒学记》，载《论丛》第 32—33 页。
③ 《光绪平江县志》卷二六《学校志》五《书院·宾兴书院》，第 473 页。

（Charles Roger Mills）等人，组成了强大的教师阵容。1897年，又有路思义（Henry Winters Luce）前来加盟。著名的美国传教士丁韪良（William A. P. Martin）亦曾在文会馆任教。另外，郭显德1866年12月创办文先小学（男校）和会英小学（女校）。1896年，郭显德将文先和会英小学合并扩充为会文书院。1900年设幼稚园。郭显德在中、美籍助手的帮助下，先后于福山、牟平、栖霞、莱阳、海阳、烟台创办小学四十余所。光绪元年（1875），郭显德以五千二百元购下同乐街（今市府街）20号三十七间房，创办博物院。此外，英国传教士的中国内地会在烟台创办的芝罘学校，也影响很大。

晚清外国宗教势力参与厦门教育慈善。《民国厦门市志》卷一二《学校志》载：私立毓德小学，此校在清同治九年，由美国人打马利姑娘创办，初以数个儿童集合一厅，后渐扩充，即由美国妇正教会购买田尾路为校址，先后建筑校舍大小四座。① 私立怀仁小学，此校创于清光绪二年，为英国长老会倪为林牧师娘发起，与英罗宾牧师娘向外募捐得二千六百五十元。② 私立养元小学，此校成立于清光绪十五年，由美国妇正教会打马字清洁师姑创办。③ 私立英华中学，此校创办于清光绪二十四年，由伦敦公会英人山雅谷发起，名英华书院，英国长老会拨助万五千元，购置新校舍于荔枝宅。④ 私立福民小学，此校于清宣统元年，为伦敦公会创办，原名福音义学。⑤

此外，司徒雷登、李提摩太等西方传教士对燕京大学、山西大学等中国近代大学的创建也作出了重要贡献。

---

① 《民国厦门市志》卷一二《学校志》二《学校》，第273页。
② 《民国厦门市志》卷一二《学校志》二《学校》，第274页。
③ 《民国厦门市志》卷一二《学校志》二《学校》，第275页。
④ 《民国厦门市志》卷一二《学校志》二《学校》，第295页。
⑤ 《民国厦门市志》卷一二《学校志》二《学校》，第275页。

第八节　施善主体的变化及其原因

一、变化

唐代，全国人口最多时的天宝十四年（755）不到五千三百万，科举初兴，读书人更少，故教育慈善活动更少，见诸记载的史料尤少之又少。

北宋仁宗庆历年间（1041—1048），天下郡县皆立学，全国各地广建学校、书院，科举考试也渐趋完善，录取人员较多，社会关注度、支持度增强，故各地教育慈善从宋代开始增多。而后历元、明、清，教育慈善活动越来越普遍，制度越来越完善，方志记载也越来越多。尤其是清代嘉庆、道光以后，鸦片战争爆发，民族矛盾急剧上升，阶级矛盾也日趋激化，中华民族面临着前所未有的生存危机，政府无力兴办教育，基层社会就承担起了更大的责任，也拥有了较大的自治权力，教育慈善活动无微不至，对于维系民族的发展起了巨大作用。

以上海嘉定为例，南宋宁宗嘉定十一年（1218）始建县，以年号为县名。次年三月，即兴建学宫，十四年仲冬竣工。理宗淳祐四年（1244），在第一次修葺时，周次皋、丘斌、丘龙震、丘廷瑞、薛埴、王子昭、孙继周、吴炎等当地士绅便积极捐助，"共相其成如其家事"。① 此后，又过了二十二年，至度宗咸淳二年（1266），嘉定县学重修大成殿，知县史俊卿拨其功德寺田七十六亩有奇，以备后之缮修。② 另据该年唐梦翔《廪士田租记》载，早在该年知县史俊卿捐助学田之前，已经有学正王东祁最先把自己的一些田产划归校产作为学田，郡太守、编修邹公也捐俸购置了学田一百零四亩有余，租五十六石五斗。③ 后来至元代至元二十五年（1288），王东祁临终前他又把自己准备筹办义学的田产二十七顷六十七亩多，即二千七百六十七亩巨额田产，岁收租米一千一百一十余石，无偿捐给了嘉

---

① （宋）王遂：《嘉定县重修县学碑并铭》，载《论丛》第 4 页。
② （宋）林应炎：《嘉定县学重修大成殿记》，载《论丛》第 6 页。
③ （宋）唐梦翔：《廪士田租记》，载《论丛》第 6 页。

定县学，作为县学的办学经费。① 此外，南宋咸淳五年（1269），林懋也曾捐田二顷零二亩，岁收米九十石有余，也作为学田。② 此后，历经明清，直至中华民国时期，地方官员和士绅一直都是教育慈善的施善主体。

不唯上海嘉定，其他各地皆如此。地方政府官员、学校士子、地方缙绅（包括在野官员、富民、富商）一直都是教育慈善的主体。古代学校、文庙、贡院等教育基础设施，因其材质不良、建筑不牢，在经历数年、十数年，最多几十年风雨之后，多破败、颓圮。传统社会，历来"皇权不下县""官不下县"等，县下实行宗族社会，乡村自治。政府，尤其是官员的行政权力在财力匮乏之时，必然也会让渡给地方社会。政府及其官员明白：地方社会、宗族社会，出于自身发展的客观需求，他们也会重视教育，承担起兴修地方学校、办好地方教育的重担。唐代中后期，始见商人参与教育慈善的记载，历经宋、元，到明清时期，商人发展成为一支重要的力量。南宋以后，随着程朱理学成为官方正统思想，宗族社会得到了强化。"老吾老以及人之老，幼吾幼以及人之幼"。宗族内部大力发展教育慈善成为一大特色，宗族社会也成为我国教育慈善的一大基石。在书院、义学兴办过程中，也有个别佛教僧众参与其中。到了明末清初，基督教开始传入中国，尤其是鸦片战争以后，基督教徒大量来华，他们在传播基督教的过程中，也会兴办各级各类教会学校，以培养自己需要的人才。但在客观上也有利于中国教育的近代化。晚清，中华民族面临全面危机，为救危图存，华侨也积极参与祖国的教育慈善事业。

大致有这样的发展变化规律：从北宋仁宗庆历年间开始在全国范围内遍设官学，起初为官办，但是大规模的修缮、重建，以及捐助学田、钱银以助膏火等活动民间一直积极参与。总体上，教育慈善走的是"由官办到官民合办，再到官倡民办"这样一个发展变化路线。政府逐渐在转移职能，逐渐转嫁、推卸负担。一方面反映了在民族矛盾、阶级矛盾日益尖锐

---

① （元）薛元德：《故宋东祁王先生归田兴学记》，载《论丛》第13—14页。
② （元）杨载：《修造局田记》，载《论丛》第7—8页。

的时期，政府也无能为力，无暇顾及教育事业；另一方面也反映了宋代以后以地方士绅为代表的基层社会力量不断崛起，他们会取代政府填补部分权利真空。

教育慈善的捐助态度也不断发生转变。由自愿、乐捐、积极主动的捐助，到地方官员倡捐、组织发动一些地方士绅捐助，再到派捐，即硬性摊派，在捐助的主观意志方面逐渐发生变化。派捐也有一个发展的历程，先是明代摊派给个别人，个别触犯刑律但可以执行赎银代刑的富僧或其他犯法者，到清代摊派到个别群体，比如有河工义务的人、有土地纳税义务的人，甚至辖区内大多数人。再到民国时期，有鱼捐、鸡捐、茶捐、盐捐等等，名目繁多，所谓"国民党的税多"，指的就是苛捐杂税，更是硬性摊派到每个人。

二、原因

以上发展变化规律，究其原因，有以下多个方面：

首先，由于时代变迁。教育慈善活动受历代王朝更替、政策变化等方面影响很大。比如，隋唐时期，全国读书人较少，知识和教育被世家大族垄断，加之科举初兴，录取人数较少，全社会尚未形成一种浓厚的文化和教育氛围。可能与中央及地方政府鼓励倡导不够也有一定关系，加之代远年湮，文献不存，故教育慈善活动较为罕见。到了宋代，鼓励民间兴办书院、私塾、义学，清代还有"捐纳""议叙"之制，更进一步刺激了教育慈善活动的全面开展。

其次，由于经济变化。传统农耕社会，耕读传家。宋代商品经济繁荣，明代嘉靖、万历年间，在江南地区纺织、茶叶等领域稀疏地出现了资本主义萌芽。入清之后，资本主义萌芽缓慢发展。鸦片战争以后，中国经济变成了半封建半殖民地经济。由于工商业的发展，导致货币形式也随之发生了改变，白银、洋银大量流通，人们对土地的依赖性减弱，土地作用有所下降。商人地位不断提升，明清时期出现了徽商、晋商、闽商、鲁商等多个区域商帮。这些商人在教育慈善中扮演了越来越重要的角色。

第三，由于社会变迁。中国传统社会，家族、宗族势力自唐代以后虽然不断削弱，但一直没有彻底退出历史舞台，直至今天，仍然如此。同时，在广大农村，也是一个乡土社会。每个村庄，都由某个族姓或若干族姓组成，接邻而居。在漫长的封建时代，这种农村社会的状况并未发生太大的变化。但在每个王朝的初期、前期，土地相对分散，自耕农占社会主体地位，到了中后期，土地兼并日益突出，田地、财富日益集中到少数官员、地主、商人的手中，多数农民、手工业者则沦为赤贫，他们有善心但没有施善的能力。有施善能力的官员、地主、商人，大多也是"朝露贪名利，夕阳忧子孙"，为子孙谋财聚富，捐纳职衔。只有少数开明士绅积极主动地进行施善。但是，由于地方官的倡捐，授意或者硬性摊派，由于中央或者地方政府的鼓励性政策，由于宗族祭田、义田等集体募捐活动，由于自己子孙在学等现实情况等等，大多数绅士、富民、商人，甚至普通百姓也会或主动或被动地参与其中。

第四，由于西方宗教势力对华的影响。鸦片战争、第二次鸦片战争以后，西方基督欧洲教浸礼会、北美长老会等教派纷纷在中国兴办教会学校，势力强劲。其目的是在中国培养宗教人才、扩大宗教影响，进而在思想观念领域控制、支配中国人民。但是，在客观上却促进了中国教育的近代化。

第五，由于文化、教育以及科举制度的影响。文化教育的不断发展，尤其是历代著名教育家、思想家对教育、教育慈善活动的倡导，作用非常明显。科举制度赓续了一千三百年，它也有一个萌芽、产生、发展、完善、没落、消亡的动态过程。在科举时代，尤其是宋代对教育、科举的提倡，以及"文人社会"的形成，对教育慈善产生了巨大而直接的影响。科举制度无疑对教育慈善活动起着杠杆的作用，其助推和激发作用，以及科举制度大背景下教育慈善活动潜在的功利性不容忽视。

综合上述各节可知，国家中央政权渴望国泰民安、民风淳厚、人才济济，故对教育事业大力支持、鼓励和督导。地方官员因其职守所在，渴望通过政绩工程而快速升迁。工作在教育一线的教谕、训导们，他们既是教育部门的管理者，同时也是传道授业解惑的教师，加之明清时期教官地位卑冷，他们更急切地想作出一番事功，故对教育慈善倾心尽力。地方绅士多为生童家长，利益所在，他们也乐意助学。有些地方绅士、寺庙僧众、盐商等也被地方官当作冤大头，授意或指令其出资捐助。有些教育慈善活动，普通百姓或自愿乐捐，或被上级硬性摊派，也多参与其中。官员不分京官、外官，大官小官，政官学官，本籍外籍，还是现任卸任；人不分男女老少，民不分穷富贵贱；不分职业类别、三教九流，皆预教育慈善洪流之中。

一个人在大海上、在大江大河里游弋，随时都有可能被巨浪吞噬。而同船共渡、和衷共济、齐心协力，相互关照饮食起居，关照孩子老人，相互疗伤，那么抗击风浪的能力就会大大提高。传统中国这艘巨轮，数千年来虽历滔天巨浪，暗礁险滩和无数的艰难险阻，但她承载着历代无数的中华儿女从远古走来，走到今天，就是因为不管航行到哪里，船上的同渡者都清醒地认识到，只有风雨同舟、和衷共济、齐心协力地划桨，才是唯一的选择，因为他们生死共命，利害相连，否则谁也到达不了幸福的彼岸。越是在惊涛骇浪、沧海横流之际，越是需要密切配合，相互关照。在近代中国，民族矛盾、阶级矛盾空前激化，生活愈加困难，更需要合作，救亡图存，对人才需求也更为急迫，也更重视教育和教育慈善。

第七章　教育慈善方式

　　教育慈善方式，也就是在教育领域里施善者的施善方式，也即教育慈善活动的类型。科举时代的教育慈善方式主要包括捐资兴教、助教、助学、助奖、助贫、助考等六大类，此外还有义务出智出力、免费教授生徒、为士子伸张正义、考试过程中之善举、蠲免学校赋税、体恤校工等其他类型的教育慈善活动。

第一节　捐资兴教

　　捐资兴教，是指在创建、搬迁、增扩、修葺、美化官办、民办等各类学校及文庙、文昌祠等配套教育设施，以及教谕署、训导署等教育管理机构的过程中，为置办各类固定资产、硬件配套设施而进行的各种形式的捐助。施善者通过捐助宅基地、房屋、木料等建筑材料，捐田地、捐银钱，出智（策划、组织）、出力（操心费力经办），捐植树木，捐建亭台楼阁，美化校园环境等具体形式来实现。

一、捐资兴修各类学校

　　西周时期便有庠、序、学、校，实行乡举里选。春秋末年，孔子私家授徒，打破"以吏为师""学在官府"的局面。战国时期，稷下学派，百家争鸣。孔子七十二名徒之一澹台灭明，南游至今天的江西，其徒有三百多人。汉代，中央设太学，文翁在蜀地兴学，石室礼殿千古留名。晋代，豫章太守范宁大力兴学，"学者闻风而至累千余人，资给众费，一出私禄"。① 唐代乾宁元年（894），观察使王潮于福州置四门义学。② 北宋庆历四年，诏诸路州军监，各令立学，自是州郡无不有学。③

学校包括官办和民办两类。其中官学又分为中央官学和地方官学。古代中央官学有太学，即后来的国子监。地方官学包括府学、州学、县学、社学等各级各类地方官学。历代书院有官办、官督民办或民办等类型。义学、义塾具有免费义务教育性质，是古代的"希望小学"。私塾、家塾、书屋、书室、书斋等具有私人民办性质。

捐助各级官学。官学的各项建筑、工程设施通常有校门、明伦堂、泮池、尊经阁、号舍、府学教授署（州学学正署、县学教谕署）、训导署、垣墙、学沟等。

捐助兴修书院。唐开元中，百姓得立私学，是为书院之所由来。五代乱世，官学废弛。真正具有聚徒讲学性质的书院于五代末期基本形成，主要培养学生参加科举考试。程颐于北宋神宗元丰五年（1082）上书宰相文彦博，希望将洛阳城南 10 公里处龙门山胜德庵、上方寺附近的"荒芜无用之地"，拨给他作为学田，以供著书讲学之用。文彦博满足了程颐的要求，并把自己在伊川鸣皋镇一处庄园也赠给了他，是为"伊皋书院""伊川义学"之始。南宋，在朱熹、张栻、吕祖谦、陆九渊等教育家、思想家的引领下，书院勃兴。明代中期弘治、正德以后，讲学之风大炽，书院复兴。清雍正十一年，谕令各省建设书院，延师，选择文行兼优之士入院学习，每个书院各赐帑金一千两，其有不足者，在于存公银内支用。④ 正如《同治鄞县志》卷八《书院》所言："近世学校，惟建礼殿，无黉舍、月课、季考，师弟遥相授受，不职者并考课而亦废，士人

① 《同治南昌府志》卷二六《职官·名宦·南昌府·晋》，第 105 页。
② 《乾隆福州府志》卷一一《学校·福州府儒学》上册，第 253 页。
③ 《同治鄞县志》卷八《学校·学额》，第 464 页。
④ 《同治长沙县志》卷一一《学校·书院》，第 170 页。

肄业之地，与造就之方，独赖有书院而已。"① 足见书院在我国教育史上之地位。

捐助兴修基层社学。据《光绪平江县志》卷二六《学校志》载："宋程子令晋城，建乡校七十二，区社学数十。行县时，亲为儿童正句读。此大贤之谨于教化也。元制，诸路县学中各设小学，其先儒过化之地，并立书院、建社学以育士。又诏，民间社学有司不得干预。明洪武八年，诏有司立社学教民间子弟。二十年，令民间子弟读御制《大诰》及律令，是曰大诰学。正统元年，令提学及各府州县官严督社学。弘治十七年，令民间幼童送入社学读书习礼。嘉靖中，诏城市村坊各建社学。国朝初制，督学试补社师，考校而进退之，康熙二十二年停。五十二年，令各省府州县多立义学、社学，延请名师，聚集孤寒生童励志读书，免其差役，由地方官量给廪饩，仍报学政查核，诚重之也。"② 可知，社学在北宋时便已出现，历经元、明、清，作为地方官办基层小学，是一种蒙学教育组织形式，至清末而终结。

此外，还有捐助兴修义学和私学。义学也有官办与民办两种，其办学层次多为小学、蒙学阶段，具有免费教育性质。私学，顾名思义乃私家所立的民办学校，或某一宗族、家族，或某一乡里都图，集资筹建或某人独资捐建。

关于历代对地方官学、书院、社学、义学、私学的创建、修葺、增补、移建的记载，史料极其丰富。详见上编各章第一节《教育慈善活动》之《捐资兴教》，诸多表格，一目了然，此不赘举。

二、捐修文庙及其配套设施

孔子作为儒家学派的创始人，千古帝王之师，自汉代以来，愈崇愈隆，以至于南宋大思想家朱熹说"天不生仲尼，万古如长夜"。文庙，又

---

① 《同治鄞县志》卷八《学校·书院》，第 467 页。
② 《光绪平江县志》卷二六《学校志》五《书院·义学、社学》，第 473—474 页。

称孔庙、至圣庙、先师庙等，古时儒学多庙学合一，故称庙学，亦名学宫。作为学校教育的重要配套设施，其作用甚巨。它是一个文化象征，也是一种精神力量、寄托和信念。即便有时学废而庙存，文教亦赖以不坠，故历代有废必兴。

文庙及其附属设施主要包括棂星门、大成殿、东西两庑、启圣祠、名宦祠、乡贤祠等。

历代对文庙的创建、修葺、增饰的记载，地方志所在多有。亦详见上编各章第一节《教育慈善活动》之《捐资兴校》。

三、修建文昌阁、魁星楼、文峰塔等公共教化设施

据《汉书·天文志》记载，文昌六星，丽斗魁前，主集计天道。其三星曰贵相，象太常理文绪。占验家以文昌明晦系国家教化兴替，故凡学校例祀文昌，所从来远矣。[①] 文昌帝君是中国民间和道教尊奉的掌管士人功名禄位之神。文昌，本星名，即文昌星，或文星，古时认为是主持文运功名的星宿。

通常，庙学附设文昌阁（或称文昌宫、文昌殿、文昌祠、文昌庙，或简称文阁）、魁星楼（或称奎星楼）、奎文阁（或称奎文楼）、文峰（或称学山）等，作为辅助性教化设施。

阁，是一种架空的小楼房，其特点是通常四周设隔扇或栏杆回廊，供远眺、游憩、藏书和供佛之用。楼，本义是双层木屋，后泛指建筑在高处的多层建筑物。综合起来，楼阁一般多为体量较大的高层建筑，不仅是游人登高望远的佳处，同时也是园林最为突出的景观，多在临水之地建楼，取凭高远眺，极目无穷之妙。亭，在古代是供行人临时休憩之地，"亭者，停也，人所停集也。"所谓文昌宫、文昌殿、文昌祠、文昌庙、文昌阁、魁星阁、魁星楼、魁星亭、奎文阁等，只是建筑行状、规模、层次的不同，其祭祀文昌帝君或魁星、祈盼文风炽盛的作用是一

---

① （明）徐学诗：《文昌阁像记》，载《论丛》第31页。

样的。

（一）文昌阁

文昌阁，或称文昌宫、文昌殿、文昌祠、文昌庙，或简称文阁，明清时期各地捐建颇盛，徽州府徽商、晋中晋商等经济条件较好，更热衷于捐修。以晋中祁县与徽州婺源为例，明隆庆、万历年间，山西祁县人河南布政使戴光启曾建文昌阁。① 清代，祁县人程作贤输百金倡义修举村东文昌阁，庠生程凌宵亦相与募修。② 清康熙年间，徽州府婺源县人戴德志又捐巨资修里中文阁，③ 吕成荣捐资里中建文昌阁，④ 程国俊捐资邑建文昌阁，⑤ 俞光銮光绪年间村中造文昌阁，解囊兴修。⑥ 程荣楼输数百金村建文阁。⑦ 方国鏞捐资建族中文阁。⑧

文昌庙。明万历二十七年，灵石县知县路一麟倡议建文昌庙于翠屏山上，以助文风。⑨ 清嘉庆七年，婺源合邑绅士捐赀建文昌庙于崇圣祠之左。⑩ 道光五年，星景嘉屯按粮捐修文昌庙，甫落成，被大水损坏，各首事再行修葺。⑪

文昌祠。崇祯二年，知县张任学重修学宫，榆次县人御史张养以银八百两助其役，又改建文昌祠于明伦堂左。⑫ 歙县人鲍均重建斗山、文昌祠、魁杓亭等，得旨旌表建坊。⑬ 嘉庆五年，攸县知县张振翔捐置文昌祠

① 《光绪祁县志》卷七《乡贤·明》，第418页。

② 《光绪祁县志》卷九《人物》二《尚义·国朝》，第438页。

③ 《民国重修婺源县志》卷三七《人物》一一《义行一·清》上册，第685页。

④ 《民国重修婺源县志》卷三七《人物》一一《义行一·清》上册，第683页。

⑤ 《民国重修婺源县志》卷三九《人物》一一《义行五·清》上册，第729—730页。

⑥ 《民国重修婺源县志》卷四二《人物》一一《义行八·清》下册，第35页。

⑦ 《民国重修婺源县志》卷四〇《人物》一一《义行六·清》上册，第747页。

⑧ 《民国重修婺源县志》卷四一《人物》一一《义行七·清》下册，第17页。

⑨ 《嘉庆灵石县志》卷七《宦绩志》，第89页。

⑩ 《民国重修婺源县志》卷六《建制》三《学校·学宫》上册，第125页。

⑪ 《同治攸县志》卷一七《祠庙·新文昌庙》，第135页。

⑫ 《同治榆次县志》卷三《学校·明》，第342页。

⑬ 《民国歙县志》卷九《人物志·义行·清》，第380页。

内祭器。① 嘉庆间黟县训导刘日旦率邑绅改建城北文昌祠。②

文昌殿。乾隆年间，婺源人程国焰造文昌殿，乡里文风寖起。③ 湖南黟县人州判谭秀谦偕邑人谭谦庵捐赀建文昌殿。④

文昌宫。湖南长沙人翰林院编修易文基捐俸修文昌宫。⑤ 黟县共建四处文昌宫，其一在县南，梅冈书院建，其一在县东十二都沔渡，同治元年何、叶、曾三姓共建。⑥ 江西奉新县人刘鸿勋，初任遂平县知县，捐廉修葺文昌宫。⑦ 丰城县人熊廷芬捐文昌宫祀田五十二石六分。⑧

（二）文峰塔

文峰塔，又名文明塔，简称文峰、丁峰等，此类建筑主要是出于风水学的考虑，弥补某种风水方面的缺失或不足，建此加以化解，以振文风。明清时期徽州尤为盛行。明代，休宁人汪洪造丁峰。⑨ 清代，休宁汶溪塔为合邑文峰，汪梴捐金五百两重加修葺。⑩ 明代，婺源人陈伸捐资助造丁峰塔。⑪ 清代，程一鼎以里中文风未振，倡筑文峰。⑫ 绩溪建文峰，章炜首倡以成义举。⑬ 黟县云门书屋，在三都黄陂，汪氏建，并建文峰塔于其侧。⑭

（三）魁星楼

魁星，是中国古代的星宿名称，是神话传说主宰文章兴衰的神，在

---

① 《同治攸县志》卷一七《祠庙·文昌祠内祭器》，第 137 页。

② 《同治黟县志》卷一三《循良·国朝教职》，第 525 页。

③ 《民国重修婺源县志》卷三九《人物》——《义行五·清》上册，第 726 页。

④ 《同治黟县志》卷一五《人物·笃行·国朝》，第 553 页。

⑤ 《同治长沙县志》卷二四《人物》二《国朝·易文基传》，第 464 页。

⑥ 《同治黟县志》卷五《营建·祠庙·文昌宫》，第 417—418 页。

⑦ 《同治南昌府志》卷四二《人物·仕绩·国朝》，第 548 页。

⑧ 《同治南昌府志》卷一六《学校·丰城县儒学》，第 452 页。

⑨ 《道光休宁县志》卷一五《人物·乡善·明》，第 375 页。

⑩ 《道光休宁县志》卷一五《人物·尚义·国朝》，第 365 页。

⑪ 《民国重修婺源县志》卷三七《人物》——《义行一·明》上册，第 672 页。

⑫ 《民国重修婺源县志》卷三八《人物》——《义行二·清》上册，第 692 页。

⑬ 《嘉庆绩溪县志》卷一○《人物·尚义·国朝》，第 604 页。

⑭ 《嘉庆、道光黟县志》卷一○《政事·书院义学》，第 354 页。

传统士子的心目中，具有崇高的地位。中国很多地方都建有祭祀魁星的魁星楼。魁星楼，或为魁星阁、魁星亭，仅是建制有所别，皆为魁星而建。因"魁星"通"奎星"，故有些地方称为奎星楼、奎星阁、奎星亭。

魁星楼或奎星楼。山西介休县候选训导温璞，曾于其村捐赀建魁星楼，事未成而卒，其弟贡生温瑗踵成之。① 平遥县改建文峰塔，变置奎星楼等，冀午亭实筹划之，勒捐赀之姓名于石，以诏将来。② 乾隆五十九年，湖广总督毕沅致金百两倡建魁星楼。③ 州同谭进世，建攸县奎星楼，费千金。④ 徽州府黟县程云翼助资督修魁星楼。⑤ 休宁吴继祺倡捐建魁星楼。⑥

魁星阁或奎星阁。康熙十二年，榆次县教谕窦瑀率绅士于明伦堂东建文昌祠，上为魁星阁。⑦ 三十三年，辰州粮府解金睿摄州事，捐廉百金修葺奎星阁等。⑧ 道光年间，邑绅捐建奎星阁，在城北文昌祠前。⑨ 同治五年，邑候欧阳君醵金建魁星阁，费缗钱二千有奇。"⑩

魁星亭或奎星亭。乾隆元年，嘉定知县程国栋捐一月养廉倡建文昌阁、奎星亭，余款则出自绅士之乐助者。⑪ 嘉定魁星亭岁久隤圮，道光八年知县淡春台等倡捐筹款改建。⑫

还有些地方称文星阁、奎文阁、崇文阁等，可能将文昌、魁星二神合祭。明代长沙府通判林公捐俸鼎新府学，并"耸文星阁以峙选峰猗

---

① 《嘉庆介休县志》卷一〇《孝义·国朝》，第 456 页。

② （清）赵煤：《汪县尊修古迹培文风经费总碑记》，载《光绪平遥县志》卷一一《艺文志》下《艺文续编》，第 338—339 页。

③ 《光绪善化县志》卷一一《学校·岳麓书院祠祀各庙》，第 151 页。

④ 《同治攸县志》卷三九《人物·义行·皇清》，第 348 页。

⑤ 《同治黟县三志》卷七《人物·尚义》，第 123 页。

⑥ 《道光休宁县志》卷一五《人物·尚义·国朝》，第 362—363 页。

⑦ 《同治榆次县志》卷三《学校·国朝》，第 342 页。

⑧ 《同治茶陵州志》卷一三《学校·学宫·国朝》，第 101 页。

⑨ 《同治鄮县志》卷五《营建·祠庙·奎星阁》，第 416 页。

⑩ （清）李元度：《平江县学新建魁星阁记》，载《光绪平江县志》卷五三《艺文志》三《文》二，第 402 页。

⑪ （清）程国栋：《重修文昌阁、魁星亭记》，载《论丛》第 56 页。

⑫ （清）龚庆来：《嘉定学改建魁星阁记》，载《论丛》第 64 页。

钦"。① 清康熙年间，高淳人唐九来捐赀修学宫，建文星阁。② 嘉庆十二年，
绅士捐银一百两，发典生息，岁得息银一十八两，以为文星阁神诞祭祀
之用。③

文昌阁、文峰塔、魁星楼等，虽带有封建迷信色彩，但也美化了自
然景观和人文环境，营造了一种崇尚文化、尊师重教的文化氛围和社会
风气。在潜移默化之中，士子得到了鼓励和鞭策。在迷信充斥的年代里，
"神灵庇佑"也能给士子们带来些许心理安慰，增加一些自信。这些保存
到今天的文化象征已经成为当地的名胜古迹，增加了文化内涵。

第二节　捐资助教

一、捐助教师束修

束修，又称修脯、束脩等，即教师的工资或津贴。府、州、县学等
官学教官和教师的俸禄出自各级政府财政收入，比较有保障。捐助教师的
修脯这种情形，多发生在一些书院、义学等民办性质的学校。

如元至正八年，婺源人祝寿朋建中山书塾，割田二百亩延师以教
宗族及乡之子弟。④ 清代，婺源县潘姓合族捐输田租，岁贴芳溪书院束
修、考费。⑤ 明代，在新建县游仙乡由里人公建霞源义塾，置田延师课
业。⑥ 清代，湖南攸县人易为莱创建集贤书屋，凡好学者，饮食、束修悉
己出。⑦ 长沙求忠书院由各路统兵将帅、偏裨人等酌量捐赀，及省城三局
筹款修建，并置买产业，岁收佃租，以供山长束修、生童膏火，并一切杂

---

① （明）刘宏化：《鼎新长沙府学碑记》，载《同治攸县志》卷四九《艺文·记》，第
　475 页。
② 《嘉庆新修江宁府志》卷三六《敦行》，第 383 页。
③ 《光绪善化县志》卷一一《学校·城南书院祠祀经费》，第 153 页。
④ 《民国重修婺源县志》卷六《建制》三《学校·中山书塾》上册，第 134 页。
⑤ 《民国重修婺源县志》卷六《建制》三《学校·芳溪书院》上册，第 135 页。
⑥ 《同治南昌府志》卷一七《学校·书院·新建县·霞源义塾》，第 484 页。
⑦ 《同治攸县志》卷三九《人物·义行·皇清》，第 343 页。

用。① 同治七年，平江县人李元度建爽溪书院，该书院有义学田，岁纳租五百石，供束修、膏火之费。② 鄮县人刘祥洽捐金为洣泉束修费捐田二十余亩。③

二、捐资助葬

助教还包括地方士绅对贫困教师生前死后的捐助。以明清时期的湖南为例，明代临湘县学训导张献民，云南曲靖人，卒于任，无以为敛，诸生为醵金以归其梓。④ 苟延庚，四川眉山人，嘉靖中任职长宝兵巡道，留意学校，岁时存恤，士民感德之。卒于任，贫无以殓，郡吏邑人咸具资助焉。⑤ 唐源，浙江钱塘人，万历中知善化县，每月课士，手自品评，谆于诸生。以劳卒于官，贫不能敛，士民捐资助之。⑥ 清代湖南攸县人刘传相，授桂东训导，每得薄俸，辄资义举。及卒，桂人士醵金资丧，无少长皆白衣冠送之。⑦ 鄮县增广生李成龙，业师谢鼎鼐，永宁孝廉，家极贫，成龙笃弟子礼甚恭，馈遗不绝。鼎鼐卒，为制木主，入谢氏宗祠，并捐金付其族老，以资岁祀，宁士闻者叹息敬服。⑧

第三节　捐资助学

一、捐置学田、学租

学田，是古代隶属于学校的田地，是学校的校产。在传统社会，土地是可以买卖的重要资源。学田获得的方式，有政府划拨、民间捐入、社

---

① 《同治长沙县志》卷一一《学校·求忠书院》，第 172 页。

② 《光绪平江县志》卷二六《学校志》五《义学、社学》，第 474—475 页。

③ 《同治鄮县志》卷一五《人物·笃行·国朝》，第 559 页。

④ 《同治临湘县志》卷九《秩官志·名宦·明》，第 429 页。

⑤ 《同治长沙县志》卷一八《名宦·明·苟延庚传》，第 311—312 页。

⑥ 《光绪善化县志》卷一八《名宦·明》，第 307 页。

⑦ 《同治攸县志》卷三九《人物·儒林·皇清》，第 279 页。

⑧ 《同治鄮县志》卷一五《人物·笃行·国朝》，第 554 页。

会捐置以及学校自置等。学校通过收取田租来作为办学经费，主要用于教师束修、学生膏火、校舍修缮、春秋祭祀及日常开销等。

纵观历代各地教育慈善，捐献和捐置学田是传统中国最基本的教育慈善方式之一。捐助学田数量有一次性捐助数千亩的，如元代嘉定的王子昭，临终前一次性捐给嘉定州学二千七百六十七亩作为学田。也有只有几亩，甚至几分、几厘的。但无论多寡，都是为教育所做的贡献，都是为支持教育事业而释放的善意。其史料极其丰富，俯首即是，江西、湖南等商品经济相对不发达，但又有着悠久的尊师重教传统的地区，捐助学田、学租的现象尤为普遍。详见上编各章第一节《教育慈善活动》之《捐资助学》。

二、捐助膏火

"三更灯火五更鸡，正是男儿读书时。"膏火，即古代学子夜读所需点灯燃烛之费，后泛指学生的生活费，类似于今天大学生的助学金。通常由施善者直接捐助银钱，或通过捐置学田、学租、学店等，从而将所获租税用于资助学生膏火。有的还把所得捐资发商生息，用所得利息来维持学校的常态化运行。

捐助膏火是中国古代教育慈善活动的基本类型之一。其史料非常丰富，不可枚举。详见上编各章第一节《教育慈善活动》之《捐资助学》。

三、捐置祭器、乐器、油灯

文庙、文昌庙等祠庙是重要的教育辅助设施，在传统社会人们极其重视，故捐置祭器、乐器及长明灯所耗灯油之费也是重要的教育慈善方式。下面以湖南为例，枚举如次：

明代，临湘县训导张献民，云南曲靖人，曾捐俸甃砌宫墙，铸祭器。[1]曹司忠，武陵人，万历年间善化县教谕，铸造文庙铜爵、铁炉、篚

---

[1] 《同治临湘县志》卷九《秩官志·名宦·明》，第429页。

篮、笾豆等，皆捐俸为之。① 明崇祯年间，攸县进士广东三省监军道洪云蒸平贼有功，以所赐太平晏金三百两捐置文庙内祭器。② 顺治十三年，陈之骏捐白茅洲园土一所，额征银十两八钱，作油灯之费。③ 文庙内鼎一座，康熙二十年，由刘伯朋等多人捐铸。④ 文昌祠内油灯，生员欧阳震亨捐田六亩，额纳银六钱五分。康熙五十八年，震亨之子再思给牒，丈入学册，永管供费。⑤ 贡生谭际举妻节妇刘氏捐新市田租四十石零两桶，作长明油灯之费。⑥ 文昌祠内祭器，嘉庆五年，由知县张振翔捐置。⑦ 雍正十三年，平江知县高能宣捐置祭器。⑧ 乾隆元年，平江贡生何亨服捐置各器。⑨ 吴嗣正，乾隆七年任酃县知县，捐廉造制文庙祭器。⑩ 同治六年，茶陵州绅谭培滋等因旧有祭器于咸丰二年、五年迭经兵燹，荡然无存，同众捐制各件，开载于后：云雷尊一，象尊一，牺尊一，篮一，簠一，香炉三座，烛台三对，花瓶三对，爵杯三十六，边豆五十，牲架。⑪

四、捐置桌椅板凳、教学用品

明代，山西介休县学教谕赵璿，捐俸置条桌、长凳各四十，以便月课。⑫ 清康熙十七年，江西义宁州知州班衣锦修葺学宫，延庠生之优者教授州中子弟，月给馆谷、笔札、膏火。⑬ 乾隆三十九年，湖南攸县谭刘氏

---

① 《光绪善化县志》卷一八《名宦·明》，第 309 页。
② 《同治攸县志》卷一七《祠庙·文庙内祭器》，第 137 页。
③ 《同治攸县志》卷一七《祠庙·文庙内鼎一座》，第 137 页。
④ 《同治攸县志》卷一七《祠庙·文庙内鼎一座》，第 137 页。
⑤ 《同治攸县志》卷一七《祠庙·文昌祠内油灯》，第 137—138 页。
⑥ 《同治攸县志》卷一七《祠庙·文庙内鼎一座》，第 137 页。
⑦ 《同治攸县志》卷一七《祠庙·文昌祠内祭器》，第 137 页。
⑧ 《乾隆平江县志》卷八《学校志·祭器·国朝》，第 56 页。
⑨ 《乾隆平江县志》卷八《学校志·祭器·国朝》，第 56 页。
⑩ 《同治酃县志》卷一三《循良·国朝知县》，第 523 页。
⑪ 《同治茶陵州志》卷一三《学校·祭器》，第 107 页。
⑫ 《嘉庆介休县志》卷五《宦迹·明》，第 355 页。
⑬ 《同治南昌府志》卷一七《学校·书院·义宁州·义学》，第 500 页。

捐钱八十千，助修考棚桌凳。① 嘉庆二十年，茶陵州考棚内桌凳年久损失，兼己巳灾民借居，毁坏过半，另行捐费，易木以石，为永久计。②

五、捐置书籍

捐置书籍包括购置书籍和资助刊刻书籍。江西南昌、浙江杭州、湖南湘东、徽州婺源、山西灵石、山东济南、福建闽县等地方志中皆有此类记载。

江西，北宋黄庭坚《藏书阁铭并序》载："于是，学有职及诸生之父兄皆自劝，市书以给诸生之求。且为出入之不严，不可以保存，曝凉之不时，不可以持久，又相劝作书阁，并祭器而藏之。"③ 明代嘉靖间，丹徒人殷士望任新建县学教谕，捐俸修尚友堂，买书贮学舍。④ 清康熙五十一年，靖安县寓贤金孟庚捐租三十石，为靖士购买书籍之资。⑤ 五十六年，巡抚白潢即旧址重建书院，偕学使王思训捐俸给廪饩，复购十三经、二十一史、唐宋大家文集、先儒语录储院中。⑥ 新建人伍斯瑸，康熙甲午科举人，任震泽知县，为立义学，置田以资膏火，购书资之，暇则亲考课。⑦

元代，浙江杭州人朱庆宗捐田二百七十五亩，归西湖书院，著令减其租什二，实为米一百三十二石，请别储之，以待书库之用，毋移他费。凡书板之刓缺者补治之，舛误者刊正之，未备者增益之。宋刻经史群书，书库官掌之者，皆完其旧。⑧ 明洪武五年，德兴人王德宣任杭州知州，作兴士类，捐俸置书，藏于府学崇文阁，以畀士子习读。⑨ 仁和人叶树东，

---

① 《同治攸县志》卷一五《学校·考棚》，第 102 页。

② 《同治茶陵州志》卷一三《学校·学宫·国朝》，第 101 页。

③ 《同治南昌府志》卷一六《学校·义宁州儒学》，第 469 页。

④ 《同治南昌府志》卷二六《职官·名宦·新建·明》，第 127 页。

⑤ 《同治南昌府志》卷一六《学校·靖安县学·学田》，第 463 页。

⑥ 《同治南昌府志》卷一七《学校·书院·豫章书院》，第 471 页。

⑦ 《同治南昌府志》卷四二《人物·仕绩·国朝》，第 506—507 页。

⑧ 《民国杭州府志》卷一四一《人物》七《义行》一《元·朱庆宗传》，第 395 页。

⑨ 《民国杭州府志》卷一二〇《名宦》五《明·王德宣传》，第 31 页。

原名元复，清嘉庆十二年举人，补云阳知县，整饬书院，捐置经史书籍，刻邱氏《大学衍义补》诸书以惠士林。①

明代嘉靖年间，湖南临湘监生沈廷璲家藏书万卷，临终时悉数捐给县学。②长沙县人易文基，乾隆癸未科进士，授职编修，儒学藏书烬于火，捐俸购全书，建尊经阁于明伦堂后。③罗源一，任辰州府学教授，捐俸增补官书之破散者。④酃县人罗元贯，原任长沙府学训导，以其藏书十余种捐入书院。⑤

徽州婺源县人查魁，朱子藏书楼灾，遗书尽毁，魁捐厚赀倡众重刻。⑥江国邠不惜捐重赀助刻，并造藏书楼。⑦山西灵石县人梁枢，任繁峙县教谕，捐俸重刻司马光《稽古录》行世。⑧山东，泺源书院堂上横碣悬巡抚陈预捐书数目。⑨福建闽县人申蔼捐廉给文游、肇文两书院膏火，并购书籍，以资其学。⑩道光六年，布政使司吴荣光为凤池书院捐置书籍二千余卷。⑪

六、捐助衣食等生活用品

捐助衣食等生活用品，应该是历史最为悠久，也最为传统的慈善方式。以湘东为例，元代州判常从仕捐己俸修平江县学，吴兴仁专董之，并"助钱以贯计者百具数，米不与焉。至于往来之资粮扉屦，日用饮食，率

---

① 《民国杭州府志》卷一三七《人物》四《仕绩》六《国朝·叶树东传》，第325页。
② 《同治临湘县志》卷一一《人物志·孝义·明》，第447页。
③ 《同治长沙县志》卷二四《人物》二《国朝·易文基传》，第464页。
④ 《同治长沙县志》卷二四《人物》二《国朝·罗源一传》，第475页。
⑤ 《同治酃县志》卷八《学校·书院·洣泉书院》，第466页。
⑥ 《民国重修婺源县志》卷三七《人物》一一《义行一·清》上册，第683页。
⑦ 《民国重修婺源县志》卷三七《人物》一一《义行一·明》上册，第671页。
⑧ 《嘉庆灵石县志》卷九《善行·国朝》，第133页。
⑨ 《道光济南府志》卷一七《学校》，第364页。
⑩ 《民国闽侯县志》卷六八《列传》五上《闽县》，第695页。
⑪ 《民国闽侯县志》卷三三《书院》，第565页。

取诸其家而用之，未尝以粒干学帑"。① 明代，鄮县人谭光甸以岁贡官宁远训导，诸生受经，择甚贫者食之，次给纸笔。② 贾太傅祠、真文忠祠、赵大中丞祠、李大中丞祠，共义学四堂，均系嘉庆二十五年巡抚左辅建。每堂额收贫童十名，藩宪主之，塾师薪资由理问厅支发。同治十二年，公议添设义塾二所，其塾师修脯火食及生徒纸笔、奖赏杂用，即由恤无告堂经费项下及城南书院李、刘二公祠岁修项下，各提钱一百串，遴绅经理。每塾定以生徒十人，由经理绅士按月查看功课，分别奖黜。③ 攸县人易为菜创建集贤书屋，凡好学者，饮食、束修悉己出。④ 临湘人例贡生来建邦，戚族中有佳子弟，必劝之学，贫者助以膏火，给之衣食。⑤

再以浙江杭州府仁和县为例，乾隆四十五年举人张昌运，任职南直隶松江府南汇县知县，辟署旁隙地仿建闱号，大比之年，他拿出自己的工资供给来考试的士子们膳食，临场模拟考试。⑥ 贡生赵殿成，乾隆元年，举孝廉方正不就。是科乡试既锁闱，旅寓失火，有同寓二十余人行李俱烬，殿成资以糗粮，得复入试。又资以衣被舟楫之费，而后得归乡里。⑦ 刑部陕西司郎中汪以澄，居乡多义举，修学宫，补祭器，夏施蚊帐，冬给棉衣。⑧

此外，山西榆次人郝铣，有李生者，困贫病。铣延之于家，而给以衣食。及卒，为之厚葬。⑨ 婺源人俞镇琮凡诸义举均乐输不后，虽数千金，未尝吝惜。王某力学，以家贫欲弃儒，镇琮力劝其勿辍，给之膏油家食，逾年游庠。⑩ 山东长清人陈昌宗，居青保车箱峪，四周皆山，附近数十村

① 《乾隆平江县志》卷二三《艺文·(杨彦博)平江学记》，第158页。
② 《同治鄮县志》卷一五《人物·宦迹·明》，第547页。
③ 《光绪善化县志》卷一一《学校·附义学》，第155页。
④ 《同治攸县志》卷三九《人物·义行·皇清》，第343页。
⑤ 《同治临湘县志》卷一一《人物志·孝义·本朝》，第450页。
⑥ 《民国杭州府志》卷一三七《人物》四《仕绩》六《国朝·张昌运传》，第321页。
⑦ 《民国杭州府志》卷一四三《人物》七《义行》三《国朝·赵殿成传》，第428页。
⑧ 《民国杭州府志》卷一四二《人物》七《义行》二《国朝·汪以澄传》，第425页。
⑨ 《同治榆次县志》卷九《人物传下·义行·国朝》，第441页。
⑩ 《民国重修婺源县志》卷三九《人物》一一《义行四·清》上册，第723页。

二百余家鲜有读书者，乃建塾延师，劝峪中子弟从学，有贫不能自给者辄资助饮食，其子孙奉行不怠，峪内渐化为书乡。①

第四节　捐资助奖

捐资助奖，主要见诸于清代。以湘东为例，郑世俊，嘉庆壬戌科进士，捐俸拓新紫澜书院，添膏火赀，课试奖励。②广东南海人吴荣光，于道光十一年由湖南布政使升任巡抚，捐银千两发典生息，为岳、城两院中试奖银。③鄞县人朱光贤倡建梅冈书院，延宿儒主讲，奖励善学者。④临湘县书院每月官课，优等奖以纸笔之费，官自捐备，照取录次第分别赏给。⑤平江人余治朝令其家塾子弟，于馆课外月设一课，严定甲乙，优给奖资。各族皆相继举行，文风因之日起。⑥茶陵州知州刘如玉将书院田租捐免钱粮，复以漕羡五百串为膏火，并额外捐廉奖赏。⑦

再以江西南昌为例，丰城人李遇陛，康熙举人，任娄县知县，每月至学课士，亲定甲乙，捐俸奖励。⑧南昌人萧芸生，道光壬辰举人，曾捐廉为龙漳书院薪奖资。⑨汉军正蓝旗人熙恬，道光庚子进士，由工部虞衡司主事改授靖安知县。该县有双溪书院，熙恬捐廉加奖，每课亲自校阅，肄业诸生靡不悦服。⑩莆田进士陈云章，莅任义宁州十余年，以振兴文教为己任，濂山书院扃课生童，厚款之，岁以为常。诗文亲品甲乙，舛驳处

---

① 《道光济南府志》卷五六《人物》一二《国朝·长清》，第 110 页。

② 《同治长沙县志》卷二四《人物》二《国朝·郑世俊传》，第 468 页。

③ 《光绪善化县志》卷一八《名宦·国朝》，第 318 页。

④ 《同治鄞县志》卷一五《人物·笃行·国朝》，第 558 页。

⑤ 《同治临湘县志》卷五《学校志·书院》，第 358 页。

⑥ 《光绪平江县志》卷四七《人物志》六《善行·国朝》，第 246 页。

⑦ 《同治茶陵州志》卷一三《学校·书院》，第 115 页。

⑧ 《同治南昌府志》卷四二《人物·仕绩·国朝》，第 502 页。

⑨ 《同治南昌府志》卷四二《人物·仕绩·国朝》，第 547 页。

⑩ 《同治南昌府志》卷二七《职官·名宦·靖安·国朝》，第 150 页。

不少贷。大比加课，捐廉以给膏火、奖赏。①

此外，山西太谷县书院向来无诗赋课，孟传薪临终之前，谆谆告语
其子继孔，以千金助诗赋奖赏费。②

第五节　捐资助贫

一、捐助贫困学生日常生活

传统社会，人们资助贫困学生的日常生活和学习用度，是非常普遍
的现象。助贫又分为个别资助和群体资助两类。其中个别资助，例如：元
代临安人邹鲤，邑人鲍龙、张振先为诸生时极贫，凡书资、试费恒为之
助，后俱成进士为名宦，人比之鲍叔。③黄泗，明弘治十五年任茶陵州学
正，张文毅少贫，几废学，泗见而奇之，教养、婚娶皆予以资助。④江西
丰城人李彦，明正德年间进士，任歙县知县。有柳姓诸生鬻儿事母，李
彦特捐俸为他建房并予以周济。⑤山西介休诸生张时栋，所交多名士，时
河道总督兰第锡亦未遇，二人最为莫逆。第锡家贫，时栋多侪助之。⑥有
陕西许姓武举人赴京会试，路过平遥，艰于资斧，平遥人冀俨"慨赠
五十金，以赡行囊。其人官至云贵提镇，遣使迎公，公辞未往，亦不
索偿"。⑦

明清时期群体资助的案例也很多，例如：怀安人陈尧震，明成化辛卯
乡荐，授慈溪训导，诸生中贫而力学者资其费。⑧明万历三十五年，山西
太谷知县牛维曜捐俸五十两，买东南二胡应科南门外水地三十亩，应纳

---

① 《同治南昌府志》卷二七《职官·名宦·义宁州·国朝》，第161页。
② 《民国太谷县志》卷五《乡贤·义行·清》，第457页。
③ 《民国杭州府志》卷一四一《人物》七《义行》一《元·邹鲤传》，第400页。
④ 《同治茶陵州志》卷一六《循良·明》，第156页。
⑤ 《同治南昌府志》卷四〇《人物·仕绩·明上》，第448页。
⑥ 《嘉庆介休县志》卷九《人物·国朝》，第441—442页。
⑦ 《光绪平遥县志》卷九《人物志上·懿行续编》，第175页。
⑧ 《乾隆福州府志》卷五〇《人物》二《列传·侯官·明》下册，第96页。

租谷二十石，给贫生读书薪油之资。① 据《同治茶陵州志》卷一三载：茶陵州先朝士民捐置地名贝水、谢婆冲、马首、黄坪洲四处，实共丈得熟田一百一十八亩三分一厘八毫，共纳租谷一百一十八石三斗一升八合，原经院核定，价折银学收除完饷漕外，解赴学院衙门，赈给贫生。现额：极贫六名，各银四两三钱；次贫四名，各银三两三钱。② 另据《同治续纂江宁府志》卷一四载："甘棠文舍，江宁知县甘绍盘创立。始于同治十三年，假崇善堂月试童生之孤贫者。光绪五年于城西华藏庵建屋三楹，为会文之所，亦崇义堂遗意也。同治十二年，邑人募永成典，月捐钱三十千文。江宁知县甘绍盘又募善士捐款，得钱一千八百千文，交邑人代筹生息，以月拨颐寿堂养老费钱四十千之余充文舍经费。其规画：每月初十日为课期，试一文一诗。肄业者皆孤贫童子，由各业师出结送试，人无定数。膏火，以十八人为额，第一名一千文；二、三名八百文；四、五名五百文；六名至十名三百文；十一至十五名二百文；十六至十八名一百文。"③ 由此可见，到了清代，资助贫困士子的活动开始由崇善堂等慈善组织介入，由捐款生息实行常态化运作，且助贫与助奖相结合，实行分等次助贫，助贫章程日渐完善。

二、捐助贫困学生婚葬

中国自古乃礼仪之邦，婚丧嫁娶乃礼之大者，尤为重要。对于贫寒之家，无疑雪上加霜。故传统社会除了帮助贫困生本人婚娶之外，还帮助安葬其亲属，以便士子能够全身心投入学习。当然也有极个别贫困士子在求学时代即罹患疾病而早亡，无钱归葬，人们也会予以捐资。

元代，重庆人夏益朝，诸士贫不能娶与葬者，侪助之。④ 进贤人赵鏓，明成化年间举人，授滕县教谕，复补浚县，诸生有不能葬其亲者，辄出余

---

① 《乾隆太谷县志》卷二《学校·儒学·赡田》，第 51 页。
② 《同治茶陵州志》卷一三《学校·学田》，第 108 页。
③ 《同治续纂江宁府志》卷一四之九上《人物·义行·附录》，第 292 页。
④ 《同治南昌府志》卷二六《职官·名宦·丰城·元》，第 130 页。

俸助之。① 靖安人吴廷光，明隆庆年间恩贡，任郧县知县，贫士不能婚者，助其完配。②

明弘治年间，黄泗任茶陵州学正，"张文毅少贫，几废学。泗见而奇之，教养、昏娶，皆取资焉"。③ 富顺县人曹益，嘉靖中任茶陵州学正，赡贫寒，助葬娶，不少吝。④ 明万历年间，长沙知府吴道行"士有贤而贫不能丧婚者，率捐金助之"。⑤

福清人何思明，明正德己卯举人，捐俸葺学官，恤贫士之不能婚葬者。⑥ 据明代李元阳《重修大理府儒学置学田记》载："于归田之外，捐俸而置者又若干，命县官主其租入，以赡贫士婚葬，俾得肆其力于学而无内顾之忧。"⑦ 明嘉靖十五年，嘉定知县李资坤购置常稔田一百六十亩，所入租岁可得一百三十石，又筑廛于弃地，共一百五十舍，以所入租银一百二十两归诸学以作修缮之用。此外，春秋之祭祀，生徒之笔札膏烛，以及贫而婚葬不能举者，皆由此出。⑧

第六节　捐资助考

捐资助考主要包括以下几种具体情形：捐广学额，捐助兴修北京、南京及其他省会城市、府州县城市为组织会试、乡试、府州县试等各级科举考试而设立的贡院、考棚，捐助兴修为本乡本土士子提供考试免费住宿的京师、省城等城市所设试馆（会馆），捐助士子赴考所需盘缠、卷资，即

---

① 《同治南昌府志》卷四〇《人物·仕绩·明上》，第441页。
② 《同治南昌府志》卷四一《人物·仕绩·明下》，第470页。
③ 《同治茶陵州志》卷一六《循良·明》，第156页。
④ 《同治茶陵州志》卷一六《循良·明》，第156页。
⑤ 《同治长沙县志》卷一八《名宦·明·吴道行传》，第312页。
⑥ 《乾隆福州府志》卷五七《人物》九《列传·福清·明》下册，第161页。
⑦ 张培爵等修，周宗麟等纂，周宗洛校订：《民国大理县志稿》，《中国地方志集成·云南府县志辑》第72册，凤凰出版社2009年版，据1917年铅印本影印，卷二七《艺文部》四《关于物产之记载》，第4册第245页。
⑧ （明）吴惠：《嘉定县兴修庙学之记》，载《论丛》第29页。

宾兴经费，以及资助贡生入监等。

一、捐广学额

　　湖南湘东地区、江西南昌地区捐广府州县学文武学额、文武乡试中额现象尤为突出，且主要发生在清代嘉庆、道光以后。咸丰、同治年间，清政府为镇压太平天国运动，需要筹措大批军饷，故特别集中在这一时段。较早捐广学额的记载发生在嘉庆末年，例如嘉庆二十五年，江苏巡抚陈桂生给凤池书院建承训楼，并捐银一千生息，以广内外课各十二名。[①]

　　据《同治上江两县志》卷八《学校》载："同治五年，户部查《奏定章程》，各省绅民捐输军饷银一万两者，加永远文武学额一名。十万两，加广一次文武乡试各一名。捐至三十万两，加广永远文武乡试各一名。"[②]这其实是一种新的捐纳方式，这也是清政府非常时期的无奈之举。说明在同治五年之前，已按照这个章程运作多年。

　　以湖南为例，咸丰年间，通省初次共捐银一百三十五万七千余两，第二次共捐银八十四万五千余两，第三次共捐银八十二万三千七百余两，均经分别加广学额、中额。第四次捐资助饷，共银九十二万四千七百余两，加以第三次余银二万五千七百余两，并计共银九十五万余两。加该省文武乡试永远中额三名，一次广额一名，连前次所广定额七名，计永远定额共足十名之数。[③]仅此前四次湖南全省就捐助军饷三百九十五万两有余，数目惊人。

　　我们再具体以平江县为例，咸丰七年，湖南士民第一次捐输助饷内单开：平江县捐银一万八千两有奇，奉旨加文武学定额各一名。[④]咸丰八

---

① 《同治续纂江宁府志》卷之五《学校》，第48页；另见《同治上江两县志》卷八《学校》，第169页。

② 《同治上江两县志》卷八《学校》，第171页。

③ 《鄞县志》卷八《学校·学额》，第465页。

④ 《光绪平江县志》卷二五《学校志》四《学额·国朝》，第467页。

年，湖南第二次捐输内单开：平江县捐银二万二千八百余两，奉旨加文武学定额各二名，又加增一次文武学额各一名。① 咸丰十年，湖南第三次捐输，以邑人李元度所带平江营弁勇在江西报捐，积欠口粮银十五万两，奉旨除加广文武乡试一次中额各一名，暨岳州府学定额各九名外，又加广平江县文武学定额各六名。又单开平江县捐银八万二千六百余两，奉旨续广平江县文武学定额各一名一次，文武学额各三十一名。第一届加倍取进二十四名，第二届取进七名，余银再广岳州府学文武定额各一名，计县学定额二十五名。② 同治元年，奉恩诏广取文生员五名。湖南第四次捐输内单开：平江捐银五万四千五百余两，奉旨续广一次文武学额各二十七名。③ 同治三年，湖南第五次捐输内单开：平江县捐银七千一百余两。奉旨续广一次文武学额各三名。④ 同治九年，湖南第六次捐输内单开：平江县捐银十万两。奉旨续广一次文武学额五十名。⑤ 由此可知，湖南通省至少捐输军饷六次。每次都数额较大，中央政府以增加府州县学文武生学额、文武乡试中额为筹码，鼓励各地大量捐助军饷。这其实是中央政府与地方政府的一种战时交易。

再以江西南昌为例，南昌府儒学，咸丰十年，以武宁捐输案，加定额五名。同治二年，以丰城捐输案，加定额五名。同治三年，以新建捐输案，加暂额二十五名。又以捐祥子营饷，加暂额五名，分年录取。⑥ 南昌县儒学，咸丰年间以捐输案，累加定额十名。捐输案累加暂额二百五十二名，分年录取。⑦ 新建县儒学，咸丰年间以捐输案，累加定额十名。捐输案累加暂额二百五十五名，分年录取。⑧ 丰城县儒学，咸丰七年后以捐饷

---

① 《光绪平江县志》卷二五《学校志》四《学额·国朝》，第 467 页。
② 《光绪平江县志》卷二五《学校志》四《学额·国朝》，第 467 页。
③ 《光绪平江县志》卷二五《学校志》四《学额·国朝》，第 467 页。
④ 《光绪平江县志》卷二五《学校志》四《学额·国朝》，第 467 页。
⑤ 《光绪平江县志》卷二五《学校志》四《学额·国朝》，第 467 页。
⑥ 《同治南昌府志》卷一六《学校·南昌府儒学·弟子员额》，第 438 页。
⑦ 《同治南昌府志》卷一六《学校·南昌县儒学·弟子员额》，第 444 页。
⑧ 《同治南昌府志》卷一六《学校·新建县儒学·弟子员额》，第 448 页。

累加定额十名。捐输案累加暂额一百五十四名，分年录取。① 丰城县儒学武生额同南昌县学，以捐饷累加十名，暂额同文生。② 进贤县儒学，咸丰八年后，以捐饷累加定额十名。捐饷加暂额四十九名，分年录取。③ 奉新县儒学，咸丰八年后，以捐饷累加定额十名。捐饷累加暂额一百八十六名，分年录取。奉新县儒学武生额，捐饷加十名。暂额与文生同。④ 靖安县儒学，同治四年，以捐饷累加定额七名。又捐饷加暂额三十四名，分年录取。武生定额、捐饷加额同文生，暂额亦同。⑤ 武宁县儒学，咸丰十年，以捐饷加定额八名。又捐饷累加暂额一百三十五名，分年录取。武生新旧定额同文生，暂额亦同。⑥ 义宁州儒学，咸丰九年，以捐饷加额十名。捐饷加暂额一百四十八名，分年录取。武生永暂额均与文生同。⑦ 洪都书院课额，生监内外正课各四十名外，正续十二名，督学冯捐廉增二十名。童生内外正课各二十二名外，正续增八名，督学冯捐廉增十名，分属定额录取。⑧

　　此外，山西、徽州、南京等地区皆有捐广学额的记载。这应该是全国性的政令，并非个别地区的个别现象。

二、捐助修建贡院、试院、考棚等考场建筑

　　明清时期，各直省在省城进行乡试，在府城或直隶州城还要进行院试，其中包括岁试和科试，各府州县要进行府州县试。故除省城设贡院外，各府、直隶州也多设试院（或称考院），各县及散州则设有考棚。故明清时期各地方志中多有关于捐资修建贡院、试院、考棚的记载。

---

① 《同治南昌府志》卷一六《学校·丰城县儒学·弟子员额》，第 452 页。
② 《同治南昌府志》卷一六《学校·丰城县儒学·武生额》，第 452 页。
③ 《同治南昌府志》卷一六《学校·进贤县儒学·弟子员额》，第 456 页。
④ 《同治南昌府志》卷一六《学校·奉新县儒学·弟子员额》，第 459 页。
⑤ 《同治南昌府志》卷一六《学校·靖安县学·弟子员额》，第 463 页。
⑥ 《同治南昌府志》卷一六《学校·武宁县儒学·弟子员额》，第 466 页。
⑦ 《同治南昌府志》卷一六《学校·义宁州儒学·弟子员额》，第 469 页。
⑧ 《同治南昌府志》卷一七《学校·书院·洪都书院·课额》，第 479 页。

因此前湖南士子须穿越洞庭湖到湖北进行乡试，冒险涉远，性命堪虞，康熙末年，湖南布政使宋致与湖南巡抚李发甲曾多次上疏恳请分闱，并捐俸在长沙创立贡院。既而格于部议，乃改为湖湘书院。至雍正元年七月，钦奉上谕分闱，因贡院先已齐全，即于次年二月甲辰科举行南北两闱乡试。① 乾隆三十六年，鄜县知县黄华年、教谕何潭、训导邓世谦率邑绅刘武懋捐赀，将县治东北门大街武庙旧址建立考棚。② 乾隆三十九年，善化县人王继声倡买庙左基地，捐建考棚，因岁歉经费难齐，变产以成其举。③ 乾隆年间，原来平江县试须自备几席送署，出入维艰，知县吴璜倡建考棚，规制具备，后世依赖。④ 嘉庆六年，在贡院东辕门外，士绅捐建宾兴坐棚。⑤ 余正焕首输重赀，纠集邑人重修长沙县学宫，兼修贡院号舍，屏除不洁。⑥ 嘉庆二十年，考棚内桌凳年久损失，兼己巳灾民借居，毁坏过半，为永久计，另行捐费，易木以石。⑦ 嘉庆二十四年，余远骐捐修贡院号舍等，费三千计。⑧ 道光年间，省城修贡院，按属派捐，平江县应捐四百金，宁乡试教谕陈作宾一门独任之。岳郡修复试院，亦输金至再。⑨ 同治十年，浙江台州府知府刘璈于考棚之西捐建官厅一间、堂号一间、夹号二十间，规模较两文场更阔。⑩

江西南昌人熊一潇，康熙甲辰进士，官至工部尚书，"北闱号舍，旧覆以席，不蔽风雨，一潇捐赀易以瓦，至今乡会试士子赖之"。⑪ 南昌人刘起厚，乾隆乙未进士，加通判衔署靖州知州，捐廉重建考

① 《光绪善化县志》卷一八《名宦·国朝》，第 314 页。
② 《同治鄜县志》卷五《营建·考棚》，第 418—419 页。
③ 《光绪善化县志》卷一一《学校·学署》，第 131 页。
④ 《同治平江县志》卷三五《职官志》二《名宦二·国朝》，第 69 页。
⑤ 《同治长沙县志》卷一二《典礼·贡院》，第 184 页。
⑥ 《同治长沙县志》卷二四《人物》二《国朝·余正焕传》，第 467—468 页。
⑦ 《同治茶陵州志》卷一三《学校·学宫·国朝》，第 101 页。
⑧ 《同治平江县志》卷四七《人物志》六《善行·国朝》，第 242 页。
⑨ 《同治平江县志》卷四三《人物志》二《宦迹·国朝》，第 160 页。
⑩ 《同治临湘县志》卷五《学校志·考棚》，第 360 页。
⑪ 《同治南昌府志》卷四二《人物·仕绩·国朝》，第 501 页。

棚。① 奉新人宋鸣琦，乾隆丁未进士，历官嘉定知府，复修试院，捐廉为倡。② 丰城人万光岚，捐赀重新南昌试院。③ 奉新人刘鸿勋，初任遂平知县，捐廉创建考棚、书院。④

道光年间，徽州府歙县人鲍树艺捐银五百两，为金陵贡院重修号底砌石曼路径之费。⑤ 休宁人吴琛，侨寓武林，每至宾兴，考生拥立于贡院门外，日晒雨淋，听候唱名，乃捐赀数百缗创立棚厂，每科皆然。⑥ 婺源人洪钧重赀购地，增置贡院号舍及提调公馆，又京师别建会馆，婺邑创造考棚等，均首捐巨赀，总计银一万二千余两。⑦

道光初，山西省城修贡院，平遥全县摊捐银三千二百两有余。⑧ 候选游击李日暹，邑中建考棚、公馆等诸工皆捐赀，董其事。⑨ 光绪五年，榆次县富绅慨助巨资，在书院东北购置地基，建置考院。⑩

此外浙江、福建、江苏等地也都有此类记载。浙江省试，贡院旧无篷厂，诸生立门外，率患风雨，康熙十三年，钱塘监生姚士章捐赀倡设，自是循以不废。⑪ 仁和人王锡仁增筑贡院号舍千余间，独肩其任，所费不可胜计。⑫ 康熙四十四年，福建巡抚福建李斯义与布政使高缙睿集义拓贡院旁隙地，复购民居，增号舍千余楹。⑬ 江苏南京贡院，旧制号库狭，

---

① 《同治南昌府志》卷四二《人物·仕绩·国朝》，第 528 页。
② 《同治南昌府志》卷四二《人物·仕绩·国朝》，第 533 页。
③ 《同治南昌府志》卷四二《人物·仕绩·国朝》，第 515 页。
④ 《同治南昌府志》卷四二《人物·仕绩·国朝》，第 548 页。
⑤ 《民国歙县志》卷九《人物志·行行·清》，第 381 页。
⑥ 《道光休宁县志》卷一五《人物·尚义·国朝》，第 362 页。
⑦ 《民国重修婺源县志》卷四〇《人物》一一《义行六·清》上册，第 734 页。
⑧ （清）徐继畬：《平遥县超山书院创建重修碑记》，载《光绪平遥县志》卷四《学校志·书院续编》，第 95 页。
⑨ 《嘉庆介休县志》卷一〇《孝义·国朝》，第 453 页。
⑩ 《光绪榆次县续志》卷一《建置》，第 535 页。
⑪ 《民国杭州府志》卷一四二《人物》七《义行》二《国朝·姚士章传》，第 421 页。
⑫ 《民国杭州府志》卷一四三《人物》七《义行》三《国朝·王锡仁传》，第 431 页。
⑬ 《乾隆福州府志》卷四六《名宦》一《历代节使、方面·国朝》上册，第 924—925 页。

土地不鬐，小雨辄沮洳泥滑，道光初上下江绅士合募重建。①

三、修建京师、省城试馆

　　福建、广东等南方若干商品经济发展比较快，且距离北京又较远的省份早在明代就开始在北京建立试馆，因为三年一科，平时多用作同乡聚会之所，故又名会馆。入清以后，随着社会经济的更加繁荣，官员、商人、士民等人口流动的增多，各省纷纷在京设立会馆，县级、府州、省级的会馆陆续在京城出现，各省在北京兴建会馆的繁盛阶段一度达到三百多个。此外，为便于考生在省城乡试，在府州驻地城市院试，往往在省城和府州城市也建有试馆。故明清时期会馆的兴盛与此时期科举制度的鼎盛和商业经济的繁荣有着密切的关系。下面以徽州与湖南为例：

　　京师旧有歙县会馆，邑人鲍桂星为筹划经费，乡里应试之士深赖之。② 汪聘卿在省城金陵倡建歙县试馆，歙县人王鉴往来苏、扬间，捐募巨款以藏其事。③ 罗亨瀚以茶商起家，独力创建北京内城歙县试馆。④ 嘉庆年间，京师创建会馆，叶兹塈领袖建婺源会馆，首捐银一千余两。⑤ 婺源人程世杰捐金三百。⑥ 道光年间，孙有燨侨居金陵，捐助江南北诸会馆。⑦ 新安会馆欲建寝楼以祀朱子，但苦于地隘，司其事者出数千缗欲购邻人屋加以拓宽，邻人不许。休宁人詹务勇令其子"弓受委屈，增价得之。既成，券即输入会馆，不取一钱"。⑧ 休宁人汪尚昂捐千金倡建新安会馆，崇祀朱熹。⑨ 嘉庆年间，黟县人胡元熙在京师添设会馆房屋。⑩

---

① 《同治续纂江宁府志》卷之五《学校》，第47页。
② 《民国歙县志》卷六《人物志·宦迹·清》，第249页。
③ 《民国歙县志》卷九《人物志·义行·清》，第387页。
④ 《民国歙县志》卷九《人物志·义行·清》，第388页。
⑤ 《民国重修婺源县志》卷四〇《人物》——《义行六·清》上册，第742页。
⑥ 《民国重修婺源县志》卷三九《人物》——《义行四·清》上册，第711页。
⑦ 《民国重修婺源县志》卷四一《人物》——《义行七·清》下册，第9页。
⑧ 《道光休宁县志》卷一五《人物·乡善·国朝》，第389页。
⑨ 《道光休宁县志》卷一五《人物·乡善·国朝》，第404页。
⑩ 《同治黟县三志》卷七《人物·尚义》，第117页。

道光三年，湖南郿县试馆乃邑人罗文璨遗嘱其子锡章、铜章等捐银八百四十两购置。其中建屋一座，铺面三个，共二十余间。三十年，其后裔垫税重修。同治六年，其后裔又敛税叠修。九年，其后裔恐日久难以经营，永交书院首事收税存赀、置田修整。① 此外，罗文璨于省城独立创建该县试馆，旁置市廛数椽，以岁入赁租百余金为秋闱卷烛资，士感其惠。② 道光初，罗鸿倡修省垣试馆等，费逾千金。③ 唐殿升，族创义塾，置试馆，独任不少。④ 唐方煦，道光壬午顺天举人，历官户部主事等，在任京职时倡建善化会馆。⑤ 长沙云阳试馆始建于雍正年间，在省南城内府学宫右侧，同治三年六月捐资重修。⑥

四、捐助考试经费

"十年寒窗无人问，一举成名天下知。"十余年甚或数十年的青灯古卷、寒窗苦读，为的就是有朝一日"春风得意马蹄疾，一日看尽长安花。"省城乡试、进京赶考是多少士子梦寐以求多年的夙愿，但很多士子家境困难，缺乏盘缠，难以成行，故很多地方官员、士绅、富民、商人、族人也慷慨解囊，乐观其成。捐助考试经费主要是资助当地或本家族的士子参加乡试或会试，还包括文武童生府县试、提学主持的岁试、科试等院试。

宾兴义举或施善者一人独任，或集众人之力；或出于职守，或出于赡族睦邻；或资助个别考生，或资助某省某府某邑、某学校书院，或某宗族乡党；组织层面或限于文生，或限于童试，或不论文武考生，不论童试、岁试、科试、乡试、会试等。

群体捐助多采取捐资取息、捐田收租、捐置店铺收取店租等形式以维系宾兴资助的可持续发展和常态化运作。

---

① 《同治郿县志》卷八《学校·郿县试馆》，第 471 页。
② 《同治郿县志》卷一五《人物·笃行·国朝》，第 556 页。
③ 《同治郿县志》卷一五《人物·笃行·国朝》，第 558 页。
④ 《同治郿县志》卷一五《人物·笃行·国朝》，第 558 页。
⑤ 《光绪善化县志》卷二四《人物·国朝》，第 446 页。
⑥ 《同治茶陵州志》卷九《公署·云阳试馆》，第 73 页。

清代，宾兴组织更加完善，还出现了文约、宾兴会、卷局、登瀛集、兴贤堂等名称不同的助考慈善机构。例如乾隆年间，郑华邦与同乡绅士等劝兴阆阳文约，自小试以至宾兴皆助之。① 道光二年，陈世瑜等捐田租二百三十石，为县试招覆至末覆及府试正场卷费，其覆试卷费悉由登瀛集捐。② 同治三年，合邑捐置宾兴会，合旧李棠捐元银三千两，李翔千捐钱一千串，所存余费置店业十三所，为文武考试卷价。③ 善化县人劳师俭于学院西辕门口捐屋，每年共佃钱一百四十二千八百文，作为该县卷局房租。④ 茶陵州于文昌宫设立兴贤堂，公举首士清理，将所有书院往年所捐田租改为士子乡会试帮费。⑤

方志中明清时期各地此类史料的记载颇为常见，上编徽州、湖南、江西等个案研究已有详列，恕不赘举。

五、资助贡生入监

此类史料比较罕见，笔者仅见一例：清代，湖南桂东县贡生胡某，"老选博，乏资"，即贡生考选监生，缺乏资金，鄞县人朱化楚倾囊相助。⑥

第七节　其他施善方式

除以上所述主要慈善方式外，尚有义务出智、出力，免费教授生徒，为学子伸张正义，考试过程中之善举，蠲免学校赋税，体恤校工等具体方式。

---

① 《同治祁门县志》卷三〇《人物志·义行·国朝》，第 344 页。

② 《同治南昌府志》卷一六《学校·奉新县儒学·圣庙田》，第 459—460 页。

③ 《同治南昌府志》卷一六《学校·丰城县儒学》，第 452 页。

④ 《光绪善化县志》卷一一《学校·卷局房租》，第 133 页。

⑤ 《同治茶陵州志》卷一三《学校·书院》，第 115 页。

⑥ 《同治鄞县志》卷一五《人物·笃行·国朝》，第 557 页。

一、义务出智、出力

（一）义务出智

作为学校、文庙、文昌阁等教育设施工程建设或文会、宾兴会等相关教育机构、教育慈善机构的组织者、策划者，他们对整个活动起到了领导作用。各举数例如下：

南宋咸淳二年，嘉定县学文庙大成殿寝颓圮，"主学唐君梦翔佐其决，学正王子昭相其劳"。① 唐梦翔协助策划组织，王子昭贯彻落实，也都为此工程费心费力。清嘉庆十年，嘉定重修当湖书院，知县吴桓捐俸钱三百余千文，掌教顾日新、监院刘瑗"亦相与朝夕筹划，不阅月告竣。"② 都人倡建宾兴，尹瑞庆"力为筹画，宏纲细目，井井有条，后人赖焉"。③ 都下旧有歙邑会馆，鲍桂星为筹划经费。乡里应试之士深赖之。④ 邑文庙、书院、阙里祠亭，潘亭皆与筹划。⑤ 改建文峰塔，变置奎星楼等，捐赀以成盛举，"约费若千金，惟冀君午亭实筹画之"。⑥ 惟洒扫会，近赖邑人伍承钦、田宝瑚实力经营，不可略其已收之效也。⑦

（二）义务出力

义务出力，指教育慈善活动中具体承办者、监工督办者以及亲自动手助力者，他们义务劳动，无偿付出。明万历三十一年，嘉定重浚学前二渠，"则坊厢居民之效力"。⑧ 清雍正十二年，嘉定重修学宫记，"择其贤能者举人张陈典、诸生俞九滋董其役……是役也，俞生实倍有劳。"⑨ 山东陵县人曹振国与谷嵩年等重修文庙、武庙，创建书院义学，监工勤劳，

---

① （宋）林应炎：《嘉定县学重修大成殿记》，载《论丛》第 6 页。
② （清）朱春生：《重修当湖书院记》，载《论丛》第 62 页。
③ 《同治茶陵州志》卷一八《人物·懿行》，第 210 页。
④ 《民国歙县志》卷六《人物志·宦迹·清》，第 249 页。
⑤ 《民国重修婺源县志》卷四二《人物》一一《义行八·清》下册，第 51 页。
⑥ （清）赵煐：《汪县尊修古迹培文风经费总碑记》，载《光绪平遥县志》卷一一《艺文志》下《艺文续编》，第 338—339 页。
⑦ 《同治续纂江宁府志》卷之五《学校》，第 46 页。
⑧ （明）王善继：《嘉定重浚学前二渠记》，载《论丛》第 38 页。
⑨ （清）程国栋：《嘉定县重修学宫记》，载《论丛》第 55 页。

合邑勒石为记。① 明伦堂渐倾圮，邑绅汪秩等捐赀重修，刘启伦遂独任其劳。② 昌江建文公会馆，以俞照捐输佐理出力，祔祭。③ 董修学宫，绩溪人周凤翔不辞劳瘁。④ 婺源人程兆枢督造水口桥梁及文昌阁，勤劳六载。⑤ 重修富阳县儒学，何玉延、高昌运、金紫垣、何名乾、吴国钥五人"义不辞艰，力肩厥任"。⑥ 候选员外郎王泰，"葺学宫，增号舍，凡任劳怨，必身先之。"⑦ 嘉道年间，重建城南书院，"工监修系前任云南迤西兵备道余正焕、前任浙江道监察御史欧阳厚均。董事诸绅皆自备资斧，晓夜劳瘁，克襄胜举。"⑧ 平遥邑中文庙、城池、书院诸大役，冀烈章悉竭力董其事。⑨

　　但在很多情况下是既出资，又出智、出力。道光二十九年，监生周扬烈独力重修洣江书院。⑩ 文庙倾圮，马焯独力捐修。⑪ 咸丰年间，俞观旺独力栽培村中文阁周围之树木。⑫ 罗亨瀚以茶商起家，独力建北京内城歙县试馆。⑬

二、免费教授生徒

　　明代弘治年间，浮梁人戴显任祁门县训导，"诸生以贽见者，一无所

---

① 《道光济南府志》卷五六《人物》一二《国朝·陵县》，第 113 页。

② 《道光休宁县志》卷一五《人物·尚义·国朝》，第 367 页。

③ 《民国重修婺源县志》卷四二《人物》一一《义行八·清》下册，第 29 页。

④ 《嘉庆绩溪县志》卷一〇《人物·尚义·国朝》，第 609 页。

⑤ 《民国重修婺源县志》卷四一《人物》一一《义行七·清》下册，第 14 页。

⑥ （清）赵嗣万《重修富阳县儒学记》，《民国杭州府志》卷一五《学校》二《富阳县学》，第 433—434 页。

⑦ 《民国杭州府志》卷一四三《人物》七《义行》三《国朝·王锡仁传》，第 431—432 页。

⑧ （清）左辅：《重建城南书院碑记》，《光绪善化县志》卷一一《学校》，第 148 页。

⑨ 《光绪平遥县志》卷九《人物志上·义行续编》，第 193 页。

⑩ 《同治茶陵州志》卷一三《学校·洣江书院》，第 112 页。

⑪ 《同治祁门县志》卷三〇《人物志·义行·国朝》，第 343 页。

⑫ 《民国重修婺源县志》卷四一《人物》一一《义行七·清》下册，第 12 页。

⑬ 《民国歙县志》卷九《人物志·义行·清》，第 388 页。

受"。① 嘉靖初，闽县人高应经任祁门教谕，"岁时馈遗，一切却谢"。② 嘉靖年间，太谷县学训导戴麟轻财重义，贫士进束修，力辞之。③ 介休人李初茂，里中有人鬻地十金为贽，延请其为子师。初茂谓其徒曰："闻汝止此数十亩地，今为束修而鬻之，使汝母无以养，我心何安？"坚却之，而后就馆。④ 介休县教谕许曰可，恬冲廉介，有语及束修者，拒而不受，多士敬服。⑤ 奉新人胡信任攸县训导，笃于行义，不以脯脡责弟子，人称其廉。⑥

清代，善化教谕田锡钦课士衡文，不计修贽，多所成就。⑦ 攸县人皮文忠训寒士，却其修。⑧ 长沙县廪生姚邵峣，课训生徒，贫者不计修脯。⑨

三、为学子伸张正义

明万历中，昌化县学生员有被抑枉者，教谕周铎为之申释。⑩ 曹司忠，武陵人，万历年间任善化县学教谕，诸生有受枉者，必代为昭雪。⑪ 清代，雩都县学有生员刘光昭以事斥辱县役，役诬以窝匪，令逮治之，赖训导万重辉立白得释。⑫ 同治五年，镇海举人陈章五任临安教谕，"士有贫窭及受侵辱者，尤矜恤而保全之"。⑬

---

① 《同治祁门县志》卷二一《职官志二·名宦·明》，第 215 页。
② 《同治祁门县志》卷二一《职官志二·名宦·明》，第 215 页。
③ 《乾隆太谷县志》卷三《名宦·明》，第 85 页。
④ 《乾隆介休县志》卷一〇《孝义·明》，第 159 页。
⑤ 《嘉庆介休县志》卷五《宦迹·明》，第 356 页。
⑥ 《同治攸县志》卷三八《政绩·明》，第 258 页。
⑦ 《光绪善化县志》卷一八《名宦·国朝》，第 321 页。
⑧ 《同治攸县志》卷三九《人物·义行·皇清》，第 340 页。
⑨ 《同治长沙县志》卷二三《人物》一《国朝·姚邵峣传》，第 457 页。
⑩ 《民国杭州府志》卷一二〇《名宦》五《明·周铎传》，第 50 页。
⑪ 《光绪善化县志》卷一八《名宦·明》，第 309 页。
⑫ 《同治南昌府志》卷四二《人物·仕绩·国朝》，第 509 页。
⑬ 《民国杭州府志》卷一二二《名宦》七《国朝·陈章五传》，第 93 页。

四、考试过程中之善举

（一）院府接试

湖南平江县原来岁、科试，文武童生要两次赴岳州府城，"跋涉滋艰，寒畯且缺旅费"，恩贡生张礼启倡诸廪保，"力请于知府、学院，求院、府接试，批允定案"。[①] 也就是张礼启呼吁学院、知府，请他们在岁、科试时接送考生，后得允许，且成定例。

（二）平息考场事端

《光绪善化县志》卷一八《名宦·国朝·张锡谦》记载了这样一桩科场突发事件：道光九年己丑科岁试，县令王渭因滥刑擅责而引发众怒，考生激愤之下到总督巡抚衙门请愿控诉，此时有些考生扬言要罢考，督抚大员将发兵往捕，长沙府知府张锡谦力为制止，并亲往开陈抚慰，事遂平息。考试完毕，督抚大员又令穷治控诉之人，生童株连甚众，锡谦又力主以平允定谳，士民感恩戴德。[②]

（三）组织补考

清代武冈州学被兵最烈，适学使将按临武冈，学正陈直请造难生册，招还避乱诸生百数十名，并就长、衡补考，士林嘉赖，勒石以纪其事。[③]

五、蠲免学校赋税

康熙二十一年，江西丰城人丁蕙提督福建学政，将学舍地租概乞豁免，以甦穷黎。[④] 云南大理县援照府学例，将县学应纳银米予以蠲免。[⑤] 大理府置买宾川州庄田，以作该府及太和县两学义学束修薪米并周给贫士

---

① 《同治平江县志》卷四七《人物志》六《善行·国朝》，第 242 页。

② 《光绪善化县志》卷一八《名宦·国朝》，第 318 页。

③ 《同治茶陵州志》卷一八《人物·宦绩》，第 194—195 页。

④ 《乾隆福州府志》卷四六《名宦》一《历代节使、方面·国朝》上册，第 923 页。

⑤ 《民国大理县志稿》卷二七《艺文部》四《关于物产之记载·捐免学田钱粮碑》，第 4 册第 256 页。

之资，并将前项学田正项之外概行豁免。①

六、体恤校工

按常理来说，府州县学教官体恤教师、校工这类慈善活动应该并不少见，但见诸记载的并不多，难道是因为他们地位卑微，事体不大，"上不了台面"，不足道也？笔者仅见一例：归安人闵大夏，乾隆九年举人，任余杭县学教谕，"悯斋役多负债，代偿百金，为除其券"。②

七、其他教育慈善案例

还有这样的一些特例，比如：

鲍省躬与举人胡京蒙相友善，京蒙之叔在塞外怀安县任职，有急难。而京蒙正值应直隶乡试，如赴塞外，则误试期。于是省躬代京蒙前往，一骑行数千里，为解其急。③

歙县人洪翘客居金陵，有六名士子同船渡江来参加乡试，不巧遇风覆舟，仅以身免，洪翘为六人治办行装，得蒇试事。④

由上述各节可知，教育慈善的施善方式包括：各级学校、书院及其配套设施文庙、文昌阁、魁星楼、文峰塔等，乃至名宦祠、乡贤祠等教育基础设施的创建、修复、改迁、增扩、美化等；教师的束修；学生学习和生活的方方面面，覆盖了一个幼童从入蒙学，到成为生员、举人、进士整个过程和各个环节，包括资助生活费、奖优、赈贫，捐增学额、中额，助考，甚至是免费授课、代士子伸冤、资助贫寒士子日常生活、笔札，甚至婚葬等等，可以说贯穿了士子的一生。

---

① 《民国大理县志稿》卷二七《艺文部》四《关于物产之记载·捐置学田租息碑》，第4册第268—269页。

② 《民国杭州府志》卷一二二《名宦》七《国朝·闵大夏传》，第92页。

③ 《民国歙县志》卷九《人物志·义行·清》，第357页。

④ 《民国歙县志》卷九《人物志·义行·清》，第362—363页。

第八章　具体捐助形式

我国科举时代教育慈善的具体捐助形式有捐助金银、铜钱，捐置学田、学租、学店、店租，捐献宅基、房屋，捐助祭祀、学习和生活用品，以及木材等建筑物料等，还有为教育义务出智出力、为士子伸张正义等非物质形式。捐助形式随着社会的发展而发生变化。捐助形式的变化是由当时生产力水平决定的，是与经济发展、商业繁荣、白银流通以及中国的近代化等密切相关，也因施善者自身条件不同而各异。

第一节　捐助金银、铜钱

白银和铜钱，因其方便流通而成为传统社会教育慈善最为常见的捐助形式。

一、白银

银子，具体形式也颇为多样，有银锭、碎银、银圆、元丝银、库银、湘平银、洋蚨（洋银）等不同形式和规格，银锭和碎银的单位是"两""钱""分""厘""毫"等，晚清银币及银洋的单位是圆（元）。

捐银的记载在明清方志中极为常见。较早见之于明代嘉靖、万历年间，而盛行于清代。这与我国明代嘉靖、万历年间出现资本主义萌芽，清代缓慢发展，在商业活动中逐渐用白银作为主要流通货币密切相关。

明嘉靖十四年（1535）嘉定知县李资坤修建县学，筑店铺一百五十间，以所收租银一百二十两归县学，以备修缮校舍、春秋祭祀，生徒笔札膏烛，以及贫困生员婚葬等之用。① 万历年间，应天巡抚、都察院右佥都御史徐民式非常重视办学，曾把见存苏州府库的关课银六千一百二十一两八钱八分二厘，分派苏、松、常、镇四府各县，其中派发嘉定县置买学田银二百五十两。又把万历二十四年（1596）分胖袄银等项共银一百零五两有余，以及在放存条编、河夫二项银四百四十六两多之内划拨一百二十五两有余用于嘉定县学购置学田，共用银四百八十一两有余，购买学田一百七十二亩多，最后收租折银共五十六两有余，用于资助贫寒士子。②

清康熙四十五年（1706）制府阿山捐给江宁府凤池书院白银四百两，乾隆九年（1744）监生高官佑又捐银三百八十两。③ 徽州府歙县问政书院，雍正年间歙人徐士修捐银一万二千两，以赡学者。嘉庆十七年（1812）知府龚丽正劝捐，鲍均捐银五千两，按每月一分行息，每年缴息银六百两，闰月加增五十两。黟县绅士胡尚增、胡元熙、胡积城再捐银五千两以资膏火。④ 福州府鳌峰书院，乾隆五十九年松江幕僚徐学斋捐银二百两。⑤ 据巡抚阮元《重修南昌府学碑记》载，乾隆年间南昌府学大修，工程浩大，乡人皆踊跃捐资，共用银十三万多两。⑥ 嘉庆二十年云南学政顾莼复等人捐银一千两，交付昆明县经理，为字课、卷资、奖赏之用。⑦ 嘉、道年间重建长沙城南书院，费银一万五千五百余两，"其官绅捐银细数，另刊于石"。⑧

---

① （明）吴惠：《嘉定县兴修庙学之记》，载《论丛》第 29 页。

② （明）胡士容：《置买学田始末碑》，载《论丛》第 41—43 页。

③ （清）莫祥芝、甘绍盘修，（清）汪士铎等纂：《同治上江两县志》，《中国地方志集成·江苏府县志辑》第 4 册，江苏古籍出版社 1991 年版，据清同治十三年（1874）刻本影印，卷八《学校》，第 169 页。

④ 《民国歙县志》卷二《营建志·学校·问政书院》，第 57 页。

⑤ 《民国闽侯县志》卷三三《书院》，第 564 页。

⑥ 《同治南昌府志》卷一六《学校·南昌府儒学》，第 440—441 页。

⑦ 《道光昆明县志》卷四《学校志》第七，第 54 页。

⑧ （清）左辅：《重建城南书院碑记》，载《光绪善化县志》卷一一《学校》，第 148 页。

"库银"，又称"库平银"，是指明清中央规定的标准银制。"湘平银"是指清代湖南省的使用标准，后来湖北、新疆等地亦沿用。"元丝银"，为清代货币，底面圆形，表面呈椭圆平面，上铸有卷丝状纹样，一般重量在数两至十两之间。明清方志中有捐"库银""湘平银""元丝银"的记载。明万历三十三年，分巡佥事周应中支付政府所得赎金购置湖南临湘县学田五十三亩，每年共完库银二十六两有余以赈贫士。① 山东济南泺源书院，其经费来源：雍正十一年（1733）恩赏银一千两，乾隆六年巡抚朱定元捐银四千零六十余两，俱交历城等九州县当商生息，岁解济东道库银一千五百五十两。② 同治八年，知府涂宗瀛捐湘平银四百两，交何公远盐旗生息，资助倪公祠义塾。③ 嘉庆十七年南昌知县沈礼亿、绅士陶士遴各捐元丝银一千两，道光五年（1825）知县徐清选劝捐共得元丝银一万两，资助该县书院办学。④

还有捐"白金"的记载。其实指的也是银子，并非今天真正的白金。据孟昉《杭州路重建庙学记》载，元至正二十一年（1361）文庙火灾，江浙省丞相达识贴木迩首出白金五十两，钱若干锭倡捐修建。⑤ 清雍正十二年（1732），嘉定县重修学宫，本县绅士乐捐白金二百九十余两。⑥ 乾隆十六年，侍御谭尚忠任兴泉永道，劝绅士黄日纪等捐白金三千余两，为玉屏书院提供膏火。⑦ 嘉庆十二年，歙县议叙盐运使鲍淑芳、掌四川道御史鲍勋茂等重修徽州府学，用白金一万四千余两。⑧

洋蚨，即洋钱、银洋，从明末开始流入中国，主要有西班牙本洋、墨西哥"鹰洋"等外币。晚清江苏南京方志中有捐"洋蚨"的记载：大程

---

① 《同治临湘县志》卷五《学校志·学官·附学田》，第356页。

② 《道光济南府志》卷一七《学校》，第364页。

③ 《同治续纂江宁府志》卷一四之九上《人物·义行》，第291页。

④ 《同治南昌府志》卷一七《学校·书院·南昌县》，第480页。

⑤ 《民国杭州府志》卷一四《学校》一《府学·元》，第409页。

⑥ （清）程国栋：《嘉定县重修学宫记》，载《论丛》第55页。

⑦ 《民国厦门市志》卷一二《学校志》一《书院》，第256页。

⑧ 《民国歙县志》卷二《营建志·学校·府学宫》，第55页。

子祠义塾，同治五年（1866）知府涂宗瀛发交七家湾沈姓住房充公洋蚨四百五十元，由救生局付息设立。① 知县沈国翰议设分塾，又捐罚款洋蚨二百十七元，俱交绅士经收议明转发省城盐旗生息。②

二、铜钱

我国自秦朝以后历代流通圆形方孔铜钱，其单位为"文"。通常会把一千枚铜钱串成一串，是为"一缗"，或"千文""千钱"。宋代以后教育慈善活动中都有捐助铜钱的记载。

北宋神宗熙宁三年（1070），庙学坏倾，福州人韩昌国、刘康夫等二百人请自创儒学，获地方长官程师孟应允，各县文士纷纷效仿，集钱二百万，建成门、殿、公堂及十斋。③ 南宋高宗绍兴七年（1137），古田县学诸生林好古、陈鬲、卓冠与邑人捐金钱百余万，迁学于旧址。④ 南宋宁宗开禧年间（1205—1207），临安人李延忠任旌德知县，捐县市诸乡地税钱九千余缗，为学宫弟子提供膳食。⑤ 理宗淳祐四年（1244），嘉定县学讲堂更创鼎新，绅士周次皋带头倡捐，丘斌等人共襄其成，花费共计三万四千余缗。⑥ 元至顺元年（1330）春，嘉定大新孔庙，名儒林畴、瞿懋皆留心乡校。林畴子曰仁、曰义、曰礼、曰智、曰信，助钱六千五百缗，瞿懋子元辅助钱一千三百缗。⑦ 平江州判常从仕捐巳俸，拓地市材，为屋十六楹，募佣三十日，费五百缗有奇。⑧ 明陈善《仁和县学重修记》载：万历癸酉，新建张县令开始规划鼎新明伦堂，后来南海梁县令继任。自始至终皆两位知县躬亲董理，费金钱二百千，皆知县捐俸，不以烦

---

① 《同治续纂江宁府志》卷一四之九上《人物·义行》，第291页。
② 《同治续纂江宁府志》卷一四之九上《人物·义行》，第292页。
③ 《乾隆福州府志》卷一一《学校·福州府儒学》上册，第254页。
④ 《乾隆福州府志》卷一一《学校·古田县学》上册，第268页。
⑤ 《民国杭州府志》卷一三二《人物》四《仕绩》一《宋·李延忠传》，第253页。
⑥ （宋）王遂：《嘉定县重修县学碑并铭》，载《论丛》第4页。
⑦ （元）智玉成：《嘉定州重建庙学记》，载《论丛》第10页。
⑧ 《乾隆平江县志》卷二三《艺文·杨彦博〈平江学记〉》，第158页。

民。① 清嘉庆十年（1805），知府吴桓莅任伊始便捐俸钱三佰余千文，重修当湖书院。② 道光二十四年，贡生陈兆昺捐给东山书院膏伙钱叁百串文。③ 同治十一年（1872），盐道凌公焕捐钱三百千，营官李龙元捐钱一百千文，高淳知县杨福鼎捐钱五百千，县学始能举行月课。④

"京钱"，清代北京、山东等地流行以五百为一千，名曰"京钱"。清代山东地区有捐"京钱"的记载。山东平原县景颜书院，嘉庆二年合邑公捐京钱万余缗。⑤ 长清县见泰书院，知县李应曾捐京钱七百千。⑥

足钱，《梁书·武帝纪下》作"足佰钱"。陌，通"佰"，以古代制钱每贯十足为百枚故称。据宋洪迈《容斋三笔·省钱百陌》所载，唐之盛际，纯用足钱。天祐中，以兵乱窘乏，始令以八十五为百。后唐天成，又减其五，故后世"足钱"泛指足额的钱数。制钱，明清两代按其本朝法定的钱币体制由官炉铸行的钱币，以别于前朝旧钱和本朝的私铸钱。晚清南京地区还有捐"足钱""制钱"的记载。例如：同治十年，江宁知县莫祥芝捐足钱四百千文，交救生局存典生息，添设救生局内义学一塾。⑦ 同年，由句容知县劝捐重建棂星门、戟门、正殿、两庑，该县民众捐款制钱一万缗，支用足钱一万五千千有余。⑧

还有的标明铜钱所铸年代。如：至顺改元，名儒瞿懋助钱中统一千三百缗修饰学宫。⑨

---

① 《民国杭州府志》卷一四《学校》一《仁和县学·明》，第 425—426 页。

② （清）朱春生：《重修当湖书院记》，载《论丛》第 62 页。

③ 《同治攸县志》卷一五《学校·东山书院》，第 108 页。

④ 《同治续纂江宁府志》卷五《学校》，第 49 页。

⑤ 《道光济南府志》卷一七《学校·平原县学》，第 376 页。

⑥ 《道光济南府志》卷一七《学校·长清县学》，第 374 页。

⑦ 《同治续纂江宁府志》卷一四之九上《人物·义行》，第 291 页。

⑧ 《同治续纂江宁府志》卷五《学校》，第 46 页。

⑨ （元）薛元德：《梅岩瞿先生作兴乡校记》，载《论丛》第 11—13 页。

三、"金"

方志中还有很多捐"金"的记载。主要有以下三种情形：

其一，载明"捐金"多少两。如：汪梃，捐金五百两重加修茸全县文峰——汶溪塔，壬戌重修学宫输银五百两，迁海阳书院并考棚输银一千两。① 这里汪梃"捐金五百两"与"输银五百两""输银一千两"同时并举，故所谓"捐金"可能是真正的黄金。另，乾隆五十九年，湖广总督毕沅捐金百两倡建岳麓书院魁星楼，也可能与上述是同一种情况。② 但白银也是"五金"之一，且清代白银也是主要流通货币，为溢美也可能会把"捐银"说成"捐金"，故也不能排除所捐的是白银。

其二，载明"捐金"的确切数目，但无单位量词"两""缗"等。如：康熙二十三年春，茶陵州学正江琇生自修殿庑门墙，又请知州宜思恭捐金二百为倡，前开泮池，后培崇基，拓建启圣祠。琇生以明伦堂狭隘，自筹四十余两银子，辅之以阖州捐资，买中坝街刘佐臣房屋一所，改为学正署。③ 这里知州宜思恭"捐金二百"与学正江琇生"自筹四十余两银子"并述，宜思恭"捐金二百"似为捐铜钱二百串，即二百缗、二百千文、二百千。此外，诸如乾隆三年山西介休监生宋怡棠捐千金重修县学。④ 闽县建梅坡书院，增诸生额百余人，申万捐金二千权子钱，助其膏火。⑤ 婺源县人方锡荣，去世前以父亲的名义捐二千金入郡紫阳书院。⑥ 山西榆次县人郝文光，历官虞城知县，捐俸千金为古虞书院束修膏火之资。家乡榆次县筹措书院膏火，又捐金三百为众倡。⑦ 近日业师龚延明先生提供了一条资料，宋人程大昌撰，当代学者许逸民先生校证的《演繁露》（中华书局 2019 年版），其中《十金》条载：金，黄铁，铜也。金在古代有时也

① 《道光休宁县志》卷一五《人物·尚义·国朝》，第 365 页。

② 《光绪善化县志》卷一一《学校·岳麓书院祠祀各庙》，第 151 页。

③ 《同治茶陵州志》卷一三《学校·学宫·国朝》，第 101 页。

④ 《嘉庆介休县志》卷三《学校》，第 313 页。

⑤ 《民国闽侯县志》卷六八《列传》五上《闽县》，第 695 页。

⑥ 《民国重修婺源县志》卷四二《人物》一一《义行八·清》下册，第 36 页。

⑦ 《同治榆次县志》卷八《人物传上·才品·国朝》，第 435 页。

指"铜"。另外，前述南宋绍兴年间古田县学生林好古、陈鬲、卓冠与邑人"捐金钱百余万"，明万历年间浙江仁和县张、梁二位县令捐资修建县学，"费金钱二百千"，"金钱"，可能就是指铜钱。故这里"捐千金""捐金二千""捐二千金""捐金三百""捐俸千金"等，大概指铜钱。千金即一千串，二千金即二千串，三百即三百串。

其三，"捐金""输金""捐俸金"等宽泛而模糊的概念。如：成化五年（1469），松江府嘉定县重修儒学，义士捐金若干，于是饬材鸠工，建造大成殿、灵星门等。① 据武一韩《新建凤山书院记》载，山西太谷知县吕某，捐清俸若干金倡建书院。② 山东陵县监生魏鹏霄，约同人修葺该县文庙及书院，捐金为膏火赀。③ 这类例子很多，类似于今天说"捐款""捐钱""捐资"，不是确指，但多数情况下应指铜钱。明清以后，尤其是清代，白银普遍流通，有时也可能指白银。

此外，在教育慈善中还有用"钞"，即纸币的记载。

第二节 捐置学田、学租

土地，尤其是农田，在以农立国的传统社会，是最宝贵的可再生资源。除膏腴良田外，还有山、塘、茶园、竹园等类型的土地。以其生生不息，把每年的收获转化为资金，用作学校的可持续发展。或作为学校建设经费，或作为教师束修（薪水），或作为学生膏火（助学金），或助奖，或助贫，或作为宾兴经费予以助考，等等。故各地方志都有大量关于捐置学田的记载。据《同治平江县志》卷二五《学校志·学田》载："宋天圣中（1023—1032）赐茅山书院田以赡诸生。而朱子帅潭州，大兴岳麓讲舍，广田至五十倾。张洽为白鹿洞山长，凡养士之田，干没于豪右者，尽复

---

① （明）陈鉴：《嘉定县重建儒学记》，载《论丛》第19页。

② 《乾隆太谷县志》卷六《艺文·记·国朝》，第181页。

③ 《道光济南府志》卷五六《人物》一二《国朝·陵县》，第114页。

之。元时，凡州县皆有学田以饩师生，余租用刊书籍。此学田及膏火田所由昉也。"① 故至迟在北宋仁宗天圣年间就出现了学田，经南宋、元、明、清，历朝因之。

一、学田

我国幅员辽阔，南北气候差异较大，土地类型多样，故我国历代学田有：田、苗田、水田、塘、茶山、竹山、洲地、湖坪、柴障等不同的土地类型。主要可分为如下三类：

（一）田、苗田、水田、开荒屯田等

元至元六年（1269），林懋捐田二顷零二亩，岁收米九十石有余，为嘉定县学缮修之费。② 至顺元年（1330），嘉定人瞿元辅用钞代故父瞿梅岩先生置到苗田四十三亩一分，至正元年（1341）一月，瞿元辅用钞置到苗田地二十四亩二分五厘、营田九亩四分三厘，租米二十石一斗，捐入本学，至正元年（1341）二月，瞿显祖置到苗田地二十七亩六分五厘。③ 福州府连江县学学田，原额五十四亩有余，明代邑人吴文华捐置。④ 乾隆年间济南鹊华三约刘家桥庄李育涵置义学，捐学田三十六亩，村人又公置田八亩。⑤ 明代湖南酃县庠生万人钦捐十都翔字号田三区共苗五亩四分；谭显名捐六都杨家湾田苗一亩四分，又捐黄沙砻杨家湾田苗三亩五分，又捐六都社家冲田八分，又捐上四都石磐上黑里坑田苗四亩五分；谭衡安捐十一都下馆田三区，苗十亩。⑥ 道光十九年，江西南昌府武宁县黄家泰、兆泰捐水田二百三十一亩三分有余。⑦ 康熙五十三年，江浦县庠生张达捐

① 《同治平江县志》卷二五《学校志·学田》，第470页。

② （元）杨载：《修造局田记》，载《论丛》第7—8页。

③ （元）薛元德：《梅岩瞿先生作兴乡校记》，载《论丛》第11—13页。

④ 《乾隆福州府志》卷一一《学校·连江县学》上册，第276页。

⑤ 《道光济南府志》卷一七《学校》，第368页。

⑥ 《同治酃县志》卷八《学校·书院·洣泉书院·膏火脩金田附载》，第468页。

⑦ 《同治南昌府志》卷一六《学校·武宁县儒学·府县学文武生束修之费》，第466页。

置张家圩开荒屯田一处。① 各地捐田的例子不胜枚举。

（二）田山、杉山、茶山、竹山、柴山等

湖南酃县罗文灿与子铜章等捐六都塘砦下田山茶桐杂木等项，又对门杉山一面入洣泉书院。② 乾隆年间江西奉新县人廖宏恩兄弟捐茶山一嶂，嘉庆年间黄百福捐和尚脑茶山一半，陈允胜捐竹山一块，皆入该县儒学。③ 江西武宁县人葛厚斋、程奏勋等各捐钱百千，共买田租一百四十五石多及柴山一块，为永远修葺之费。④

（三）塘、山塘、鱼塘等

乾隆年间武宁县人崔成鼇捐塘一口，道光年间盛翔等捐田塘二口入该县儒学。⑤ 湖南酃县贾氏惠德堂捐东城外横坡冲田塘三区苗二亩，张松公户捐上七都大塘田二亩，俱入梅冈书院。⑥ 序班胡廷然，明万历年间捐五六都田地、山塘三十五亩，其中一半交绩溪县学使用，一半为该县科举宾兴之费。⑦ 康熙五十一年，江浦县人牛宿捐置怀一里四甲田地山塘一处入县学。⑧ 嘉庆十三年湖南攸县州同谭永祚捐东山书院门前鱼塘一口，交书院门役佃管。⑨

事实上，有时人们捐助地产的类型也是多样的。如湖南临湘县生员舒世辉、监生舒世耀、童生舒泽成捐地名黄沙条柘园沟，田租二石二斗五升，并洲地、湖坪、庄屋、柴障等。⑩

---

① （清）侯宗海、夏锡宝纂：《光绪江浦埤乘》，《中国地方志集成·江苏府县志辑》第 5 册，江苏古籍出版社 1991 年版，据清光绪十七年（1891）刻本影印，卷一二《学校下》，第 128 页。
② 《同治酃县志》卷八《学校·书院·洣泉书院·膏火脩金田附载》，第 468 页。
③ 《同治南昌府志》卷一六《学校·奉新县儒学·圣庙田》，第 459 页。
④ 《同治南昌府志》卷一六《学校·武宁县儒学·圣庙田》，第 466 页。
⑤ 《同治南昌府志》卷一六《学校·武宁县儒学·学田》，第 466 页。
⑥ 《同治酃县志》卷八《学校·书院·梅冈书院·膏火脩金田附载》，第 469 页。
⑦ 《嘉庆绩溪县志》卷五《学校·学产》，第 444 页。
⑧ 《光绪江浦埤乘》卷一二《学校下》，第 128 页。
⑨ 《同治攸县志》卷一五《学校·东山书院》，第 108 页。
⑩ 《同治临湘县志》卷五《学校志·书院·附田产》，第 359 页。

二、捐置学租

明代嘉靖、万历以后，在湖南、江西、徽州等地教育慈善中出现了"捐租于学"的现象，即某些捐助者不是把土地所有权捐给学校，而是每年或一次性捐助若干石学租。这其实也是江南农村生产关系领域出现的新现象在教育领域中的体现。清代捐置田租现象更为普遍。

明嘉靖年间嘉定知县李资坤，在所辖十六镇皆建小学。令诸镇平价购买民田七百七十一亩，每岁田租获米一千二百三十三斛，皆四十斛输十金。① 万历四十五年，鄞县庠生万人钦捐租于学，地名十都南流岭下石洲上紫草坪高碑石，租共二百七十二斗。②

清康熙五十一年，江西靖安县人金孟庚捐租三十石为该县士子购买书籍之资。③ 雍正年间，奉新县人廖斯骐兄弟捐田租十石。④ 乾隆三十七年，茶陵知州陈廷柱谕令各都捐置田亩。其中二十四都捐买田租二十石二斗。⑤ 嘉庆三年，徽州府黟县人程清等捐田税一亩三分五厘。⑥ 道光二十七年，靖安县人公买田租六十石七斗五升，为文武生童岁科试、乡试卷赏。⑦ 咸丰七年（1857），平江县从九品衔钟光裕捐田租六十五石。⑧ 同治五年，奉新县刘于道妻邓氏捐田租二十五石五斗五升。⑨

---

① （明）周凤鸣：《嘉定县学田记》，载《论丛》第 25—26 页。

② 《同治鄞县志》卷五《营建·官署·儒学教谕署》，第 414 页。

③ 《同治南昌府志》卷一六《学校·靖安县学·学田》，第 463 页。

④ 《同治南昌府志》卷一六《学校·奉新县儒学·圣庙田》，第 459 页。

⑤ 《同治茶陵州志》卷一三《学校·书院》，第 113—114 页。

⑥ 《嘉庆、道光黟县志》卷一○《政事·学校·泮池案山输买税业》，第 352 页。

⑦ 《同治南昌府志》卷一六《学校·靖安县学·学田》，第 463 页。

⑧ 《同治平江县志》卷二六《学校志》五《书院·附书院田》，第 473 页。

⑨ 《同治南昌府志》卷一六《学校·奉新县儒学·圣庙田》，第 460 页。

第三节 捐献宅基、房屋，捐置店铺及店租

一、捐献宅基

明代，徽州府绩溪县人余廷楠捐地为文峰塔基址，并协同他人一起负责修建。① 清顺治年间，江西武宁县人万列捐田十六亩五分、地基十亩三分入县学。② 道光六年，山东长清县马南三合庄义学，傅光辉捐地基一所，众人捐修学屋。③《同治临湘县志》载：邓楚江捐城内余家岭基地一所。监生沈大椿、沈昌栋捐基地一围，直十六丈，横六丈五尺，在书院照墙之前。阖邑绅士捐地名学宫岭基地一围，系买沈序伯之业，即见建书院基地。彭世珍捐基地，从东边斋房，直十一丈至照墙，横六丈六尺，即头门内外基地。④

二、捐献房屋

乾隆四十年，江西义宁州人陈密捐屋一所入濂山书院。⑤ 嘉庆十八年，江西武宁县节妇邓盛氏捐屋一所入正谊书院。⑥ 山东长清县五峰书院，嘉庆二十一年邑人卢续奇捐屋五十余间。⑦ 嘉庆二十二年，鄞县士绅刘武懋、刘庆会等捐祖传瓦屋三楹，以廓规模。⑧

三、捐置店铺

因普通民房不能带来更多的收益，故在江南文化教育基础较好科举

---

① 《嘉庆绩溪县志》卷一〇《人物·尚义·明》，第599页。
② 《同治南昌府志》卷一六《学校·武宁县儒学·学田》，第466页。
③ 《道光济南府志》卷一七《学校·长清县学》，第375页。
④ 《同治临湘县志》卷五《学校志·书院·附田产》，第359—360页。
⑤ 《同治南昌府志》卷一七《学校·书院·义宁州·濂山书院》，第498页。
⑥ 《同治南昌府志》卷一七《学校·书院·武宁县·正谊书院》，第495—496页。
⑦ 《道光济南府志》卷一七《学校·长清县学》，第374页。
⑧ 《同治鄞县志》卷五《营建·祠庙·文昌祠》，第416页。

发达的湖南、江西等地，有些施善者通过为学校或宾兴会捐置商业店铺的形式，实现了"资金→购置店铺→捐给学校或宾兴会等机构→获得租金作为办学经费或宾兴经费"这样的运作模式，从而实现了资本的良性运作，也实现了教育的可持续发展。诸如乾隆十六年，湖南攸县士绅刘启、欧阳定相等倡导全县民众重修文庙大成殿等，并捐置店铺六栋，岁收租钱四十二千，后增至七十七千四百文。[①] 嘉庆十二年，湖南攸县人余鸿、胡祖定等，公捐置湘潭县十七总新码头铺屋二栋，每年租息市秤元银四十八两，除支用需费外，给库秤元银四十两，收入东山书院。[②] 道光三年，鄮县士绅罗文璨遗嘱其子锡章、铜章等人捐银八百四十两，买建房屋一座、铺面三个，共二十余间。[③] 同治十三年，平江县士绅林元炳等将中西街铺屋一所，计七间，捐入考棚，其租金作为岁修之费。[④] 同治三年，江西丰城县捐制宾兴会，加上原先李棠捐元银三千两，李翔千捐钱一千串等所存结余购置店业十三所，为文武科考试卷价之用。[⑤]

四、捐置房租、店租

明代嘉靖、万历年间，在教育慈善中始有公置学店以其租金用于办学的记载。这也是江南地区资本主义萌芽在教育领域中的体现。清代，捐置店租的现象就更加普遍了。

明嘉靖时期嘉定知县李资坤，在所辖十六镇皆建有小学，并在诸镇隙地建屋三百三十楹作为商业店铺，岁收赁金二百六十四两，按比例分给县学及各镇社学。[⑥] 清代善化县人劳师俭捐学院西辕门口房屋，每年房租一百四十二千八百文。[⑦] 道光二十七年，江西靖安县公买店租一所为文武

① 《同治攸县志》卷一七《祠庙·文庙·附阙里会》，第 134 页。
② 《同治攸县志》卷一五《学校·东山书院》，第 109 页。
③ 《同治鄮县志》卷八《学校·鄮县试馆》，第 471 页。
④ 《同治平江县志》卷二六《学校志》五《考棚附》，第 475 页。
⑤ 《同治南昌府志》卷一六《学校·丰城县儒学》，第 452 页。
⑥ （明）周凤鸣：《嘉定县学田记》，载《论丛》第 25—26 页。
⑦ 《光绪善化县志》卷一一《学校·卷局房租》，第 133 页。

生岁科试卷赀。①

第四节　捐助其他实物

一、捐助祭祀、学习及生活用品

除上述银钱、土地、房屋外，有人还捐助祭祀、学习及生活用品。捐置祭器、乐器、灯油等祭祀用品。如：乾隆五十三年，徽州府歙县人项士瀛、项士溥等遵从其父项琥遗命，独力修葺本县学宫并增置文庙祭器，用银万余两。②嘉庆二十三年，上元县学仅存铜爵三十三个，铜豆四十六个，皆破损不堪，无以祭祀。训导陈栻募捐修补，江宁布政使继公昌捐俸银百两，诸生倪德灏、汪度襄助其事。③湖南攸县贡生谭际举之妻节妇刘氏捐新市田租四十石零两桶，作为文庙长明油灯之费。④

有人捐置桌椅板凳、书籍、笔札等学习用品。明代山西介休县学教谕赵璿，捐俸置条桌、长凳各四十个，以便月课。⑤乾隆甲午，湖南攸县谭刘氏捐钱八十千，助修本县考棚桌凳。⑥元代杭州人朱庆宗，捐田二百七十五亩归西湖书院，请单独划拨出其中的五分之一，计米一百三十二石，另储作为书库专用。凡书板之刓缺者予以补治，舛误者予以刊正，未备者予以增补，宋刻经史诸珍本赖书库官掌管而得以保存。⑦福建凤池书院，道光六年，布政使吴荣光捐置书籍二千余卷。⑧康熙十七

---

① 《同治南昌府志》卷一六《学校·靖安县学》，第 463 页。

② 《民国歙县志》卷九《人物志·义行·清》，第 377 页。

③ （清）武念祖修，（清）陈栻纂：《道光上元县志》，《中国地方志集成·江苏府县志辑》第 3 册，江苏古籍出版社 1991 年版，据清道光四年（1824）刻本影印，卷九《学校》，第 158—159 页。

④ 《同治攸县志》卷一七《祠庙·文庙内鼎一座》，第 137 页。

⑤ 《嘉庆介休县志》卷五《宦迹·明》，第 355 页。

⑥ 《同治攸县志》卷一五《学校·考棚》，第 102 页。

⑦ 《民国杭州府志》卷一四一《人物》七《义行》一《元·朱庆宗传》，第 395 页。

⑧ 《民国闽侯县志》卷三三《书院》，第 565 页。

年，江西义宁知州班衣锦修葺学宫，延请优秀生员教授州中子弟，并每月支付师生馆谷、笔札、膏火。①

有人捐助衣食、蚊帐等生活用品。浙江仁和县人汪以澄，历官刑部郎中，居乡多义举，为贫寒士子夏天捐置蚊帐，冬天供给棉衣。② 山西榆次县人郝铣，把贫病交加的李姓学生请到家里，供给衣食，及其病卒，并为之厚葬。③

二、捐助米谷

有人捐助粮食。南宋孝宗乾道年间（1165—1173），婺源县儒士王允恭、李知己并捐其旁便近地，还倡出钱、粟。④ 理宗淳祐四年（1244），嘉定县学讲堂更创鼎新，本县周次皋等人鼎力相助，除捐钱三万四千余缗外，还捐米七十五硕。⑤ 明宣德二年，黟县教谕罗宏、训导毛橄与本县耆民程文质商量重修儒学，率好义之士汪士濂等，各助以金、谷。⑥

三、捐助建筑木料

有人为学校建设捐助建筑木料。如明宣德四年（1428），在修建嘉定儒学时，邑人"或助以木植"。⑦ 清代婺源县人朱球，在常熟等地做木材生意，家乡婺源修建文庙，他慷慨捐出大量木材，价值千余金。⑧

---

① 《同治南昌府志》卷一七《学校·书院·义宁州·义学》，第 500 页。
② 《民国杭州府志》卷一四二《人物》七《义行》二《国朝·汪以澄传》，第 425 页。
③ 《同治榆次县志》卷九《人物传下·义行·国朝》，第 441 页。
④ （宋）洪迈：《婺源县新学记》，载《民国重修婺源县志》卷六五《艺文》四《序记》二，下册，第 641 页。
⑤ （宋）王遂：《嘉定县重修县学碑并铭》，载《论丛》第 4 页。
⑥ （明）崔彦俊：《重修儒学记》，载《嘉庆、道光黟县志》卷一四《艺文》，第 449 页。
⑦ （明）李惠：《重鼎新儒学记》，载《论丛》第 18 页。
⑧ 《民国重修婺源县志》卷四一《人物》一一《义行七·清》下册，第 13 页。

第五节　义卖

北宋哲宗元祐年间（1086—1094），福建长乐知县袁正规倡建县学，邑人林通作《县图经》，鬻钱二十万，倡捐襄助。① 这虽为笔者所见之特例，但不啻为一种情形。

第六节　义务出智、出力

一、义务出智

义务出智，主要有两种情况：其一，作为学校、文庙等教学设施工程建设或文会、宾兴会等民间助学助考机构的组织者和策划者，他们对整个慈善活动起领导作用。其二，作为府州县学等官学教官、书院山长或其他学校教师，对贫困生徒免收学费或贽礼。

二、义务出力

义务出力，指教育慈善活动中具体督办者、承办者以及亲自动手出力者，他们为教育慈善事业义务劳动，无偿付出。方志中多称颂他们"任劳任怨""不辞劳瘁""竭力董其事"等等，由此看出这些人为之付出的辛劳以及社会对他们的认可。以上两类史料俯首即是，此不赘举。

第七节　为士子伸张正义

当学生遇到冤枉诬陷时，地方府州县学的学官有时会挺身而出，为士子们伸张正义。武陵人曹司忠，明万历年间任湖南善化县教谕，诸生有

---

① 《乾隆福州府志》卷五三《人物》五《列传·长乐·宋》下册，第119页。

受枉者，必代为昭雪。① 湖南攸县人刘树榴，由新化教谕升桂阳州学正，诸生有受诬陷，"不惮曲全昭雪"。② 作为教官他们关爱学生，此种善举也足以可风。

第八节　捐助形式的变化及其原因

一、变化

宋代以前的教育慈善史料较为罕见，笔者在查阅方志时仅见两条：

一条是晋代的豫章（今属江西）太守范宁。范宁字武子，南阳顺阳人。为豫章太守，大设庠序，遣人往交州采磐石以供学用。改旧制，起学堂，并取郡四姓子弟皆充学生，课读五经。学者闻风而至累千余人，资给众费，一出私禄。③ 范宁，是《后汉书》作者范晔的祖父，他任职豫章太守期间，大兴学校，用自己的俸禄作为办学经费。

一条是唐代福州观察使王潮。唐乾宁元年（894），观察使王潮于福州置四门义学。④

（一）宋代

宋代主要捐助田地和铜钱，没有捐银的记载。此外，还捐米、粟等实物。

捐田地的记载较多。比如嘉定县，南宋度宗咸淳二年（1266），县学重修大成殿，知县史俊卿拨其功德寺田七十六亩有奇，以备今后缮修之费。⑤ 另据该年唐梦翔《廪士田租记》载：当时嘉定县学共有学田壹仟叁佰陆拾贰亩贰步，租叁佰玖拾壹石肆斗捌升捌合。其中壹佰肆亩壹角玖步，租伍拾陆石伍斗乃郡太守、编修邹公发俸资置到，学正东祁王君首拨

---

① 《光绪善化县志》卷一八《名宦·明》，第 309 页。

② 《同治攸县志》卷三九《人物·宦业·皇清》，第 270 页。

③ 《同治南昌府志》卷二六《职官·名宦·南昌府·晋》，第 105 页。

④ 《乾隆福州府志》卷一一《学校·福州府儒学》上册，第 253 页。

⑤ （宋）林应炎：《嘉定县学重修大成殿记》，载《论丛》第 6 页。

己产添助，而四明渔川史宰拨田继之，共计柒佰柒拾叁亩肆合伍步，租贰佰肆拾肆石贰斗柒升。① 是在知县史俊卿捐助七十六亩学田之前，已经有学正王子昭最先把自己的一些田产划归校产，郡太守、编修邹公则拿出自己工资购置学田一百零四亩一角九步，租五十六石五斗，作为学田。咸淳五年（1269），林懋也曾捐入田二顷二亩，岁收米九十石有奇。② 后来至元代至元二十五年（1288），王子昭在临终前又把自己准备筹办义学的田产二十七顷六十七亩多，即二千七百六十七亩巨额田产，岁收租米一千一百一十余石，无偿捐给了嘉定县学，作为县学的办学经费。③ 此外，福州福清县学，北宋元丰（1078—1085）初，邑人提举游冠卿舍地为学。④ 衡州鄞县人尹沂，嘉定中（1208—1224），筑台山书院，置田二十亩，供祀事，赡生徒，一时文风大振。⑤ 淳祐八年（1248），奉新县人王允升、周守约割地以增县学校址。⑥

福州、杭州等地有捐钱的记载。北宋神宗熙宁三年（1070），郡人韩昌国、刘康夫等二百人请自创府学，郡守程师孟许可，各县文士响应，集钱二百万，为门、殿、公堂，环列十斋，以居学者。⑦ 元祐间（1086—1094），长乐知县袁正规建县学，邑人林通作县图经鬻钱二十万，以倡成盛举。⑧ 绍兴元年（1131），古田县学毁于寇，七年，诸生林好古、陈禺、卓冠与邑人哀金钱百余万迁学于旧址。⑨ 端平（1234—1236）中，闽县人彭彦坚知循州，捐钱数十万，作新学舍。⑩ 南宋开禧元年（1205），临

---

① （宋）唐梦翔：《廪士田租记》，载《论丛》第6页。
② （元）杨载：《修造局田记》，载《论丛》第7—8页。
③ （元）薛元德：《故宋东祁王先生归田兴学记》，载《论丛》第13—14页。
④ 《乾隆福州府志》卷一一《学校·福清县学》上册，第279页。
⑤ 《同治鄞县志》卷一五《人物·笃行·宋》，第550页。
⑥ 《同治南昌府志》卷一六《学校·奉新县儒学》，第457页。
⑦ 《乾隆福州府志》卷一一《学校·福州府儒学》上册，第254页。
⑧ 《乾隆福州府志》卷一一《学校·长乐县学》上册，第273页。
⑨ 《乾隆福州府志》卷一一《学校·古田县学》上册，第268页。
⑩ 《乾隆福州府志》卷四九《人物》一《列传·闽县·宋》下册，第51页。

安府仁和县知县谢庭玉捐己之公租钱二十万，以经始县学。① 南宋开禧中（1205—1207），旌德知县临安人李延忠创置学田八十余亩，捐县市诸乡地税钱九千余缗，以膳学宫弟子。②

除捐助银钱、土地之外，还有人捐助粟米。南宋乾道年间（1165—1173），儒先王允恭、李知己并捐其旁便近地，倡出钱粟。③ 南宋淳祐四年（1244），时讲堂更创鼎新，寓公周次皋首助经费，丘斌、龙震等人共相其成如其家事，计三万四千余缗，米七十五硕。④

（二）元代

元承宋代，其主要形式也是捐助田地、铜钱。但《杭州府志》中元末开始出现了捐银的记载。钱，除了像宋代以缗、贯为单位的圆形方孔铜钱之外，还有成块状的铜锭。此外，还有米、扉屦、饮食等日用品。

捐田的记载较多，以嘉定、徽州为例。元至元二十五年（1288）邑士王子昭惧乡校废弛，捐己田贰拾柒顷陆拾柒亩有奇，岁收租米壹千壹百壹拾余硕，拟创义塾，以教乡间子弟。临终嘱其弟子润以此田归于学。⑤ 至顺元年（1330），瞿元辅用钞代故父瞿梅岩先生置到苗田肆拾叁亩壹分，计租米贰拾石，并舍中统钞壹阡叁佰缗舍入本学。至正元年（1341）一月，瞿宾序元辅用钞置到苗田地贰拾肆亩贰分伍厘、营田玖亩四分三厘，租米贰拾石壹斗，舍入本学。至正元年二月，瞿直学显祖置到苗田地贰拾柒亩陆分伍厘、成田若干，租米壹拾四石七斗，舍入本学。总计共舍入本州儒学田地共壹顷柒亩玖分叁厘，岁收正租米伍拾肆石捌斗，并舍中统钞壹阡叁佰缗。⑥ 至正七年，里人程本中割田五百亩，以其中三百亩之入赡

---

① 《民国杭州府志》卷一四《学校》一《仁和县学·宋》，第424—425页。

② 《民国杭州府志》卷一三二《人物》四《仕绩》一《宋·李延忠传》，第253页。

③ （宋）洪迈：《婺源县新学记》，载《民国重修婺源县志》卷六五《艺文》四《序记》二，下册，第641页。

④ （宋）王遂：《嘉定县重修县学碑并铭》，载《论丛》第4页。

⑤ （元）薛元德：《故宋东祁王先生归田兴学记》，载《论丛》第13—14页。

⑥ （元）薛元德：《梅岩瞿先生作兴乡校记》，载《论丛》第11—13页。

师弟子。① 元至正十一年，黄真元蠲租六百三十余亩，立义庄曰厚本，内建义学，曰集成书院。② 至正八年，里人祝寿朋割田二百亩，延师以教宗族及乡之子弟。③ 胡淀、胡澄，建明经书院，淀捐田三顷以供祭膳，澄捐田五十亩专开小学，以教乡闾子弟。④

捐钱，例如至顺元年，嘉定大新文庙，林畴之子曰仁、曰义、曰礼、曰智、曰信，助钱六千五百缗，瞿懋之子元辅助钱一千三百缗。⑤

捐米、日用，例如至元四年（1338），修建平江县学，吴兴仁"既躬督工之事，乃倍有献，助钱以贯计者百具数，米不与焉。至于往来之资粮扉屦，日用饮食，率取诸其家而用之，未尝以粒干学帑"。⑥ 在这次平江县学修建过程中，吴兴仁不仅亲力亲为督工，还捐钱、捐米，以及往来之资粮扉屦、日用饮食等。

捐银、铜锭。元代孟昉《杭州路重建庙学记》载：至正辛丑（1361）冬十一月，文庙发生火灾，学宫、斋舍罄为焦土。江浙省丞相达识贴木迩、平章张士信予以重建，"丞相首出白金为两五十，钱以锭计若干"。⑦

此外，方志中还有大量关于"捐俸"的记载，并没有明确捐助的是银、钱，还是其他米谷等实物。

（三）明代

明到了代，方志中多出现"捐银""捐俸"、"捐金"、"捐赀"等字眼儿。明代官俸有本色、折色之分。教育慈善活动中所言"捐金"、"捐赀"等，亦大多指捐银。

明代捐银的记载非常多，几乎各地都有。徽州，万历六年，祁门县

① 《民国重修婺源县志》卷六《建制》三《学校·遗安义学》上册，第134页。
② 《嘉庆、道光黟县志》卷一〇《政事·书院义学》，第353页。
③ 《民国重修婺源县志》卷六《建制》三《学校·中山书塾》上册，第134页。
④ 《同治黟县三志》卷一五之四《艺文·人物类·（胡朝贺）胡云峰先生集传》，第538页。
⑤ （元）智玉成：《嘉定州重建庙学记》，载《论丛》第10页。
⑥ 《乾隆平江县志》卷二三《艺文·（杨彦博）平江学记》，第158页。
⑦ 《民国杭州府志》卷一四《学校》一《府学·元》，第409页。

学明伦堂朽败，知县姚三让以俸银重建。① 二十五年，巡按宋泰捐银五十两发院，置早晚田六亩九分六厘，备赈婺源县贫生。② 三十五年，他又捐银五十两置休宁县学学田。③ 山西榆次，崇祯二年，知县张任学重修学宫，邑人御史张养以银八百两助其役。④ 江西南昌，万历二十三年，御史谢师启《重修靖安县学宫记》载，知县捐俸为诸生倡，诸生争先乐输，不旬日捐数百金。⑤ 湖南鄜县，邑旧有荒芜官土，万历三十六年变售得三十二金，复动用库款三十四金，又捐俸三十一金，以五十金买学前门房地基，拓广泮池，又以二十金建学南文塔，余二十七金修理明伦堂及文庙两庑、兴贤育材二坊。⑥ 杭州昌化县人胡三兼，官上林丞，崇祯八年董修学宫，事工竣，计细费三百余金，欣然倾囊偿之。⑦

明代捐铜钱也非常普遍。周宣《增修太谷县儒学记》载：太谷县儒学始修于嘉靖癸未九月，历甲申五月工成，凡庀财七百八十有五缗，以邑诸大姓之乐义者出之。⑧ 陈善《仁和县学重修记》载：凡费金钱二百千，悉知县南海人梁氏捐俸。⑨ 万历三十九年，知县捐俸造学宫，昌化监生陈灼费缗钱二千七百有奇。⑩

捐地用于学校建设，捐田用于教师束修和学生膏火，这是传统农业社会的基本捐助形式之一。成化六年，南昌府武宁县人张文献捐地入县学。⑪ 江西丰城县剑东义学，明嘉靖四十年袁伯明建，并捐腴田二百二十

---

① 《同治祁门县志》卷一七《学校志一·学官》，第 156 页。

② 《民国重修婺源县志》卷六《建制》三《学校·学田》上册，第 126 页。

③ 《道光休宁县志》卷三《学校·学田》，第 64 页。

④ 《同治榆次县志》卷三《学校·明》，第 342 页。

⑤ 《同治南昌府志》卷一六《学校·靖安县学》，第 464 页。

⑥ 《同治鄜县志》卷五《营建·官署·儒学教谕署》，第 414 页。

⑦ 《民国杭州府志》卷一四一《人物》七《义行》一《明·胡三兼传》，第 409 页。

⑧ 《乾隆太谷县志》卷六《艺文·记·明》，第 175 页。

⑨ 《民国杭州府志》卷一四《学校》一《仁和县学·明》，第 425—426 页。

⑩ 《民国杭州府志》卷一四一《人物》七《义行》一《明·陈灼传》，第 407 页。

⑪ 《同治南昌府志》卷一六《学校·武宁县儒学》，第 465 页。

亩以给学者之费。① 嘉靖三十二年，湖南临湘人沈廷连割腴田五百亩充县学公养之费。② 万历四十五年，鄞县康乐乡段士祚捐上四都段家岭崖子寨庄居山林茶桐松杉竹木园，土田一十五亩，并附载：每修整学宫，材木即于山内采办。③ 万历二十三年，徽州府休宁县人吴继良义输唐舟干壹拾柒亩有余，上四干伍拾亩有余。④ 明万历中，绩溪人序班胡廷烋助五六都田地、山塘三十五亩，共折实田一十八亩三分有余，此项租银一半交学中，一半存为三年宾兴之费。⑤ 万历二十五年，婺源人武举程以忠义输早晚田一百亩零四厘。⑥

捐置店铺是明代出现的新形式。例如，嘉靖十三年，李资坤任嘉定知县，大力振兴嘉定县学及社学，"又筑廛于弃地，共一百五十舍，以所入租银一百二十两归诸学，以备修废，而春秋之享祀，生徒之笔札膏烛，洎贫而婚葬不能举者，俱于是乎办焉。"⑦

捐木、谷等实物。宣德元年（1426），鼎新嘉定县学，"是以或助以木植，或助以□□，或施财以饰贤像，或协力以敷人工"。⑧ 宣德二年，黟县教谕罗宏与训导毛樅谋于邑之耆民程文质，率好义之士汪士濂等，各助以金、谷。⑨ 明万历年间，榆次知县刘似钁建西门街义学，岁捐学谷六石、银六两。⑩

（四）清代

清代前期，银、钱并行，嘉道以后，洋蚨（洋银）也开始在国内流通起来。同时，捐置学田、学租在清代也是重要而普遍的形式。此外，还

---

① 《同治南昌府志》卷一七《学校·书院·丰城县·剑东义学》，第488页。

② 《同治临湘县志》卷一一《人物志·孝义·明》，第447页。

③ 《同治鄞县志》卷八《学校·学田》，第465页。

④ 《道光休宁县志》卷三《学校·学田》，第64页。

⑤ 《嘉庆绩溪县志》卷五《学校·学产》，第444页。

⑥ 《民国重修婺源县志》卷六《建制》三《学校·学田》上册，第126页。

⑦ （明）吴惠：《嘉定县兴修庙学之记》，载《论丛》第29页。

⑧ （明）李惠：《重鼎新儒学记》，载《论丛》第18页。

⑨ 《嘉庆、道光黟县志》卷一四《艺文·明文·（崔彦俊）重修儒学记》，第449页。

⑩ 《同治榆次县志》卷三《学校·国朝》，第344页。

有捐置店铺、捐助房屋、实物等形式。

清代捐助银两比明代更为普遍。康熙十四年，休宁县人监生程子谦捐银壹千两，置学田壹百玖拾陆亩叁分贰毫壹丝玖忽，每年征租银玖拾柒两，除完纳粮课外，余银为本学生员乡试盘费。① 江宁府凤池书院，康熙四十五年，制府阿山捐银四百两，乾隆九年监生高官佑捐银三百八十两。② 雍正十二年，嘉定知县程国栋捐廉一百六十两倡修县学，邑绅士乐捐白金二百九十两有奇。③ 雍正十四年，歙县人徐士修捐银一万二千两，以赡学者。④ 山东藤县教谕成兆丰捐俸倡修学宫，募银千六百两。⑤ 山西灵石县人杨溪，二次捐银七百两，又捐设义学银三百两。⑥ 乾隆十年，重修惠民书院，陈时叙、朱安池各出其赀，共花费白金六百两有畸。⑦ 乾隆十六年，侍御谭尚忠任兴泉永道，劝绅士黄日纪等捐白金三千余两，交厦防厅生息，每年计利息六七百两，作为厦门玉屏书院膏火。⑧ 嘉庆年间嘉定知县蒋绍宗《梅城书院膏火碑记》载：贤豪之士，急公乐输，或输铺程，或输银，或输塘银，发商一分生息，以备支用。⑨ 道光十八年，闽县贡生何恭崇子六品衔贡生道观、州同道中等人共捐闽侯县凤池书院纹银八百二十两。⑩ 同治四年，江西新建县合邑筹公费银八千两，存典生息，为新进童生入学束修之费。⑪

清代仍然普遍流通铜钱，故捐钱也很常见。康熙二十三年，山西平

---

① 《道光休宁县志》卷三《学校·学田》，第66页。

② 《同治上江两县志》卷八《学校》，第169页。

③ （清）程国栋：《嘉定县重修学宫记》，载《论丛》第55页。

④ 《民国歙县志》卷二《营建志·学校·问政书院》，第57页。

⑤ 《道光济南府志》卷五四《人物》一〇《国朝·邹平》，第18页。

⑥ 《嘉庆灵石县志》卷一〇《捐赈·国朝·乾隆年》，第139页。

⑦ （清）王鸣盛：《重修惠民书院记》，载《论丛》第56—57页。

⑧ 《民国厦门市志》卷一二《学校志》一《书院·玉屏书院》，第256页。

⑨ 《同治攸县志》卷一五《学校·东山书院》，第103页。

⑩ 《民国闽侯县志》卷三三《书院》，第565页。

⑪ 《同治南昌府志》卷一六《学校·新建县儒学·束修经费》，第449页。

遥知县黄汝钰等捐资创立义学，计赀四百五十余缗。① 康熙五十四年，项宪独修徽州府学，费及万缗。② 乾隆三十九年，谭刘氏捐钱八十千，助修攸县考棚桌凳。③ 乾隆四十五年，山东淄川人孙国佐捐赀二百七十余千鸠工庀材，兴修学署礼门。④ 道光二十年，闽县贡生何恭崇子六品衔贡生道观、州同道中、儒士何恒喜子举人则贤、恒挺子庠生轩年，又共捐钱三千缗充凤池书院膏火，增置名师祠。⑤ 同治元年，督学冯誉骥捐钱七百六十串，存省典每月一分行息，为南昌洪都书院增广课额膏火。⑥

有时同一次募捐活动，有捐银、捐钱、捐洋银等多种形式并存。道光十三年，南昌知府张寅所改建洪都书院，南昌绅士黄立诚捐钱三千串，丰城绅士陆廷杰捐洋银二千元，又捐业价二千四百串，杨潜捐纹银二千两，杨沛捐钱二千串，进贤绅士樊廷英捐钱一千串，奉新绅士彭际华捐纹银二千两，徐光旭捐纹银二千两等等，为改建及束修、膏火之费。⑦ 同治十年，由县劝捐重建棂星门、戟门、正殿、两庑。前存牛本银二千四百两，邑人捐款制钱一万缗，寄籍在外捐洋蚨千余元，曹赵二姓入籍，捐款一千两，用出足钱万五千千零。⑧

捐置学田。清代依然盛行，尤其在湖南、江西等商品经济欠发达地区尤其如此。以湖南茶陵州为例，康熙五十七年，茶陵州学训导徐鸿趖捐置熟田二十三亩九分二厘四毫，额租银四两七钱有余，作为修理文庙之用。⑨ 乾隆七年，监生刘庭栋捐入茶陵州书院黄土墓田一亩五分。⑩ 同

---

① 《光绪平遥县志》卷一一《艺文志》上（清）黄汝钰《创建义学碑记》，第296—297页。

② 《民国歙县志》卷九《人物志·义行·清》，第358页。

③ 《同治攸县志》卷一五《学校·考棚》，第102页。

④ 《道光济南府志》卷五四《人物》一〇《国朝·淄川》，第36页。

⑤ 《民国闽侯县志》卷三三《书院》，第565页。

⑥ 《同治南昌府志》卷一七《学校·书院·洪都书院》，第478页。

⑦ 《同治南昌府志》卷一七《学校·书院·洪都书院》，第478页。

⑧ 《同治续纂江宁府志》卷五《学校》，第46页。

⑨ 《同治茶陵州志》卷一三《学校·学田》，第108页。

⑩ 《同治茶陵州志》卷一三《学校·书院》，第113页。

年，萧陈氏捐云阳山下田一十亩三分入书院。① 道光二十六年，汾溪段李徐氏偕男监生兴霖等捐入书院松江陇内田七十六垡，实额租五十六石，粮三石三斗六升。② 再以江西南昌为例，顺治年间，万列捐田十六亩五分、地基十亩三分入武宁县学。③ 雍正二年，孀妇陈杨氏捐夫陈允达所遗水田七十七亩零。④ 乾隆十四年，邑人监生郭懋琳、李奇安捐买田五十亩，以为修葺文庙、奎阁及诸生膏火费。⑤ 乾隆五十三年，邑人范昌珍捐田三十七亩六分。⑥ 嘉庆二年，邑人徐芝化捐田九亩三分。⑦ 道光三十年，邑人节孝李绍宝妻暨李培本母丁氏，捐田四十八工一角。⑧

捐置学租。这是清代盛行的一种捐助新形式，同样在江西、湖南等山多田少、商品经济又欠发达的地区表现得尤为突出。江西南昌府奉新县为例，雍正年间，奉新县人廖斯骐兄弟捐文庙田租十石。⑨ 乾隆十五年，监生陈钟竟、生员钟牲捐置健康乡田租二十石零七斗，以备久远修葺魁楼之用。⑩ 乾隆年间，奉新县人蔡济才捐田租二十五石五斗，以备学宫修葺。⑪ 道光年间，邑人廖守汾捐田租八石。⑫ 咸丰四年，广华精舍移学文武生束修田，众捐田租八百石。⑬ 同治五年，邑人刘于道妻邓氏为县文庙捐田租二十五石五斗五升。⑭ 再以湖南茶陵州、平江县为例。茶陵州，康

---

① 《同治茶陵州志》卷一三《学校·书院》，第 113 页。
② 《同治茶陵州志》卷一三《学校·书院》，第 115 页。
③ 《同治南昌府志》卷一六《学校·武宁县儒学·学田》，第 466 页。
④ 《同治南昌府志》卷一六《学校·义宁州儒学·旧学田》，第 469 页。
⑤ 《同治南昌府志》卷一六《学校·新建县儒学·学田》，第 448 页。
⑥ 《同治南昌府志》卷一六《学校·丰城县儒学·学田》，第 452 页。
⑦ 《同治南昌府志》卷一六《学校·丰城县儒学·学田》，第 452 页。
⑧ 《同治南昌府志》卷一六《学校·丰城县儒学·学田》，第 452 页。
⑨ 《同治南昌府志》卷一六《学校·奉新县儒学·圣庙田》，第 459 页。
⑩ 《同治南昌府志》卷一六《学校·奉新县儒学·魁楼田》，第 460 页。
⑪ 《同治南昌府志》卷一六《学校·奉新县儒学·圣庙田》，第 459 页。
⑫ 《同治南昌府志》卷一六《学校·奉新县儒学·圣庙田》，第 460 页。
⑬ 《同治南昌府志》卷一六《学校·奉新县儒学·广华精舍移学文武生束修田》，第 460 页。
⑭ 《同治南昌府志》卷一六《学校·奉新县儒学·圣庙田》，第 460 页。

熙二十三年，知州宜思恭捐买陈洣祥原接段玉臣田租三十八石，裴克俊田租十石八斗，谭仲祥田租十石八斗，共原额租谷五十九石六斗有余。① 乾隆三十七年，知州陈廷柱谕令各都捐置田亩，二十四都共捐雷家山等处田租共二十石二斗，合计乾隆七年公买及捐入田共粮一十三石二斗二升八合，除未推收者照额于租价内支钱完粮外，已归总者，共粮二十八石九斗三升七合。② 嘉庆十三年，扩建书院，各都增捐田租：下一都耆民陈宁添捐下十一都黄石冲垅内田一十一亩九分，额租二十二石一斗，粮一石六斗七升一合。四都监生苏国举捐大水塘岸上田五亩三分，额租八石，粮五斗三升。十四都监生谭志、尹志凝兄弟捐扶江陇内田四十亩零，额租二百七十桶，粮三石九斗九合五勺。③ 平江县，乾隆十一年，贡生袁德昌捐田租十六石。④ 嘉庆十九年，生员严有傅、监生严有容捐田租十五石。⑤ 咸丰七年，从九衔钟光裕捐田租六十五石。⑥

捐置店铺。以湖南湘东为例，乾隆十六年，邑绅张朝职、龙思腾等于祠侧捐置铺屋一栋，岁拨铺租，以供三月初三日文昌祠祭费。⑦ 道光二十四年，千总衔钟衔梓捐给书院下西街铺屋一边。⑧

捐助房屋。以江西南昌为例，乾隆四十年，陈密捐屋一所入义宁州濂山书院。⑨ 嘉庆十八年，节妇邓盛氏捐屋一所入武宁县正谊书院。⑩ 嘉庆年间，奉新县人陈允胜捐给儒学田租五石五斗，又屋一间，竹山一块。⑪

---

① 《同治茶陵州志》卷一三《学校·学田》，第 108 页。

② 《同治茶陵州志》卷一三《学校·书院》，第 113—114 页。

③ 《同治茶陵州志》卷一三《学校·书院》，第 114 页。

④ 《光绪平江县志》卷二六《学校志》五《书院·附书院田》，第 472 页。

⑤ 《光绪平江县志》卷二六《学校志》五《书院·附书院田》，第 473 页。

⑥ 《光绪平江县志》卷二六《学校志》五《书院·附书院田》，第 473 页。

⑦ 《同治攸县志》卷一七《祠庙·文昌祠》，第 135 页。

⑧ 《光绪平江县志》卷二六《学校志》五《书院·附书院田》，第 473 页。

⑨ 《同治南昌府志》卷一七《学校·书院·义宁州·濂山书院》，第 498 页。

⑩ 《同治南昌府志》卷一七《学校·书院·武宁县·正谊书院》，第 495—496 页。

⑪ 《同治南昌府志》卷一六《学校·奉新县儒学·圣庙田》，第 459 页。

捐助实物。康熙六十年，杜灵钟《白君梦兆小传》载：子弟多失学，君虑之，为立义学，聚之读书，给纸笔。其贫无赀者，并给以薪水。①

由上述大量史料不难看出，历代教育事业的存续与发展，离不开无数施善者不同形式的捐助。他们多根据自身条件量力捐助，地方行政官员有权力有俸禄，多积极谋划并捐俸以倡；教官除积极组织倡捐外，有的还免收学费，照顾贫困士子的学习和日常生活，甚至婚葬；地方绅士、商人有经济实力或组织能力，积极捐款或组织募捐；普通市民和农民，则随力捐助。总之，有钱的出钱，有力的出力，有田地的捐田地，甚至捐房屋、宅基地、米谷、建筑物料、生活用品等等。

综观来看，捐田地、铜钱、实物，以及义务出智出力等捐助形式几乎贯穿了科举时代的始终。捐银，至迟始于元末，至明清而盛行。洋银是国人与国外经济文化交流的结果，也是历史的见证，明末外国银元才开始进入中国市场，至清朝嘉、道之后，随着西方列强军事经济侵略的加强，西方银洋逐渐增加了在中国货币流通的份额。

二、原因

教育慈善具体捐助形式主要受时代和区域两方面因素的制约，其发展变化也与这两个方面密切相关。其一，随生产力的发展，经济和商业繁荣、白银流通以及中国的近代化，具体捐助形式也不断发展创新。其二，因为我国各地气温、降雨等气候特征差异显著；山地与平原，水田与旱田，土壤的肥沃与贫瘠等等，生产耕作条件千差万别；京都、省城、府城、县城、市镇，再到普通的乡村，其经济、交通以及人们的生活水平不啻天渊之别。此外，与各地的民族特征、经济文化传统、民风民俗等因素也会有一定的关系。

---

① 《乾隆太谷县志》卷七《艺文·传·国朝》，第 201 页。

第九章　中国传统教育慈善之特色

第一节　总体教育慈善水平偏低

本节重点以上海嘉定、徽州六县、湖南长沙等七州县、江西南昌府八县、山西晋中六县为个案，探讨这五个地区历史上的教育慈善事业。此外还查阅了江苏南京，浙江杭州，福建福州、厦门，山东济南，云南昆明、大理等地的相关史料。而这些地区经济相对发达，这些省市的其他地区，以及东北地区的黑、吉、辽，西北地区的陕、甘、宁、青、新疆，西南地区的川、渝、贵、藏，华南地区的粤、桂、琼，中原地区的豫，华北地区的京、津、冀、内蒙古，以及东南地区的台湾等省市区皆付诸阙如。但我们通过以上诸地区的个案研究，可以总结出其中的一些基本规律。

虽然我国古代南方沪宁杭、徽州、湘东、赣北等长江流域个别地区教育慈善发展较好，但从全国来看，总体水平偏低，且发展很不平衡。例如山西晋中地区号称"晋商的摇篮"，其教育慈善的施善方式主要体现在捐资兴修学校、捐资助贫这两个方面，而其他诸如捐助膏火、捐置学田、学租、捐资奖学、捐资助考等方面虽有涉及，但数量较少，或偶一为之。故可知即便是北方黄河流域经济相对发达的晋中地区，其教育慈善水平也远不能与南方的上海、徽州、湖南等地相比。

再如云南，教育慈善起步较晚，发展较慢，主要表现为：其一，施善力度不大，无论是捐资还是捐田、捐地、捐租、捐物，总体捐赠次数不多，单项捐赠额度不大。其二，施善方式较为单一，主要为捐资兴校和捐资助学这两个方面。在捐资兴校方面，主要体现在政府创办、修建各类官学和义学，历代创办书院相对较少。其三，捐资助奖、助贫、助考等捐助形式及教育慈善的案例也较少。其四，施善群体基础不广，主要包括督抚、学政、司道、府署、县署、学官等各级政府官员。府设九所义学当中，皆为知府所设，属于政府慈善行为。民间教育慈善活动相对较少。

造成这样的历史状况，笔者认为其原因大致如下：

古代旱涝、河患、地震，以及天花、麻疹、鼠疫等自然灾害，战乱兵祸、苛捐杂税等等，民无宁日，无以为生。人们首要的是生存，生存乃是第一要义，第一法则。历代关乎生存方面的慈善包括：赈灾疗饥，救死扶伤，施药施棺，捐置义地掩埋无主尸骨，捐设育婴堂、养老堂、恤嫠所抚恤鳏寡孤独等多个方面。与生存、民生紧密相连的，还有捐资修桥、补路、义渡，兴修农田灌溉等水利工程设施，代输国课，焚烧债券等。

国难来临，军国要事关乎国家安危，"覆巢之下无完卵"，一些爱国人士慷慨捐助军饷。

还有很多人宁愿捐赠寺庙，祈求神灵庇护，祈福来生。元代，嘉定人瞿懋把自己的一百余亩良田捐给当地学校，岁计租米五十余硕，以充养士之用，又助钱一千三百缗予以修缮，使内外一新，"士类莫不伟其义而嘉其功也"。薛元德有感于此，撰碑记《梅岩瞿先生作兴乡校记》，大发感慨："近五十年间，四方人民推崇佛氏，大建佛刹，十倍于昔。捐田施财，远近向应者何也？盖释氏子以佛慈悲救苦解厄，推福祸以示人，故人□以信从。吾儒之教□仁义忠信，躬行践履，一本于实。不识者反为迂阔而不信，况欲望其捐田养士以兴学者□如先生者，非行义笃实，识见卓绝，不为它岐所惑者，曷能行之？"①

山西晋中地区以及湖南长沙等县的士人更为务实，热衷于捐纳官秩，他们希望通过捐纳以获得入仕的资格，进而以实现现世的福祉。

① （元）薛元德：《梅岩瞿先生作兴乡校记》，载《论丛》第 11—13 页。

教育是谋求发展的路径，教育慈善是在慈善领域中的较高层次。当然，因个人的出身、经历、认识、社会责任感及经济条件不同，对捐助领域的侧重以及资助的力度也有所不同。正如《光绪平江县志》卷四七《人物志》六《善行》之结语所言："吾平风气笃厚，乡先生好行其德，或助赈救灾、施棺焚券、全婚育婴，养老疾，造桥渡，筑坡堰，捐修学宫、书院、考棚。"[1] 他们也是按照这样一个逻辑层级进行表述的。平江如此，湖南如此，整个中国也大多如此。人们都知道教育至关重要，应该大力发展教育慈善，但是贫困的传统中国，很多老百姓温饱都难以解决，终日啼饥号寒，嗷嗷待哺，又焉能望其忍饥挨饿致力于教育慈善？中国历史上有没有这类人？有，山东东昌府堂邑县的乞丐武训终生不娶，以乞讨为生，创办义学，但毕竟是个案。

第二节　时空分布差异显著

一、时间分布差异显著

一方面，中国教育慈善历史悠久，像山东、江西、四川、河南、陕西、福建等地，起步较早；另一方面，东北、西北、西南等地区起步相对较晚，发展相对缓慢。

从理论上讲，自从人类社会产生，也就产生了教育。只要有教育，必定会有教育慈善。春秋末年，孔子删定群经、广招门徒，打破了学在官府、以吏为师的局面，开启了私家授徒的时代，他因之被奉为人伦师表、千古帝王师。在长期教学过程中，他对贫困学生学习和生活上的关照等就是教育慈善。代远年湮，史料罕见。《论语》中充满了仁爱教育和慈善思想。到了战国时期的孟子更提倡仁政。墨子弟子多为下层民众，墨家积极倡导"兼爱"。孔子七十二名徒之一的澹台灭明，复姓澹台，名灭明，字子羽，鲁国人，后来他往南游学到今天的江西，跟从他学习的有三百多

---

[1]　《光绪平江县志》卷四七《人物志》六《善行》，第248页。

人，建立了一套严格的教学管理制度，对后世教育影响甚大，是当时儒家在南方的一个有影响的学派。这些诸家学派的开创者、继承者们弟子如云，桃李天下，想必教育慈善事业也会伴随着教育事业发展而发展。

汉初四川成都一带为边陲。文翁治蜀首重教育，在成都兴"石室"，办地方官学，招下县子弟入学，入学者免除徭役，以成绩优良者补郡县吏，促进当地文化的发展。正如班固在《汉书·文翁传》中这样评价："至今巴蜀好文雅，文翁之化也。"这难道不是我国早期政府和官员所倡导的教育慈善吗？

北宋名相范仲淹在祖籍苏州创办了"范氏义庄"，广置义田，设立义学。族内义学，后来扩大到族外、乡里。宋代二程、杨时、游酢、罗从彦、李侗、朱熹、吕祖谦、陆九渊等学者在河南、福建、江西、湖南、浙江等地创办书院、招徒讲学，都对后世产生了深远的影响。

就笔者目前所掌握的方志史料来看，江西首先出现在晋代，"范宁，字武子，南阳顺阳人。少笃学，多所通览，为豫章太守。大设庠序，遣人往交州采磬石，以供学用。改旧制，起学堂，并取郡四姓子弟皆充学生，课读五经。学者闻风而至，累千余人，资给众费，一出私禄"。[1] 福建首次出现在唐乾宁元年（894），观察使王潮于州置四门义学。[2] 浙江首次出现在章得一《余杭县建学记》，记载了邑人进士卜文举等出钱出力捐建余杭县学一事，时在北宋景德年间（1004—1007）。[3] 徽州首次出现在南宋绍兴年间（1131—1163），休宁县尉陈子茂，"邑人争从讲学，户内人满，每坐户外。乃相率出钱建校于县之南，以其赢买书千卷。之茂日至为诸生讲说。"[4] 湖南首次出现在宋嘉定年间，尹沂"筑台山书院，肖圣贤像，访明经士主讲。置田二十亩，供祀事，赡生徒，一时文风大振。"[5] 上

---

[1] 《同治南昌府志》卷二六《职官·名宦·南昌府·晋》，第105页。

[2] 《乾隆福州府志》卷一一《学校·福州府儒学》上册，第253页。

[3] 《民国杭州府志》卷一五《学校》二《余杭县学·宋》，第434页。

[4] 《道光休宁县志》卷七《职官·名宦·宋》，第132页。

[5] 《同治鄱县志》卷一五《人物·笃行·宋》，第550页。

海嘉定，南宋宁宗嘉定十一年（1218）建县。十四年（1221）仲冬学宫竣工。二十三年后，理宗淳祐四年（1244），"时讲堂更创鼎新，寓公周君次皋首助其费水。丘君斌、龙震、廷瑞、薛君填、王君子昭、孙君继周、吴君炎，共相其成如其家事。"①山东、山西，最早明确记载在元代。江苏南京，最早起始于明代洪熙年间。云南起步更晚，当在正德、嘉靖年间，是为明朝中期。

近代中国，民族矛盾、阶级矛盾激化。越是在惊涛骇浪、沧海横流之际，越是需要国人和衷共济，风雨同舟。救亡图存是唯一的时代主题，对人才的呼唤比任何时代都更为强烈。"我劝天公重抖擞，不拘一格降人才"。整个国家更重视教育，提出"教育救国"的口号，教育慈善也因而空前高涨。

二、区域分布差异显著

无论京畿腹地，还是边陲洪荒，无论南国还是北疆，无论是汉族居住区还是少数民族聚居地，教育慈善遍布华夏。但是，祖国各地教育慈善发展水平悬殊，且极不平衡。

总体来看，北方不如南方，边陲洪荒不如京畿腹地，少数民族聚居地不如汉族居住区。就笔者所掌握的近二百个县的相关史料来看，北方的山东、山西远不如南方的江、浙、湘、赣、闽等地。就南方来说，云南，"彩云之南"，虽然也是南方，却远在西南边陲，少数民族集中，古代交通不便，经济文化教育落后，故时至今日，也根本无法与经济文化教育发达的江浙地区相比。因为各地自然、人文、经济千差万别，即便是同一个省，各府之间教育慈善水平差距也很明显。即便是同一个府，各县之间也会有很大差异。

北方人喜欢单干，广修义学。山东东昌府堂邑县的乞丐武训行乞一生，单独修建义学二处。东昌府馆陶县的了证和尚也单独修义学一处。二

---

① （宋）王遂：《嘉定县重修县学碑并铭》，载《论丛》第4页。

人合办义学一处。晚清东昌府的一个和尚，一个乞丐，两人共办了四处义学，至今传为美谈。

南方人重视合作。嘉定捐置学田、膏火，湖南捐置学田，江西合修府学等等，都是聚沙成塔，集腋成裘，众人拾柴，合作办大事。

商品经济不甚发达的地区，田地极为珍贵，实行实物地租，盛行捐置学租、学田。宗族内部所捐置的义田，也包含有慈善教育的因素。在商品经济发达之地，多捐银钱，出手阔绰，方方面面，无微不至，所以科举取士较多，且巍科蝉联。

第三节　以各类学校作为核心捐助目标

科举时代，以科举考试为导向兴办教育，而教育又以各级各类学校为载体，故教育慈善以官办的府州县学，官督民办的书院、义学为主要施善对象。教育慈善的施善方式主要包括捐资兴教、捐资助教、捐资助学、捐资助奖、捐资助贫、捐资助考等六大类，此外还有义务出智出力、免费教授生徒、为士子伸张正义、考试过程中之善举、蠲免学校赋税、体恤校工等其他形式的教育慈善活动。其中绝大多数施善方式是直接或间接针对各级各类学校、文庙等教学、教化设施，是服务于学校师生教学、应试的。

第四节　教育慈善贯穿士子整个学业生涯

教育慈善贯穿了士子求学、应试的整个流程和各个环节。具体包括各类学校的创建与常规维修，日常办公经费、教师工资、教学经费，生活补助（膏火银）、奖学金，贫苦士子特殊救助，捐广学额，助考经费（宾兴银，包括盘缠、卷资），在京城、省会所设的会馆、试馆、义园等等。

从资助贫寒士子入学，到多年日常的学习、生活费用，甚至个别贫困士子的婚葬，乃至进京或省城等地赶考，包括路费、印卷费。到了省城或京城，又有同乡会馆、试馆免费提供其居住、学习，甚至提供教师指导等。金榜题名后，由会馆的同乡京官帮助张罗庆贺。有些地方的试馆还发放返程川资。即便生病了，也有同乡会帮助请医治疗。如果不幸客死他乡，同乡也会将他葬于试馆附设的义园，或者帮助把灵柩运送回乡，入土为安。

第五节　社会各界广泛参与

一、政府官员积极倡导组织

正如清顺治年间许自俊《重修文庙记》所载："复以昌明经学，广励学官，课天下儒臣殿最，一时司教化之任者，无不修废举坠，鼓吹休明。"[1] 办好教育乃地方官员之职守，加之他们多以儒起家，尊师重教也是情理中事。他们重视教育，重视教育投入，在教育慈善活动中往往率先垂范，带头倡捐。外籍官员在此地做官，就参与此地的教育慈善事业。本籍官员在异地为官，也会积极参与当地的教育慈善事业。只要家乡需要，这些官员也随时参与其中。

士农工商，士乃四民之首，关乎风化，百姓瞻望。而文庙、学宫乃育才之地。故官员莅任之初，首到庙学祭拜孔子，以示尊师重教，关切人心教化，乃为政之始。公帑不敢轻动，课征怕激起民变，故采取较为稳妥的办法，走中间路线，实行官倡绅捐、官倡绅办、官倡民办等形式，用温和的方式进行教育基础设施建设和教学基本经费的募集。这种方式往往较为顺利。这类教育慈善史料，在宋代以后的方志中多有记载，灿若繁星，成为一道亮丽的风景。

二、地方绅士、商人、富户发挥着重要作用

从宋代到晚清，大量史料说明地方绅士、商人、富户是教育慈善最

---

[1] （清）许自俊：《重修文庙记》，载《论丛》第 45 页。

重要的施善主体。比起外籍人士在此地临时为官者，作为本乡本土居民，他们更有责任和义务，也更有能力搞好本地的教育事业。

清代李江《重修学宫记》对浙江于潜县学近千年的兴修史做了个总结："潜之立学，自宋迄今近千年。其因徙而鼎新者凡六，因圮而重修者十有二，费之出或请于朝，或佐于官，或劝输于阖邑绅士，集腋而成。惟宋咸淳间重建，邑赵侍郎一捐己赀。国朝康熙辛亥，东西两庑为邑绅何礼部捐修。他未有独肩厥事者，迨今嘉庆十有一年，学宫倾圮，邑人陈其诰、阮濬、赵璨、罗鉁四君分任捐建。"[①] 近千年间，该学共迁徙校址、新建学校六次，因坍塌重修十二次，总共进行了十八次兴修。其经费或出于中央拨款，或出于地方官员捐助、筹措，或针对全县绅士进行募捐，仅有两次是一人独捐，还有一次四人分捐。虽形式不同，概括起来，就是除了中央、地方财政或官员捐助外，地方绅士是重要的施善主体之一。

浙江杭州府昌化县知县赵鸿猷所作《重修圣庙碑记》中，对清代募捐过程有个大致的描述："余谓圣庙乃荐绅士之所发祥，莫若仍劝荐绅士量力捐资，间有不足，或于簿书中择其当者议罚焉以济之。众皆唯唯。于是计工估材，约费四百余金，遂置簿。俾在城者先输倡捐，星散于乡者，每都令绅一衿一执簿就书所捐之资。"[②] 先估算工时、建筑材料，预算出总数，并登记造册。进入募捐阶段，按照先城市后乡村的募捐顺序，由城里士绅先带头倡捐，分布在各乡的士绅，以都（乡下设都，都下设图，图下设里，里下设村）为单位，每都指定一名缙绅，一名士人（生员），拿着登记簿一个村一个村地找当地士绅募捐，并把所捐数目认真登记。整个募捐操作过程也是以地方绅士为主。

三、普通民众、特殊群体都广泛参与其中

普通城乡民众，以及妇女、乞丐、僧众、牧师，甚至旅居国外、海

---

① 《民国杭州府志》卷一五《学校》二《于潜县学·国朝》，第442页。
② 《民国杭州府志》卷一五《学校》二《昌化县学·国朝》，第449页。

外的华侨、华人等特殊群体都或积极主动，或消极被动地卷入了教育慈善的洪流，为中国历代教育慈善贡献出了自己的绵薄之力，为教育事业添砖加瓦。

四、宗教也起到了一定的积极作用

多数宗教教义都宣扬仁慈、行善。佛教的三生轮回、因果报应之说影响甚大，有深厚的群众基础。在山东，僧人了证、亮宽也积极参与兴办义学。在江苏南京上元县，僧人帮助义学收租。此外，地方官员为抑制、打压佛教，或个别僧人违法犯罪时，把一些佛教寺院的资产、田地充公，或以赎代刑，并把这些财产充作教育经费。这是一种变相的、非情愿的教育慈善。历史上，有很多书院也都是在原来佛教寺院的基础上改建的。

鸦片战争以后，基督教在华广泛传播。为培养宗教人才，扩大宗教影响，欧美基督教各教派，也纷纷在中国建立教会学校，在客观上也促进了中国教育的近代化。

第六节　教育慈善组织发挥了重要作用

如前所述，教育慈善组织包括助学组织如文会、文社、兴贤堂、集善堂等，助考组织如宾兴会、翰苑公车局等，文庙修缮、祭祀组织如阙里会、洒扫会、丁祭局等。同一类组织，虽名称各异，但其职能相似。这些教育慈善组织，覆盖了日常教学、学术交流、参加各级考试以及文庙祭祀等相关方面，基本做到了教学环节全程覆盖。

相对于以往无专门组织、随事随捐的募捐模式，教育慈善组织的产生，无疑使教育慈善活动更具有组织性，更具常态化、专业化，也大大提高了教育慈善的效率和效力。

第七节　施善方式多样、形式灵活

如上文所述，施善方式包括捐资兴教、助教、助学、助奖、助贫、助考等六大类。此外，还有义务出智出力、免费教授生徒、为士子伸张正义、考试过程中之善举、蠲免学校赋税、体恤校工等其他方式的教育慈善活动。

具体捐助形式包括捐助银钱，捐置学田、学租，捐助宅基、房屋、粮食、木料、衣被、蚊帐等实物，义务出智出力等。

类型多样的施善方式和捐助形式，体现了古代中国人的慈善热情和智慧，也反映了我国古代教育慈善事业施善主体、施善范围之广，像一张巨大的网，疏而不漏，覆盖了大多数怀揣梦想的读书人。

第八节　乡土局域性、宗族性特征明显

根据施善主体各自的隶属不同，我们又可以把慈善分为政府慈善、宗族慈善、区域慈善、宗教慈善等，而教育慈善这一行业慈善又与政府、宗族、区域慈善有机结合在了一起。

一、乡土局域性

儒家倡导"睦邻"。俗话说："美不美，家乡水。亲不亲，同乡人。"说的是"乡土之恋"。传统乡村社会是由一个个村落组成的。由几个村组成了里，由几个里组成了乡，所以我们常说"乡里乡亲"。城里分为若干个坊，类似于今天的社区或街道办事处。

府州县学、社学以及书院、义学、私塾等各类学校，以及辅助性教化设施，如文庙、文昌祠、名宦祠、乡贤祠、文峰、魁星楼等，都是以村、里、坊、乡、邑（县）、府或省为行政区划单位而建设的。每省在省城设有乡试专用的贡院，府州县各设府学、州学、县学。考试分县（州）

试、府试、院试、乡试等层级，学额、学田、学租以及文会、宾兴会等组织也是大多按照地缘结合在一起的，京师、省城等地同乡试馆（会馆）更是以同一乡贯为单位创建的，所以，历代教育慈善也多以行政区划、地缘为单位，具有明显的局域性特征。

二、宗族性、家族性特征明显

我国传统社会，受西周宗法制以及孔孟之道、宋明理学等儒家思想影响深远，宗族、家族组织完善，族谱、宗庙、族田等配套设施完备，宗法观念很强。对此，冯尔康、常建华等先生有丰硕的研究成果。宗族力量对教育慈善活动的组织、实施作用甚巨，是中国传统社会教育慈善的一块基石。

家庭、家族、宗族，以血缘、亲情为纽带，血浓于水，这种血缘关系超越了其他地缘、业缘、学缘等社会关系。人们为了子孙的将来，为了自己能光宗耀祖、显耀门楣、从祀庙堂，为了自己或小家庭在本族中的地位，也为了本宗族的枝繁叶茂、家道恒昌，也往往效法北宋范仲淹设立"范氏义庄"之举，倡导宗族、家族慈善，进行"敦亲""恤族"。通过创办本族义塾，设立义田、庙田、祭田，捐资、捐粮、亲自授徒、接济贫困学生等方式提携年轻族人，尤其是提携族中贫困的青年才俊。青年族人一朝登第，他们往往也会感恩反哺家族、宗族，支撑家族门面，维护宗族利益。

我国传统村落多由若干族姓组成。一个村庄、乡里，族群之间团结合作、和谐发展是主要的，矛盾斗争是次要的。但偶尔也会因为诸多原因而明争暗斗，在南方客家人与土著居民之间还曾发生过多次大规模的械斗。宗族内部的教育慈善，因族群之间的矛盾而发展。同时，宗族内部的教育慈善，也会在一定程度上加剧族群之间的竞争。各个宗族为了争夺、瓜分、掌控地方经济、文化、教育权利，不断加强族内团结合作，以增强本族的凝聚力和竞争力，在客观上也刺激了宗族力量办学，使族人致力于族内教育慈善事业。

这种几千年来传统社会的宗族性、家族性，也给我国的教育慈善事业烙上了明显的宗族性、家族性印记。

第九节　科举制度起着引领作用

科举制度的萌芽、发展、完善、衰落和消亡，作为一条主线、一条暗流，在左右着学校教育，也左右着家族、宗族教育和地方教育，最终也左右着国家教育事业和教育慈善事业的发展。隋唐时期，科举制度开始萌芽、发展。五代乱世，科举制度也较为混乱。元代前期有一个相当长的时段取消了科举制度。西夏、金、辽等少数民族政权，其教育、科举制度虽效法宋朝，但不甚发达。北宋仁宗时期，在全国遍设学校，科举录取名额增多，每科录取进士数百人，加上特奏名，动辄千人左右。且宋代文官俸禄优厚，皇帝鼓励读书，正如北宋著名学者汪洙的《神童诗》所言"天子重英豪，文章教尔曹。万般皆下品，唯有读书高"。宋真宗皇帝《励学》诗："富家不用买良田，书中自有千钟粟。安居不用架高楼，书中自有黄金屋。娶妻莫恨无良媒，书中自有颜如玉。出门莫恨无人随，书中车马多如簇。男儿欲遂平生志，五经勤向窗前读。"这种自上而下重文崇教的社会风气催化造就了庞大的文官队伍，给政府财政、人事安排等方面造成了很大压力，产生了重大的社会影响，但也刺激了文化教育事业和教育慈善事业的发展。元朝在推行科举制度以后，尤其是到了明清时期，进士科鼎盛，教育慈善发展迅速。特别是鸦片战争之后，民族矛盾、阶级矛盾进一步加剧，人们生存发展危机加剧，内忧外患，有识之士呼吁"教育救国"，教育慈善更是气象空前。

由于科举制本身选拔机制方面的原因，人才竞争也日趋激烈，这对地方官员的考核，以及地区之间、宗族之间的竞争都是一种前所未有的压力和考验。

第十节　具有一定的功利性和摊派性

一、利益驱动

利益吸引力越大，施善力度才会越大，二者成正相关。清代，教育慈善事业发展到了历史的新阶段。其原因除了教育慈善自身的发展规律以及"嘉、道中衰"，外国列强入侵、国内阶级矛盾日益尖锐等方面原因之外，利益驱动也是一个重要因素。

（一）捐纳议叙

中国传统社会士人由捐纳而授官、授出身，渊源有自。据《同治平江县志》卷四〇《选举制·职衔》载："职衔始于西汉之赐民爵。孝惠帝元年，赐民爵户一级，自后史不绝书。六年，令民得买爵，盖延秦纳粟拜爵之令也。唐宋时，凡赐民爵曰公士。明有纳马、纳草、纳银之例，国朝因之，自纳监外，并许援例就京外职衔。近岁军兴筹饷，捐例益推广矣。"① 另据《同治长沙县志》记载，明代景泰四年四月，令生员输米八百石入监读书。五月，令入监者减米三百石。天顺五年十月，令生员入马二十匹补监生。是前明之监，非生员不得入也。清代童生皆得入监，捐输得官者不问曾否入监，唯以官阶大小、实职虚衔为区别。② 据《同治茶陵州志》卷一〇《惠政》载，康熙十八年，饬建义仓。每岁秋收，"劝谕绅民捐输米谷，照例议叙"，又户部覆准令俊秀捐纳常平仓谷石，准作监生。③

历代地方官员积极投身到教育慈善之中，一方面，他们作为科举制度的成功者和受益者，想实实在在为民办事，忠于职守，以期"立德立功立言"，名垂青史，永世不朽；另一方面，也不排除他们当中的一些官员、士绅通过修缮学校等教育慈善活动这样的形象和政绩工程，借此获得入仕、提拔、起复和重用。当下必要的教育慈善投入，是为了日后自己的官

---

① 《同治平江县志》卷四〇《选举制·职衔》，第 118 页。
② 《同治长沙县志》卷二二《选举》二《议叙》，第 400 页。
③ 《同治茶陵州志》，卷一〇《惠政》，第 74 页。

运亨通，为了日后更多的敛财，有道是"三年清知府，十万雪花银"。

王彬字质公，江南扬州府高邮州宝应县人，清顺治丙戌（1646）科举人，丁亥（1647）科会试副榜，任嘉定县教谕七年之久，"首倡修明伦堂、尊经阁、启圣祠、聚奎楼，三年告竣，鸠工浩大，费几数千金，梓材丹雘半捐己赀葺之。"修缮县学，工程浩大，花费数千两银子，而王彬一人独捐其半，因捐资修建学宫这一善举，他由地位卑冷的嘉定县学教谕而升为江西饶州府德兴县知县。①

清代湖南捐纳现象较为突出。《同治茶陵州志》卷一七《选举·例职》详列了茶陵州捐买职衔人员的情况，其中"国朝捐用教职"者二十三名，"捐职请封赠"者二百余人，"国朝捐职"者一百三十六名，"国朝例贡"者一百余人。②《同治平江县志》卷四〇《选举制·仕宦》、《选举制·职衔》所载"由援例"任职授衔者尤多。道光二十四年，临湘知县刘德熙购民地改建大成殿及两庑，移崇圣祠于殿后，补葺四祠，拓修两学斋舍。工程浩大，凡捐重资者，照例请叙。③由此可见湖南比较重视捐资买官，捐纳制度在该地得到淋漓尽致的贯彻。

道光十年（1830），嘉定、昆山、新阳、青浦毗邻四县绅士及寓居客绅捐建震川书院。获道光皇帝嘉奖，特下谕旨一道，刻之于石，是为御碑，其碑文如下：

> 道光十年十月初一，奉上谕：陶淑奏绅士捐建书院，恳请奖励一折。江苏嘉定县安亭江上，有明儒归有光读书之处。经该县并毗连之昆山、新阳、青浦四邑绅士暨寓居客绅，捐建震川书院，善举速成，洵堪嘉尚。所有捐银四千两以上之嘉定县监生张鉴、三千两以上之昆山县捐职州同胡墉、五百两以上之昆山县候选翰林院待诏胡镜、寓居该处之工部郎中李秉绶，均着加恩，交部分别议叙。监生

---

① （清）《嘉定儒学教谕王质公先生崇教修学碑记》，载《论丛》第47—48页。
② 《同治茶陵州志》卷一七《选举·例职》，第175—187页。
③ 《同治临湘县志》卷五《学校志·学宫》，第356页。

> 张鉴出资既多，且董办出力，着交部从优议叙。前任嘉定县知县捐
> 升道员淡春台首先倡捐银四千余两，督令绅士创修。又现任嘉定县
> 知县保先烈妥筹竣事，俱着加恩，交部议叙。其余五百两以下捐资
> 各人，照例咨部请叙，以示奖励。该部知道。钦此。①

由此御制碑文可以看出，所有捐资的现任知县、捐职、候选官员，前任知
县、寓居本地京官，监生，根据捐助多寡"俱着加恩，交部议叙""其余
五百两以下捐资各人，照例咨部请叙，以示奖励。"表明地方官员、士绅
多从自身利益出发而施善。

还存在这样的情况：有钱人家捐纳个品级较高的虚衔，从而掌控地方
的经济、文化、社会权力，还可以有效避免地方官肆意派捐和盘剥。清代
山东栖霞牟氏庄园的牟氏家族，即便是从事农业生产，也不忘捐个顶戴花
翎。商人捐助教育慈善，可以获得政治特权、社会地位，还有随之而来的
经济回报，这更是投资者的逻辑。

我们说这种"议叙""请叙"是一种变相的名利交易可能有失公允，
但这其中确实存在着一定的功利性，当属客观。清代实行捐纳制度，这一
制度与科举、任官制度相结合，形成了一整套的供求关系。在传统官本位
社会，官员享有政治权威、优厚的俸禄和较高的社会地位，同时还是社会
教化和道德楷模，故"学优则仕"是实现其自身价值的最好方式，且夫贵
妻荣，封赠父祖，荫及子孙，不仅荣耀生前，且死后也有哀荣。该项制度
给国体、民生、政事、人才选任都带来了毁灭性的灾难。清代，尤其是晚
清，疯狂派捐，是一种病态的吏制，无异于饮鸩止渴，从而加速了清王朝
的灭亡。许大龄先生的名著《清代捐纳制度》值得仔细研读。

（二）建坊旌表、祔祀庙堂

对于施善巨资者，朝廷出于"将厚风俗，天下归心"的目的，往往
予以旌表。在"论功行赏"的晕轮效应之下，统治者善用一种潜在的隐蔽

---

① （清）《震川书院御碑》，载《论丛》第67页。

的权威评价手段，诸如奉旨旌表，准由礼部注册，自行建坊、竖匾、入祠、致祭、采列志乘等一系列举措予以表彰，给施善者带来名誉和精神上的满足和收益，故历代史书多有"义官""义民"的记载。

元世祖忽必烈至元二十五年（1288），嘉定县人王子昭临终前把自己的二千七百六十七亩田产，岁收租米一千一百一十余石，无偿捐给县学。至正九年（1349），立《故宋东祁王先生归田兴学记》石碑于县学。正如碑阴所载："田归学校，士有好义之心；碑立宫墙，礼尚彰善之典。"① 施善者捐助了银两、田地，地方政府和学校作为报答，在学校立碑以记功德，垂之永久。

清雍正三年（1725），嘉定知县赵向奎捐己俸倡捐，"董工诸生感侯相期之意良厚，捐资公建兴文书院于明伦堂之右偏，设侯位而顶祝之。而太学庄君一鹤率子诸生自勉，复谋伐石，请予为文以记其事"。不仅立碑记功，还为之设立生祠供奉。②

在教育慈善中效力尤多者，还可以在"正厅"或"崇教祠"等专门祭祀场所设立牌位，予以袝祀。例如，清嘉庆九年（1804）春，徽州婺源县创建紫阳书院，"丁公应銮集阖邑绅士捐赀兴建……阖邑绅士俱极踊跃，共捐金三万有奇。内独捐千金者十有八人。程应鹏裔捐三千金……营造一切，续置田亩，以备膏火"。其中捐款一千金以上之绅士程应鹏等十八人袝祀"正厅"。③ 婺源余庆祠，道光间增赵公忠弼，同治间增邑人俞清芬，光绪间增邑人江巨荣，捐应课生膏火，均袝祀，共三十六人。④ 道光癸卯，黟县人王盛琦因捐输碧阳书院银两，奉其父世眈牌位祀于崇教祠。⑤

在传统社会中，这些精神层面的表彰，是更高层次的奖励，是非常荣崇的事情。尤其是对于"不差钱"的富民、富商、致仕官员，他们更在

---

① （元）薛元德：《故宋东祁王先生归田兴学记》，载《论丛》第 13—14 页。
② （清）张云章：《兴文书院碑记》，载《论丛》第 53—54 页。
③ 《民国重修婺源县志》卷六《建制》三《学校·学宫·附紫阳书院》上册，第 129—130 页。
④ 《民国重修婺源县志》上册卷六《建制》三《学校·附紫阳书院》，第 130 页。
⑤ 《同治黟县三志》卷七《人物·尚义》，第 127 页。

乎"名",甚至是"身后名"。这在一定程度上也大大刺激了教育慈善事业的发展。

(三) 贪墨聚财

清康熙二十三年 (1684),许自俊《闻邑侯重建学宫碑记》载:"而大工将作,器用不足,侯集邑之绅衿而告之曰:'邑之民力竭矣,此时议捐议募是说铃也。计嘉定之征缮,惟河工一役,用一可以缓二。昔民力民财并用,今用民财以宽民力,上不苛而下不怨,工不烦而用不乏。'乃请于大吏,曰:'可。'于是诹日而经营之。又患典簿非人,未免吏侵什八,而工隐什七,是借丛也。于是,举邑之封君、耆硕十有二人,俾其分曹称事,以襄厥役。"[1] 其中所言"吏侵什八,而工隐什七",这是否也暗示了在以往的捐修过程中确实存在着董事与官员互相勾结,从而中饱私囊的现象?

有些政府官员,喜欢大兴土木,搞"面子工程"。有句俗话:"磊磊扒扒,弄点儿花花;扒扒磊磊,弄点儿美美。"意思是只有兴建动工才有钱花,才有酒喝。官员乱捐滥募是否也是一种聚财的手段?是否只有通过这种大规模的工程兴作才有贪污的机会?有一碑记中赞美某官员在募捐、建设过程中,"不一假其手",这是否也暗示了某些官员可能存在着假手兴修学校建设而借机敛财?地方官拿富户、富商、士绅当冤大头,他们这些官员本人很多也是靠捐纳、请托送礼而青云直上的,已经投入了很多银子,官场犹如做生意,他们怎么回本?用什么资本继续往上爬?"千里做官只为钱","衙门八字朝南开,有理无钱莫进来",这些在民间广为流传的谚语,并非空穴来风,给我们透露出一些官场腐败、官员贪墨敛财的信息。

(四) 蠲免卷资

《同治临湘县志》卷五《学校志·学宫》载:本邑刘贺氏同男一元、元基、元勋,孙朝干、朝翰、朝经、朝琨、朝翊、朝采、朝柱、朝崧、朝鼎、朝仪等将其上田四十亩捐入儒学,每年实纳租谷三十七石,其中用于

---

[1] (清) 许自俊:《闻邑侯重建学宫碑记》,载《论丛》第49页。

两学师三十石，书识、门斗七石。公议："刘贺氏嗣孙入学，无论文武，免其印卷费。"① 光绪元年（1875），河南善化县人胡朝华同其子逢藻将自置田一契，岁租二十石，禀请捐入县学。"日后胡朝华子孙，文武入学，免其印卷费。"② 刘贺氏一家、胡朝华父子在为地方教育做了重大贡献的同时，也获得了后代子孙入学，"无论文武，免其印卷费"的特权。其实这也是用经济投入换取地方文化权利的典型案例。

总之，有些施善者出于真善，无欲无求，真心实意地效力于地方教育事业。有些则或为自身谋，谋"议叙""请叙"，谋官运亨通，谋为日后建坊旌表、祔祀庙堂；或为子孙谋，谋科名，谋前程。或为名谋，或为利谋。但笔者认为，施善动机远没有施善结果重要，只要是为教育事业做了实实在在的贡献，在客观上都促进了教育事业、教育慈善事业的发展，都值得首肯。

二、硬性摊派

勒捐、逼捐、迫捐、胁捐，这些词汇都是强制性派捐的意思，是政府官员对富民、商人、士绅、世家大族，甚至普通百姓变相地掠夺。

乾隆三十七年（1772），湖南茶陵知州陈廷柱谕令各都捐置田亩，由二十五都全体乡民共捐买田租二十石二斗，③ 由"谕令"二字及所详载每都捐田亩数及捐买田租石斗数便知，这次大规模的捐置学田活动，明显带有官方强制性质，与出于人们自愿的"乐捐"显然不同。

此外，湖南攸县、平江县方志中还有关于"按粮捐修""派捐"的史料记载。如道光五年（1825），安都谭姓按粮捐修正殿，河、兼、海、晏、谷、馨、物、共、芝、民十都按粮捐修西庑，天、献二都按粮捐修大成门、名宦祠、乡贤祠，呈、宝二都按粮捐修忠义孝弟祠、节孝祠、节孝石坊，云都张姓按粮捐修棂星门，河、兼、海、晏、谷、馨、物、共、民、

---

① 《光绪善化县志》卷一一《学校·儒学田租》，第132—133页。
② 《光绪善化县志》卷一一《学校·儒学田租》，第133页。
③ 《同治茶陵州志》卷一三《学校·书院》，第113—114页。

芝十都按粮捐修钟鼓楼，庆都余姓按粮捐修东西石坊，庆都龙姓按粮捐修泮池围墙，华都邓贺二姓按粮捐修崇圣祠。① 星景嘉屯按粮捐修新文昌庙。② 道光十六年，奉各上宪谕令各属捐资重修长沙府文庙，其中攸县奉派捐银贰仟两，合邑绅士捐银壹仟两，尹高鹏捐钱贰仟串，以足其数。③ 道光年间，湖南平江人陈作宾，历官宁乡县学教谕，"省城修贡院，按属派捐，县应捐四百金，作宾一门独任之。"④

此外，据《南昌府志》记载，江西南昌府学内各建筑通常由所属各县捐修，府及属县大多数书院也多由所属县乡、都图捐建。这明显具有地方摊派的性质，但在传统的中国，在经济相对落后地区，有时也是出于无奈之举。

---

① 《同治攸县志》卷一七《祠庙·文庙》，第 127—134 页。

② 《同治攸县志》卷一七《祠庙·新文昌庙》，第 135 页。

③ 《同治攸县志》卷一七《祠庙·府文庙》，第 138 页。

④ 《光绪平江县志》卷四三《人物志》二《宦迹·国朝》，第 160 页。

第十章　教育慈善事业的制约因素

如前所述，赈灾疗饥，施粥施药，瘗尸施棺，创办育婴堂、养老院、漏泽园，恤嫠、恤节，兴修水利工程、修桥补路、设置义渡、代输国课、焚毁债券，设义仓、义田，捐助军饷，凡此等等都是关乎国计民生的问题，是慈善事业的初级阶段，基于生存之目的。而教育慈善乃慈善事业的高级阶段，是较高层次，基于发展之目的。

教育慈善事业的发展，受到所处历史发展阶段，当地自然环境、交通区位、人口多寡、经济基础，文化、教育、科举、人才基础，以及民间慈善传统等多种因素的制约。此外，地方官员的素养，当地民族、宗族及宗教情况，本籍士绅、富民、商人的参与度，慈善组织建设情况等诸多方面，也都会对本地教育慈善事业产生重要影响。

第一节　历史发展阶段

每个朝代都具有时代特征。以隋唐、五代与此后的宋代进行对比，发现隋唐、五代时期的教育慈善事业低迷，而南宋以后发展良好，个中原因与历史发展阶段不无关系。

首先，隋唐时期，虽是中国封建社会的繁荣时期，但就当时的生产力发展水平来讲还是相对落后的，文化教育并不普及，人们对教育慈善重视不够。其次，隋唐、五代时期佛、道盛行，人们宁可把钱捐给寺庙，供养僧道，以期神灵庇佑，也不捐给现实教育。再者，隋唐五代时期科举不是唯一出路。宋以前，我国地广人稀，人地矛盾不甚突出，读书人也少，世家大族把持人才的选拔任用，社会竞争远没有后来的两宋时期，尤其是明清时期更为激烈。此外，还与政府所持态度，以及政府是否积极引导有关。唐朝统治者认为，如果大力推崇慈善，就会彰显社会千疮百孔，满目疮痍，以及朝廷怠政不仁，故不积极推行号召教育慈善。

入宋以后，各级政府鼓励、积极引导地方社会力量积极投入到教育慈善当中。在全国遍设学校和书院，科举制度也进一步完善，逐渐成为选拔人才的主流渠道。明清时期，"科举必由学校"，科举与学校为国家人才培养选拔之两翼。此外，佛道教义及程朱理学的普及，大量劝善书的刊行，在全社会倡导了尊师重教、行善积德的良好风气。

第二节　环境、区位、人口、经济等因素

笔者不认可"环境决定论"，但认为一个国家和地区自然环境的优劣对该国家和地区的发展至关重要。传统的中国，西南青藏高原，天高地寒，号称"世界屋脊"；西北地区，漠漠黄沙，大漠孤烟，古道驼铃，还有无数的戈壁荒滩；东北地区，白山黑水，大兴安岭，冬季漫长而酷寒，近代中原地区的人们才开始大量逃荒"闯关东"；蒙古高原，"天苍苍，野茫茫，风吹草低见牛羊"；黄土高原，土壤贫瘠，千沟万壑，"原驰蜡象"；南方江西、湖南、云南、贵州、广西等地则山多地少，水陆交通不便。

而东部南部沿海地带，以及长江、黄河、京杭大运河等沿线自古交通便利。秦岭淮河以南降水充沛，全年气温较高，适合稻作，被誉为"鱼米之乡"。东南沿海地区湿润，而西北内陆地区相对干旱。一个地方处于交通枢纽地位，就会占有区位优势，即所谓的"地利"。历史上，西安、洛阳、开封、商丘等黄河流域的城市，长江流域的成都、南京，钱塘江流域的杭州，以及海河流域的北京等诸城市都曾做过大一统王朝或局部王朝的国都。此外，长江流域的重庆、长沙、武汉、南昌、徽州、苏南、上海

等地，珠江流域的广州，福建的泉州、福州、厦门等地，以及北方的济南、晋中地区，乃至近代的天津、青岛等地，都是占尽地利、人口密集、经济富庶之邦。

自然环境、交通区位等原因，直接与人口多寡和经济发展程度密切相关。而经济状况则是教育、文化、慈善等一切社会事业发展的前提和基础。中国历史上有十大商帮，其中山西商帮、陕西商帮、山东商帮三个在北方，徽州商帮、福建商帮、洞庭商帮、广东商帮、江右商帮、龙游商帮、宁波商帮七个在南方。其中影响最大、势力最强的晋商、徽商、潮商三个当中有两个在南方，这也正是南方教育慈善比北方开展得好的重要原因之一。

第三节　文化、教育方面的基础

有道是"榜样的力量是无穷的"，教育犹如春风化雨，风行草偃。我国历史上有很多著名的教育家、思想家和学者，他们的号召力、影响力巨大。春秋战国时期的孔子及其后学，诸如颜、曾、思、孟，以及澹台灭明等等。西汉文翁在蜀兴学，弦歌不辍。晋代豫章太守范宁，也就是《后汉书》作者范晔的祖父，他在江西南昌兴学，力行教育慈善。唐代观察使王潮在福建福州设置四门义学。北宋名相范仲淹在其祖籍苏州创办范氏义庄，对后世宗族慈善影响甚巨。"唐宋八大家"以及宋代濂、洛、关、闽之学的开创者及传续者对其祖籍地、出生地、为官地、寓居地的影响深远。

以宋代理学集大成者朱熹（1130—1200）为例，其祖籍徽州婺源县（今江西婺源），出生于南剑州尤溪（今福建尤溪）。他一生主要致力于教育和学术事业，先后创建或兴修江西庐山的白鹿洞书院、湖南长沙的岳麓书院、福建建阳的竹林精舍（后改名考亭书院）。江西上饶铅山的鹅湖书院，也因为朱熹与陆九龄、陆九渊、吕祖谦等人的"鹅湖之会"而兴起。此外，他还与浙江学者吕祖谦、陈亮，寓居湖南的川籍学者张栻等进行了广泛而深入的交流。还创建闻名后世的"社仓"制度，丰年储蓄，饥年提取，为此被仓储行业奉为"紫阳仓祖"。由于朱熹在社会治理、文化教育等方面所作出的卓越贡献，对后世产生了深远的影响。徽州、福建、江西、湖南、浙江等地，或朱熹祖籍，或出生地，或为官地。行迹所至，必以振兴学校、易风化俗为务。故上述各地在南宋以后，尤其是明清时期，教育及教育慈善事业蒸蒸日上，为其他地区所不及。此外，"二程"、张载、杨时、李侗、陆九渊、吕祖谦等宋代一大批教育家开办书院，讲学之风大炽，直接促进了教育和科举的发展，从而也促进了教育慈善事业的发展，进而形成了"教育慈善→教育→科举→入仕→教育慈善"的循环模式。

第四节　科举制度的导向、引领作用

教育是科举的基础，科举是教育的风向标、导航仪、晴雨表。科举制度在中国传统社会教育慈善事业发展过程中发挥了特殊的作用。该制度从隋炀帝大业元年（605）产生，至清末 1905 年废除，存续了一千三百年之久，其作用巨大，对教育和社会的发展起导向作用。

在科举取士的旗帜之下，以当地考中举人、进士的人数多少来衡量地方官、学官政绩之优劣，也体现一个宗族、家族在当地的政治、经济、文化和社会地位。科举发达，不仅标志着该登科者及其家族的富贵尊荣，还标志着他们这个村庄、乡里、县府具有优于其他村庄、乡里、县府的政治、经济和文化地位。在整个社会都追逐科名的时候，必然重视教育。只有"学优"，才能博取科举功名，进而入仕。而要办好教育，基础教学设施、教师工资（束脩）、学生生活费（膏火）以及考试所需路费盘缠、卷资即报名费（统称为宾兴经费）等等都是非常重要的现实问题。而要做好这些，在生产力水平很低的情况下，必须众人划桨开大船，走教育慈善之路，所以教育慈善直接受科举制度之影响。

科举制度的萌芽、发展、完善、衰落、消亡，作为一条主线、一条暗流一直左右着学校教育，也左右着家族、宗族教育和地方教育，从而也左右着我国教育慈善事业的发展。

第五节　慈善传统

某一地区教育慈善事业发展良好，与当地的群众基础，乐善好施的民风是分不开的。这其中包括儒家的"仁义"教育，佛教因果报应、三世轮回、"行善积德"等教义，道教"天道无亲，常与善人""多行善事，得道成仙"等教义，以及《了凡四训》《太上感应篇》《文昌帝君阴骘文》《太微仙君功过格》等善书、佛道经义的刊刻、发行、传播。可以说这些也都是教育慈善的社会文化土壤。如湖南茶陵州人谭文瞻，他慷慨好施，造桥、修路、施棺、赈荒五一不参与，一生刻送《劝世文》不计其数。[1]刊刻、赠送劝善书属于社会教育范畴，其善行属于广义的教育慈善，也为学校教育慈善培育了良好的社会土壤。只有慈善的社会土壤肥沃，才能孕育出教育慈善的烂漫之花。

除上述五节探讨的内容之外，一个地区地方官员的素养，该地区民族、宗族以及宗教情况，士绅、富民、商人和普通民众的参与度，慈善组织的健全情况等方面，也都会对本地教育慈善事业的发展产生重大影响。因前文多有述及，此处从略。

---

[1]　《同治茶陵州志》卷一八《人物·义举》，第220页。

第十一章　中国教育慈善之作用及影响

　　古人对教育的社会功能认识深刻。《嘉庆灵石县志》卷一一《艺文志·记》收录了明代万历年间山西汾州人孔天允《重修庙学记》一文，孔氏时任河南左布政使，他说："庙廷，礼乐之宗；学校，风化之本……我太祖高皇帝以六事责有司，亦以学校次农桑。盖教、养二者虽切于民，教化尤重……盖学也者，学为圣贤而已。圣贤之学，心学也。道德以为之地，忠信以为之基，仁以为宅，义以为路，礼以为门，廉耻以为垣墙，六经以为户牖。"① 其见地颇为深邃。

　　然而，办好教育诚非易事，尤其是在古代，生产力极其落后，若想办好教育，更需要众志成城，聚沙成塔，集腋成裘。正如清代魏喆嗣《郑氏重修明伦堂记》所言："余阅昌志而知，昌学之巍焕皆由邑之好义者共襄厥事也。昔明季陈印湖捐资二千余金，独建圣庙……复有郑完忠、完孝诸君改造明伦堂……赖赵邑侯莅任之始即留心学校，劝合邑绅士捐资重修殿宇及东西两庑。"② 其中"皆由邑之好义者共襄厥事也"一语道出了其中的规律。

　　笔者认为教育慈善作用甚巨，厥功至伟，影响深远，主要体现在以下若干方面：

---

① 《嘉庆灵石县志》卷一一《艺文志·记》，孔天允《重修庙学记》，第 171 页。
② 《民国杭州府志》卷一五《学校》二《昌化县学·国朝》，第 449 页。

其一，有效地保证了传统社会教学工作的正常运行，促进了教育事业的发展，为国家培养了大批高素质人才。那些教育慈善事业开展得好的地区，他们考中的举人、进士就多一些，甚至是多出数倍。比如南京、嘉定、徽州、杭州、南昌、湖南、福建等地区，自宋代以后，尤其是明清时期，人才辈出，这与教育慈善不无关系。

其二，协助国家、政府有效进行了社会治理，减轻了国家、政府的压力和困难。地方社会、基层社会、宗族社会及教育慈善组织机构，对教育慈善活动的策划、组织、实施、监督等一系列环节的执行和落地，其作用是不可替代的。政府抓大放小，宏观政策指导、引领，由地方社会积极参与，从而也提高民众的积极性和参政意识，也为国家、政府节省了资金，腾出了精力，以便更好地应对国家宏观调控。

其三，在维护国家统一和社会和谐稳定方面起到重要作用。科举制度以其全国统一的考试指导思想，统一的指定书目，统一而细密的各项制度规定，以及统一的人才选拔规格、授官品级，故其在维护国家统一方面所起的重要作用已成为学界的共识。如前所言，科举与教育、教育慈善之间的关系极其密切。慈善又是社会的"减震器"，能够极大程度地减轻自然灾害、社会灾害对区域社会和教育事业造成的损失，有效避免社会撕裂和社会震荡。同时，还能够促进家庭、宗族、邻里、乡党之间的和睦相处，在一定程度上实现教育机会均等，形成小范围的和谐社会。在举步维艰的传统社会，地方社会、宗族社会正是因其族内、乡党之间的相互关照，相互扶持，共克时艰，同谋发展，才使区域社会不断走向发展，走向文明。一个个的基层社会加起来，就是一个区域社会。一个个的区域社会合起来，就是乡，就是县、州、府、省，就是整个国家。

其四，促进了社会的良性发展。数千年来，经济、政治和社会的稳定发展，尤其是教育文化事业的发展与兴盛，人文和科学精神的传承，凡此种种，都离不开教育慈善事业的发展。那些教育慈善事业开展得好的地区，其文化教育就相对发达，经济相对繁荣，政治相对清明，社会相对进步。南宋以后江浙地区经济、政治、社会、文化的繁荣与教育慈善事业的长足发展不无关系。

其五，在铸就"尊师重教、向善慕义、团结合作"等民族精神方面发挥了重大作用，产生了深远影响。作为慈善事业重要组成部分的教育慈善事业，不仅促进教育事业的发展，提高国民的综合素质，还能使选拔人才的范围更加广泛，促进社会的合理流动和健康运行。教育慈善事业的发展增进了人的平等，维护了社会公正，保持了社会稳定，推动了社会发展。千百年来，教育慈善事业还铸就了中华民族善良重义、乐善好施、团结互助、尊师重教等优良的民族精神和传统。

其六，我国传统的教育慈善事业对国外也产生了一定影响。历史上，中国的近邻朝鲜半岛、日本冲绳县以及东南亚的越南等地，都曾效仿中国实行科举制度。西方文官制度，也就是当代公务员制度，渊源于中国的科举制度。受科举制的影响，教育，连同教育慈善，势必会受到中国的影响。近代，世界各地出现了很多的外国"武训"，自身经济条件不是很好，却一心办学，致力于教育慈善，足见孔子所云"德不孤，必有邻"乃至理名言。

结　语

　　上编五章是区域个案研究，探讨了我国历史上的上海嘉定县、徽州府六县、湖南湘东七州县、江西南昌府八州县、山西晋中六县等五个地区、二十八州县的教育慈善事业。在此基础上，下编展开了相关专题研究，探讨了中国科举制度下教育慈善事业的施善主体、施善方式、具体捐助形式、教育慈善特色、制约因素、作用及影响等。

　　研究历史，其目的是以史为鉴，指导我们今天和将来的社会实践。当前我国教育慈善事业的整体发展相对滞后，大力弘扬优良传统，加快发展我国的教育慈善事业显得尤为迫切而必要。通过十余年来的学习和研究，笔者认为传统社会教育慈善事业的发展历程给我们带来如下几点启示：

　　切实走群众路线，充分发挥社会各界力量致力于教育慈善事业。积极动员社会各界，尤其是企业单位和商人投身到教育慈善事业中来，充分发挥地方名流、富民、商人的施善主体作用，充分发挥妇女、宗教界及华裔、华侨的作用，充分发挥基层社会组织、宗族组织、慈善组织等组织的组织协调作用。

　　政府慈善与民间慈善有机结合，充分发挥政府的导向作用和官员的引领作用，多渠道为教育事业筹措充裕的办学资金，创造优越的办学条件。

　　教育慈善的施善方式和具体捐助形式灵活多样，因人而异，因地制宜，具体问题具体分析，不可一刀切。在借鉴传统的同时，与时俱进，注重教育慈善活动方式的创新。

借鉴历史上的乐捐和派捐，把自愿捐助与适当摊派相结合，充分挖掘社会捐助潜力。

国家建立完善相关的激励制度和措施，把捐助贡献与社会荣誉、国家奖励、政策优惠等有机结合，充分调动社会各界的施善积极性。

进一步完善教育慈善立法、组织机构建设和制度保障，切实增强教育慈善的透明度和可信度。加强教育慈善活动全程监管，做到善款去向透明，无盲区，严惩教育慈善活动中的任何腐败现象。

加大教育慈善的宣传引导力度，进一步培植慈善理念，使之深入人心，无处不在，使全社会形成崇尚慈善、尊师重教的良好风气。

参 考 文 献

一、碑刻类① (上海嘉定)

(宋) 王遂:《嘉定县重修县学碑并铭》。

(宋) 林应炎:《嘉定县学重修大成殿记》。

(宋) 唐梦翔:《廪士田租记》。

(元) 邓文原:《东阳义塾记略》。

(元) 杨载:《修造局田记》。

(元) 刘德载:《嘉定州儒学教授题名记》。

(元) 智玉成:《嘉定州重建庙学记》。

(元) 毕天庚:《重建儒学大门工费小引》。

(元) 柯九思:《三皇庙学记》。

(元) 薛元德:《梅岩瞿先生作兴乡校记》。

(元) 薛元德:《故宋东祁王先生归田兴学记》。

(元) 杨维桢:《嘉定州重建儒学记》。

(明) 孙善同:《嘉定县儒学重修文庙记》。

(明) 李惠:《重鼎新儒学记》。

(明) 陈鉴:《嘉定县重建儒学记》。

(明) 陆釴:《嘉定尊经阁记》。

---

① 见《科举学论丛》2012 年第 3 辑,线装书局 2012 年版。

（明）王鳌：《重修学舍记》。

（明）邓璞：《嘉定县大成礼器记》。

（明）甘元隽：《大小学田廛记》。

（明）周凤鸣：《嘉定县学田记》。

（明）吴惠：《嘉定县兴修庙学之记》。

（明）顾名儒：《杨溪小学记》。

（明）欧阳德：《嘉定县重修儒学记》。

（明）徐学谟：《嘉定新给学田记》。

（明）徐学谟：《汇龙潭记》。

（明）王善继：《嘉定重浚学前二渠记》。

（明）韩浚：《新建明德书院记》。

（明）胡士容：《置买学田始末碑》。

（明）须之彦：《嘉定县重修学宫记》。

（清）《嘉定儒学教谕王质公先生崇教修学碑记》。

（清）许自俊：《陆侯清廉书院碑记》。

（清）许自俊：《闻邑侯重建学宫碑记》。

（清）石崧：《公建抚宪赵公长生书院碑记》。

（清）《重修明伦堂记》。

（清）张云章：《兴文书院碑记》。

（清）陆缙：《皇清乡进士署嘉定学教谕程先生教思碑记》。

（清）程国栋：《嘉定县重修学宫记》。

（清）程国栋：《重修文昌阁、魁星阁记》。

（清）王鸣盛：《重修惠民书院记》。

（清）杨景曾：《己巳重修学宫记》。

（清）杜念曾：《新建陆公书院碑记》。

（清）程瑶田：《嘉定文庙重建两庑暨修儒学明伦堂记》。

（清）刘崧秀：《嘉定县儒学汇龙潭种树记》。

（清）钱大昕：《当湖书院养士经费记》。

（清）朱春生：《重修当湖书院记》。

（清）淡春台：《嘉定县重修庙学碑》。

（清）龚庆来：《嘉定学改建魁星阁记》。

（清）梁章巨：《安亭新建震川书院记碑》。

（清）王步瀛：《新建震川书院碑记》。

（清）《震川书院御碑》。

（清）保先烈：《当湖书院经费碑文》。

（清）李本荣：《重修当湖书院记》。

（清）杨震福：《重修嘉定县学宫记》。

（清）汪福安：《重建嘉定当湖书院记》。

（清）程其珏：《重修嘉定县学校碑记》。

（清）林殷臣：《重修当湖书院碑文》。

二、方志类

（一）徽州地区

（清）何应松修，方崇鼎纂：《道光休宁县志》，《中国地方志集成·安徽府县志辑》第52册，江苏古籍出版社1998年版，据清道光三年（1823）刻本影印。

（清）周溶修，汪韵珊纂：《同治祁门县志》，《中国地方志集成·安徽府县志辑》第55册，江苏古籍出版社1998年版，据清同治十二年（1873）刻本影印。

（清）清恺修，席存泰纂：《嘉庆绩溪县志》，《中国地方志集成·安徽府县志辑》第54册，江苏古籍出版社1998年版，据清嘉庆十五年（1810）刻本之抄本影印。

（清）吴甸华修，程汝翼、俞正燮纂：《嘉庆黟县志》，吕子珏修，詹锡龄纂：《道光黟县续志》，简称《嘉庆、道光黟县志》，《中国地方志集成·安徽府县志辑》第56册，江苏古籍出版社1998年版，据清道光五年（1825）刻本影印。

（清）谢永泰修，程鸿诏等纂：《同治黟县三志》，《中国地方志集成·安徽府县志辑》第57册，江苏古籍出版社1998年版，据清同治十年（1871）刻本影印。

吴克俊、许复修，程寿保、舒斯笏纂：《民国黟县四志》，《中国地方志集成·安徽府县志辑》第 58 册，江苏古籍出版社 1998 年版，据民国十二年（1923）黟县黎照堂刻本影印。

葛韵芬等修、江峰青纂：《民国重修婺源县志》，《中国地方志集成·安徽府县志辑》第 27—28 册，江苏古籍出版社 1996 年版，据民国十四年（1925）刻本影印。

石国柱、楼文钊修，许承尧纂：《民国歙县志》，《中国地方志集成·安徽府县志辑》第 51 册，江苏古籍出版社 1998 年版，据民国二十六年（1937）铅印本影印。

（二）湖南湘东地区

（清）刘采邦等修，张廷珂、袁继翰纂：《同治长沙县志》，《中国地方志集成·湖南府县志辑》第 3—4 册，江苏古籍出版社 2002 年版，据清同治十年（1871）刻本影印。

（清）吴兆熙、冒沅修，张先抡、韩炳章纂：《光绪善化县志》，《中国地方志集成·湖南府县志辑》第 5 册，江苏古籍出版社 2002 年版，据清光绪三年（1877）刻本影印。

（清）唐荣邦等修，周作翰等纂：《同治酃县志》，《中国地方志集成·湖南府县志辑》第 18 册，江苏古籍出版社 2002 年版，据清同治十二年（1873）刻本影印。

（清）福昌修，谭钟麟纂：《同治茶陵州志》，《中国地方志集成·湖南府县志辑》第 18 册，江苏古籍出版社 2002 年版，据清同治十年（1871）刻本影印。

（清）赵勷、万在衡修，陈之骥纂，王元凯续修，严鸣琦续纂：《同治攸县志》，简称《攸县志》。《中国地方志集成·湖南府县志辑》第 17 册，江苏古籍出版社 2002 年版，据清同治十年（1871）刻本影印。

（清）谢仲坑修，石文成增修：《乾隆平江县志》，《中国地方志集成·湖南府县志辑》第 8 册，江苏古籍出版社 2002 年版，据清乾隆二十年（1755）增修刻本影印。

（清）张培仁、麻维绪修，李元度等纂：《同治平江县志》，《中国地方志集成·湖南府县志辑》第 8—9 册，江苏古籍出版社 2002 年版，据清同治十三年

（1874）刻本影印。

（清）盛庆黻、恩荣修，熊文杰、欧阳恩霖纂：《同治临湘县志》，《中国地方志集成·湖南府县志辑》第 4 册，江苏古籍出版社 2002 年版，据清光绪十八年（1892）刻本影印。

（三）山西晋中地区

（清）王谋文纂修：《乾隆介休县志》，《中国地方志集成·山西府县志辑》第 24 册，凤凰出版社 2005 年版，据清乾隆三十五年（1770）刻本影印。

（清）徐品山、陆元镳修，熊兆占等纂：《嘉庆介休县志》，《中国地方志集成·山西府县志辑》第 24 册，凤凰出版社 2005 年版，据清嘉庆二十四年（1819）刻本影印。

（清）郭晋修，管粤秀纂：《乾隆太谷县志》，《中国地方志集成·山西府县志辑》第 19 册，凤凰出版社 2005 年版，据清乾隆六十年（1795）刻本影印。

安恭己等修，胡万凝纂：《民国太谷县志》，《中国地方志集成·山西府县志辑》第 19 册，凤凰出版社 2005 年版，据民国二十年（1931）铅印本影印。

（清）王志瀜修，黄宪臣纂：《嘉庆灵石县志》，《中国地方志集成·山西府县志辑》第 20 册，凤凰出版社 2005 年版，据清嘉庆二十二年（1817）刻本影印。

李凯朋修，耿步蟾纂：《民国灵石县志》，《中国地方志集成·山西府县志辑》第 20 册，凤凰出版社 2005 年版，据民国二十三年（1934）铅印本影印。

（清）俞世铨、陶良骏修，王平格、王序宾纂：《同治榆次县志》，《中国地方志集成·山西府县志辑》第 16 册，凤凰出版社 2005 年版，据清同治二年（1863）凤鸣书院刻本影印。

（清）吴师祁、张承熊修，黄汝梅、王儆纂：《光绪榆次县续志》，《中国地方志集成·山西府县志辑》第 16 册，凤凰出版社 2005 年版，据清光绪十一年（1885）刻本影印。

（清）刘发岏修，李芬纂：《光绪祁县志》，《中国地方志集成·山西府县志辑》第 23 册，凤凰出版社 2005 年版，据清光绪八年（1882）刻本影印。

（清）恩端修，武达材、王舒萼纂：《光绪平遥县志》，《中国地方志集成·山西府县志辑》第 17 册，凤凰出版社 2005 年版，据清光绪八年（1882）刻本影印。

（四）江苏南京地区

（清）吕燕昭修、姚鼐纂：《嘉庆新修江宁府志》，《中国地方志集成·江苏府县志辑》第 1 册，江苏古籍出版社 1991 年版，据清光绪六年（1880）刻本影印。

（清）蒋启勋、赵佑宸修，汪士铎纂：《同治续纂江宁府志》，《中国地方志集成·江苏府县志辑》第 2 册，江苏古籍出版社 1991 年版，据清光绪七年（1881）刻本影印。

（清）武念祖修，陈栻纂：《道光上元县志》，《中国地方志集成·江苏府县志辑》第 3 册，江苏古籍出版社 1991 版，据清道光四年（1824）刻本影印。

（清）莫祥芝、甘绍盘修，汪士铎等纂：《同治上江两县志》，《中国地方志集成·江苏府县志辑》第 4 册，江苏古籍出版社 1991 年版，据清同治十三年（1874）刻本影印。

（清）侯宗海、夏锡宝纂：《光绪江浦埤乘》，《中国地方志集成·江苏府县志辑》第 5 册，江苏古籍出版社 1991 年版，据清光绪十七年（1891）刻本影印。

（五）浙江杭州地区

（清）陈璚修、王棻纂、屈映光续修、陆懋勋续纂、齐耀珊重修、吴庆坻重纂：《民国杭州府志》，《中国地方志集成·浙江府县志辑》第 1—3 册，上海书店出版社 1993 年版，据民国十一年（1922）铅印本影印。

（六）江西南昌地区

（清）许应鑅、王之藩修，曾作舟、杜防纂：《同治南昌府志》，《中国地方志集成·江西府县志辑》第 1—3 册，江苏古籍出版社 1996 年版，据清同治十二年（1873）刻本影印。

（七）福建福州、厦门地区

（清）徐景熙修，鲁曾煜、施廷枢等纂：《乾隆福州府志》，《中国地方志集成·福建府县志辑》第 1—2 册，上海书店出版社 2000 年版，据清乾隆十九年（1754）刻本影印。

欧阳英修，陈衍纂：《民国闽侯县志》，《中国地方志集成·福建府县志辑》第 2 册，上海书店出版社 2000 年版，据民国二十二年（1933）刻本影印。

厦门市修志局纂修：《民国厦门市志》，《中国地方志集成·福建府县志辑》

第 3 册，上海书店出版社 2000 年版，据福建省图书馆藏抄本影印。

（八）山东济南地区

（清）王赠芳、王镇修，成瓘、冷烜纂：《道光济南府志》，《中国地方志集成·山东府县志辑》第 1—3 册，凤凰出版社 2004 年版，据清道光二十年（1840）刻本影印。

（九）云南相关地区

（清）戴絅孙纂修：《道光昆明县志》，《中国地方志集成·云南府县志辑》第 2 册，凤凰出版社 2009 年版，据清光绪二十七年（1901）刻本影印。

（清）傅天祥、李斯佺修，黄元治、张泰交纂：《乾隆大理志府》，《中国地方志集成·云南府县志辑》第 71—72 册，凤凰出版社 2009 年版，据民国二十九年（1940）大理严氏铅印本影印。

张培爵等修，周宗麟等纂，周宗洛校订：《民国大理县志稿》，《中国地方志集成·云南府县志辑》第 72 册，凤凰出版社 2009 年版，据民国六年（1917）铅印本影印。

佚名纂：《宣统续蒙自县志》，《中国地方志集成·云南府县志辑》第 49—50 册，凤凰出版社 2009 年版，据清宣统年间稿本影印。

三、当代学人著述

潘光旦、费孝通：《科举与社会流动》，载《社会科学》第 4 卷第 1 期，清华大学 1947 年版。

许大龄：《清代捐纳制度》，北京大学出版社 1950 年版。

周秋光、曾桂林：《中国慈善简史》，人民出版社 2006 年版。

王卫平：《中国古代传统社会保障与慈善事业——以明清时期为重点的考察》，群言出版社 2005 年版。

王春霞、刘惠新：《近代浙商与慈善公益事业研究（1840—1938）》，中国社会科学出版社 2009 年版。

刘海峰：《科举学导论》，华中师范大学出版社 2005 年版。

李国钧、王炳照：《中国教育制度通史》，山东教育出版社 2000 年版。

陈学恂、周德昌：《中国教育史研究》（明清分卷），华东师范大学出版社1995年版。

邓洪波：《中国书院章程》，湖南大学出版社2000年版。

邓洪波：《中国书院史》，东方出版中心2004年版。

方志远：《明清江右商帮》，（香港）中华书局1995年版。

刘建生、刘鹏生、燕红忠等：《明清晋商制度变迁研究》，山西人民出版社2005年版。

陈支平：《近500年来福建的家族社会与文化》，中国人民大学出版社2011年版。

吴仁安：《明清江南望族与社会经济文化》，上海人民出版社2001年版。

李琳琦：《徽商与明清徽州教育》，湖北教育出版社2003年版。

张仲礼：《中国绅士》，上海社会科学院出版社1991年版。

孙善根：《民国时期宁波慈善事业研究（1912—1936)》，人民出版社2007年版。

上海市慈善基金会、上海慈善事业发展研究中心：《慈善理念与社会责任》，上海社会科学院出版社2008年版。

山东省武训教育基金会：《武训文化的春天·新武训集》（内部资料），2014年版。

周秋光：《近代中国慈善论稿》，人民出版社2010年版。

常建华：《明代宗族研究》，上海人民出版社2005年版。

孙向群：《近代旅京山东人研究》，齐鲁书社2013年版。

王日根：《中国会馆史》，东方出版中心2007年版。

毛晓阳：《清代科举宾兴史》，华东师范大学出版社2014年版。

张希清、毛佩琦、李世愉：《中国科举制度通史》，上海人民出版社2017年版。

四、外文参阅文献

Norman Alvey, *From Charity to Oxfam：A Short History of Charity and Charity*

Legislation，Phillimore & Co.Ltd.，1995.

F. David Roberts，*The Social Conscience of the Early Victorians*，Stanford University Press. Stanford，California 2002.

M.J.D. Roberts，*Making English Morals：Voluntary association and moral reform in England*，*1787—1886*，Cambridge University Press，2004.

David Owen，*English philanthropy*，*1660—1960*，Cambridge：Harvard University Press，1964.

B. K .Gray，*A History of English Philanthropy*，*from the dissolution of the taking of the first census*，London：P. S. King & son，1905.

Laqueur，T. W.，*Religion and Respectability：Sunday schools and working class culture*，*1780—1850*，New Haven：Yale University Press，1976.

H.W.Schupf，*Education for the Neglected：Ragged Schools in Nineteenth—Century England. History of Education Quarterly*，Vol.12，No.2（Summer，1972）.

Michael Sanderson，*Education*，*Economic Change and Society in England 1780—1870*，Macmillan，1983.

Charles Bircheough，M.A，*History of Elementary Education in England and Wales*，London，1973.

E. Gwest，*Education and the Industrial Revolution*，New York：Harper & Row Publishers，1975.